HEYNE BÜCHER
SACHBUCH

Peter Scholl-Latour

Pulverfaß Algerien

Vom Krieg der Franzosen
zur Islamischen Revolution

WILHELM HEYNE VERLAG
MÜNCHEN

HEYNE-SACHBUCH
Nr. 19/364

Dieser Titel erschien bereits
unter dem Titel »Aufruhr in der Kasbah« (19/289)
in der Sachbuchreihe.

3. Auflage
1. Auflage dieser Ausgabe

Erweiterte und aktualisierte Tachenbuchausgabe
im Wilhelm Heyne Verlag GmbH & Co. KG, München

Printed in Germany 1994
Lektorat: Ulrich Volz
Umschlagillustation: Alexander Bölling, München, und dpa
Umschlagentwurf und Gestaltung: Atelier Adolf Bachmann, Reischach
Druck und Verarbeitung: Presse-Druck Augsburg

ISBN 3-453-08950-2

Inhalt

»Und nicht sind diejenigen Gläubigen, welche
(daheim) ohne Bedrängnis sitzen, gleich denen,
die in Allahs Weg streiten, mit Gut und Blut.
Allah hat die, welche mit Gut und Blut streiten,
im Rang über die, welche (daheim) sitzen, erhöht.
Allen hat Allah das Gute versprochen; aber
den Eifernden hat er vor den (daheim) Sitzenden
hohen Lohn verheißen.«

Aus dem Koran, 4. Sure, »An nisa' – Die Weiber«
(nach der Übersetzung des
renommierten Arabisten Max Henning)

Algerien am Abgrund –

Vorwort zur aktualisierten Taschenbuchausgabe

Während ich diese Zeilen schreibe, hat sich in Algerien der Abgrund geöffnet. Der Bürgerkrieg zwischen der Militärregierung und den revolutionären Islamisten hat sich des ganzen Landes bemächtigt. Die Zahl der Opfer, lassen sogar die Regierungsorgane wissen, beläuft sich auf mindestens zwanzigtausend Tote. Es gibt Unsicherheitszonen, in denen die Armee sich nur noch mit äußerster Vorsicht bewegt. Der Zerfall jeder Autorität, das Schwinden jeder Sicherheit haben Ausmaße angenommen, die den französischen Algerienkrieg der Jahre 1954 bis 1962 als eine Serie harmloser Scharmützel erscheinen lassen. Die wirtschaftliche Produktion ist auf ein klägliches Minimum geschrumpft, und die amtliche Statistik, die von finanziellen Verlusten in Höhe von zwei Milliarden Dollar berichtet, sündigt durch Untertreibung.

Eine gezielte Attentatswelle der islamischen Extremisten hat sich gegen die noch im Land verbliebenen Ausländer gerichtet. Gelegentlich werden die »Hinrichtungen« mit Messern und Dolchen durchgeführt, um zu demonstrieren, daß man nicht auf ausländische Waffenlieferungen im Widerstand angewiesen ist. Die Absicht dieser blutigen Aktionen, denen vor allem Franzosen, aber auch Angehörige völlig neutraler Staaten, ja sogar eine Anzahl Russen zum Opfer fielen, ist eindeutig: Die Militär-Junta von Algier soll international isoliert werden; jede Investition wird nunmehr zum unkalkulierbaren Risiko, und das gesamte Wirtschaftsleben bricht zusammen. Nach langem Zögern hat sich der Quai d'Orsay entschließen müssen, sämtliche Franzosen, die nicht absolut unabkömmlich sind, zur Heimkehr ins Mutterland aufzufordern und die französischen Schulen zu schließen. Die ökonomische Stagnation, die sich aus dieser brutalen Erpressung ergibt, ist in Algerien für jedermann schmerzlich zu spüren. Die Schlacht ist entschieden, die große Wende ist bereits eingeleitet.

In diesem Herbst 1994 ist eines klar geworden: Die Machtergreifung der Islamischen Revolution, des »Fundamentalismus«, wie man im Westen sagt, ist nur noch eine Frage der Zeit. Der Chef der Militär-Junta, General Liamine Zeroual, der sich zur Stunde noch auf die Bajonette seiner Prätorianer stützen kann, ist sich seiner verzweifelten Situation wohl bewußt. Die bekanntesten und angesehensten Führer der »Islamischen Heilsfront«, Abassi Madani und Ali Benhadj sind zumindest vorübergehend aus dem Kerker entlassen worden und stehen in einer überaus komfortablen Villa unter Hausarrest. Andere Islamisten wurden freigelassen. Schon wenige Wochen zuvor hatte Zeroual einen seiner engsten Vertrauten in das Militärgefängnis von Blida geschickt, um sich mit den prominentesten Häftlingen der verbotenen und verfolgten »Islamischen Heilsfront« – FIS – nach den Bedingungen eines Dialogs zu erkundigen. Die Konditionen Madanis und Benhadjs wurden bekanntgegeben: Alle politischen Gefangenen müssen befreit werden; die »Heilsfront« – auf arabisch »el dschibhat el islamiya lil inqadh« – muß als maßgebliche politische Organisation wieder zugelassen werden; die Bevölkerung soll in freier Wahl über ihr Schicksal und die Gestaltung des algerischen

Staates bestimmen. Während über die unterschiedlichsten Kanäle sondiert wird und die Gerüchteküche brodelt, stellt sich allerdings die bange Frage, ob denn Abassi Madani und Ali Benhadj – vor allem ersterer galt als relativ gemäßigt – noch in der Lage sind, die weit verzettelte Aufstandsbewegung zu kontrollieren und ihr eventuell den Weg eines Übergangskompromisses zu weisen. In den »Maquis« des Atlas-Gebirges, der Mitidja und im Gassengewirr der Großstädte hat nämlich eine neue Generation von kriegserprobten »Mudschahidin« das Heft an sich gerissen, die im Volksmund – teils gefürchtet, teils bewundert – als »Afghanen« bezeichnet werden. Um nicht als Kollaborateure verdächtigt zu werden, haben die führenden Islamisten ihre Positionen verhärtet. Der Dialog wurde abgebrochen. Die Waffen haben weiterhin das Wort, und die Repression des Militärregimes, das von Frankreich mit modernen Waffen versorgt wird, eskaliert.

Die kommandierenden Generale und Obristen von Algier hatten im Dezember 1991, als sich die parlamentarische Machtergreifung der »Islamischen Heilsfront« auf völlig demokratischem Wege anbahnte, durch einen brutalen Putsch den Weg versperrt. Der Punkt ohne Wiederkehr wurde jedoch erst erreicht, als das kurzlebige Experiment des Präsidenten Mohammed Boudiaf im Blut erstickt wurde. Boudiaf, einer der letzten überlebenden Gründungsmitglieder jener »organisation secrète«, die am Allerheiligen-Tag 1954 den Aufstand gegen Frankreich ausgelöst hatte, war aus seinem selbstgewählten Exil in Marokko zurückgerufen worden um den algerischen Staat aus dem mörderischen Kreislauf von Anschlägen und Repression herauszureißen. Boudiaf wurde beim Volk wegen seiner Ehrlichkeit, seiner Unbestechlichkeit geschätzt, und seine Stellungnahme gegen den Fundamentalismus hätte eventuell ein breites Echo finden können. Dieser Mann profilierte sich nämlich zur gleichen Zeit als kompromißloser Gegner jener skandalösen Korruption, gekoppelt mit hemmungsloser Vetternwirtschaft, die sich bei der früheren Einheitspartei »Algerische Befreiungsfront« FLN, aber auch beim neuen autoritären Staatsrat und in den höchsten Militärkreisen ausgebreitet hatte. Er wollte der Plünderung der Staatskassen ein Ende setzen. Das wurde ihm an höchster Stelle nicht verziehen. Die Interessen einer weit verzweigten Mafia wurden bedroht, die zu allem entschlossen war und über Todesschwadronen verfügte. Präsident Boudiaf, die letzte Hoffnung einer säkularen algerischen Republik, wurde im Sommer 1992 nicht durch einen islamischen Fanatiker, durch einen eifernden Märtyrer oder »Schahid« beseitigt, sondern durch die MP-Garben seines eigenen Leibwächters, des Leutnant Boumaarafi bei einer Großkundgebung in Anaba durchsiebt. König Hassan II. von Marokko, kein Freund irgendwelcher religiöser Schwärmerei, hatte sogar mit Klarheit auf diesen Mord reagiert. »Es war eine Hinrichtung«, lautete sein Kommentar.

Jeder Algerier ahnt, was sich in Anaba hinter den Kulissen abgespielt hat. Seitdem wird bei den zahllosen in Frankreich lebenden Maghrebinern ganz offen der Verdacht geäußert, daß die meisten Attentate und Verbrechen, die den Islamisten zur Last gelegt werden, in Wirklichkeit von irgendwelchen finsteren Organen ausgeführt werden, die im Auftrag der Militär-Junta operieren. Vor allem jene Sondereinheit der Eingreifpolizei, deren Killer stets nur unter schwarzen Masken auftreten und deshalb »Ninjas« genannt werden, genießen beim Volk einen weit schlimmeren Ruf als die einstigen Rollkommandos der französischen Fallschirmjäger, der »Paras«. Um nur ein Beispiel zu erwähnen: Eine Bombenexplosion in der Wartehalle des Flugplatzes von Algier, die besonders viele Opfer forderte, wird von der breiten Masse als eine gezielte Provokation irgendwelcher »Sicherheitskräfte« bezeichnet, die auf diese Weise die militanten Anhänger der FIS in Verruf bringen wollten.

Die europäischen Medien, die sich über die Ermordung oder Vertreibung einer wachsenden Anzahl algerischer Intellektueller, Schriftsteller und Journalisten entrüsten, vergessen allzu leicht, daß die Herrschaft der »Nationalen Befreiungsfront«, die seit der Unabhängigkeitsproklamation im Sommer 1962 bis zum verhinderten Wahlsieg der »Islamischen Heilsfront« im Januar 1992 wie ein Bleidecke über Algerien lastete, jede Meinungsfreiheit, jede geistige Entfaltung erstickte. Der langjährige Diktator Houari Boumedienne war alles andere als ein aufgeklärter Despot. Doch damals genoß das sozialistisch ausgerichtete Algerien – getragen von einer prätentiösen Dritte-Welt-Ideologie – das Wohlwollen und die Zustimmung der wortstarken Renegaten des Abendlandes. Sie erfreuten sich der Sympathie zahlloser westlicher Intellektueller. Mancher blutige Anschlag in Nordafrika bleibt in seinen Ursprüngen ungeklärt, und was die bedrohten Publizisten von Algier betrifft, so hatten allzu viele unter ihnen zur radikalen Ausmerzung der Islamisten aufgerufen, ehe sie die rächende Kugel traf.

Der algerische Staatsrat und Liamine Zeroual, dem jede Spur demokratischer Legitimierung fehlt, versucht neuerdings unentwegt, mit dem feindlichen Lager ins Gespräch zu kommen. Die offiziell zugelassenen Parteien – acht insgesamt – wurden zu diversen Konferenzen eingeladen, und fünf dieser Gruppierungen haben immerhin zugesagt. An deren Spitze befand sich die »Algerische Befreiungsfront« FLN, die ihrer ruhmreichen Vergangenheit längst den Rücken gekehrt hat und bei der Bevölkerung auf Ablehnung, wenn nicht auf Haß stößt. Dazu gesellten sich verschiedene Splitterparteien wie die »Bewegung für Demokratie in Algerien«, deren Anführer, der ehemalige

Freiheitsheld und Präsident Ahmed Ben Bella seine alten Tage besser nicht mit solcher Kompromittierung belastet hätte. Sogar zwei gemäßigte islamistische Bewegungen kamen hinzu, aber jeder Mann weiß in Algier, daß unter deren kämpferischen Bezeichnungen »Hamas« und »En Nahda« heimliche Kollaborateure des Militärregimes tätig sind. Selbst eine religiöse Predigerfigur wie der Scheikh Nahnah, der die Gunst der saudischen Dynasten genießt, gilt als dubioser Anwalt der strengen koranischen Rückbesinnung.

Zwei politische Formationen haben auf die Einladung des General Zeroual widersprüchlich reagiert. Es handelt sich um die beiden Kabylen-Parteien, »Front der Sozialistischen Kräfte« FFS und »Sammlung für Kultur und Demokratie« RCD. Deren Führer, Ait Ahmed, ein kabylischer Widerstandskämpfer der ersten Stunde, der sowohl gegen die Franzosen als auch gegen die eigene Militärdiktatur Front gemacht hatte, sowie der Arzt Said Sadi, der im Tizi Ouzou als geschickter Opportunist eingeschätzt wird, sind untereinander zerstritten. Immerhin verweisen diese Politiker auf eine spezielle algerische Komponente innerhalb der gesamten arabischen Welt. Der Partikularismus der Kabylen und Berber, der eigentlichen Urbevölkerung Nordafrikas, die sich von den Numidiern ableitet, hat der Arabisierung erfolgreich widerstanden und sucht nach politischem Eigenleben. Das ging im Jahr 1963 so weit, daß es in der Kabylei – unter Führung Ait Ahmeds und des eindrucksvollen Partisanenchefs Mohand Ould Hadj – zur offenen Rebellion gegen den damaligen Präsidenten Ben Bella und dessen Verteidigungsminister Boumedienne kam. Dieser Aufstand, den ich im vorliegenden Buch als Augenzeuge schildere, ist damals ziemlich kläglich gescheitert. Seitdem wird mich niemand davon überzeugen können, daß die Kabylen – eine rührige, tüchtige Bevölkerung, die das Gros der algerischen Gastarbeiter in Frankreich stellt – tatsächlich zur radikalen politischen Emanzipation, zum erfolgreichen bewaffneten Aufstand fähig sind. Und dennoch: In der Großen und Kleinen Kabylei am Rande des Mittelmeers sperrt, sich dieses stark europäisierte und zum Säkularismus neigende Gebirgsvolk gegen die Rückkehr zur reinen islamischen Staatslehre und gegen die Einführung der koranischen Gesetzgebung, der »Scharia«. Was nun die kriegerischen Berber-Stämme des inneren Atlas betrifft, die »Chaouiya« insbesondere, die im Aures-Gebirge ihre Bastionen behaupten, so haben sie in den vergangenen Jahrzehnten der FLN-Herrschaft hohe Kommandoposten in der Armee bekleidet und sind – wie die Geschichte lehrt – gegenüber religiösen Erweckungsbewegungen durchaus anfällig.

Bezeichnend für die zur Zeit vorherrschende Stimmung in Algier ist die Tatsache, daß alle Teilnehmer an den offiziellen und geheimen Kontakten mit dem Staatsrat sich für eine Beteiligung der »Islamischen Heilsfront« am nationalen Konsens eingesetzt haben mit Ausnahme der algerischen Kommunisten, die nunmehr unter dem Namen »Ettahadi« firmieren und der Kabylen-Partei des Dr. Sadi. Viel wichtiger als die Debatten der Politiker sind jedoch die Einflußkämpfe der Krieger. In den »Maquis«, in den von todesmutigen Islamisten »befreiten Zonen« wetteifern zur Stunde die Anhänger der FIS, die sich zur »Islamischen Armee des Heils« AIS zusammengeschlossen haben, mit den radikal-fundamentalistischen Partisanen der »Groupes islamiques armés« GIA, die angeblich die Forderung erhoben haben, ein neues Kalifat, das heißt einen islamischen Gottesstaat zu gründen, dessen Führer als Statthalter Allahs auf Erden und als »Befehlshaber der Gläubigen« aufträte. Auch hier erinnert manches an die wirren Kapitel des algerischen Befreiungskampfes gegen die Franzosen. Schon damals wurden blutige Rivalitäten unter den »Mudschahidin« ausgetragen, und die Befehlshaber der Streitkräfte des »Inneren« gerieten häufig in Konflikt mit den Exilpolitikern, ob diese sich nun in Tunis oder in französischen Gefängnissen befanden.

Wer hat nun das Sagen bei den Guerilla-Kommandeuren, die ihre kämpferische Erfahrung teils in den afghanischen Ausbildungslagern, teils aber auch in den algerischen Streitkräften erworben haben? Die Befehlshaber der GIA bezeichnen sich selbst als »Emire«. Da gibt es einen »General« Chebouti oder die Gebrüder Baa, die sich von der »Armee des Heils« angeblich losgesagt haben. Da werden die Namen Abderrazak Redjan, Said Mekhloufi zitiert. In Ost-Algerien soll ein gewisser Marzak Madani die Oberhand haben, während im Westen Ahmed Ben Aicha seinen Willen durchsetzt. Soweit sie noch nicht den Kugeln der Regierungsarmee und der Polizei zum Opfer gefallen sind und als Märtyrer, als »Schuhada« in die Legende eingegangen sind, wird man mit diesen zu allem entschlossenen Streitern des Heiligen Krieges rechnen müssen. Zur Stunde ist keineswegs erwiesen, ob die beiden Vorkämpfer der »Heilsfront«, der gemäßigte Abassi Madani und der eifernde Ali Benhadj ihren Führungsanspruch aufrechterhalten können, falls sie sich im Gespräch mit General Liamine Zeroual zu Kompromissen bereit fänden. Der Vergleich mit der prekären Situation Yassir Arafats im Lager der Palästinenser drängt sich auf.

Selbst wenn es zu gegenseitigen Zugeständnissen zwischen Militärs und Islamisten käme – diese beiden Pole sind die einzigen Faktoren, die zählen – ist in keiner Weise gesichert, daß ein solches Abkommen auch respektiert würde. Als General de Gaulle endlich mit den Führern der Algerischen Befreiungsfront unter Anleitung Belkacem Krims in Evian einen »Modus vivendi« ausgehandelt hatte, der die Schaffung eines »freien, aber algerisch-französischen Algeriens«, den Verbleib einer Million französischer Kolonisten in den nordafrikanischen Departements und eine extrem enge Wirtschaftskooperation vorsah, ist von diesem Vertragswerk bei seiner Implementierung fast nichts übriggeblieben. Paris mußte seine Positionen räumen und die Algier-Franzosen, immerhin mehr als eine Million sogenannter »pieds noirs«, flüchteten im Sommer 1962 in einem überstürzten Exodus über das Mittelmeer ins Mutterland. So könnte es auch jeder Einigungsformel ergehen, die eventuell zwischen dem amtierenden Staatsrat und der Heilsfront zustande käme. Verträge mit »Gottlosen« oder »Renegaten« sind laut islamischem Recht null und nichtig. Damit müssen unter anderem auch die israelischen Beschwichtigungspolitiker rechnen, die sich zur Zeit einer euphorischen Friedensstimmung hingeben.

Die europäischen Medien haben sehr lange gebraucht, ehe sie die Brisanz des nordafrikanischen Krisenherdes entdeckten. Eine ähnliche Verblendung verschleierte seinerzeit die Bedeutung der Khomeini-Revolution in Iran. Viele deutsche Orientalisten besitzen ja nicht das geringste Gespür für die werbende Kraft und die beeindruckende Würde des sogenannten islamischen »Fundamentalismus«. Was sich heute im Maghreb vollzieht, ist für die Zukunft Europas mindestens so wichtig und schicksalhaft wie die blutigen Wirren des Balkans. Selbst die Franzosen, die von dieser dramatischen Entwicklung demnächst unmittelbar betroffen sein werden, haben sich allzu lang das Gesicht verhüllt und in ihrer Sympathie für die maghrebinischen Intellektuellen, insbesondere für die dortigen Schriftsteller, die sich weiterhin auf Französisch ausdrückten und schrieben, die profunde Stimmung des Volkes vernachlässigt oder verdrängt. Was sich jetzt anbahnt ist die »Rache Gottes«, wie der Politologe Gilles Kepel es genannt hat.

In Nordafrika ist eine merkwürdige Situation entstanden. Was sich in den kommenden Wochen und Monaten abspielen wird, ist dem Zufall und unvorhersehbaren inneren Komplikationen unterworfen. Wir erwähnten bereits die teils offenen, teils latenten Gegensätze in jenen islamistischen Kampforganisationen, auf die die politische Führung der Heilsfront in zunehmendem Maße Rücksicht nehmen muß. Es macht nicht viel Sinn in dieser blutigen Nebelwolke nach den Namen der künftigen Gesprächspartner der Militärs zu suchen oder Vermutungen über die Rolle eines gewissen Mohammed Said anzustellen, der als »Gehirn« des bewaffneten Aufstandsflügels gehandelt wird.

Die Ungewißheiten gelten übrigens auch für die offiziellen algerischen Streitkräfte. Mehr und mehr Offiziere und Soldaten weigern sich, an dem pauschalen Geiselerschießungen, Repressalien und Folterungen teilzunehmen, die von Seiten der Armee nach jedem Attentat oder auch nur nach jeder Verdächtigung zur geläufigen Praxis geworden sind. An der Spitze des Staates, das heißt der Armee, stößt Präsident Liamine Zeroual und seine »gemäßigten« Ratgeber Detchine und Deradji auf die harte, unerbittliche Linie der Repression, der »Ausmerzung«, der »éradication«, wie man in Algier sagt, die vor allem von Generalstabschef Mohammed Lamari repräsentiert wird. In den Kommandozentralen haben sich opponierende Lager herausgeschält. Diejenigen Offiziere, die einen Teil ihrer Ausbildung in Frankreich absolvierten und deshalb die Idee eines laizistischen Staates hochhalten, stoßen angeblich auf das Lager der »Iraker«, die in der Republik Saddam Husseins trainiert wurden und den islamistischen Thesen mehr Gehör schenken. Aber all dies sind Mutmaßungen sogenannter Spezialisten, die dem französischen Nachrichtendienst nahestehen.

Schon wird darüber gerätselt, ob sich Algerien in ähnlicher

Weise entwickeln könnte wie der Sudan. Dort hatte im Juni 1989 General Omar el Beshir geputscht. Seine Junta war gewiß religiös ausgerichtet, was sie jedoch nicht hinderte, neben allen anderen existierenden Parteien auch die fundamentalistisch geprägte »Nationale Islamische Front« aufzulösen. Dennoch wurde der offizielle Führer dieser »Front«, der Theologe und Prediger Hassan el Turabi, zur »Grauen Eminenz« des neuen Regimes am Zusammenfluß von Blauem und Weißem Nil. Hassan el Turabi gilt zur Stunde als eine der klügsten und geschicktesten Leitfiguren des islamischen Fundamentalismus. Er hat bei der Vermittlung des Gesprächs in Algerien, aber auch bei der Entkrampfung des Verhältnisses der französischen Regierung zu den nordafrikanischen Islamisten durch die Auslieferung des Terroristen Carlos an Paris eine maßgebliche Rolle gespielt. Turabi, so heißt es, berate auch die islamische Widerstandsbewegung in Ägypten, die vorübergehend durch Präsident Mubarak und ein gewaltiges Polizeiaufgebot neutralisiert wurde und dennoch auf die Stunde der großen Abrechnung wartet. Der Vergleich zwischen Algerien und Sudan ist natürlich oberflächlich. Am Oberlauf des Nils, wo Ende des neunzehnten Jahrhunderts bereits der messianisch wirkende Mahdi-Aufstand aufloderte, hat der religiöse Eifer eine viel stärkere Tradition als in Algerien, wo die systematische Säkularisierung der französischen Staatsmacht fortwirkt. Die religiösen Bruderschaften Algeriens besaßen nie jene alles beherrschende Kraft, die die beiden großen »Tariqat« des Sudan, die »Mahdia« und die »Khatmia« ausgeübt haben und weiterhin ausüben. Noch haben Abassi Madani oder Ali Benhadj nicht den Beweis erbracht, daß sie sich mit der staatsmännischen Begabung, geschweige denn mit dem geistlichen Charisma eines Hassan el Turabi messen können.

Wie gesagt, Gegenwart und nahe Zukunft sind extrem verworren in Algerien. Hingegen lassen sich weitreichende Entwicklungsperspektiven von großer Wahrscheinlichkeit skizzieren, seit der islamische Integrismus im Herzen Nordafrikas langsam aber unaufhaltsam seine Machtergreifung vorbereitet und vollzieht. Zu Recht ist darauf verwiesen worden, daß der islamische »Fundamentalismus«, »Usuliya« auf arabisch, schon lange existierte, bevor der Ayatollah Ruhollah Khomeini als mythische Erweckergestalt die Volksmassen Teherans aufwühlte und inspirierte. Diese Rückwendung zu einem mohammedanischen »Gottesstaat« bewegt zwar in wachsendem Maße die Gläubigen zwischen dem Atlantischen und dem Pazifischen Ozean, von Senegal bis nach Mindanao, aber der durchbrechende Erfolg ist ihm bisher verwehrt geblieben. Lediglich Persien und der Sudan gelten heute als islamische Theokratien mit sozialrevolutionärem, auf den Koran bezogenem Gedankengut. Es besteht weiterhin eine deutliche Trennungslinie zwischen den »Traditionalisten« einerseits, zu denen insbesondere Saudi-Arabien zu zählen ist, und den volksnahen Fundamentalisten andererseits, die die ultrakonservativen Regime der arabischen Halbinsel – auch wenn sie offiziell den Koran als Verfassung und als einzige Rechtsquelle praktizieren – als sündige »Heuchler« – »munafiqun« – bekämpfen und ihnen vor allem ihre Unterwerfung unter die amerikanische Hegemonie oder ihre Kompromittierung mit Israel zum Vorwurf machen.

Fünfzehn Jahre nach der Vertreibung des Schah von Iran sind die Fortschritte der »Islamischen Revolution« bescheiden. Allenfalls der Sudan konnte hinzugewonnen werden, und diese beiden Protagonisten wahrer koranischer Frömmigkeit sind durch schwere Handicaps belastet. Die Islamische Republik Iran, auch wenn sie sich dagegen verwehrt, ist nun einmal durch das Gedankengut des schiitischen Glaubenszweiges der

»Partei Alis« und ihren mystischen Vorstellungen von der geheimen Herrschaft des »verborgenen Imam« geprägt. Darüber hinaus ist die Mullahkratie von Teheran überwiegend identisch mit der persischen Kulturnation, die sich von den teils arabischen, teils türkischen Regionen der »Umma« deutlich differenziert. Was den Sudan betrifft, so dürfte dieses Land für den Geschmack und für die Vorurteile vieler nordafrikanischer und arabischer Muslime zu schwarz-afrikanisch erscheinen. Man darf nicht vergessen, daß das arabische Wort »abid« noch vor kurzem als Bezeichnung für »Sklave« und »Neger« gebraucht wurde. In Khartum ist man sich dieser Benachteiligung durchaus bewußt.

In dem Moment jedoch, wo Algerien in das Lager der »Fundamentalisten« abkippt, ergibt sich ein gründlicher Wandel. Die Algerier – Araber oder Berber – werden in der großen Mehrheit als »weiße« Nordafrikaner, als »bidan«, wie man in Mauretanien sagen würde, angesehen. Vor allem – das ist der propagandistische Vorteil gegenüber Iran – gehört Algerien dem weitaus stärksten sunnitischen Zweig des Islam und der malekitischen Rechtsschule oder »Madhab« an. In zivilisatorischer Hinsicht und gemessen am Sudan, gilt dieses nordafrikanische Kernland als hochentwickelt, beherbergt moderne Industrieanlagen und potentiell reiche Landwirtschaftsgebiete, auch wenn letztere seit der Vertreibung der französischen Kolonisten in einen betrüblichen Zustand der Verwahrlosung zurückgefallen sind. Algier verfügt über Erdöl und gewaltige Erdgasvorkommen. Die Zugehörigkeit zum arabischen Sprach- und Kulturkreis ist ein zusätzlicher Trumpf, und schließlich kann Algerien als einziger arabischer Staat den Ruhm für sich beanspruchen, seine Unabhängigkeit von der scheidenden Kolonial- oder Mandatsmacht nicht als Geschenk erhalten zu haben. Die Algerier haben ihre Selbständigkeit – »istiqlal« – in einem achtjährigen, extrem verlustreichen Befreiungskampf gegen französische Armeeeinheiten in Stärke von einer halben Million Soldaten erfochten und den übrigen Territorien der ehemaligen »Union française« in Afrika den Weg frei gemacht. Deshalb wird die Hinwendung dieses maghrebinischen Staates zum Fundamentalismus ein gewaltiges, weltweites Echo auslösen und über eine unvergleichbare werbende Kraft verfügen.

Der Blick richtet sich bereits auf die beiden nordafrikanischen Nachbarländer Marokko und Tunesien. Voraussichtlich wird die Regierung von Tunis sich weniger wirksam gegen die islamistische Welle verteidigen können, die demnächst über die Grenze schwappt, als das Scherifische Königreich Marokko. In Tunesien ist der Versuch der fundamentalistischen »En Nahda«-Bewegung – »Erwachen« in der Übersetzung –, die Macht an sich zu reißen, von dem mit allen Vollmachten ausgestatteten Staatschef Ben Ali mit extremer Brutalität niedergeschlagen worden. Der Führer von »En Nahda«, Ghanouchi, konnte nach Großbritannien flüchten, aber seine Anhänger sind einer gnadenlosen Verfolgung und Beseitigung ausgesetzt. Für General Ben Ali, der über lange Erfahrungen als Geheimdienstchef verfügt, war die Lage zeitweilig besonders bedrohlich, weil der Islamismus auf starke Sympathien im tunesischen Offizierscorps gestoßen war. Noch regiert der Präsident mit eiserner Faust, aber die Entwicklung Tunesiens in der Geschichte ist stets aufs engste mit den Tendenzen in Ost-Algerien verknüpft gewesen. Die relativ schwache tunesische Republik könnte einer konsequenten Propaganda-Aktion der Islamisten von Algier, ganz zu schweigen von militärischen Infiltrationen auf Dauer kaum standhalten.

Sehr viel stabiler präsentiert sich hingegen das Königreich Marokko. Während Algerien über keine historische Tradition verfügt, lange Zeit in Stammes-Anarchie verharrte und ein paar Jahrhunderte – bis zur französischen Landung im Jahr 1830 – eine Dependenz des Osmanischen Reiches war, blickt Marokko auf eine große staatliche, dynastische, ja religiöse Überlieferung zurück. Mit Ausnahme des späten französischen Protektorats, das sich erst im Jahr 1912 im »äußersten Maghreb« – »maghreb el aqsa« – etablierte, ist Marokko niemals von außen erobert worden. Im Gegenteil, es waren die kriegerischen Geschlechter der Almoraviden – »el murabitun« und der Almohaden – »el muwahhidun« –, die im Mittelalter weit in den Zentralatlas, in die Sahel-Zone und – über die Straße von Gibraltar– nach Spanien ausuferten, wo sie der christlichen Reconquista den resolutesten Widerstand leisteten.

Der durchschnittliche Marokkaner blickt deshalb mit einiger Herablassung auf die algerischen Verwandten, von denen selbst Ferhat Abbas, erster Regierungschef der »Algerischen Befreiungsfront« im tunesischen Asyl, gesagt hatte: »Ich habe die algerische Nation in der Historie gesucht, und ich habe sie nicht gefunden.« König Hassan II. weiß um seine eigene Überlegenheit. Die Angehörigen seiner alawitischen Dynastie betrachten sich als leibliche Nachkommen des Propheten Mohammed. Neben seiner weltlichen Autorität als »Sultan« beansprucht der König auch die religiöse Führung seines Volkes. Sein Name wird im Freitagsgebet erwähnt. Als »Amir el mu'minin«, als Befehlshaber der Gläubigen, genießt er praktisch den Status eines Kalifen, eines »Statthalters Allahs auf Erden«. Der kluge und machtbewußte Monarch hat das Hochkommen der islamistischen Erneuerungsbewegung rechtzeitig erkannt, und er versucht, sie zu seinen Gunsten zu monopolisieren. Ob dem recht westlich erzogenen, den Genüssen des Lebens zugewandten »Malik« dieser Versuch gelingen wird, ob in den brodelnden Slums von Casablanca, in den armen Dörfern des Rif und des Atlas sich nicht dennoch revolutionäre

Sprengsätze anhäufen, ob am Ende auch hier – dem Ruf eifernder, puritanischer Prediger folgend – nicht auch die Masse der Enterbten und Entrechteten, der »Mustazafin«, wie Khomeini sie nannte, gegen die Privilegien der Oligarchie und ein im Grunde sehr konservatives Regime anrennen werden, ist eine offene Frage. Auf die ein oder andere Weise, mit königlicher Zustimmung oder in Auflehnung gegen den »Befehlshaber«, wird sich auch in Marokko eine strenge islamische Lebensweise und die Anwendung der »Scharia« durchsetzen. Alle Voraussetzungen sind dafür vorhanden. Hassan II. hat übrigens mit der Aufnahme diplomatischer Beziehungen zu Israel den ihm feindlich gesonnenen Extremisten ein stichhaltiges Argument in die Hand gegeben.

Nun kann man den König von Marokko nicht vorwerfen, dem verflossenen algerischen Regime der »Nationalen Befreiungsfront« FLN irgendwelche Sympathien entgegengebracht zu haben. Bis auf den heutigen Tag stehen sich algerische und marokkanische Soldaten in der West-Sahara lauernd und sogar kämpfend gegenüber. Der Streit um die ehemals spanischen Besitzungen von Rio de Oro und Sakhiet el hamra hat das Verhältnis zwischen Rabat und Algier zutiefst getrübt. Noch weiß niemand, wie sich die »Islamische Heilsfront«, wenn sie in Algier die Macht ausüben wird, sich in diesem Territorialkonflikt verhalten wird. Jedenfalls wird Hassan von vielen Islamisten des Maghreb als ein zu enger Vertrauter der diversen französischen Staatschef der Fünften Republik, als ein zu flexibler Partner, ja Verbündeter Washingtons angesehen, als daß er seinc geistliche Autorität widerspruchslos durchsetzen könnte. Der alte Gewalten-Zyklus, der von dem maghrebinischen Gelehrten Ibn Khaldun schon im vierzehnten Jahrhundert beschrieben wurde, bestimmt im Maghreb den politisch-dynastischen Wechsel.

Es könnte zu überaus seltsamen Umkehrungen und Umschichtungen kommen am Südrand des Mittelmeeres. Die Rückbesinnung auf die Ursprünge des Islam dürfte auch an Libyen, an der »Dschamahariya« des Oberst Qadhafi, nicht spurlos vorbeigehen. Entgegen einer im Westen weit verbreiteten Meinung, ist der libysche Diktator alles andere als ein Fundamentalist. Die strengen Gläubigen sehen sich auch in Tripolis und Bengasi unerbittlicher Verfolgung ausgesetzt. Das »grüne Buch« Qadhafis ist ein recht ketzerisches Machwerk, und der selbst proklamierte Führer der sogenannten »grünen Revolution« hat einen der Pfeiler des mohammedanischen Glaubensgebäudes rundum verworfen. Qadhafi leugnet die Rechtmäßigkeit des »Hadith«, der Sammlung der Überlieferungen aus dem Leben des Propheten, die den Gläubigen neben dem Koran, dem »ungeschaffenen Wort Gottes«, als Leitschnur im Sinne der Sunna zu dienen hat. Mag sein, daß das US-State-Departement eines Tages auch den heute als Terroristen gebrandmarkten libyschen Staatschef als Verbündeten entdecken wird und daß sogar der Staat Israel ihn als heimlichen Interessenpartner ausspäht. Das Beispiel Syrien zeigt, wie schnell sich die Allianzen verschieben und die feierlichsten Verteufelungen ad acta gelegt werden.

Bei den Feierlichkeiten zum 50. Jahrestag der alliierten Landung in der Provence hat der französische Präsident François Mitterrand im August 1994 zwischen Villefranche und Toulon eine imponierende Flottenparade abgenommen. Ein beachtlicher Teil der französischen Kriegsmarine mitsamt amerikanischen und britischen Einheiten haben an diesem Schauspiel teilgenommen. Die beiden französischen Flugzeugträger »Clemenceau« und »Foch« waren zugegen. Unter den Ehrengästen an Bord der »Foch« befanden sich dreizehn Staats- oder Regierungschefs aus den mit Frankreich eng liierten schwarzafrikanischen Nachfolgestaaten des »Empire colonial français«. Das war mehr als eine Freundschaftsgeste. Es handelte sich um eine Demonstration. Auch der Kronprinz von Marokko war zugegen. Es schien an jenem Tag, als wolle Mitterrand gegenüber der sich anbahnenden islamistischen Machtergreifung in Algier die französische Militärpräsenz im Mittelmeer betonen. Man erinnert sich in Paris sehr wohl an die Korsarentätigkeit der »Barbaresken« während der ganzen Prädominanz des Osmanischen Reiches und insbesondere an den legendären »Barberousse«, dessen Flotte von Algier aus operierte und die christliche Seefahrt das Fürchten lehrte. Wegen der Übergriffe der Korsaren war es ja schließlich zu jenem Eklat gekommen – zum Fächerschlag des Dey von Algier gegen den französischen Konsul –, der den französischen Landungsabsichten in Nordafrika den längst fälligen Vorwand lieferte. Vor 1830 hatte sich rund um Algier ein gewisses Gleichgewicht eingependelt zwischen den Janitscharen des Sultans einerseits und den kriegerischen Schiffskapitänen andererseits, die in der »Taifa el riyasat« zusammengefaßt waren.

Die Anwesenheit von so vielen schwarz-afrikanischen Spitzenpolitikern auf der »Foch« im August 1994 hatte eine zusätzliche Bedeutung. Im Süden grenzt das riesige Dreieck der algerischen Sahara an eine Vielzahl von Staaten der Sahel-Zone, die zwar schon Schwarzafrika zugerechnet werden, jedoch weitgehend islamisiert worden sind. Es handelt sich insbesondere um die Republiken Mali, Niger, Tschad und mit ein wenig Abstand Burkina Faso, das frühere Ober-Volta, sowie Senegal. Es kann gar nicht ausbleiben, daß ein Sieg der Fundamentalisten in Algier wie ein Savannenbrand sich auf die gesamte Sahel-Zone ausdehnt. Schließlich sind die Missionare des Islam einst aus dem Maghreb aufgebrochen, um den schwarzen Völkern am Niger, Senegal und Tschad-See die koranische Botschaft zu bringen, und diese fiel auf fruchtbaren Boden. Der nordafrikanische Einfluß ist insbesondere in Gestalt der in Schwarz-Afrika überaus regen Bruderschaften, »Tariqat« oder »Zawuiya«, lebendig geblieben. Hier handelt es sich insbesondere um die weitverzweigte »Tidschaniya«, die ursprünglich in Marokko beheimatet war oder um die »Qadiriya«, die aus Mesopotamien stammend, über den Maghreb bis nach Nigeria vorgedrungen ist.

Ein Teil der westlichen Orientalisten hat bei ihrer krampfhaften Behauptung, der »Heilige Krieg« sei eine exzentrische Erfindung einiger Irregeleiteter oder allenfalls eine legitime Reaktion gegen den europäischen Kolonialismus, völlig übersehen, daß dieser gewaltsame »Dschihad« gerade im neunzehnten Jahrhundert mit besonders expansiver Kraft in der ganzen Sahel-Region um sich griff. Da hatten die berittenen Fulbe oder Peul-Stämme des Sahel zur Unterwerfung und Bekehrung des Haussa-Volkes erfolgreich ausgeholt, und wenn der Islam unter dem großen Eroberer Osman Dan Fodio sich nicht ganz Westafrika bis zu Guinea-Küste und zum Golf von Benin unterwarf, so war das nicht etwa einheimischer Gegenwehr oder kolonialistischer Intervention zu verdanken, sondern den Gefahren des Regenwaldes, wo die Pferde der Fulbe-Kavallerie dem tödlichen Stich der Dschungelinsekten und der durch sie verbreiteten Schlafkrankheit erlagen.

Noch Ende des neunzehnten Jahrhunderts hatte die Mahdi-Bewegung sich der heutigen Republik Sudan von Khartum bemächtigt. Von Omdurman aus stieß die kriegerische »Mahdia« bis an den oberen Kongo-Strom vor und dehnte den Sklavenhandel bis nach Zentralafrika aus. In Kisangani, im früheren Stanleyville, an der »Biegung des Flusses«, hinterließ sie eine fromme, zum Islam bekehrte Gemeinde. Eine andere Streitmacht des Mahdi drang in das christlich-koptische Kaiserreich

Äthiopien vor und eroberte die dortige Hochburg des Negus in Gondar.

Dieser phänomenalen Ausbreitung setzte allerdings der britische General Kitchener ein Ende, als er im Verbund mit ägyptischen Truppen das Reich der »Mahdia« in der Schlacht von Omdurman zerschlug.

Etwa zur gleichen Zeit hatte die Senussi-Sekte der Cyrenaica politische und strategische Bedeutung gewonnen. Unter ihren Amiren setzten sie sich gegen die italienische Eroberung mit großer Bravour zur Wehr und behaupteten eine Zeitlang ihren Status als Bestandteil des »Dar ul Islam« unter der Oberhoheit des osmanischen Sultans und Kalifen. Noch im Ersten Weltkrieg holte die »Senussiya« mit ihren Kamelreitern zu weitreichenden Feldzügen aus. Im Norden der heutigen Sahel-Republik Niger, in dem malerischen Städtchen Agades, hatten diese frommen Krieger vorübergehend ihr Hauptquartier errichtet, und ihr Einfluß reichte bis ins Hoggar-Gebirge, in die heute zu Algerien gehörende Oase von Tamanrasset. Dort kam der französische Wüstenheilige Charles de Foucault, der in seiner Einsamkeit eine Synthese zwischen Christentum und Islam suchte, bei einem ihrer Überfälle zu Tode. Dieser Rückblick soll die Anfälligkeit des ganzen Sahel- oder Sudan-Streifens vom Cap Verde bis zum somalischen Osthorn Afrikas für eine Neubelebung militanter und radikaler islamischer Frömmigkeit veranschaulichen. Die Regierenden in Bamako, Niamey, Ndjamena und sogar Dakar wissen nur zu gut, welche innenpolitischen Konsequenzen sich aus der Gründung einer islamischen Republik in Algier für ihre jeweiligen Staaten ergäben. Nicht einmal der Koloß Nigeria, dessen muslimische Generale – dem Haussa- und dem Fulbe-Volk zugehörig – sich erfolgreich gegen die christlichen Ibo und Yoruba des Südens durchsetzten, blieben von dieser Wende unberührt.

Anhand des vorliegendes Buches, das sich ja ausführlich mit der letzten Phase französischer Kolonialpräsenz in Nordafrika befaßt, wird deutlich, wie stark die Vergangenheit der Gegenwart ihre Gesetze diktierte. Ein historischer Parallelfall drängt sich im Zusammenhang mit dem Umbruch im Maghreb auf und bestätigt diese Kontinuität. Dieses Mal müssen wir uns ins Mittelalter zurückversetzen, in die Epoche unvorstellbarer religiöser Gärung, die sich der gesamten »Umma« zwischen dem 10. und dem 12. Jahrhundert im Zeichen der Fatimiden-Bewegung bemächtigt hatte. Wir wollen hier nicht die Einzelheiten dieses denkwürdigen Phänomens aufzeichnen, das in der Schaffung eines schiitischen Kalifats und Imamats mit Sitz im neu gegründeten Kairo gipfelte. Der Gründer der Fatimiden-Dynastie, deren Name auf Fatima, die Tochter des Propheten verweist, war Ubayd Allah, der sich als »Mahdi«, als »Rechtgeleiteter« verehren ließ.

Ursprünglich stammten die Fatimiden aus dem arabischen Orient, dem »Maschreq«, doch ihre erste Machtentfaltung und Staatsgründung gelang ihnen in Maghreb. In Tunesien, in »Ifriqiya«, wie man damals sagte, erkoren sie die heilige Stadt Kairuan im Jahr 910 zu ihrem Regierungssitz. Sie stützten sich auf die kriegerischen Berberstämme des östlichen Atlas, vor allem auf die Föderation der Kutama, die in den Gebirgen Ost-Algeriens siedelte. Mit Hilfe dieses rauhen Gebirgsvolkes und unter dem Kommando des Feldherrn Abdullah el Schii, stießen sie über die libysche Wüste bis nach Ägypten vor. Von nun an sollte der Schwerpunkt dieses ismaelitisch-schiitischen Gottesstaates sich in das von den Fatimiden gegründete Kairo verlagern. Unter den vierzehn Fatimiden-Kalifen, deren Reich zeitweise bis zur Südspitze Arabiens reichte, tat sich vor allem der paranoische Despot Hakim bi Amr'Illah hervor. Er drangsalierte seine muslimischen Untertanen, veranstaltete unter den koptischen Christen und den Juden des Niltals scheußliche Massaker. In seinem Wahn beanspruchte dieser Kalif sogar eine gottähnliche Stellung, die ihm übrigens bei der heute noch existierenden Drusen-Sekte zuerkannt wird. Darüber hinaus ließ Hakim bi Amr'Illah die heiligen Stätten in Jerusalem und im übrigen Palästina verwüsten. Er schändete und zerstörte die Grabeskirche und löste damit jene gewaltige Welle heiliger Kampfbereitschaft und flammender Entrüstung im Abendland aus, die in die Kreuzzüge einmündeten.

Warum ich auf diese kuriose und häretische Epoche des Islam, die immerhin zweieinhalb Jahrhunderte dauerte, so ausführlich eingehe? Weil am Beispiel der Fatimiden vorexerziert wurde, wie sich eine religiös-revolutionäre Bewegung, von eifernden Berber-Stämmen Algeriens getragen, bis nach Ägypten weiterpflanzen kann. Der Maghreb fand schon um das Jahr 1040 zur sunnitischen Rechtgläubigkeit zurück, und auch das Niltal hat die Exzesse der schiitischen Fremdherrschaft eilig abgestreift, nachdem im Jahr 1171 der sunnitische Kurden-Sultan Saladin den letzten Fatimiden aus Kairo vertrieb. Aber »vestigia terrent«, die Spuren verbreiten Schrecken, wie die Römer sagten. In der labilen Situation, in der sich das Niltal heute befindet, dürfte der Durchbruch des Fundamentalismus in Algerien auch in Ägypten ein ungeheures Echo auslösen. Wenn der dortige Präsident Hosni el Mubarak halbwegs freie und demokratische Wahlen zuließe, so stimmen alle Experten überein, würde Ägypten sich über Nacht in einen islamistischen Staat verwandeln.

Sogar der Präzedenzfall des Hakim bi Amr'Illah sollte zu denken geben. Was nützen dem Staat Israel all jene zweideutigen Abkommen mit Yassir Arafat und der PLO, die die palästinensischen Staatsfetzen – dem Sagen der Vertragsgegner zufolge – in ein »arabisches Bantustan« verwandeln, wenn in absehbarer Zukunft das flammende algerische Beispiel auf Kairo oder Amman, ja, wer weiß, auf andere arabische Hauptstädte übergreift. Alle Abkommen, die der Judenstaat so mühsam elaboriert, sind – da sie den Verzicht auf einen Teil des »Dar ul Islam« enthalten – null und nichtig, und zwar nicht nur in den Augen der »Fundamentalisten«. Diese Preisgabe zu widerrufen ist laut »Scharia« nicht nur eine Lizenz, sondern eine religiöse Pflicht.

Das Aufleben des Gedankens an ein neues Kalifat, an einen koranischen Gottesstaat findet bereits bei der erstarkenden islamistischen Refah-Partei der Türkei Widerhall. Bis zum Hindukusch dröhnt nunmehr jene »mächtige Trommel« religiöser Erneuerung, von der einst der französische Generalresident in Marokko, Louis Hubert Lyautey, gesprochen hatte. Natürlich wird sich jetzt wieder der Chor jener Stimmen erheben, die mir vorwerfen, maßlos zu übertreiben und die kommende Entwicklung auf ungebührende Weise zu dramatisieren. Aber wo waren diese »Spezialisten« und angeblichen Orient-Kenner, als ich 1958 in Taschkent zum ersten Mal auf die unvermeidliche Wiedergeburt des Islam in der Sowjetunion verwies, als ich 1974 die schiitische Revolution des Iran ankündigte, als ich das Scheitern der Roten Armee in Afghanistan von Anfang an voraussah. Ähnlich war ich der Gründung der »Demokratischen Volksrepublik Algerien« mit Skepsis begegnet und hatte die unaufhaltsame Hinwendung zum Koran beschrieben. Man möge mir auch dieses Mal glauben: Das politisch-religiöse Erdbeben von Algier ist ein epochales Ereignis.

Noch verharrt die europäische Öffentlichkeit in ihrer Ignoranz und verharmlost die maghrebinischen Turbulenzen. Fernseh-Teams sind aus gutem Grunde bei den Massakern in Algerien nicht zugegen. Die Amerikaner betreiben wieder einmal »politics by CNN« und richten ihre ganze Aufmerksamkeit auf die lächerliche Intervention in Haiti. Die deutschen Medien finden sich ja kaum auf dem Balkan zurecht. Wie sollten sie dann ein klares Bild von Nordafrika entwerfen?

Allenfalls in Frankreich breiten sich Sorge und Furcht aus. Nicht umsonst befaßt sich dieses Buch ausführlich mit dem französischen Algerienkrieg der fünfziger und frühen sechziger Jahre. Er ist das Schlüsselerlebnis, ohne das die heutige Situation gar nicht interpretiert werden kann. Frankreich tut sich schwer mit der ideologischen, der religiösen Trendwende im Maghreb. Das bürgerliche Lager bis hin zu den Rechtsextremisten ist weiterhin traumatisiert durch den tragischen Verlust der nordafrikanischen Départements. Dabei sind sich die ehemaligen Befürworter der »Algérie française«, zu denen auch Giscard d'Estaing zählte, gar nicht bewußt, daß die Erfüllung ihrer utopischen Vision eines Frankreichs, das von Dünkirchen in Flandern bis Tamanrasset in der Süd-Sahara gereicht hätte, der nationalen Identität ihres Vaterlandes zum Verhängnis geworden wäre. Die Fünfte Republik würde heute nicht vier Millionen, sondern dreißig Millionen Mohammedaner zählen und unweigerlich zum Bestandteil der Dritten Welt geraten.

Der französische Verteidigungsminister François Léotard hat sich zu einer törichten und für den gesamten Islam beleidigenden Parallele hinreißen lassen. Er verglich den »grünen Fundamentalismus« der Muslime mit dem deutschen Nationalsozialismus. Von solcher Verzerrung haben sich glücklicherweise die übrigen Mitglieder der Regierung Balladur distanziert, sogar der hemdsärmelige Innenminister Charles Pasqua, der seine Polizei zu verstärkten Identitätskontrollen aller maghrebinisch wirkenden Passanten anhielt. Pasqua hatte einige Dutzend aktiver FIS-Sympathisanten und Aktivisten in einer nordfranzösischen Kaserne internieren lassen, ehe er sie in die afrikanische

Republik Burkina Faso abschob. Gleichzeitig bahnte der Innenminister jedoch über die »Graue Eminenz« der französischen Geheimdienste, General Rondot, einen bewährten Arabisten, direkte Kontakte zu den Islamisten an.

Die Haltung der sogenannten »freien Welt« gegenüber Algerien ist nicht frei von Heuchelei. Zum ersten Mal war in der arabischen »Umma« anläßlich des algerischen Urnenganges im Dezember 1991 eine freie und demokratische Wahl abgehalten worden. Eindeutiger Sieger war die »Islamische Heilsfront«. Bevor jedoch die Ergebnisse des ersten Wahlganges in der zweiten Runde der dortigen Abstimmung bestätigt werden konnten, putschte die Armee, löste die Mehrheitspartei auf, verhaftete deren Führer und verfolgte die FIS-Anhänger mit brutaler Repression. In einem vergleichbaren Falle – etwa auf Haiti – hätten die USA zetermordio geschrien und Kriegsschiffe in Bewegung gesetzt. Auch die übrige westliche Gemeinschaft hätte heftig protestiert, Sanktionen verhängt oder zumindest kummervoll das Gesicht verhüllt. Man denke nur an das Medien-Spektakel, das durch die Niederschlagung der chinesischen Studentenrevolte am Platz des Himmlischen Friedens – die Zahl der Opfer war ungleich geringer – in aller Welt in Gang kam. Aber in Algerien waren es nun einmal die im Westen verabscheuten »Fundamentalisten«, die die Volksentscheidung für sich entschieden hatten, und alle Gebote der Fairness wurden über Bord geworfen. In Washington und vor allem in Paris applaudierte man dem total illegitimen Staatsstreich, bejubelte beinahe diesen Militärputsch und begann erst allmählich mit dem Umdenken, als die algerische Junta in einen Volksaufstand verstrickt wurde, dem sie auf die Dauer nicht gewachsen schien. Wenn gelegentlich in der Dritten Welt von »Menschenrechts-Imperialismus« der westlichen Mächte die Rede ist, so drängt sich der exemplarische Fall Algeriens auf.

Inzwischen hat das Umdenken in Paris eingesetzt. Die französische Linke, die ja schon für den eigenen Algerienkrieg zwischen 1954 und 1962 verantwortlich gezeichnet hatte, tat sich am schwersten mit dieser massiven Abwendung breiter algerischer Schichten von den Idealen der Laizität und dem säkularen Republikanismus. Der sozialistische Regierungschef Guy Mollet hatte einst die französischen Wehrpflichtigen zur Bekämpfung der »Befreiungsfront« in das Atlas-Gebirge geschickt, und der damalige Innenminister François Mitterrand hatte den Nordafrikanern kategorisch entgegengerufen, Algerien sei Frankreich und statt Verhandlung könne es nur Krieg geben. Schon geraume Zeit vor dem Putsch der Militär-Junta von Algier hatte im Dezember 1991 der derzeitige Verteidigungsminister Jean-Pierre Chevènement, ein jakobinisch auftretender Sozialist, folgendes Horror-Szenario entworfen: Nordafrika, so kündigte er an, werde sich einem unduldsamen, exotischen Islam zuwenden. Eine ganze Flut von Flüchtlingen – mindestens eine Million Menschen – würden in Frankreich Zuflucht suchen und durch ihre massive Ankunft das Hochkommen einer mächtigen rechtsextremistischen Partei begünstigen. Zwischen dem Nord- und dem Südufer des Mittelmeeres entstände dann eine Zone der Unsicherheit und des Terrorismus.

Nun bewahrheiten sich nicht alle Kassandra-Rufe. Aber beunruhigende Symptome liegen vor. Von den sechzehntausend in Algerien lebenden französischen Staatsbürgern haben die meisten die Koffer gepackt und sind – zumindest zum »Urlaub« – in die Metropole gereist. Etwa sechstausend beruflich tätige Franzosen wurden vor der gezielten Attentatswelle der Islamisten gegen Ausländer registriert. Zwei Drittel von ihnen dürften das Weite gesucht haben. Auf der Gegenseite entwickelt sich eine zunehmende Einsickerung algerischer Einwanderer und Flüchtlinge nach Frankreich. Auch wenn die Frauen dieser Neu-Immigranten kein Kopftuch tragen und sie sich sogar zur Trennung von Staat und Religion bekennen, werden sie in Frankreich keineswegs mit offenen Armen aufgenommen. Bei diesen Asylanten handelt es sich nämlich in der Mehrzahl um Angehörige und Nachkommen jener »Freiheitskämpfer«, die vor einer Generation den Aufstand gegen Frankreich geschürt hatten. Sie werden nicht nur die Zahl der Arbeitslosen vermehren. Sie werden vom französischen Durchschnittsbürger weiterhin als Araber und nicht als Assimilationswillige empfunden werden. Die Fremdenfeindlichkeit wird durch sie geschürt. Letztere würde beängstigende Ausmaße annehmen, wenn wirklich die »Heilsfront« in Nordafrika die politische Regie übernimmt und die große Auswanderungslawine in Gang kommt. Alle französischen Politiker, die Linken wie die Rechten, sind von der Sorge besessen, der große Umschwung im Maghreb zugunsten des militanten Islam könne sich noch vor den französischen Präsidentschaftswahl des Frühjahr 1995 vollziehen. Wie sich die politische Landschaft der Fünften Republik durch eine solche Belastung verändern würde, läßt sich heute nicht kalkulieren. Mag sein, daß durch die wachsende Entfremdung des algerischen Südgestades jenseits des Mittelmeers eine dezidiertere Hinwendung Frankreichs nach Europa, ein verstärktes Engagement für die kontinentale Union bewirkt wird. Sicher ist das leider nicht.

Die Kontrollen, denen die Maghrebiner in Frankreich neuerdings in verstärktem Maße ausgesetzt sind, haben sich für die Sicherheitsbehörden als kontraproduktiv erwiesen. Automatisch stellt sich ein Solidarisierungseffekt unter sämtlichen nordafrikanischen und muslimischen Gastarbeitern ein. Die verschiedenen Hilfsorganisationen der »Islamischen Heilsfront« in Frankreich, die unter immer neuen Namen firmieren, mögen verboten werden. Ihr Einfluß wächst ständig. In der maghrebinischen Gemeinschaft Frankreichs, die sich in ihren Ballungszentren der öden Industrie-Banlieue mehr und mehr absondert, erscheinen die Prediger des Fundamentalismus immer seltener als bedrohliche Eiferer. Sie kümmern sich nämlich um die Armen und Notleidenden, besorgen medizinische Pflege, helfen den Familien. Vor allem führen die Islamisten einen energischen Kampf gegen die weitverbreitete Drogensucht. Die Wahl in diesen Randzonen lautet: »Der Drogen-Dealer oder der muslimische Imam«, so lautet die Feststellung der französischen Soziologen. Der Islamismus wird als ein Faktor frommer Zucht und notwendiger Moralisierung empfunden. Gegenüber der westlichen »Sittenlosigkeit« verweisen die Künder des Koran auf die Tugendhaftigkeit ihrer Erbauungsaktion. Schon heißt es in französischen Gazetten, Frankreich sei »islamisches Missionsland« geworden.

Wie oft ist mir die Frage gestellt worden: Müssen wir uns vor der explodierenden Kraft des Islam fürchten? Das Problem lautet ganz anders. Nicht die Stärke des »Fundamentalismus« stellt eine Bedrohung christlich-aufklärerischer Lebensart und westlicher Demokratie dar, sondern das Abendland leidet an seiner eigenen Schwäche. Gemessen an einer islamischen »Umma«, die zu den mythischen Werten des Koran zurückfindet und von einem Gottesstaat träumt, der an die gerechte und egalitäre Gesellschaft des Propheten Mohammed anknüpfen soll – mag diese Erwartung auch utopisch sein –, wirkt das »christliche Abendland« wehrlos, egozentrisch und unmotiviert. Auf der einen Seite wird Brüderlichkeit, Gottergebenheit und Todesmut im Dienste der heiligen Sache gepredigt; auf der anderen Seite ergibt man sich den grotesken Auswüchsen sexueller Permissivität, einer ausschließlich auf Konsum- und Genußsucht ausgerichteten Gesellschaft und verschreibt sich einem von allen Medien geförderten Hedonismus. Auf diese Weise ist schon manches Imperium, ist schon manche in üppigem Wohlstand lebende Gemeinschaft zugrunde gegangen. Welcher Europäer weiß heute noch, was wahre Religiosität ist? Die reale Kenntnis des Islam wird dadurch entscheidend beeinträchtigt, daß die meisten Orientalisten kein Gespür für Gläubigkeit und Gottergebenheit mehr besitzen, sich oft als Atheisten, zumindest als engagierte Laizisten bekennen. Wie soll ein Islam-forschender Pazifist und Friedenskämpfer je begreifen, was der »Heilige Krieg« für einen frommen Mohammedaner bedeutet?

Der Islamismus wäre vielleicht nur eine unvermeidliche, für die Umwelt relativ harmlose Durchgangsphase und Erweckungsbewegung der Umma, wenn er nicht mit einem wahrhaft beklemmenden Sozialphänomen gekoppelt wäre, mit der Bevölkerungsexplosion im Maghreb, in Ägypten, in der Türkei, in Albanien und Bosnien, sogar in den GUS-Republiken Zentral-Asiens. Als ich Algerien im Jahr 1953 zum ersten Mal besuchte, lebten dort acht Millionen Muselmanen. Heute sind sie dreißig Millionen. Ähnlich sind die Zuwachsraten im gesamten islamischen Lebensraum. Hier bahnt sich eine Verschiebung der Gewichte an, eine demographische Destabilisierung, der Europa – Rußland inbegriffen – auf die Dauer kaum gewachsen ist.

Zu einer Dämonisierung der großen fundamentalistischen Bewegung, der »Usuliya«, wie der ägyptische Scheikh Sayid Qutb schon in den fünfziger Jahren sagte, besteht kein Anlaß. Wenn Europa der islamischen Herausforderung, wenn Europa seiner neuen Aufgabe gegenüber der muslimischen Umgebung intellektuell und machtpolitisch nicht mehr gewachsen sein sollte – von den schrumpfenden Geburtsraten ganz zu schweigen – dann müssen die Westler die Verantwortung bei sich selbst suchen. Die Formel könnte lauten: »Dialogue and containment – Zwiegespräch und Eindämmung«. Mit Dialog ist nicht etwa eine Auseinandersetzung im theologischen Bereich gemeint, sondern eine wirtschaftliche, politische und sogar strategische Kooperation. Etwas mehr Wirklichkeitssinn ist in den akademischen Kreisen immerhin entstanden, seit das utopische Geschwätz eines Francis Fukuyama vom »Ende der Geschichte« durch die profunde Vision Samuel Huntingtons und seine These vom »clash of civilizations« – vom »Zusammenprall der Kulturen«, abgelöst wurde. Man verlasse sich jedenfalls nicht darauf, daß die weltumspannende Allmacht der Medien, das vielgepriesene »global village« der Satelliten-Propheten eine geistige und säkulare Nivellierung der Bevölkerung unseres Erdballs bewirken wird. Schon im Falle der DDR haben wir feststellen müssen, daß die ostdeutschen Landsleute oft die verlogene Scheinwelt, die stets glücklich strahlende Attrappe der Reklame-Spots für bare Münze genommen hatten und dann durch die nüchterne Realität – trotz aller unbestreitbaren Verbesserungen ihres Schicksals nach der »Wende« – enttäuscht, zumindest desorientiert wurden. Wieviel stärker, provozierender, ja unerträglich muß der Schock wirken, der von den Wohlfahrtsgaukeleien, von der sexuellen Überreizung der westlichen Konsumgesellschaft ausgeht, die per Satelliten in die darbende, in strenger Geschlechtertrennung verharrenden Kulturkreise der Dritten Welt, an erster Stelle in die islamischen Umma projiziert werden? Hier spannt sich keine Brücke, hier reißt ein Abgrund auf.

Andererseits muß eine peinliche Einseitigkeit der westlichen Berichterstattung festgestellt werden. Unter dem Einfluß des Print- und Elektronik-Monopols der großen amerikanischen

Medien-Gesellschaften auf dem Gebiet der politischen Berichterstattung werden Randereignisse in Somalia oder Haiti – sobald nur ein paar Dutzend amerikanische GIs engagiert sind – extrem aufgebläht, während man die grauenhaften Massaker von Oppositionskräften in Tadschikistan zum Beispiel – wo laut russischen Angaben rund fünfzigtausend Menschen niedergemetzelt wurden – so gut wie ignoriert. Ähnlich ist die sensationelle, für Europa schicksalhafte Entwicklung in Nordafrika von den meisten westlichen Redaktionen unter den Tisch gekehrt worden. Solche Fehlorientierungen werden sich bitter rächen.

Meine Schilderung der maghrebinischen Verhältnisse, die im Jahre 1953 beginnt, greift weit zurück. Auch in Nordafrika ist die Vergangenheit Schlüssel zur Gegenwart und zur Zukunft. Seit vier Jahrzehnten befasse ich mich intensiv mit dem Schicksal Algeriens, und ich fühle mich diesem liebenswerten Land eng verbunden. Auch an dessen Prüfungen habe ich ja teilgehabt. Mein ehemaliger Arabisch- und Islam-Lehrer Jacques Berque, emeritierter Professor am Collège de France, hatte mir bei unserer letzten Begegnung in Algier gesagt: »Früher habe ich als engagierter Laizist und Sozialist meinen arabischen Studenten westlichen Modernismus und politischen Pluralismus nahebringen wollen; heute bemühe ich mich, meinen europäischen Jüngern die Weisheit des Islam zu erklären.« Und er fügte hinzu: »Alles steht doch im Koran.« In hohem Alter ist Jacques Berque, so hörte ich, noch zum Islam übergetreten. In seiner Person vollzog sich gewissermaßen die Ankündigung des Schriftstellers André Malraux: »Le vingt-et-unième siècle sera religieux ou ne sera pas – das einundzwanzigste Jahrhundert wird religiös sein, oder es findet nicht statt.«

Paris, im Herbst 1994

Vorwort

Von einer neuen »Weltfriedensordnung«, wie sie Präsident Bush während des Golfkrieges in Aussicht stellte, kann heute nicht die Rede sein. Der Balkan und der Kaukasus stehen in Flammen. Schon greifen die großen Wirren des »Post-Kommunismus« auf Mittelasien über, und vor unseren Augen stürzt Nordafrika in eine vielfältige Turbulenz.

Die Tragödie, die sich in Algerien vorbereitet, teilweise schon vollzieht, wird Europa nicht unberührt lassen. Die unentrinnbare Verflechtung, die zwischen den Staaten des Maghreb und Frankreich nach wie vor besteht, macht auch die Deutschen – vollends im Hinblick auf die offenen Grenzen des sich anbahnenden Binnenmarktes – zu Betroffenen dieser Entwicklung. Der mahnende Hinweis auf kommendes Unheil in Nordafrika ist ebenso berechtigt wie jene zahllosen und vergeblichen Warnungen, die lange vor Ausbruch des blutigen Chaos im ehemaligen Jugoslawien laut wurden. Der tatsächliche Ablauf des algerischen Dramas und seine exakte Terminierung liegen letztlich im »Ratschluß Allahs«.

Das Buch »Aufruhr in der Kasbah« berücksichtigt die jüngsten Veränderungen im Maghreb, auch die dramatische Wende, die seit der Ermordung des algerischen »Präsidenten« Mohammed Boudiaf eingetreten ist. Dabei befasse ich mich zwangsläufig und vorrangig auch mit jenem Phänomen des Islamismus oder Fundamentalismus – »usuliya« auf Arabisch –, das jede politische Betrachtung über das Schicksal Nordafrikas beherrscht. Meine Schilderung der dortigen Verhältnisse – ausschließlich auf persönliche Untersuchungen, Begegnungen und Erfahrungen gestützt – greift weit in die Vergangenheit zurück. Seit vier Jahrzehnten immerhin befasse ich mich intensiv mit Algerien und fühle mich diesem durchaus liebenswerten Land eng verbunden. Auch an seinen Prüfungen habe ich ja teilgehabt.

Manche Kritiker mögen beanstanden, daß in meinem Rückblick auf die historische Entwicklung des gegenwärtigen Konflikts Texte verwendet werden, die ich bereits in vergangenen Dekaden – beginnend im Jahr 1953 – veröffentlichte. Aber welchem Chronisten ist es schon vergönnt, auf eine so lange Serie von Analysen und Erlebnisberichten zurückgreifen zu können, ohne daran irgendwelche Abstriche oder nachträgliche Berichtigungen vornehmen zu müssen? Auch in Nordafrika ist die Vergangenheit Schlüssel zur Zukunft.

Tourrettes-sur-Loup, im August 1992 P. S.-L.

»DIE ISLAMISTEN ZWISCHEN DER MACHT UND DEN KUGELN«

Ein »undurchsichtiges Land«

Algier, im Februar 1992

Plötzlich fühle ich mich – wie durch einen seltsamen Zauber – um mehr als dreißig Jahre in die Vergangenheit zurückversetzt. Diese Szenen, diese Empfindungen am Eingang der Kasbah, der Altstadt von Algier, habe ich doch schon einmal erlebt. Die gleiche Atmosphäre der Spannung und des Mißtrauens hat mich auch damals umgeben, als die französischen Soldaten in diesem undurchdringlichen Gassengewirr nach Attentätern, nationalistischen Aufwieglern und Freiheitskämpfern suchten.

Mit dem Taxi habe ich mich zu Füßen der Ketschaoua-Moschee, der früheren katholischen Kathedrale, absetzen lassen. Ringsum herrscht ein unbeschreibliches Gewimmel von meist jugendlichen Arabern und Kabylen. Unwillkürlich prüfe ich den Inhalt meiner Taschen; hier fürchte ich mich mehr vor Taschendieben als vor Terroristen.

Schon hat sich ein alter, ärmlich gekleideter Mann meiner bemächtigt. Er bettelt nicht, sondern bietet sich fast gebieterisch als Führer an. Mit graublauen Augen sieht er mich eindringlich an und beginnt, ohne Aufforderung, über die Geschichte der Kasbah zu erzählen, dieser Bastion von türkischen Janitscharen und maghrebinischen Korsaren, ehe der Dey, der Statthalter Istanbuls, 1827 zu jenem fatalen Fächerschlag gegen den französischen Konsul ausholte, der die koloniale Eroberung Nordafrikas auslösen sollte.

Mehr als zehn Jahre lang habe ich Algier nicht besucht. Der Verfall in den modrigen Gassen ist seitdem unaufhaltsam vorangeschritten. Immer mehr Häuser brechen zusammen. In der vergangenen Woche hat es fünf Tage lang ununterbrochen geregnet. Die Wolkenbrüche haben die Fundamente unterspült und manche pittoreske Erinnerung an die osmanische Vergangenheit vernichtet.

Mein alter Führer klettert behende wie eine Bergziege die steilen Treppen hoch. Das Halbdunkel und die beklemmende Enge bieten ideale Voraussetzungen für einen Überfall. Aber keine Sekunde lang fühle ich mich in Gefahr. Selbst die Gassenjungen belästigen den Fremden nicht, und die Erwachsenen – meist junge Männer in Jeans und Windjacke oder Frauen in weißer Verhüllung – weichen höflich aus. Der Alte zeigt mir die Innenhöfe, klopft an kupferbeschlagene schwere Türen. Lächelnd und ungezwungen treten die Insassen dieser heruntergekommenen Patios aus ihren überfüllten Kammern. Sie tauschen den Friedensgruß »as salam aleikum« und nehmen keinen Anstoß an dieser Störung ihrer Privatsphäre.

Dabei bin ich weit und breit der einzige Europäer. Zuerst hatte ich angenommen, die freundliche Nichtbeachtung von seiten der Einheimischen rühre daher, daß sie mich für einen Landsmann hielten. Aber bei den wenigen Höflichkeitsfloskeln, die wir wechseln, wird mir klar, daß sie mit untrüglichem Blick den Ausländer, den Ungläubigen, erkannt haben. Das beeinträchtigt ihre spontane Herzlichkeit in keiner Weise.

An die Lehmwände sind mit dicker schwarzer Farbe politische Inschriften gepinselt. Auch das kommt mir vertraut vor. Vor dreißig Jahren waren hier die Kampfaufrufe der »Nationalen Befreiungsfront« FLN von Algerien zu lesen, drohte man den Franzosen den »Koffer oder den Sarg« (»La valise ou le cercueil«) an. Das Wort »indépendance« – Unabhängigkeit – wurde damals in französischer Sprache plakatiert, weil die nationalistischen Aufrührer nicht in der Lage gewesen wären, »Istiqlal« auf arabisch zu formulieren. Heute entdecke ich ganz andere Parolen, und die Agitatoren haben Zeit gehabt, die Schrift des Korans zu erlernen.

In diesen Februartagen wiederholt die Revolutionsbewegung von Algier den Ruf, der die gesamte islamische Welt vom Senegal am Atlantik bis zu den südlichen Philippinen am Westpazifik erdröhnen läßt: »Allahu akbar – Gott ist groß«. Die Initialen der »Islamischen Heilsfront« FIS (Front Islamique du Salut) haben die der FLN (Front de Libération Nationale), die einst den Kampf gegen die Franzosen führte, verdrängt.

Die Errichtung eines Islamischen Staates (»Daulat el Islamiya«) wird gefordert und immer wieder – allerdings in französischer Sprache – die Befreiung der politischen Gefangenen.

Vergebens halte ich nach Gendarmen, Polizisten oder Soldaten Ausschau. Sie dringen in diesen wirren Tagen der Unruhe noch nicht in das bedrohliche Herz der Kasbah vor. Aber überall dürften Spitzel und Agenten bereitstehen, so wie das bei den Franzosen und früher schon bei den türkischen Fremdherrschern der Fall war. Der Alte mit den blauen Augen deutet auf die zusätzlichen Etagen, die über den Terrassen der baufälligen Wohnquartiere errichtet wurden. Ihr Gewicht trägt dazu bei, die Fundamente vollends zu ruinieren und den Verfall der Altstadt zu beschleunigen.

Ich äußere meine Verwunderung darüber, daß das Sicherheitsaufgebot so diskret sei. Mein Führer antwortet mit einer geschliffenen Formulierung, die ich ihm gar nicht zugetraut hätte: »L'Algérie est un pays opaque, Monsieur – Algerien ist ein undurchsichtiges Land.« Eine lange Geschichte der Verstellung, der Unterdrückung habe an dieser Undurchdringlichkeit mitgewirkt. Er erinnert daran, daß nach der stürmischen Bekehrung des Maghreb durch den islamischen Eroberer Nafi Ben Okba die religiöse Gruppe der »Kharidschiten« großen Einfluß in Nordafrika ausgeübt hätte, jene sektiererischen »Abspalter«, die sich weder den sunnitischen Kalifen des Omajaden-Klans unterwerfen noch der schiitischen »Partei Alis« anschließen wollten. Heute sei Algerien fast einhelliger Bestandteil der großen konfessionellen Mehrheit der Sunna und hänge der malekitischen Rechtsschule an.

Doch zwischendurch, im 10. und 11. Jahrhundert, hätte die schiitische Dynastie der Fatimiden einen starken mystischen Einfluß im Maghreb ausgeübt, ehe sie das Niltal eroberte und 969 die Metropole Kairo gründete. Die Küstenebene von Algier und die dahinter liegenden rauhen Berge des Atlas seien von der Geschichte gebeutelt worden. Die Türken hätten im Landesinnern ihre versprengten Garnisonen nur mit Mühe gegen die aufsässigen Berber behauptet. Schließlich seien die Franzosen gekommen und hätten versucht, aus diesen nordafrikanischen Départements ein Stück Frankreich zu machen. Sie hätten sogar bei einer begrenzten traditionellen Führungsschicht Algeriens und bei den einheimischen Intellektuellen den Wunsch nach

Assimilation geweckt, auch wenn das heute heftig bestritten würde. »Wir Algerier haben seit Generationen gelernt, unsere geheimen Überzeugungen zu verbergen, scheinbar nachzugeben. Aber keiner hat uns bezwungen«, beendete der Alte seine Lektion.

Nach dem Rundgang ließ ich mich in einem schmuddeligen maurischen Kaffeehaus nieder, schräg gegenüber der einstigen Kathedrale. In früheren Jahren hatte ich dort öfters gesessen und das bunte Treiben am Eingang der Kasbah beobachtet. Im Sommer 1960 führten französische Offiziere der Fallschirmtruppe in einem ehemaligen türkischen Palast ihre Verhöre durch. Auf dem Platz vor der heutigen Ketschaoua-Moschee fanden Razzien und demütigende Leibesvisitationen statt. Durch die nachlässigen Kontrollen der ahnungslosen französischen Wehrpflichtigen, die am Eingang des Gassengewirrs linkisch mit ihren Maschinenpistolen hantierten, schmuggelten die Bombenlegerinnen der Nationalen Befreiungsfront – hübsche Algerierinnen, die sich zu diesem Anlaß mehr als schicklich geschmückt und geschminkt hatten – ihre Sprengstoffladungen in die Europäerviertel und stifteten dort Tod und Verwüstung.

Die arabische Nation – ein »Scherbenhaufen«

Es saßen nur Männer in dem »Café Maure«. Die meisten hielten sich hier seit Stunden auf, bei einer einzigen Tasse Kaffee, spielten »Trictrac«, tuschelten mit ihren Nachbarn oder lauschten einer schmalzigen orientalischen Musik.

Mit einem jungen mürrischen Mann kommt, mühsam und zögernd, ein Gespräch zustande. Ich erwähne, daß mir dieses Viertel aus früheren Zeiten wohlvertraut sei. Mein Gegenüber gibt sich als ehemaliger Student der Soziologie zu erkennen. Aber er habe das Studium abgebrochen. Wie so viele seiner Altersgenossen sei er auf der Suche nach Arbeit und Unterhalt. »Ich verrate Ihnen kein Geheimnis«, sagt er, »die Ruhe, die Sie hier feststellen, ist trügerisch. Gestern noch ist es im unteren Teil der Kasbah, neben jenen Arkaden, wo früher einmal die jüdische Gemeinde lebte, zu einem schweren Überfall auf die Sicherheitskräfte gekommen.« Ich könne das in der Zeitung nachlesen. Sechs Gendarmen seien zu Tode gekommen. Die Attentäter hätten ihren Hinterhalt sehr professionell organisiert.

Die islamischen Fanatiker, die sich gegen die Verhängung des Kriegsrechts und gegen den Putsch der Militärs zur Wehr setzten, würden im Volksmund »die Afghanen« genannt oder auch »les Kabouls«. Beim harten Kern der Aufrührer handele es sich nämlich um Algerier, die ihre militärische Ausbildung in Afghanistan erhalten hätten oder zumindest in jenen Grenzlagern Pakistans, in denen die Mudschahidin auf ihren Einsatz gegen die Sowjetarmee und deren Verbündete trainiert wurden.

Als die »Islamische Heilsfront« noch ihre Massenveranstaltungen durchführen konnte und das Straßenbild von Algier beherrschte, wären »les Afghans« mit der Kalaschnikow und in der Tracht des Hindukusch aufgetreten, in den weiten braunen Gewändern der dortigen Partisanen mit der typischen tellerähnlichen Kopfbedeckung »Pakool«. Sie standen kurz vor der Machtergreifung, träumten bereits von der Gründung ihres Islamischen Gottesstaates. Ihnen sei aktive Unterstützung bei den Mullahs von Teheran gewährt worden. Im Umkreis von Khartum, wo die Islamisten seit einiger Zeit – unter Anheizung durch den Prediger Turabi – eine recht willkürliche Gewalt ausübten, hätten sie rückwärtige Basen auf dem afrikanischen Kontinent ausgebaut. Doch jetzt sei die große Wende gekommen. Jetzt würden die Soldaten auf die »Afghanen« Jagd machen, sie in den Untergrund treiben. Es sei ein Klima der Furcht, der explosiven Unsicherheit entstanden, wie es mir vielleicht aus den fünfziger und sechziger Jahren in Erinnerung wäre. Er selbst sei damals noch gar nicht geboren gewesen. Deswegen habe er auch wenig Sinn für die romantische und heldenhafte Legende des großen antikolonialistischen Freiheitskampfes einer früheren Generation.

Welches denn sein ideologischer Standpunkt sei, fragte ich den Studenten mit einer Direktheit, die im zurückhaltenden Orient unhöflich wirken mußte. Ich entschuldigte mich dafür. Aber der junge Mann mit den lässigen Manieren wehrte ab. »So orientalisch sind wir auch wieder nicht«, sagte er. »Ich habe sogar, wie so manche meiner Altersgenossen, eine Zeitlang mit dem Marxismus geliebäugelt. Das war große Mode an unseren Universitäten, wo auch der Lehrkörper sehr stark von französischen Einflüssen geprägt blieb, selbst nach der Unabhängigkeit. Doch die Klassenkampf-Theorien des Marxismus sind ja spätestens fortgefegt worden, als die von vielen bewunderte Sowjetmacht in sich zusammenbrach.«

Es sei ein großes Vakuum entstanden, und die Ratlosigkeit greife um sich. Das gelte nicht nur für die Intellektuellen, sondern auch für das einfache Volk, seit die Propagandisten, die Prediger und Imame der Islamischen Heilsfront festgenommen wurden oder Zuflucht im Untergrund suchten. Früher habe seltsamerweise die DDR auf die algerischen Studenten eine besondere Faszination ausgeübt, und so mancher seiner Kommilitonen hätte dort ein Stipendium erhalten. Aber jetzt sei ja angeblich das »Ende der Geschichte« erreicht, wie dieser amerikanisierte Japaner behaupte. Sogar der arabische Nationalismus, die Vorstellung einer gemeinsamen »arabischen Umma« zwischen Marokko und dem Persischen Golf sei wie eine Luftblase geplatzt, seit die verschiedensten Fraktionen aus dem Volk des Propheten sich im Golfkrieg zerfleischt hätten. In Algier habe man Anfang 1991 mit dröhnenden Massenkundgebungen für Saddam Hussein Stellung bezogen und in den dramatischen Wochen der Operation »Wüstensturm« mit dem Irak sympathisiert. Auch die frommen Fundamentalisten, die »Integristen«, wie man im Maghreb sagt, hätten vor Begeisterung vibriert, und einer ihrer radikalsten Führer, Ali Belhadsch, sei nach Bagdad gepilgert, obwohl er doch wissen mußte, daß Saddam der Islam-feindlichen Ideologie der Baath-Partei verhaftet sei.

Die arabische Nation gleiche jetzt einem großen Scherbenhaufen. Und was die neue religiöse Heilsvision beträfe, die Vorstellung vom perfekten Islamischen Gottesstaat getreu dem Leitbild, das der Prophet Mohammed einst in Medina vorgelebt habe, so sei sie nun ebenfalls an den Bajonetten der Militärs gescheitert.

»Wir Algerier haben es besonders schwer«, seufzte der Student. »Wir sind durch die intensive französische Assimilationspolitik uns selbst entfremdet worden. Ich könnte mit Ihnen dieses Gespräch nicht auf Arabisch führen, weil ich die Sprache des Propheten nicht ausreichend beherrsche. Mit unserem maghrebinischen Dialekt und den französischen Sprachanleihen, auf die wir nicht verzichten können, sind wir das Gespött des Maschreq, des arabischen Orients, geworden.« Er müsse gelegentlich an den schwarzen Antillen-Philosophen Frantz Fanon, den wutentbrannten Propagandisten des radikalen Antikolonialismus, denken. In einem Punkt zumindest dürfte Fanon, den man einst in Algerien bewundert und inzwischen vergessen habe, wohl recht behalten: Während einer ersten, möglicherweise recht langen Phase nach der Befreiung vom kolonialen Joch würden die neuen autochthonen Führungsschichten beinahe zwangsmäßig das Gehabe und die Methoden ihrer früheren Unterdrücker übernehmen. Die Veteranen der algerischen Befreiungsfront, die einst mit äußerster Bravour den Verzweiflungskampf gegen die französische Metropole überlebten, hätten sich nach ihrer Machtergreifung nur scheinbar als national-algerische, auf maghrebinische Eigenart bedachte Führungselite etabliert. Ohne es zu merken, seien sie zu einer Schmarotzerschicht geworden. Eine solche Meinung könne man heute ganz öffentlich und ohne großes Risiko äußern, denn der Staatsstreich der Volksarmee, der in erster Linie die Islamisten traf, sei mit ähnlichen Vorwürfen zusätzlich gerechtfertigt worden. Aber damit sei die Vertrauenskrise leider nicht behoben. Auch das hohe Offizierskorps – mit der früheren Einheitspartei FLN und ihrer Nomenklatura aufs engste verwoben – würde von der Masse weiterhin als Fremdkörper empfunden. Selbst diese Militärs gehörten einer Kategorie an, die vom Volk als die »neuen Franzosen – les nouveaux Français« bezeichnet würden. Die letzten Worte waren geflüstert worden. Der junge Mann stand plötzlich auf und verschwand grußlos.

Ich suchte nach einem Taxi, das mich auf die Höhen von El-Biar zurückbringen sollte. Der Fahrer gab sich als Kabyle zu erkennen, als Angehöriger jenes rauhen berberischen Gebirgsvolks im Atlas, das man im römischen Altertum als Numidier bezeichnet hatte und das auch nach der arabischen Eroberung seine Eigenart und seine Wurzeln nicht verloren hatte.

Der Kabyle hielt mit seiner Meinung nicht zurück, als ich ihn fragte, wie denn die Auseinandersetzung zwischen den militärischen Putschisten und der Islamischen Heilsfront ausgehen würde. »Das können Sie sich leicht ausmalen«, sagte er, »das wird so ausgehen wie in jedem Kriminalfilm: Am Ende gewinnt die Polizei.« Er habe auch nicht die geringste Sympathie für diese religiösen Fanatiker, diese Obskurantisten – so drückte er es aus –, diese arabischen Faulpelze. Es sei bezeichnend gewesen, wie plötzlich nach dem Staatsstreich die engagierten Fundamentalisten ihre Bärte abrasiert und ihre langen weißen Gewänder abgelegt hätten. Der Bereitschaft zum Märtyrertum seien Grenzen gesetzt. Die tägliche harte Arbeit in Algerien, die müsse ja doch von den Kabylen erbracht werden. Die seien zwar auch gute Muselmanen, aber sie würden die Religion nicht zur politischen Agitation mißbrauchen.

Vor dem Verlassen des Hafenviertels nahe der Admiralität sahen wir dann doch eine kleine Gruppe von »Barbus«, von jenen Bärtigen, die der Volksmund gelegentlich auch als »Frérots« – als »Brüderchen« – bezeichnet. Der Anblick erregte meinen Taxifahrer zutiefst. »Da sehen Sie nun diese angeblichen ›frères musulmans‹. In dieser archaischen Verhüllung, diesem ›Kamis‹, sind sie doch gar nicht in der Lage, eine moderne Arbeit zu verrichten. Sie fühlten sich schon als Sieger. Sie hatten die Wahlen ja schon gewonnen. Aber es ist noch einmal anders gekommen. Ob wir Kabylen uns allerdings beglückwünschen sollen, daß jetzt die Armee das Sagen hat, ist eine andere Frage. Wir Kabylen haben uns immer schwergetan mit den Militärs von Algier.«

Koloniale Nostalgie

Der Abend senkte sich über die Küste. Bei Einbruch der Dunkelheit, so hatte man mich schon bei der Ankunft am Flugplatz gewarnt, würden die Streitkräfte – Fallschirmtruppen und Einheiten einer blau uniformierten Sonderpolizei, die den französischen CRS zum Verwechseln ähnlich sieht – mit schußbereiten Waffen in die aufrührerischen Bastionen des muslimischen Widerstandes eindringen, in die Kasbah natürlich, aber auch nach Bab-el-Oued, Belcourt und Kouba. Sie würden Verhaftungen vornehmen und ihren Verhören mit Folterungen Nachdruck verleihen, wie zur Zeit der französischen Repression. Falls sie der gesuchten Verdächtigen nicht habhaft würden, müßten die Verwandten herhalten und würden an Stelle der Verschwörer verschleppt.

In dem Maße, wie wir uns dem Villenviertel von El-Biar näherten, wirkte die Menschenmenge immer westlicher, fast europäisch. Kaum eine Frau ging hier verschleiert, und die Männer hätten vom Typ und der Allüre her nach Sizilien oder Andalusien gepaßt.

Bei meinem letzten Aufenthalt vor zehn Jahren war mir die einst so prächtige Stadt Algier – »Alger la blanche« – heruntergekommen und verwahrlost erschienen. Seit der Unabhängigkeit war ja kaum eine Fassade gestrichen und kein Witterungsschaden behoben worden. Die schreckliche Übervölkerung trug zum rapiden Niedergang der Wohnsubstanz bei. Vielleicht verhüllte die einbrechende Dämmerung nur den schlimmsten Verfall. Es war wohl auch der goldrote Schein der untergehenden Sonne, der alles verklärte, sogar die quadratischen seelenlosen Hochhäuser der neugegründeten Satellitenviertel, die wie barbarische Festungen den Horizont verstellten.

Algier erschien mir an diesem Abend des Wiedersehens wie eine verblühte schöne Frau. Dieses Mal fiel mein Urteil milder aus als beim Besuch Mitterrands vor zehn Jahren. In der Zwischenzeit hatte ich die Städte der zerbrochenen Sowjetunion zwischen Kiew und Irkutsk besichtigt; der dortige Niedergang erschien mir unendlich trostloser und irreparabler. Vor allem verzieh man der maghrebinisch-maurischen Bevölkerung, die sich selbst als Bestandteil der Dritten Welt bezeichnete, viel eher die systematische Vernachlässigung des übernommenen europäischen Kulturgutes. Für die schreckliche Fehlleistung der Russen hingegen, die sich noch vor wenigen Jahren auf dem Gipfel ihrer Sowjetmacht gebrüstet hatten, dem ganzen Universum Fortschritt, soziale Gerechtigkeit und Völkerfrieden zu bringen, gab es kaum eine Entschuldigung. An Nowosibirsk und Kasan gemessen war Algier immer noch eine prächtige Metropole.

Im übrigen hatten die wirtschaftlichen Liberalisierungsmaßnahmen der letzten Jahre, die Präsident Schedli Ben-Dschedid verfügt hatte, zwar den Schwarzmarkt explodieren und die Korruption wuchern lassen; die soziale Ungerechtigkeit zwischen der Herrschafts-Nomenklatura und den pseudo-marktwirtschaftlichen Ausbeutern einerseits, der darbenden Masse andererseits, war unerträglich geworden. Dennoch hatten sich die Geschäfte wieder gefüllt. Vor allem das Lebensmittelangebot war von strotzender Üppigkeit. Der flüchtige Besucher nahm nicht wahr, daß die Preise für die landwirtschaftlichen Produkte wie auch der nun wieder ausgiebig vorhandenen Importgüter technischer Art für die meisten Einheimischen unerschwinglich blieben.

Jenseits der herrlich geschwungenen Bucht von Algier zeichneten sich die Berge der Kabylei gegen einen violetten Himmel ab. Rund um den früheren Sommerpalast erstreckten sich die Wohnviertel der Bourgeoisie mit ihrer neo-maurischen Architektur und den verträumten Palmengärten wie eine spätkoloniale Idylle.

Eine sentimentale, nostalgische Stimmung kam auf. Ich genoß diesen milden Vorfrühlingsabend. Plötzlich verstand ich, warum es den Franzosen so schwergefallen war, von dieser nordafrikanischen Besitzung Abschied zu nehmen. Im Rückblick gewann die französische Präsenz, die ja mehr als ein Jahrhundert gedauert hatte, beinahe römische Dimensionen. Nicht umsonst hatte man den hochgelegenen Platz vor dem Gouvernement Général das »Forum« genannt.

Ich hatte mich im Hotel »El Djazair« einquartiert, das im Volksmund weiterhin »Le Saint-Georges« heißt. Auch hier unterschied sich die Qualität der Zimmer, die routinierte Gastlichkeit des Personals wohltuend von der Verwahrlosung der Intourist-Herbergen im früheren Sowjetimperium. Mit Melancholie nahm ich in den Palmengärten des »Saint-Georges« Platz, wo früher einmal die Komplotteure der französischen Armee und ihre politischen Sympathisanten aus dem Mutterland über den Sturz, ja über die Ermordung de Gaulles beratschlagt hatten.

Georges Bidault, ehemaliger Regierungschef und Außenminister der Vierten Republik, der ungeachtet seiner Zugehörigkeit zur Christlichen Demokratie in seinen alten Jahren zu den fanatischsten Verfechtern der »Algérie Française« gehörte, hatte hier mit Gleichgesinnten getafelt und aus seinem Buch zitiert, das den Titel trug: »L'Oiseau aux ailes coupées – Der Vogel, dem man die Flügel beschnitten hat«. Damit hatte er die drei algerischen Départements gemeint, denen durch die Unabhängigkeitsgewährung an Marokko und Tunis die Chance eines dauerhaften Verbleibs in der »Communauté française« genommen worden sei. Irgendwie – so schien mir jetzt im Rückblick – hatte auch das französische Mutterland seine imperialen Schwingen mit der Preisgabe des afrikanischen Südufers des Mittelmeers verloren. Die Fünfte Republik hatte ihre Weltbedeutung eingebüßt, war auf einen atlantischen Randstaat Europas reduziert worden, so wichtig und unentbehrlich dieses »Hexagon« für die weitere Entwicklung des abendländischen Zusammenschlusses auch bleiben mochte.

Andererseits ließ sich unschwer ausmalen, welches Schicksal die Franzosen erwartet hätte, falls es den Ultra-Nationalisten gelungen wäre, die maghrebinischen Besitzungen mit politischem Zwang und Waffengewalt zu behaupten. »Von Dünkirchen bis Tamanrasset« – so lautete damals die Formel der frenetischen Gegner de Gaulles, die dem General den Rückzug aus Afrika nicht verzeihen wollten. Zu ihnen gehörte auch der junge Fallschirmjägeroffizier Jean-Marie Le Pen, der bei der Fremdenlegion diente. Törichterweise führen ihm seine gemäßigten politischen Gegner in der Auseinandersetzung mit der Nationalen Front, die heute zwischen Perpignan und Nizza durchschnittlich zwanzig Prozent auf sich vereinigt, nie vor Augen, welches Unheil die Verwirklichung seiner utopischen Herrschaftsvorstellungen über die »Métropole« gebracht hätte.

Wenn Frankreich heute mit dem kaum verkraftbaren Problem einer nordafrikanischen Einwanderermasse von drei Millionen Menschen nicht fertig wird – was wäre denn aus Gallien geworden, wenn man alle Muselmanen Algeriens zu vollgültigen Bürgern der Fünften Republik, zu »Français à part entière« travestiert hätte? Die Zahl dieser arabischen Franzosen wäre heute auf dreißig Millionen angeschwollen. Das Mutterland wäre mit dieser multikulturellen, unverdaulichen, durch den Islam radikalisierten Aufblähung niemals zurechtgekommen. Durch seinen Verzicht hat de Gaulle die Identität, ja die Existenz der französischen Nation gerettet. Welch eine Chimäre war doch dieser krampfhafte Traum einer politischen Einheit zwischen Dünkirchen am flandrischen Ärmelkanal und Tamanrasset, jener Hoggar-Oase in der südlichen Sahara, die bereits zur schwarzafrikanischen Sahel-Zone von Niger überleitet!

Die wilden Wüstenstämme in diesem Raum, die Tuareg, deren kriegerische Raubzüge auf weißen Kamelen, deren blauverschleierte Räubergestalten die Romantik der Kolonialliteratur beflügelt hatten, machten zu Beginn des Jahres 1992 übrigens wieder von sich reden. Die hamitischen, hellhäutigen Nomaden hatten sich nach Jahrzehnten willfähriger Unterwerfung zu einem letzten verzweifelten Überlebenskampf aufgerafft gegen die schwarzen Sudan-Völker – Bambara und Songhai –, die ihnen das Gesetz ihrer willkürlichen *négritude* diktieren wollten. Von dieser unerbittlichen Steinlandschaft des Hoggar, von den endlosen Sandwüsten, die zu den Karawansereien von Agadir überleiten, war man hier im milden mediterranen Algier weiter entfernt als von der französischen Hafenstadt Marseille.

Das sowjetische Modell zerplatzt

Zu früher Stunde hatte mich Georges zum »petit déjeuner« in seine Wohnung gebeten. Sie lag in einem rundlichen Turmbau von El-Biar, dessen Aufzüge meist blockiert waren. Georges war Korrespondent einer großen französischen Abendzeitung und betrachtete die Geschehnisse im Maghreb mit jener skeptischen, aber insgesamt positiven Distanz, wie wohl nur die früheren Kolonisatoren sie gegenüber ihren abgefallenen Besitzungen aufbringen. Zudem galt er als ein durchaus »fortschrittlicher« Korrespondent, obwohl sich dieser Begriff in Algerien auf fatale Weise abgenutzt hatte.

Die kabylische Hausgehilfin öffnete mir zunächst mißtrauisch, dann überströmend freundlich die Tür. Ich war offenbar zu früh gekommen, denn der zehnjährige Sohn des Hauses – noch mit einem Pyjama bekleidet – übernahm es, die Zeit des Wartens mit seinem Plappern zu überbrücken. Es war ein lebhafter, blonder, etwas altkluger Junge, der mir von der Höhe des Turms die Lage der verschiedenen Ministerien und Botschaften erklärte. Wie er sich in Algier fühle, fragte ich den kleinen Robert. Der Junge antwortete mit einem Untergangs-Pathos, das der Komik nicht entbehrte. Er fühle sich zwar sehr wohl in Nordafrika, aber was erwarte einen Angehörigen seiner Generation denn schon außer ökologischem Untergang, grassierender Arbeitslosigkeit und der schrecklichen Lustseuche Aids. Georges war lachend hinzugetreten und setzte der Plauderei ein Ende.

»Wir haben uns in der Einschätzung der politischen Lage sehr getäuscht«, sagte er. »Wir haben uns alle etwas vorgemacht und uns gegenseitig mit Fehlinformationen infiziert. Die Diplomaten und die Journalisten, die Residenten der diversen Nachrichtendienste sind auf die ›intoxication‹ der herrschenden FLN-Partei, der Nationalen Befreiungsfront hereingefallen. Vermutlich haben sie selber an ihre Illusionen geglaubt, die Mitglieder der algerischen Nomenklatura, vom Präsidenten Schedli über den Regierungschef Ghozali bis hin zu den unteren Blockwarten der Einheitspartei.«

Vor den Wahlen, deren erste Runde am 26. Dezember 1991 stattfand, hatten sich die Meinungsforscher ausgerechnet, daß die FLN ein gutes Drittel der Stimmen davontragen würde, ein weiteres Drittel wäre den mehr oder minder demokratischen Parteien zugefallen, insbesondere der Kabylen-Bewegung FFS (Front der Sozialistischen Kräfte), und schließlich hätten sich die Fundamentalisten der »Islamischen Heilsfront« FIS (auf Arabisch »dschibhat el islamiya lil inqadh«) mit einem letzten Drittel zufriedengeben müssen. Auf dieser Basis hätte Schedli manövrieren und manipulieren können.

»Der überwältigende, totale Wahlsieg der Islamisten«, bekräftigte Georges, »hat uns alle zutiefst überrascht und aus dem Konzept gebracht. Aber dieses Land ist eben unberechenbar geworden. Wenn die Jugendlichen unter dreißig Jahren 73 Prozent der Gesamtbevölkerung ausmachen und die große Mehrzahl weder Berufschancen noch eine erträgliche Existenzgrundlage besitzt, wenn sie jeder ideologischen Vision beraubt ist, dann kann es doch nur zum unberechenbaren politischen Erdrutsch kommen.«

Ich verwies darauf, daß bei meinem ersten Besuch in Algerien im Herbst 1953 etwa acht Millionen Muselmanen gezählt worden seien. Jetzt, so stellten wir fest, war die Einwohnerzahl auf knapp dreißig Millionen ermporgeschnellt. Das wäre an sich noch keine Katastrophe gewesen für diesen Staat mit seiner unendlichen Weite, seinen fruchtbaren Küstenebenen, seinen reichen Bodenschätzen, wenn nicht die wahnwitzigen Experimente eines auf sowjetische Modelle ausgerichteten Kollektivismus das Agrarexportland Algerien zu einem Agrarimportland gemacht hätten, wenn nicht die Gigantomanie einer überstürzten Industrialisierung – vergleichbar fast mit dem stalinistischen Experiment der dreißiger Jahre – auf Kosten der Konsumgüter ein ganzes Spektrum von sinnlosen Produktionszweigen geschaffen hätte, die weder im Inland noch im Ausland Absatz für ihre Produkte fanden. Seit dem Ende der Kolonisation war die Demokratische Volksrepublik Algerien geradewegs in das ökonomische Desaster gestolpert. Der Vergleich drängte sich auf zwischen den mißlungenen sozialistischen Kraftakten Osteuropas – inklusive der DDR – und diesem maghrebinischen Ableger einer abstrusen ideologischen Verirrung.

Als dann in den achtziger Jahren unter dem Druck der bitteren Misere und den Einflüsterungen des Internationalen Währungsfonds Präsident Schedli Ben-Dschedid, der Nachfolger des kargen und spartanischen Houari Boumedienne, das Staatssteuer herumriß mit dem

Ziel ökonomischer Liberalisierung, kam es beileibe nicht zu jener marktwirtschaftlichen Normalisierung, die man sich in den neuen Führungsgremien der Einheitspartei versprochen hatte. In mancher Beziehung nahm Algerien die Entwicklung der Sowjetunion vorweg. Statt zur Wirtschaftsliberalisierung kam es zu einer massiven Wirtschaftskriminalität. Die alten Kommandostrukturen paßten sich den Gesetzen von Angebot und Nachfrage höchst widerwillig an, ja sie verfälschten sie im Sinne einer Bevorzugung der ohnehin Privilegierten. Hatte es unter der unerbittlichen Dracula-Gestalt des Präsidenten Houari Boumedienne auch an allem gemangelt, so bescherte sein hartes Regiment doch einen Anschein breiter Gerechtigkeit in der Entbehrung. Der Luxus der Begünstigten hütete sich vor öffentlicher Entfaltung. Ein rigoroses Polizei- und Spitzelsystem sorgte für politische Grabesruhe, aber auch für Sicherheit vor verbrecherischen Elementen. Nach außen agierte die algerische Diplomatie mit professionellem Geschick, mit ständig wacher Vermittlungsbereitschaft in scheinbar unlösbaren Krisensituationen, sei es nun in der Frage der amerikanischen Botschaftsgefangenen von Teheran oder bei den mühseligen Anläufen für eine Befreiung der Geiseln im Libanon. Die verschiedenen Regierungen der Fünften Republik hatten – bei aller Haßliebe der Algerier gegenüber ihrer früheren Kolonialmacht – zu den Sicherheitsdiensten Boumediennes engste, manchmal verschwörerische Beziehungen geknüpft. Als Bindeglied zwischen Amerikanern und blindwütigen Extremisten der libanesisch-schiitischen »Hizbullah« hatten sich die klugen algerischen Botschafter unentbehrlich gemacht. Sie standen – mit gebührender Distanz – auch den sowjetischen Emissären, KGB inbegriffen, hilfreich zur Seite. Nach dem Tode Boumediennes, der am 27. Dezember 1978 in einem Moskauer Hospital nach langer Agonie dahinschied, schrumpfte das internationale Prestige des zentralen Maghreb-Staates. Seltsamerweise hat die algerische Volksmeinung diesen Niedergang der weltweiten Einwirkungsmöglichkeit ihres Vaterlandes als Folge einer neuen, proamerikanischen Ausrichtung – auch wenn diese mit größter Heimlichkeit praktiziert wurde – fast ebenso schmerzlich empfunden wie die Preisgabe der diktatorischen Egalitätspolitik in der Wirtschaft.

Was mich bei meinen Gesprächen mit einfachen Algeriern immer wieder überraschte, war die Hochachtung, ja die postume Verehrung, die man dem finsteren und unnahbaren Boumedienne zollte. Seltsame Veranlagung der Völker zur Unterwürfigkeit vor den großen Tyrannen! Ähnliches hatte ich bei gewissen Muselmanen sogar in den zentralasiatischen Republiken der Sowjetunion erlebt, wo der eine oder andere Veteran des Großen Vaterländischen Krieges der Schreckensfigur Josef Stalins nachtrauerte. Schedli Ben-Dschedid, aus der Nationalen Befreiungsarmee hervorgegangen, alteingefleischter Gewährsmann der allmächtigen FLN, hatte den Bleideckel gelüftet, den Boumedienne fünfzehn Jahre lang über Algerien gestülpt hatte. Aber diese Freizügigkeit wurde ihm nicht gedankt. Auch hier drängen sich gewisse Assoziationen mit Perestrojka und Glasnost, mit dem Scheitern Michail Gorbatschows auf.

Die »Grieß-Revolte«

Im Oktober 1988 brach eine blutige Existenzkrise über Algerien herein. Ein Aufstand der Jugend von unerhörter Virulenz wühlte die Demokratische Volksrepublik auf. Es war blinde Wut, rasende Zerstörungssucht, die diese Horden von Halbwüchsigen auf die Straße trieb, sie zu Brandschatzungen und Plünderungen veranlaßte. Sie wollten die skandalöse Bereicherung der Geschäftemacher, der Schwarzhändler, der Volksverderber strafen und der verkrusteten Oligarchie der FLN vor Augen führen, daß sie das Vertrauen der Masse des Volkes, nämlich der Jugend, endgültig verloren habe.

Von einer islamistischen Inspiration konnte 1988 indes nicht die Rede sein, auch wenn an der Universität von Algier inzwischen die frommen Koranglaubigen in heftigen Saalschlachten über den marxistischen Flügel der Studentenschaft triumphierten.

Schon im Herbst 1988 wurde die Armee zur rücksichtslosen Niederschlagung des Aufstandes eingesetzt. Genaue Verlustzahlen liegen nicht vor, aber mindestens 500 jugendliche Randalierer fanden den Tod. Bezeichnenderweise nahmen die im Westen sonst überaus regen Menschenrechtsorganisationen, deren Entrüstungsbereitschaft sich auf sträfliche Weise selektiv verhält, dieses Massaker kaum zur Kenntnis, mit der rühmlichen Ausnahme von »Amnesty International«.

»Kann man einen Staat der arabisch-islamischen Welt auf die Dauer gegen den Willen seiner jugendlichen Mehrheit regieren?« fragte ich Georges. Das war das zentrale, alles beherrschende Thema in dieser Region. Die Algerier fanden nun, nach dem Scheitern ihres gewaltsamen Aufbruchs, der sich vor allem gegen die sozialen und wirtschaftlichen Mißstände, die Vetternwirtschaft und Korruption richtete, eine ideologisch-religiöse Plattform, die von Stund an zum ausschlaggebenden Faktor in der politischen Auseinandersetzung werden sollte. Im Oktober 1988 hatte man von der »révolte de la semoule« – dem »Grieß-Aufstand« – geredet, benannt nach der wichtigen Zutat für das nordafrikanische Nationalgericht »Couscous«, das auf dem Markt nicht mehr zu finden war. Hinzu kam eine tiefe psychische Verwirrung. Wie kein anderes Land der islamischen Welt war Algerien durch die weit vorangeschrittene Assimilation an die Lebensformen, ja an die Sprache des Kolonisators, durch die Übernahme französischer Denkmodelle, durch eine Mimikry, die bis ins Unterbewußtsein reichte, in einen Zustand der Selbstentfremdung, der »Alienation«, wie die Soziologen sagen, geraten, deren Spannungen nur explosiv sein konnten. Gerade weil Algerien seine eigene Seele verloren hatte, war es anfällig für die Proklamation neuer und alter Verheißungen. Nach dem kläglichen Scheitern der marxistisch-leninistischen Vorgaben und auch jenes jugoslawischen Experiments, das zeitweilig großen Anklang gefunden hatte, schlug die Stunde der islamischen Prediger.

Das sozialistische Algerien Boumediennes – er selber war als frommer Muslim erzogen und sogar an koranischen Hochschulen ausgebildet worden – hatte zwar den Islam als offizielle Staatskonfession anerkannt, wachte jedoch eifersüchtig über die Trennung zwischen Staat und Religion. Die FLN war eine durchaus säkulare nationalistische Bewegung, die der syrischen oder irakischen Baath-Partei in mancher Beziehung verwandt war. Die Sicherheitsorgane sorgten dafür, daß die Korangelehrten, die »Ulama«, die noch unter der französischen Fremdherrschaft eine wirksame Zelle geistlicher Opposition gegen christliche Patronage und gottlose Freigeisterei dargestellt hatten, den Geboten der Staatsführung untertan blieben. Es entstand – analog zu so vielen islamischen Staaten von Marokko bis Indonesien – eine intime Komplizenschaft zwischen den Repräsentanten der weltlichen

Macht und einem staatskonformen, traditionalistischen Islam, wie er in Ägypten durch die allzu gefügige El Azhar-Universität am trefflichsten veranschaulicht wird.

Doch unterschwellig bahnte sich der Mythos der islamischen Wiedergeburt – frei von jeder laizistischen oder nationalistischen Gängelung – mächtig und unaufhaltsam seinen Weg. Seit langem sprach man von den sogenannten »mosquées sauvages«, den »wilden Moscheen«, wo redegewandte und von der göttlichen Inspiration getragene Laien plötzlich die reine, unverfälschte Botschaft des Propheten verkündigten, die Einheit von Religion und Staat – »din wa dawla« – forderten, ja die Unterordnung des Politischen unter das Sakrale als Quintessenz der koranischen Überlieferung herausstellten.

Es waren durchaus nicht nur Ignoranten und Obskurantisten, die diesen islamischen Totalitätsanspruch, der sogar den Nationalismus als verderbliche Anleihe aus dem Westen verdammte, vortrugen. Unter den mystischen Volkstribunen, die nach und nach die Begeisterung, ja den blinden Fanatismus der Massen schürten, befanden sich zwei sehr unterschiedliche Führungsgestalten. Abbassi Madani trug zwar eine weiße Dschellabah und den für einen Imam angemessenen Vollbart, aber er hatte einen durchaus westlichen Bildungsgang durchlaufen. Neben einem Soziologiestudium hatte er sich in England mit Anglistik befaßt und galt als Shakespeare-Experte. Das verminderte jedoch in keiner Weise seinen fundamentalistischen Eifer, der ihm den Ruf eines »algerischen Khomeini« einbrachte.

Ihm zur Seite – halb als Gefährte, halb als Rivale – stand die hagere Erscheinung des Demagogen Ali Belhadsch, dessen abendländisches Bildungsgut sehr viel geringer war und der sich von Abbassi Madani dadurch unterschied, daß er ganz offen zum Heiligen Krieg gegen die sündhaften Herrscher der Stunde aufrief. Ali Belhadsch ging in seiner Übersteigerung so weit, daß er – obwohl er perfekt Französisch sprach – sich weigerte, mit französischen Journalisten in der Sprache Corneilles zu reden und sich deren Fragen ins Arabische übersetzen ließ. Die Verwirrung der Geister wurde durch die Tatsache verdeutlicht, daß der gleiche Belhadsch sich mit einem Teil seiner eigenen Landsleute, die des koranischen Idioms nicht mächtig waren, auf Französisch verständigen mußte.

Wahlsieg der »Heilsfront«

Nach der »Grieß-Revolte« von 1988 wurde sich die Spitze der »Nationalen Befreiungsfront« bewußt, daß ihr der Boden unter den Füßen schwankte. Schedli Ben-Dschedid warf Ballast ab, ordnete eine Verfassungsreform an und schaffte das politische Monopol der Einheitspartei FLN ab. Gleichzeitig versprach er freie Wahlen – keine Parlamentswahlen wohlweislich, sondern die Neubestimmung der Kommunalräte. Am 12. Juni 1990 brachte der Urnengang die große Sensation, das längst drohende Erdbeben. Die islamisch-fundamentalistische Bewegung FIS gewann die Mehrheit in 853 von 1501 Städte- und Gemeindeversammlungen. Der FLN war eine tödliche Niederlage beigebracht.

In diesem Sommer 1990 wäre es für die Islamisten wohl möglich gewesen, aus dem Überrumpelungseffekt heraus das nationale Schicksal zu ihren Gunsten zu wenden. Die Verwaltung war kopflos und die Armee gelähmt. Abbassi Madani hat damals vermutlich seine große Chance verspielt, als er das herrschende Regime nicht zur Kapitulation zwang. Er erreichte von Staatspräsident Schedli allenfalls, daß freie Parlamentswahlen ausgeschrieben wurden.

Doch die FLN verstand sich inzwischen wieder auf das Taktieren, das Verzögern, die Manipulation. Die neue Volksbefragung erschien im voraus gefälscht, waren doch die Wahlbezirke so angelegt, daß der Heilsfront wenig Siegeschancen blieben. Im übrigen wirkten die Regierungen des FLN-Kaziken Mulud Hamrusch und dann seines Nachfolgers Sid Ahmed Ghozali darauf hin, den islamisch verwalteten Gemeinden die Mittel für jede soziale Aktion, für ausgleichende Gerechtigkeit, ja für die Armenbetreuung zu entziehen, die ihr Ansehen bei der Bevölkerung hätten konsolidieren können.

Die »Bärtigen« waren mit dem Koranzitat hausieren gegangen, wonach vor Gott alle Menschen gleich seien »wie die Zähne eines Kammes«. Jetzt erwies sich, daß es den neuernannten Kommunalpolitikern an administrativer Erfahrung mangelte und daß sich die Prinzipien des Korans nur unter großen Widerständen in eine zutiefst verwestlichte Gesellschaft übertragen ließen. Kurzum: die Heilsfront fühlte sich um ihre Anfangserfolge geprellt, befürchtete das Nachlassen der Massenbegeisterung für die koranische Sache und entschied sich im Juni 1991 mit einjähriger Verspätung zu jener radikalen, gewalttätigen Aktion, mit der sie ein Jahr zuvor vermutlich noch triumphiert hätte.

Zwei Wochen lang wurde Algerien von blutigen Unruhen heimgesucht. In vielen Städten und Oasen floß das Blut der Gläubigen, denn die Armee eröffnete bedenkenlos das Feuer. Unter dem Druck der Militärs verhängte Präsident Schedli den Ausnahmezustand, ließ die Rädelsführer der FIS, insbesondere Madani und Belhadsch, in jene Gefängniszellen abführen, in denen einst die Freiheitskämpfer gegen die Franzosen geschmachtet hatten. Er berief den überaus wendigen Technokraten Sid Ahmed Ghozali, von seinen Gegnern das »Chamäleon« genannt, an die Regierungsspitze und verschob die Parlamentswahlen auf Dezember 1991.

Der Staatschef hatte jedoch seinen Generalen und Obristen die von ihnen geforderte Auflösung der islamischen Massenbewegung verweigert. Er verließ sich darauf, daß es dem geschmeidigen Ghozali gelingen werde, einen relativ gemäßigten Flügel der Heilsfront zum politischen Kompromiß zu bewegen.

Georges mußte eingestehen, daß man über die intimen Konflikte unter Algeriern nur Vermutungen anstellen konnte. Bei den Fundamentalisten war es wohl damals zu einer dramatischen Auseinandersetzung gekommen. Der harte Flügel hielt nichts von freien demokratischen Wahlen nach westlichem Vorbild. Das entsprach nicht den politischen Urvorstellungen des Islam, der die Kontrolle der Macht zwar einer gottergebenen Versammlung frommer Männer, einer »Schura« überantwortet, den parlamentarischen Pluralismus mit seinen ideologischen Widersprüchen jedoch grundsätzlich ablehnt. Der Koran sollte die gültige Verfassung, das einzige Gesetz sein. In den Augen der Eiferer stützte sich die ideale Gesellschaft wie zu Zeiten des Propheten auf jene Gemeinschaft der Gläubigen, deren grundsätzliche Einstimmigkeit auf dem Wege Allahs die Einzigkeit Gottes widerspiegelt. Es war kein geringer Erfolg für den neuernannten Sprecher der FIS, Abdelkader Haschani, daß er seine »Frérots« doch noch dazu bewegen konnte, sich auf das gefährliche und trickreiche Spiel freier Legislativwahlen einzulassen.

Die meisten Experten sagten der Heilsfront eine eklatante Niederlage voraus. Aber am 26. Dezember 1991 geschah das Unerwartete, das Ungeheuerliche. Gewiß, ein großer Teil der Bevölkerung war nicht zu den Urnen gegangen, aber bei der Auszählung der Stimmen ergab sich, daß die islamischen Fundamentalisten weit vorne lagen. Während sie über sechzig Prozent für sich verbuchen konnten, wurde die überwiegend kabylische »Front der Sozialisitischen Kräfte« des Berberführers Ait Ahmed, eines Helden des Befreiungskampfes gegen die Franzosen, der sich zur europäischen Konzeption der Demokratie bekannte, mit 16 Prozent weit abgeschlagen. Die bislang allmächtige Einheitspartei FLN, die aus dem glorreichen Widerstand gegen die Kolonisation hervorgegangen war, wurde sogar auf zwölf Prozent reduziert.

Das war eine Folge der von ihr betriebenen Mißwirtschaft, ihrer ans Mafia-Unwesen grenzenden Raffgier und Korruption. Hier drückte sich auch der Triumph jener reinen Lehre des Rückgriffs auf die Ursprünge aus, derzufolge der Begriff der »Nation«, auch der arabischen oder algerischen Nation, wie ihn die FLN-Bonzen unentwegt propagiert hatten, ein schädliches Import- und Strandgut abendländischer Aufklärung war und innerhalb der weltumspannenden islamischen Gemeinschaft, der »Umma«, nur verhängnisvolle Trennungsgräben im Interesse der Neo-Imperialisten aufriß.

Allem Anschein nach war Präsident Schedli auch bereit, das Experiment einer schwierigen Koexistenz mit den Islamisten zu wagen, selbst wenn diese in der zukünftigen Kammer über die absolute Mehrheit verfügen sollten. Aber da hatte der Staatschef die Rechnung ohne die hohen Armeekommandeure und ohne die zutiefst verstörten und verängstigten Parteigänger der alten Einheitspartei FLN gemacht.

Die Armee ruft Boudiaf

Die Jugend von Algier drohte der korrupten Oligarchie des »Ancien régime« mit der Entfachung einer maghrebinischen »Intifada« nach dem Vorbild ihrer palästinensischen Altersgenossen in den besetzten Gebieten auf dem West-Jordan-Ufer und im Gaza-Streifen. Die Propagandisten der FLN sprachen hingegen von »Intifitna«, sie drohten mit dem Gespenst der »Fitna«, der Spaltung, der blutigen Zerrissenheit, des Bürgerkrieges, dieses Grundübels politisch-religiöser Unversöhnlichkeit und Sektiererei, das die islamische »Umma« seit ihren frühesten Anfängen immer wieder heimgesucht hat. Die Militär-Junta von Algier sah nun den Zeitpunkt gekommen, dem revolutionären Impetus der FIS mit allen Mitteln Einhalt zu gebieten. Die Kommandeure bangten um ihre Privilegien, ja um ihr nacktes Überleben. Sie wollten all jene Algerier und vor allem die Algerierinnen hinter sich sammeln, die sich der krassen Orientalisierung, dem »Rückfall ins Mittelalter«, der koranischen Unduldsamkeit verweigerten. Die meuternden Offiziere sollen Schedli Ben-Dschedid in der entscheidenden Kabinettssitzung buchstäblich die Pistole an die Schläfe gehalten haben, ehe der Präsident nachgab, von seinem Amt demissionierte und den Weg freigab für die radikale Repression gegen die Islamisten. Jetzt schlug die Stunde der Armee, der Gendarmerie, der verschiedenen weitverzweigten Sicherheitsdienste. Panzer fuhren auf. Schwer bewaffnete Soldaten schwärmten aus. Nicht nur Haschani wurde festgenommen, auch seine meisten Mitarbeiter gerieten in Haft. Die Kader der FIS wurden in Nacht- und Nebelaktionen in Konzentrationslager der südlichen Sahara verschleppt, die eifernden Imame und Prediger aus ihren Moscheen mit Waffengewalt vertrieben. Im Namen des Ausnahmezustandes wurden sämtliche Menschenansammlungen brutal zerstreut.

Sid Ahmed Ghozali, der umgängliche Mann mit der eleganten Fliege am Hemdkragen, nahm die Kurve und beugte sich dem diktatorisch geäußerten Willen der höchsten Offiziere. Von nun an gaben zwei Generale, Verteidigungsminister Khaled Nezzar und der bisherige Generalstabschef Larbi Belkheir, den Ton an. Sie entstammten einer verschworenen Sippengemeinschaft aus dem östlichen Landesteil nahe Tunesien und hatten bereits in der sogenannten Grenzarmee des Obersten Boumedienne ihre erste gemeinsame Karriere gemacht.

Entgegen allen verfassungsrechtlichen Spielregeln wurde ein »Oberstes Staatskomitee« installiert, hinter dem sich der gewaltsame Staatsstreich notdürftig verbarg. Um beim Volk den Eindruck zu erwecken, es habe sich tatsächlich etwas zum Guten gewandelt in dieser diskreditierten und maroden Volksrepublik, wurde einer der frühesten Widerstandskämpfer gegen die Franzosen, Mohammed Boudiaf, aus seinem marokkanischen Exil nach Algier zurückgerufen und an der Spitze des Komitees gewissermaßen als neuer Staatschef etabliert.

Für die ältere Generation war Boudiaf kein Unbekannter. Er gehörte zur allerersten Verschwörergruppe, zur »Organisation spéciale« (O.S.), volkstümlich auch »Organisation secrète« genannt, die am Allerheiligentag 1954 schlagartig den Partisanenkampf gegen die Franzosen ausgelöst hatte. Er war ein alter Gefährte Ahmed Ben Bellas, des Gründungs-Präsidenten des unabhängigen Algerien, der 1965 von Oberst Boumedienne in einem ersten Militärputsch entmachtet und für lange Jahre in den Kerker verwiesen worden war. Boudiaf hatte an der Seite Ait Ahmeds, des Kabylenführers, gestritten, der nunmehr mit seiner »Front der Sozialistischen Kräfte« ein demokratisches Gegengewicht zur autoritären FLN und zur fanatisierten Heilsfront schaffen wollte.

Aber welcher junge Algerier erinnerte sich noch an Mohammed Boudiaf? Dieser Mudschahid der ersten Stunde war zweifellos ein Mann von Charakter, ein störrischer Geist des Widerspruchs. Er hatte sich mit den meisten seiner Gefährten überworfen und aus Protest gegen die Militärdiktatur Boumediennes schon vor etwa dreißig Jahren in Marokko Asyl gesucht. Dort hatte er sich als Kleinunternehmer, als Besitzer einer Ziegelei betätigt, und niemand rechnete mehr damit, daß dieser Veteran noch einmal eine politische Führungsrolle in seiner Heimat spielen würde.

Jetzt trat Boudiaf mit starrer Miene im Fernsehen auf und warnte seine Landsleute vor dem Sittenverfall des verflossenen, gescheiterten Regimes, aber auch vor den religiösen Exzessen einer blinden islamischen Rückbesinnung. Zum mindesten bescheinigte ihm die Bevölkerung Rechtschaffenheit und Ehrlichkeit. Die Frage tauchte jedoch immer wieder auf, ob er nicht ein Instrument in den Händen der Militärs sei, ob seine Widerborstigkeit sich am Ende gegen jene Nomenklatura durchsetzen könne, die – unter oberflächlicher Tarnung – die Schlüssel- und Einflußpositionen beibehielt. Seit dreißig Jahren waren ja Armee und Einheitspartei so gut wie identisch gewesen, und jetzt wollten die Generale und Obersten plötzlich der Bevölkerung weismachen, sie würden sich von den bisherigen Irrungen und Verfehlungen der FLN lossagen und den Pfad der Tugend beschreiten.

In seiner Wohnung im Turmbau hoch über Algier hatte ich mit Georges die jüngsten Phasen der algerischen Entwicklung erörtert. Er war vorsichtig geworden. Niemand hatte bisher den Charakter Boudiafs, des neuen Mannes an der Spitze, ergründen können; im Grunde war er vermutlich eine recht schlichte Feldwebelnatur geblieben. Als solcher hatte er einst in der französischen Armee gedient, ebenso wie sein Gefährte und Rivale Ben Bella, der seit geraumer Zeit ebenfalls in der heimatlichen Politik mitzumischen suchte, nachdem Präsident Schedli ihm die Rückkehr nach Algerien erlaubt hatte. Es war kein gutes Zeichen, daß sowohl die Kabylen-Bewegung Ait Ahmeds als auch die kleine links-muselmanische Partei Ben Bellas sich vom »Coup d'Etat« der Militärs lebhaft distanzierten.

»Unterschätzen Sie auf keinen Fall die Entschlossenheit der algerischen Bourgeoisie«, ermahnte mich Georges. »Gewiß, sie sind längst nicht so zahlreich wie jene Mittelklasse, die Reza Pahlewi, der Schah von Persien, einst im Iran begünstigt hatte. Aber diese begüterten Maghrebiner, auch all jene, die sich zu den Errungenschaften der westlichen Konsumgesellschaft, des Pluralismus, der weiblichen Emanzipation bekennen, wissen, was ihnen blüht, wenn der revolutionäre Islam endgültig die Oberhand gewinnen sollte. Dies ist ein verschwiegenes, geheimnisumwobenes Land. Erst wenn man die algerische Bourgeoisie lange genug frequentiert hat, bei den Privilegierten eingeladen wird und der Alkohol die Zungen löst, dann enthüllt sich ihre Kampfbereitschaft in drastischen Aussprüchen. ›Wir werden diesen islamischen Obskurantisten die Köpfe zerschmettern‹, sagen sie dann, und das ist durchaus ernst und blutig gemeint.«

Ich fragte natürlich nach seiner Prognose. Aber da sträubte sich Georges und blinzelte mit seinen flinken grauen Augen. Wer wagte hier schon die Zukunft zu beurteilen, wo drei Viertel der Bevölkerung von der politischen und gesellschaftlichen Mitgestaltung ausgeschlossen waren, die Jugend sich als eine Gemeinschaft von Parias empfand und ihr utopisches Ideal in einem Gottesstaat erträumte, den der Prophet Mohammed vor 1300 Jahren errichtet hatte? Dazu kamen höchst persönliche Probleme, über die die gescheiten Soziologen und Orientalisten des Auslandes höchst zimperlich redeten. Aufgrund ihrer Misere, des dramatischen Mangels an Wohnraum, der Unmöglichkeit, den angestammten Brautpreis aufzubringen, konnten viele Algerier erst in fortgeschrittenem Alter heiraten. Andererseits unterdrückte der islamische Puritanismus, der vor allem bei den kleinen Leuten – mit oder ohne FIS – überaus lebendig war, jede Form von sexueller Permissivität, ja jeden Kontakt der Geschlechter. In der jugendlichen Masse war – kraß gesagt – ein kollektiver »Samenkoller« entstanden, eine sexuelle Frustration, die vielleicht das wirksamste Ferment des Revolutions- und Umsturzwillens darstellte. Diese prüde Gesellschaft war zusätzlich verwirrt, vollends in die Schizophrenie getrieben worden, seit es in Nordafrika kaum noch einen Haushalt gab, der nicht über Satellit und Kabel die französischen Fernsehprogramme empfing. Da klebten nun die jungen Leute abends vor der Mattscheibe und ließen die aufreizenden Werbespots der westeuropäischen Wohlstandsgesellschaft über sich ergehen, an der sie in keiner Weise teilhaben konnten. Sie erlebten filmische Darstellungen eines Lebensstils, der sogar den christlichen Sittlichkeitsgeboten den Rücken kehrte und die Auflösung aller Familienbande schonungslos porträtiert. Zu später Stunde taten sich Gruppen von Halbwüchsigen zusammen und leisteten sich gemeinsam den Luxus des Pay-TV vom französischen »Canal Plus«, wo ihnen mit anatomischer Präzision extrem harte Pornos vorgeführt wurden. Eine solche Diskrepanz mußte schweren psychischen Schaden auslösen, führte zur Zerrissenheit, zum Zivilisationsbruch.

Für nichts war mehr eine Garantie geboten. Alle Beobachter hatten sich ja noch unlängst bei den Wahlen getäuscht. Dennoch kristallisierte sich allmählich ein neuer Konsens bei den ausländischen Experten und Maghreb-Spezialisten heraus: »In fünf Jahren«, so hieß es, »da wird Algerien eine Islamische Republik sein.«

Kabylische Außenseiter

Tizi Ouzou, im Februar 1992

Der Himmel hing grau und niedrig über der Kabylei. Dennoch war die gewaltige Felskrone des Dschurdschura-Massivs in aller Klarheit zu erkennen. Diese gebirgige Bastion der nordafrikanischen Berber liegt praktisch vor den Toren von Algier, ist in höchstens anderthalb

Stunden Autofahrt zu erreichen. Eine vierspurige Betonstrecke führt nach Tizi Ouzou, der kabylischen Hauptstadt. Das Leben dort pulsierte fast ebenso lebhaft wie in Algier. Aber es wehte ein unterschiedlicher politischer Wind.

Tizi Ouzou und Umgebung war militärisch stark abgesichert. Vor allem die grünen Uniformen der Gendarmerie, der »Darak«, fielen überall ins Auge. Die Hauswände von Tizi Ouzou – in der Mehrzahl einförmige Neubauten, wie sie auch die französischen »Banlieue« verunstalten – waren hier fast ausschließlich mit Plakaten der »Front der Sozialistischen Kräfte« (FFS) beklebt. Der Kabylenführer Ait Ahmed mit seinem energischen Widderprofil und der grauen Lockenmähne gab hier den Ton an und warb für eine Demokratie westlichen Zuschnitts. Seit ich Tizi Ouzou zum ersten Mal im Jahre 1953 besuchte, hatte die Stadt ihren orientalischen Charakter abgelegt. Doch die Menschen waren sich gleich geblieben und verkörperten weiterhin jene kraftvolle maghrebinische Ur-Rasse, die auch dem Ansturm der Arabisierung standgehalten hat. Die Straßenschilder waren teilweise mit seltsamen Zeichen beschriftet: mit der Wiederbelebung der Berbersprache war auch die recht artifizielle Erfindung eines kabylischen Alphabets einhergegangen. Viel Zukunft besitzt dieses kulturelle Absonderungsprojekt jedoch nicht.

Während des vergangenen Wahlkampfes hatte sich eine zusätzliche Regionalpartei des Arztes Said Saidi zu Wort gemeldet. Saidi genoß als Psychiater einen guten Ruf, und so stand unter seinem Porträt: »Die Wahnsinnigen der FLN brauchen einen Irrenarzt«.

Für diesen Ausflug hatte ich mir Mehdi, einen Kabylen von echtem Schrot und Korn ausgewählt, der mir durch Vertrauensleute empfohlen worden war. Der bullige Mann hielt mit seiner Meinung nicht hinter dem Berg. Auch er betonte immer wieder, daß die einzige arbeitende Schicht in Algerien sich aus Berbern zusammensetze. Die Araber seien von Natur aus faul, man könne sie nur mit dem Knüppel regieren. Den neuen improvisierten Staatschef Mohammed Boudiaf bezeichnete er als einen senilen Holzkopf. Für die Oligarchie der FLN-Partei empfand er nur Verachtung und Feindschaft. Die führende Schicht der Volksrepublik sei seit dreißig Jahren durch schamlose Geschäftemacherei diskreditiert, durch eine Art Mafia-Struktur, die man hier mit dem Wort »Trabendo« bezeichne.

Auf die Islamisten war Mehdi nicht besser zu sprechen. »Wir Kabylen sind die einzigen Demokraten in Nordafrika«, meinte er. »Was jetzt auf uns zukommt, ist der Rückfall in dunkle Vorzeit. Im übrigen werden Sie bemerkt haben, daß die Frauen bei uns nicht verschleiert gehen und daß unsere Lebensformen – obwohl wir fromme Muselmanen sind – durchaus mediterran sind.«

Mehdi kramte in seiner Jacke und holte einen zerknitterten Zeitungsausschnitt heraus. »Hören Sie sich an, was unser Ober-Fundamentalist, der Soziologieprofessor Abbassi Madani, zu sagen hatte, als er noch im algerischen Stadtteil Bab-el-Oued in der Sunna-Moschee predigte. ›Der Islam hat uns von Rom befreit‹, so hieß es bei Madani. ›Der Islam ist heute unser einziger Kompaß, der uns von der intellektuellen Unterwanderung des Westens befreien kann. Wir opponieren nicht gegen die Arbeit der Frau, solange deren Ehre und Religion dadurch nicht verletzt werden. Es geht nicht so sehr um die Frauenarbeit als um die Würde der Frau bei der Arbeit. Warum sollen die Frauen nicht getrennte Transportmittel benutzen? Der Schleier ist ein Schutzmittel für die Frau, wenn sie sich auf der Straße bewegt. Der Schleier schützt ihre Schönheit, denn ihre weiblichen Vorzüge bleiben ihrem Ehemann vorbehalten.‹« Auf dieses Zitat ließ Mehdi eine ganze Schimpftirade gegen die Träger von Bärten und »Nachthemden« folgen, die allerdings seit dem Militärputsch glücklicherweise sehr viel seltener geworden seien.

Am Ausgang von Tizi Ouzou blätterten die Wahlplakate ab. »Nieder mit der FIS und mit der FLN« hieß es da, und etwas weiter: »Ich bin Demokrat, ich wähle die Front der Sozialistischen Kräfte«.

»Unser Führer Hocine Ait Ahmed, der lange Jahre unter Boumedienne im französischen Exil leben mußte und sich weigerte, den Staatsstreich der hohen Militärs gutzuheißen, hat sich vorsichtshalber nach Marokko abgesetzt«, begann Mehdi von neuem. »Wir müssen leider den Befehlshabern der Nationalen Volksarmee alles zutrauen, seit sie in Batna am Fuße des Aurès-Gebirges, wo unsere kriegerischen Brüder vom Schawiya-Stamme leben, ein Blutbad angerichtet haben.«

Auf einer gewundenen Gebirgsstraße, die sich wohl aus strategischen Gründen der permanenten Kontrolle in vorzüglichem Zustand befand, fuhren wir auf die Dschurdschura-Schluchten zu. Die Eukalyptusbäume längs der Chaussee stammten noch aus der Kolonialzeit. Die Hänge waren steil und der Boden karg. Forste von Korkeichen lösten sich mit Olivenhainen ab. Mehdi hob die Schultern: »Boumedienne muß wahnsinnig gewesen sein, sogar in dieser ärmlichen Agrarlandschaft eine staatliche Kollektivierung durchzuführen.« An dem Petroleumreichtum, der sich nach der Unabhängigkeit über Algerien ergossen habe und so viele wirtschaftliche Illusionen nährte, habe seine kabylische Heimat keinen Anteil gehabt. Dafür sei es aber auch von dem Fluch des Erdöls verschont geblieben.

In etwa tausend Meter Höhe zeichnete sich das Dorf Beni Yenni vom bleiernen Himmel ab. Nur aus der Ferne wirkte die Siedlung malerisch. Als wir näherkamen, stellten wir fest, daß die Ziegelbauten nicht verputzt waren und die eben erstellten Betonmauern schon vernachlässigt wirkten. Eine neue Moschee wurde errichtet, wie mir überhaupt aufgefallen war, daß die muslimischen Gebetsstätten – oft unter erheblichem Aufwand errichtet – im ganzen Land aus dem Boden schossen. Ich fragte Mehdi, warum diese Sakralbauten fast nie ganz vollendet seien, warum an der Kuppel oder an den Minaretten die letzte Phase der Fertigstellung meist ausblieb.

Dafür gebe es einen guten Grund, antwortete der Kabyle mit listigem Lächeln. Die Regierung habe sich seit der Konfrontation mit der »Islamischen Heilsfront« vorbehalten, die Moscheen mit Predigern und Imamen zu besetzen, die als regimetreu oder zumindest als politisch harmlos bekannt seien.

Eine solche Übergabe an die streng selektierten Diener des Kultes werde jedoch erst nach der feierlichen Einweihung vorgenommen, und dafür müsse der Ausbau der Moschee auch tatsächlich abgeschlossen sein. So befände man sich in einer Zwischenphase, die gelegentlich von fundamentalistischen Aufrührern heimlich genutzt werde.

In Beni Yenni fiel mir auf, daß viele Männer durchaus europäisch wirkten, mit rötlichem Haar und blauen Augen. Die Frauen sahen oft den sizilianischen Bäuerinnen ähnlich. Sie hatten weite Röcke angelegt, die in senkrechten Streifen schwarz und orange gefärbt waren. Neben dem Hammelmarkt befanden sich Verkaufsbuden mit grobem, billigem Silberschmuck. Bauchige Tonvasen erregten mein Interesse. In diese Gefäße waren barbarisch wirkende Schnörkel in Schwarz und

Ocker eingebrannt. Die Motive gingen vermutlich auf frühe numidische Modelle zurück und verewigten eine Frühkultur, die noch weiter zurückreichte als die grandiose karthagische Erinnerung.

Am Friedhof hatte sich eine würdige Trauergemeinde versammelt. Nur Männer waren zugegen. Sie hatten meist den weißen Schafwoll-Burnus übergeworfen. Die Gesichtszüge waren streng und hager. Die Kabylei gilt weiterhin als ein wildes Land, aber an diesem Tage machte sie einen überaus friedlichen Eindruck.

Nach Algier zurückgekehrt, begleitete mich Mehdi zur Parteizentrale der »Front der Sozialistischen Kräfte«, die in einer schmucken Villa unmittelbar neben dem Hotel »El Djazair« untergebracht war. Ich wurde zwanglos zu zwei Verantwortlichen dieser Kabylen-Partei geführt – einer war Universitätsprofessor –, die mich davon zu überzeugen suchten, daß ihre Bewegung zusehends auf die arabische Wählerschaft übergreife. Bis nach Oran hätten sich die Parteizellen ausgebreitet.

Sehr überzeugend wirkten diese Repräsentanten der kabylischen Bourgeoisie nicht. Ihnen fehlte das rebellische Ungestüm des alten, bewährten Freiheitskämpfers Ait Ahmed. Irgendwie kamen sie mir vertraut vor, und plötzlich erkannte ich den Zusammenhang, drängte sich mir der Vergleich mit den jungen demokratischen Parteien in den überwiegend islamischen Republiken der ehemaligen Sowjetunion auf. Ähnlich gemäßigt, vernünftig, aber wirklichkeitsfern und volksfremd hatten in Tadschikistan und Usbekistan die Vertreter jener liberalen Opposition argumentiert, die gegen die ungebrochene Herrschaft der zum Nationalismus bekehrten Alt-Kommunisten in den zentralasiatischen GUS-Republiken Front machten. Diese achtbaren Intellektuellen der »demokratischen« Parteien sträubten sich ebenfalls mit allen Kräften gegen die breite islamische Volksbewegung, die vor allem in den ländlichen Regionen unwiderstehlich anschwoll und – von westlichen Reisenden sträflich unterschätzt – auf die Stunde ihres Durchbruchs wartete.

Die FFS-Führer von Algier waren durch Frankreich, das sie einst heftig bekämpft hatten, ebenso nachhaltig geprägt wie ihre zentralasiatischen Gesinnungsbrüder durch die russische Kolonisation. Es hatte fast eine Akkulturation stattgefunden. Den strengen Islamisten Algeriens waren diese Randfiguren, wie überhaupt alle Kabylen, die im Verdacht der Verharrung bei präislamischen Bräuchen ständen, zutiefst suspekt. Doch auch bei den Kaderpolitikern der Nationalen Befreiungsfront und der ihr eng verwandten Nationalen Volksarmee begegnete man den Berbern mit Mißtrauen. Die Offiziere, die jetzt in Algier den Ton angaben, betrachteten die Weigerung der meisten Kabylen, sich total arabisieren zu lassen, ihre Forderung, das berberische Kulturgut und die altangestammte Sprache zu erhalten, als einen Akt nationalen Verrats, und schon sprach man von der FFS als einer separatistischen Bewegung, die – wie sollte es anders sein – durch französische Agenten geschürt würde.

Dennoch ließen die Putschisten des Hohen Staatskomitees die Anhänger Ait Ahmeds gewähren und dachten offenbar nicht an ein offizielles Verbot. Die Duldung dieser Kabylen-Bewegung, die ohnehin über eine fünfzehnprozentige Repräsentation der Gesamtbevölkerung Algeriens kaum hinauskommen würde, erlaubte es Mohammed Boudiaf und seinen »Generalen«, eine pluralistische Staatsform vorzutäuschen, die den Demokratisierungsforderungen aus Paris und Washington zumindest oberflächlich entgegenkam.

Die neuen Mamelucken

Algier, im Februar 1992

Am späten Abend hatte ich mich im Restaurant »El Janina« mit einem alten Freund und Vertrauten verabredet. Mansur – sein wirklicher Name lautet anders – war mir aus meiner Korrespondentenzeit in Paris bekannt, wohin er vor den Polizeischergen des Oberst Boumedienne geflüchtet war. Nach anfänglichen linksradikalen Neigungen hatte auch er zum Islam zurückgefunden, weigerte sich jedoch, der Stimmungsmache der Heilsfront bedenkenlos nachzugeben. Mansur war ein überaus jovialer Typ und beendete seine Aussagen oft mit dröhnendem Gelächter.

Im »El Janina«, das als eine der besten Gaststätten Algiers galt, brauchten wir uns vor Mithörern kaum in acht zu nehmen, denn wir waren die einzigen Gäste. Der maurisch dekorierte Raum wurde nur von Zeit zu Zeit von einem stilvollen Maître d’hôtel belebt, der sich mit betrübter Miene über diese ungewohnte Einsamkeit beklagte: »Noch vor ein paar Monaten, Messieurs, hätten Sie hier keinen Tisch bekommen, so überfüllt war unser Restaurant. Die Hautevolee von Algier gab sich hier ein Stelldichein.« Aber seit den Ereignissen – »les évènements«, wie man hier sagt – traue sich nach Einbruch der Dunkelheit kaum noch jemand auf die Straßen. Selbst im Stadtviertel Hydra sei vergangene Nacht heftig geschossen worden, und die Armeepatrouillen seien überaus gereizt.

Mansur zeigte sich überrascht über die relativ schwache Reaktion der Islamisten auf den Staatsstreich der Generale Nezzar und Belkheir. Offenbar hätten an der Spitze der FIS-Organisation doch Dilettanten gestanden, die sich vor Beginn ihres mystischen Abenteuers gründlicher auf konspirative Tätigkeit und Partisanenkrieg hätten vorbereiten müssen. Aber es sei noch nicht aller Tage Abend. Die resolutesten Widerstandskämpfer gegen die alte und neue Staatsgewalt, die sich im Schatten des Präsidenten Boudiaf konstituierte, seien wohl schon untergetaucht. Zu ihnen zählten auch jene ominösen »Afghanen«, die von einem großen Teil der algerischen Jugend als Volkshelden verehrt würden. »Vielleicht hat Boudiaf einen schweren Fehler begangen«, meinte Mansur, »als er die offiziellen Fundamentalisten der FIS zusammenknüppeln und versprengen ließ. Mit einem Madani oder Haschani hätte man durchaus verhandeln und taktieren können, wie das dem abgesetzten Präsidenten Schedli Ben-Dschedid vorgeschwebt hat.«

In Zukunft werde man es mit den stahlharten Männern der bewaffneten Insurrektion zu tun haben. Die todesmutigen Extremisten müßten zwar im Moment noch angesichts des geballten Aufgebots der schwerbewaffneten Sicherheitsorgane relativ leisetreten. Sie würden sich auf punktuelle Anschläge beschränken. Doch ihre Geheimorganisation verfüge über einen fruchtbaren Nährboden, fände bei der jugendlichen Masse Nordafrikas immer stärkere Resonanz.

»In mancher Beziehung«, fuhr mein alter Freund fort, »erinnert mich die Situation an die frühen fünfziger Jahre.« Damals sei es den Franzosen gelungen, die breite nationalistische und islamische Volksbewegung des bärtigen Tribuns Messali Hadj, die sich einmal unter dem Namen »Algerische Nationalbewegung« MNA, dann als »Bewegung für den Triumph der demokratischen Freiheit« MTLD präsentierte, zu unterwandern, zu spalten, ja zu diskreditieren. Die Kolonialherren hätten sich etwas darauf eingebildet, dem stürmischen Vorläufer Messali Hadj, der wie ein orthodoxer Pope wirkte, das Wasser abgegraben zu haben, bevor sie ihn in die Bretagne verbannten. »Aber 1954, am Allerheiligentag«, fuhr er fort, »kam das schreckliche Erwachen. Plötzlich hatte man es nicht mehr mit einer öffentlich zugelassenen Partei zu tun, die man nach Belieben schikanieren und infiltrieren konnte, sondern es war die militärische Geheimorganisation O.S. entstanden. Auf einmal tappten die Beamten der Sûreté und die Offiziere des Deuxième Bureau im dunkeln.«

Zur »Organisation secrète« (O.S.) gehörten als Gründungsmitglieder sowohl Ahmed Ben Bella, der erste Präsident des unabhängigen Algerien, als auch Mohammed Boudiaf, der seit Januar 1992 das Sagen hat, sowie der Kabyle Ait Ahmed, der nach dem Putsch in legaler Opposition verharrte. Ganz zu schweigen von jenen rauhen und gewalttätigen Männern der ersten Stunde wie Krim Belkassem oder Mohammed Khider, die – wie so manche andere – den tückischen internen Machtkämpfen der später gegründeten »Nationalen Befreiungsfront« während des Krieges und vor allem noch nach dem Sieg zum Opfer gefallen waren. »Die ›neuen Franzosen‹, die uns mit Gewalt regieren, werden noch ihr blaues Wunder erleben«, fuhr Mansur fort, und jetzt ereiferte er sich. »Sie müssen sich ja auf die gleiche abgenutzte Kaderorganisation der FLN stützen, auf deren verhaßte pseudo-sozialistische Bürokratie. Ich wette, daß binnen sechs Monaten auch die letzte Hoffnung auf einen positiven Wandel in unserem Land erloschen ist.« Dann würden – in diesem oder in jenem Gewand – die Islamisten wieder zum Zuge kommen. Dann schlüge die Stunde jener religiösen Geheimbünde, die heute schon unter exotisch wirkenden Decknamen operierten. Die einen bezeichneten sich als »Hizbullah« (Partei Gottes) und haben ihre Firmierung bei den schiitischen Fanatikern des Südlibanon ausgeliehen. Der Name Hizbullah geht auf jene Formel zurück, die einst die Revolutionswächter Khomeinis inspirierte: »La hizb illa hizb Allah – Es gibt keine Partei außer der Partei Gottes«.

»Du siehst, es gibt heute keine geographischen Schranken mehr zwischen Maghreb und Maschreq, zwischen dem Westen und dem Osten der islamischen Welt«, stellte Mansur, wieder ruhiger werdend, fest. »Es kommt da zur unerwarteten Solidarisierung zwischen den malekitischen Sunniten, zu denen wir uns zählen, und jenen schiitischen Außenseitern, die mit Hilfe ihrer Mullahs konspirative Fäden bis zu ihren afghanischen Glaubensbrüdern, den mongolischen Hazara, spinnen.«

Eine andere Kampfgruppe, noch geheimer und noch bedrohlicher, nennt sich »Takfir wa el Hidschra« und erinnert bewußt an die Ermordung des ägyptischen Präsidenten Anwar-es-Sadat, die von einer gleichnamigen Organisation angestiftet wurde. »Takfir wa el Hidschra«, das war ein ganzes Programm, konnte man doch »Takfir« mit »Verfluchung der Gottlosen«, der »Kafirun«, übersetzen, während das Wort »Hidschra« – in Anlehnung an die Flucht Mohammeds nach Medina – als eine Abkapselung von der sündhaften Umgebung in Erwartung der gottesstaatlichen Ordnung zu deuten war.

Diese Extremisten waren weit von dem relativ versöhnlichen Prediger Abassi Madani entfernt, der nunmehr im Zuchthaus von Blida einsaß. Madani hatte bei der Verkündung seiner theokratischen Vorstellungen häufig auf jenes »goldene Zeitalter« in Andalusien hingewiesen, als gegenüber Andersgläubigen – Christen und Juden – islamische Toleranz praktiziert worden sei.

Mansur war Historiker, und der »legenda aurea«, die sich um die Herrschaft der muslimischen Teilfürsten in Spanien knüpfte, war er auf den Grund gegangen. Gewiß war man in Sevilla, in Cordoba, in Toledo mit den Angehörigen der »Familie des Buches« oder »ahl el kitab«, mit den Brüdern der abrahamitischen Offenbarung – den Juden und Christen –, recht glimpflich, teilweise sogar großzügig umgegangen. Aber – und hier lachte mein Gefährte wieder – selbst eine Aussage des hochgeachteten mosaischen Philosophen und Wissenschaftlers Maimonides habe vor dem Kadi von Cordoba nur den halben juristischen Stellenwert besessen wie die eines beliebigen Muselmanen.

In Toledo sei es üblich gewesen, daß in Zeiten der Christenherrschaft die Muslime vor die Stadtmauern verbannt wurden; sobald die Koranglaubige wieder die Oberhand hatten, zogen die Christen in diese Außenbezirke ab.

Wirklich duldsam sei der Islam in jenen verklärten Tagen des iberischen Mittelalters nur gewesen, wenn man ihn an der inquisitorischen

Folter, an der repressiven Religiosität des christlichen Abendlandes gemessen hätte. Unter dem Kreuz seien die Existenzbedingungen für Israeliten und Muselmanen unendlich prekärer gewesen.

Auf die Gegenwart zurückkommend, verwies ich auf den Vergleich zwischen der aktuellen algerischen Situation und dem Ägypten Gamal Abdel Nassers, der im Westen häufig angestellt wird. Im Niltal waren die nationalistischen Militärs in den fünfziger Jahren mit den »Moslem-Brüdern«, die sich dem panarabischen und sozialistischen Experiment Nassers widersetzten, nach einem Attentat auf den »Rais« unerbittlich umgesprungen. Die »Ikhwan« waren schlagartig und problemlos kaltgestellt worden. Eine Serie von Hinrichtungen und die Verweisung Tausender Verdächtiger in Konzentrationslager hatten »Ruhe« geschaffen. Ob sich den algerischen Putschisten im Umgang mit den Fundamentalisten der FIS nicht eine ähnliche Chance böte?

Mansur widersprach kategorisch. Jede Analogie sei auszuschließen. Der charismatische Volkstribun Nasser habe seinerzeit die ganze arabische Welt zwischen Marokko und dem Persischen Golf fasziniert. Damals hätte die große Stunde des Arabismus geschlagen. Aber von dieser Verirrung sei man heute geheilt. Es stände zudem im Maghreb keine mit Nasser auch nur halbwegs vergleichbare Persönlichkeit zur Verfügung.

Mansur erkundigte sich seinerseits nach den verschiedenen Verschwörungstheorien, die in Algier die Runde machten. Den Franzosen traute man alles zu. So ging die öffentliche Meinung davon aus, daß der französische Geheimdienst DGSE sowie gewisse militärische Verbindungsstellen unter dem Orientspezialisten Rondon die Offiziere von Algier bei ihrem Putsch beraten und ermutigt hätten. Auch die amerikanische CIA hatte kräftig mitgewirkt, als es galt, den Islamisten ihren bevorstehenden Wahlsieg in letzter Minute zu entreißen.

Eines war unbestreitbar: In Washington und in Paris hatte man einen tiefen Seufzer der Erleichterung ausgestoßen, als die fundamentalistische Machtergreifung in letzter Sekunde »manu militari« vereitelt wurde. Die Sprecherin des amerikanischen Außenministeriums, Margaret Tutwiler, hatte sogar auf einer Pressekonferenz befunden, dieser Gewaltakt der Streitkräfte entspräche der verfassungsrechtlichen Norm Algeriens. Es zeugte ohnehin von wenig diplomatischem Gespür, daß das State Department in Algier – wie einst in Bagdad vor

Ausbruch des Golfkrieges und mit verheerenden Folgen – durch einen weiblichen Missionschef vertreten war.

Mansur hatte an diesem Abend stichhaltige Gründe, mit ironischen Worten über den Westen zu spotten. Insgeheim mußte ich ihm recht geben. Da war Präsident Bush angetreten, um im gesamten islamisch-arabischen Raum auf der Basis der Demokratie und des freien Volkswillens eine neue Friedensordnung zu etablieren. In Wirklichkeit stützte er hemmungslos die Diktatoren und Despoten jeglichen Kalibers, sofern sie nur die Gewähr boten, daß sie der islamischen Revolution einen Riegel vorschoben. Noch vor dem Zusammenbruch des Sowjetimperiums war der militante Islam zum Todfeind Amerikas erklärt worden. Die Stoßrichtung zielte in Richtung Iran und die dort herrschende Mullahkratie, die nicht nur den amerikanischen Diplomaten, sondern auch allen konservativen Potentaten der arabischen Welt offenbar einen heillosen Schreck einjagte.

»Ist es nicht grotesk?« fragte Mansur. »Hier in Algerien hat zum ersten Mal in einem arabischen Land eine wirklich freie Wahlentscheidung stattgefunden. Da sie aber zugunsten der Islamisten ausschlug, mußte sie rückgängig gemacht, mit den brutalsten Mitteln unterdrückt werden. Die USA begeben sich hier auf ein schlüpfriges Terrain, wenn sie fortfahren, ihre Form der Demokratie als Allheilmittel anzupreisen. Schließlich steht ja auch Ägypten unter Ausnahmegesetz. Wenn man im Niltal in völliger Freiheit unter Zulassung der extrem islamischen Parteien abstimmen ließe, dann wäre das Ergebnis vermutlich ähnlich wie in Algerien.«

Mansur kam immer mehr in Fahrt. »Es werden in Washington sogar Stimmen laut, die vor einer Beseitigung des Oberst Qadhafi von Libyen warnen. Denn entgegen einer weitverbreiteten Meinung ist Qadhafi alles andere als ein Fundamentalist; er gilt bei den meisten frommen Muslimen als ein Häretiker, der vom rechten Pfad des Glaubens abgekommen ist. Qadhafi erkennt nur den Koran als die exklusive göttliche Offenbarung an, während er die zweite Säule des islamischen Religionsgebäudes, die Überlieferung aus dem Leben des Propheten, die Sunna, den ›Hadith‹, als trügerischen Aberglauben verwirft. Nicht nur weil sie ihn als Paranoiker mißachten, auch weil sie ihn als Ketzer verfluchen, lehnen die eifernden Muselmanen – die Mullahs von Teheran an der Spitze – den libyschen Diktator vehement ab. Grund genug für gewisse amerikanische Agenten, die Beibehaltung dieses wirren Wüsten-Derwisch als ein geringeres Übel zu bezeichnen, denn nach seinem Sturz wäre auch in Libyen ein Hochkommen des religiösen Integrismus fällig.«

Noch eklatanter war es ja während der Operation »Wüstensturm« im Irak gewesen, als General Schwarzkopf seine siegreiche Offensive in Mesopotamien vorzeitig abbrechen mußte. George Bush hatte zwar Saddam Hussein als einen zweiten Hitler angeprangert, aber dieser blutrünstige Despot war ihm immer noch lieber als die schiitischen Gottesstreiter, die südlich von Bagdad im Begriff standen, eine Islamische Republik nach iranischem Muster unter Berufung auf die Imame Ali und Hussein zu proklamieren.

Selbst bei den Palästinensern, die neuerdings mit den Israeli am gleichen Verhandlungstisch sitzen, hat Außenminister Baker dafür gesorgt, daß großbürgerliche, säkularistisch ausgerichtete Repräsentanten der ›Westbank‹ zum Zuge kommen, um den Fanatikern der Intifada, die sich in den streng islamischen Kampfbünden »Hamas« oder »Hizbullah« versammeln, das Wasser abzugraben.

»Im Westen spottet ihr immer über unsere arabische Wahnvorstellung vom permanenten westlichen Komplott gegen unsere nationale und religiöse Wiedergeburt. Das Wort ›Mu'amarat‹ – Verschwörung – gehört tatsächlich zu unserem täglichen Vokabular. Aber liegen wir denn wirklich so falsch mit unserem Argwohn und unseren Anschuldigungen?« fragte mein Gesprächspartner, seine Suada mit dem vertrauten Lachen schließend.

Wir hatten unser orientalisches Mahl beendet und die Mezze, die hier nach libanesischer Art zubereitet war, sowie die süßfarcierte Taube reichlich mit einheimischem Roséwein begossen. Mansur drängte es nach Hause, denn die Nacht war tückisch in Algier. In der Ferne waren Gewehrsalven zu hören.

Mansur setzte mich vor meinem Hotel ab. Bevor ich mein Zimmer im »Saint-Georges« aufsuchte, blickte ich noch lange auf das Lichtermeer der Stadt und die silberne Spiegelung des Mondes im Mittelmeer, in Gedanken noch bei dem kontroversen Gespräch. Die französische Erleichterung nach dem Staatsstreich der Militärs kam nicht von ungefähr. Ich erinnerte mich an eine Unterredung mit dem ehemaligen Verteidigungsminister Jean-Pierre Chevènement, der seitdem aus Protest gegen die französische Beteiligung am Golfkrieg seinen Rücktritt eingereicht hatte.

Dieser sozialistische Politiker aus Belfort, dem man wirklich keine rassistischen Vorurteile unterstellen konnte, hatte schon vor drei Jahren vor den unkalkulierbaren Entwicklungen beiderseits des Mittelmeers gewarnt. Das Hochkommen, die Machtergreifung der Fundamentalisten, so argumentierte er, müsse zu einer Massenflucht all jener Nordafrikaner führen, die sich den unzeitgemäßen, starren Gesetzesvorschriften der »Scharia« nicht unterwerfen wollten, die auch den islamischen Egalitätsrausch der breiten darbenden Volksmassen als persönliche Bedrohung empfanden. Da würden nicht nur ein paar Intellektuelle nach Frankreich flüchten, so argumentierte Chevènement, sondern auch das westlich orientierte, kultivierte Bürgertum und die Todfeinde von gestern, die ehemaligen Partisanen der »Nationalen Befreiungsfront«. Mindestens eine halbe Million Menschen würde dann über das »mare nostrum« nach Norden schwappen. Die Flucht der vietnamesischen »boat people« sei, daran gemessen, eine Lappalie, und die gallische Reaktion auf fürchterliche Weise voraussehbar. Man würde diese Algerier, die den französischen Lebensstil und die französischen Libertäten dem wahren Islam und dessen Unerbittlichkeit vorzögen, nicht etwa als Brüder oder Geistesverwandte begrüßen und aufnehmen, sondern als Invasoren, als Fremdlinge, als Zerstörer jenes nationalen Konsens betrachten, der bislang recht und schlecht über alle multikulturellen Einsprengsel hinweg aufrechterhalten worden war. Die gallischen Nationalisten des Demagogen Le Pen würden damit die endgültige Bestätigung ihrer ausländerfeindlichen Thesen erfahren, und Frankreich wäre nicht weit entfernt von einer schwelenden Bürgerkriegssituation. Chevènement fand für diese Entwicklung eine exzessiv klingende Formel. Er machte folgende Prognose für den westlichen Mittelmeerraum: Fundamentalismus im Süden, das heißt im Maghreb, Rassismus im Norden, nämlich in Frankreich, und tödliche Spannung, ja Terrorismus zwischen diesen beiden Antipoden. Es lag schon eine gefährliche Heuchelei darin, wenn man weiterhin den Nordafrikanern die Errungenschaften der Französischen Revolution, die amerikanische Bill of Rights, sogar den Westminster-Parlamentarismus als leuchtendes, nachahmenswertes Vorbild entgegenhielt, sich aber in Wirklichkeit, wenn es darauf ankam, lieber auf die harte Faust der lokalen Militärs verließ, den Erben der türkischen Janitscharen freie Bahn gewährte, den »neuen Mamelucken«, wie sie bereits im algerischen Volksmund genannt wurden.

Auf meinem Nachttisch entdeckte ich ein Buch des algerischen Journalisten und Schriftstellers Hmida Ayachi, eine Veröffentlichung in arabischer Sprache, die mir – mit einer Widmung des Autors – von unbekannter Hand zugestellt worden war. Der Titel lautete: »Die algerischen Islamisten zwischen der Macht und den Kugeln«.

Panzer vor der »Mosquée Kaboul«

Als die Schießerei begann, trat Ali instinktiv auf den Gashebel. Aber weit kamen wir nicht mit unserem Peugeot. Eine schreiende, flüchtende Menschenmenge verstellte uns den Weg. Es hatte erste Verluste gegeben. Ein verzweifelter Mann mit wutverzerrtem Gesicht trug ein blutüberströmtes Mädchen in seinen Armen. Hinter den Mauervorsprüngen und den Parkbänken des »Platzes der Märtyrer« suchten algerische Fallschirmjäger Deckung. Ihre Schnellfeuergewehre waren auf die Kasbah gerichtet. Sie leerten ihre Magazine, ohne genau zu zielen. Die wenigen Freischärler, die sich auf den vorderen Flachdächern der Altstadt verschanzt hatten, waren nicht zu erkennen.

Unter Sirenengeheul kam uns eine Militärkolonne mit Verstärkungen entgegen. Auch sie trugen jene »tenue léopard«, den Kampfanzug, der mir von den französischen »Paras« vertraut war. Die Soldaten schwärmten aus, schufen mit vorgehaltener Waffe einen Freiraum, den Ali zum beschleunigten Start benutzte. Unsere Fahrt längs der Hafenanlage war noch von vereinzelten Gewehrsalven begleitet. Die Bevölkerung rannte auf das Postgebäude und jene Straßen der einst französischen Neustadt zu, die vom Kampf verschont blieben. Die gehetzten Blicke verrieten Angst.

Ali kochte vor Wut. »So weit ist es schon gekommen, daß das Militär wahllos auf Frauen und Kinder schießt«, ereiferte er sich. Am besten solle man den Freitag als wöchentlichen Ruhetag wieder abschaffen und zum Sonntag zurückkehren. Immer wieder komme es ja zu blutigen Zusammenstößen, wenn beim feierlichen Mittagsgebet die Leidenschaften angefacht würden. In der vergangenen Nacht seien die Sicherheitskräfte mit panzerbrechenden Waffen gegen verdächtige Häuser der Kasbah vorgegangen, in denen sich angeblich Schlupfwinkel der »Afghanen« befanden.

Dieser Freitag im Februar war mit besonderer Besorgnis erwartet worden, denn die »Islamische Heilsfront« hatte zu einem großen Protestmarsch aufgerufen. Zwischen dem »Platz des 1. Mai« und dem »Platz der Märtyrer«, wo eben der Schußwechsel stattgefunden hatte, sollte die Kraft des ungebrochenen koranischen Erneuerungswillens demonstriert werden. Seit dem Vorabend war die Stadt wie elektrisiert. Vor allem im bürgerlichen Viertel El-Biar, wo die jungen Mädchen die Verschleierung stets verweigert hatten und sich immer noch bemühten, Pariser Chic nachzuahmen, zeigte man sich beunruhigt. Die emanzipierten Frauen Algiers erinnerten sich noch allzugut an jene Tage, als die Islamisten bereits glaubten, den Sieg in Händen zu halten, und jedes geschminkte Mädchen mit offenem Haar als Hure beschimpften. In El-Biar dürfte man jetzt den Kraftakt der Armee am Rande der Kasbah mit Genugtuung zur Kenntnis genommen haben.

Am frühen Freitagmorgen – lange vor dem Mittagsgebet – hatte ich mit Ali alle voraussichtlichen Krisenpunkte, die Brutstätten der FIS, inspiziert. Die stärkste Truppenkonzentration stellten wir in Bab-el-Oued fest, wo der Zugang zur Sunna-Moschee nur denjenigen gestattet wurde, die sich als Einwohner dieses Viertels ausweisen konnten. Vor dem herabbröckelnden Stuck dieses Kleine-Leute-Viertels, wo schon zur französischen Zeit das mediterrane Proletariat zu Hause war, hatten Elitetruppen Stellung bezogen.

Die Fallschirmjäger trugen blaue Armbinden, womit sie angeblich der Bevölkerung signalisieren sollten, im Falle von Unruhen werde ohne Warnung gezielt geschossen. Die Angehörigen der besonders gefürchteten Interventionseinheiten in blauer Uniform trugen oft Gesichtsmasken, um sich vor späterer Vergeltung zu schützen. Die Nervosität war erheblich bei diesen Bereitschaftskommandos und stand im Kontrast zu dem betont feierlichen Gehabe der bärtigen Fundamentalisten in wallenden Gewändern, die in kompakten Reihen auf das Gebetshaus zustrebten.

An Panzerspähwagen vorbei hatten wir unsere Tour in Richtung Belcourt fortgesetzt. Zunächst schien es mir, als hätte sich dort eine aufrührerische Menge von Männern zusammengerottet. Beim Näherkommen stellten wir fest, daß es sich lediglich um einen Trödlermarkt handelte. Belcourt war ohnehin so übervölkert, daß das normale Straßengedränge bereits wie eine Massenkundgebung wirkte.

Natürlich waren auch hier die Jugendlichen, die Halbwüchsigen, ja die Kinder in großer Überzahl. Sie musterten herausfordernd die Polizisten und Gendarmen, die mit den Visieren ihrer Helme und den Schutzschildern wie bizarre Samurai-Gestalten postiert waren. Polizeiautos deutscher Fabrikation waren aufgefahren. Wasserwerfer standen bereit, und ein paar Bulldozer mit Riesenschaufeln waren herangerollt, um eventuelle Barrikaden umgehend zu beseitigen. Im Umkreis der Moschee »Salah-ud-Din«, die man wegen der aufsässigen Stimmung dieses Viertels im Volksmund als »Mosquée Kaboul« bezeichnete, wimmelte es von Spitzeln und Geheimpolizisten. Unser Wagen wurde von Agenten umringt, deren finstere Visagen den Gedanken an schreckliche Verhöre nahelegten. Auf ähnlich verdächtige Hilfskräfte hatte sich einst die französische »Quadrillage« Algiers durch das Überwachungsnetz des Colonel Godard gestützt.

An ein Verweilen in Belcourt war nicht zu denken. Wir wurden gebieterisch weitergewinkt und steuerten jetzt auf die islamische Hochburg von Kouba zu. Dort ragten die riesigen Betonkasernen des sozialen Wohnungsbaus trostlos in den blaßblauen Himmel. Die Wände waren über und über mit kämpferischen Parolen der Heilsfront beschmiert. Stets wiederholte sich in grüner und roter Farbe der Kampfruf »Allahu akbar«. In der Nähe der »Masdschid el Nasr«, der Moschee des Sieges, hatten die Militärs Maschinengewehre aufgebaut. Ein ganzes Waffenarsenal russischer Produktion war dort zur Schau gestellt. Diese Abschreckung war wirksam. Die Passanten beeilten sich, die kriegerisch wirkende Zone zu verlassen. Die Armee konnte an diesem kritischen Freitag beweisen, daß sie das Heft energisch in der Hand hielt.

Um zwei Uhr mittags hätte der große Protestmarsch beginnen sollen. Die Straßen Algiers waren wie leergefegt. Äußerst widerwillig begleitete Ali mich zum Hotel »As Safir«, einem kolonialen Prachtbau in der Nähe der Hafenpromenade, die bereits zur Kasbah überleitet. In der französischen Zeit hatten in diesem Hotel, das damals »Aletti« hieß, die Journalisten ihr Hauptquartier aufgeschlagen. Dieses war ein idealer Schnittpunkt, um sowohl das Brodeln in der algerischen Altstadt als auch die blutigen Einschüchterungsmaßnahmen der französischen Terroristen der O.A.S., der »Organisation de l'Armée secrète«, zu beobachten

Die einstige Luxusherberge war ziemlich heruntergekommen. Die einzigen Reporter, die sich in der schummerigen Bar aufhielten, waren Japaner. Gemessen an der düsteren, bedrückten Stimmung, die sich in den Gesichtern der einheimischen Kellner spiegelte, wirkte die laute Heiterkeit der Asiaten fast anstößig. Kurz vor 14 Uhr packte das japanische Fernsehteam sein Material zusammen. Die kleine Tontechnikerin mit den abstehenden Zöpfen und dem heiteren Mongolengesicht schulterte ihre Nagra, und die Gruppe ging – in Erwartung dramatischer Ereignisse – auf die Straße. Auch ich trat ins Freie und bewegte mich in Richtung auf den »Platz der Märtyrer«. Die Situation kam mir seltsam vertraut vor.

Als die O.A.S. gegen de Gaulle geputscht hatte und als dann – vor dreißig Jahren – die grün-weißen Fahnen mit dem roten Halbmond, das Emblem der Algerischen Befreiungsfront, über den Dächern der Kasbah gehißt wurden, hatte man sich ähnlich vorsichtig und argwöhnisch unter den Arkaden bewegt, die vom »Aletti« wegführten. Auch dieses Mal war ich auf der Hut. In der Ferne hallten einzelne Schüsse. Vor allem die Querstraßen waren erfahrungsgemäß gefährlich, denn dort konnten Scharfschützen auf ihre Opfer warten. Die Situation erwies sich jedoch sehr schnell weit harmloser, als ich vermutet hatte. Von den spähenden Blicken der unvermeidlichen Polizeispitzel verfolgt, setzte ich als einziger Europäer meinen Erkundungsgang fort. Soldaten mit schußbereiter Waffe lauerten in den Hauseingängen.

Endlich kam mir ein Schwarm lärmender Kinder entgegen. Die Ältesten mochten vierzehn Jahre alt sein. Sie hatten wohl ebenfalls auf revolutionäre Unruhen, auf die angekündigte Prozession der Fundamentalisten gewartet und schienen um ein Abenteuer betrogen. Diese Knaben hätte man zur französischen Zeit als »ya ouled« bezeichnet. Der Zwölfjährige, den ich ansprach, erschien mir in dieser revolutionären Stimmung wie ein maghrebinischer »gavroche«, ein nach Algier verschlagener Straßenjunge aus der Romanwelt Victor Hugos. Nein, der Protestmarsch der FIS fände nicht statt, versicherte er mir mit sichtlicher Enttäuschung. Es werde heute zu keinen Demonstrationen mehr kommen. Da müsse man auf günstigere Gelegenheiten warten.

An diesem Freitagnachmittag hat die Islamische Heilsfront zurückstecken müssen und eine psychologische Schlappe erlitten. Darüber bestand kein Zweifel. Noch war Algier nicht Teheran, und dieser unruhige Gebetstag in Nordafrika ließ sich in keiner Weise mit jenen ungeheuerlichen Volksaufmärschen von einer oder zwei Millionen Menschen vergleichen, die im Dezember 1978 die Straßen der persischen Hauptstadt verstopften und dem Schah Mohammed Reza Pahlewi zu verstehen gaben, daß die Stunde des schiitischen Gottesstaates und der Verherrlichung Khomeinis geschlagen habe.

Ali atmete sichtlich auf, als ich ihm als Fahrtrichtung das Hotel »El Djazair« angab. Ich begab mich zur Siesta auf mein Zimmer, wohin ich mir eine ganze Sammlung örtlicher Gazetten hatte bringen lassen. Dem Hohen Staatskomitee Mohammed Boudiafs war es seit der Proklamation des Ausnahmezustandes gelungen, die Presse von Algier, die unlängst noch eine beachtliche ideologische Vielfalt spiegelte, gleichzuschalten. Zensur und Druckverbote taten ein übriges. Über die gespannte innere Lage wurde spärlich berichtet. Die Zeitung *Alger Républicain*, das frühere Partei-Organ der hiesigen Kommunisten, war wieder zugelassen worden. Jetzt taten sich diese verwaisten Gefolgsleute Moskaus durch eine Kampagne der Aufhetzung und der Denunziation gegen die Islamisten hervor. All jene Blätter, die einmal der Heilsfront nahegestanden hatten, waren entweder verboten oder einer gründlichen Säuberung unterzogen worden. Viele Redakteure hatte man wegen staatsgefährdender Umtriebe verhaftet.

Am interessantesten berichtet noch das Blatt *El Watan*. Bei sorgfältigem Studium jener Artikel, die sich als wissenschaftliche Aussage tarnen, läßt sich manches über die tatsächliche Stimmungslage erfahren. Reportagen aus dem Milieu der kleinen Leute sind aufschlußreich und bedrückend zugleich. Vor allem der Bruch zwischen den Generationen beschäftigt die algerischen Soziologen. Die Eltern blicken fassungslos auf ihre Söhne, die nur darauf brennen, die Steinschlachten gegen die Polizisten wiederaufzunehmen und in Sprechchören ihre

Kampfbereitschaft zu bekunden. »Für Allah leben wir, und im Namen Allahs sterben wir«, hatten sie einst geschrien. Sie wollten damit ihrer Hoffnung wie auch ihrer Verzweiflung Ausdruck geben. Werden sie sich durch die Verhaftungen einschüchtern lassen? Kein Außenstehender ist in der Lage, die psychologische Situation der algerischen Jugend, das heißt der Mehrheit der Bevölkerung, zu durchdringen, wo doch schon die Eltern ihren Kindern ratlos gegenüberstehen.

Ein paar Beispiele werden als Illustration der vorherrschenden militanten Stimmung zitiert. Da erzählt der junge Hilfskellner Mohammed von seiner Überraschung, als frühere Spielgefährten, mit denen er einst manchen lustigen Streich verübt hatte, ihn plötzlich an seiner neuen Arbeitsstätte besuchen kamen. Er hätte diese »copains« beinahe nicht wiedererkannt. Sie hatten das wallende islamische Gewand, »Kamis«, angezogen und sich einen spärlichen Bart wachsen lassen. Der eine hatte die Augen mit schwarzer Tusche, mit »Khol«, umrandet, der andere einen grünen Turban angelegt. Plötzlich stellte Mohammed fest, daß ein Gespräch mit diesen Altersgenossen kaum mehr möglich war, daß seine Scherze nicht mehr verfingen. Sie sahen ihn streng und kalt an und gaben ihm deutlich zu verstehen, daß sie sich von seiner fröhlichen Weltlichkeit prüde distanzierten.

Die Spielkameraden von einst hatten bei Mohammed Kaffee und Tee bestellt. Doch sie setzten sich nicht auf die Stühle des maurischen Cafés, sondern kauerten auf dem Boden nieder; denn so hatte es der Prophet Mohammed – »das Heil sei mit ihm!« – vorgeschrieben. Die jungen Fundamentalisten gaben dem Kellner Mohammed zu verstehen, daß sein Leben gottlos, daß er dem »Kufr« verfallen sei. Zu einem weiteren Treffen sei es dann nicht mehr gekommen.

Der fromme Eifer hat auch vor jenen Predigern und Imamen nicht haltgemacht, die vor dem Hochkommen des Fundamentalismus den Ton angaben. Sie werden seitdem als Verführer des Volkes, als starre Traditionalisten, als Diener der weltlichen, der gottlosen Gewalt angeprangert. Von der Kanzel, vom »Minbar«, wurden sie durch junge Fanatiker verdrängt, deren theologisches Wissen zwar begrenzt sein mochte, deren mystische Visionen jedoch auf die Herstellung einer kompromißlosen islamischen Gesellschaft gerichtet waren. In jenen Tagen, als die Machtergreifung der FIS unmittelbar bevorzustehen schien, waren die muslimischen Gebetshäuser zu einer Art »Agora«

geworden, zu einem politischen Podium, zum volkstümlichen Treffpunkt. Hier wurden die Pressemitteilungen verfaßt, die Kampfparolen ausgegeben, aber auch die sozial Bedürftigen betreut.

Im Westen ist der Irrtum weit verbreitet, die islamische Erneuerungsbewegung habe die weibliche Jugend Algeriens ausgespart. Das Gegenteil ist offenbar der Fall. Da berichtet Meriem, die Mutter von sechs Töchtern und einem Sohn, daß ihre Älteste, Aischa – damals siebzehnjährig –, sich plötzlich der Religion zugewandt, daß sie nicht nur die weite Verhüllung, den »Hidschab«, sondern auch jene Gesichtsmaske angelegt habe, die nur die Augen freiläßt. Aischa hätte studieren sollen, aber plötzlich äußerte sie den Wunsch, einen frommen jungen Mann ohne rechte Berufsausbildung zu heiraten, den sie in der Moschee getroffen hatte. Die Mutter Meriem mußte nachgeben. Doch der Schwiegersohn weigerte sich hartnäckig, das Haus seiner Schwiegereltern zu betreten, weil Meriem keinen Schleier trug und deshalb den unfrommen Geist verkörperte.

Als die Eltern eine Parabolantenne anbringen wollten, um französische Fernsehprogramme empfangen zu können, kam es zu einer Revolte der Kinder, und Meriem wurde als »Kafira«, als Gottlose, und als »Dschahila« beschimpft. Die »Dschahiliya«, »Zeit der Unwissenheit«, bezeichnet jene ferne heidnische Epoche, die der Predigt des Propheten Mohammed vorausgegangen ist. Als es zu den blutigen Zwischenfällen mit Polizei und Armee kam, bangte Meriem jede Nacht um ihren einzigen Sohn, aber auch um ihre Töchter. Es gab keine Verständigung, keine Spur von Übereinkunft mehr zwischen den Generationen. Das einst so harmonische Familienleben sei vielerorts zur Hölle geworden, berichten die Soziologen.

In diesen Untersuchungen wird auch die Aussage des Studenten Raschid erwähnt. Der Abdruck dieses exemplarischen Falles, so schien mir, war ein listiger Versuch der Redaktion, unter dem Vorwand angeblicher Entrüstung über die fortschreitende Islamisierung Kritik am bisherigen Regime der FLN zu üben. So hatte auch Raschid seine Jeanshose gegen die »Dschellabah« oder den »Kamis« ausgetauscht. Er zollte den beiden FIS-Führern Ali Belhadsch und Abbassi Madani hemmungslose Bewunderung und versäumte keine ihrer Predigten. Wörtlich wurden die Anklagen Raschids in dem Artikel zitiert. »Es gibt zuviel Ungerechtigkeit in unserem Land«, beteuerte er.

»Gott ist gerecht, und alle, die seinem Worte folgen, müssen gerecht sein. Die Männer, die uns bisher regierten, haben uns nur Unheil gebracht. Sie haben hemmungslos in die eigenen Taschen gewirtschaftet. Heute breiten sie ihren Reichtum ohne jede Scham öffentlich aus. Es stört sie nicht, daß sie das Volk geplündert haben. Erst wenn ein islamischer Staat errichtet ist, wird diesem Unheil ein Ende gesetzt. Erst dann werden wir in einer gerechten Gesellschaft leben.«

Zyklische Wiedergeburt des Gottesstaates

Suheil Idris saß einsam im Palmengarten des »Saint-Georges«. Er war alt geworden und wirkte zerbrechlich. Ich hatte ihn zum letzten Mal in Beirut gesehen, bevor der schreckliche Bürgerkrieg diese Idylle der Levante vernichtete.

In den fünfziger Jahren hatte Suheil uns in dem maronitischen Gebirgsdorf Bikfaya arabischen Sprachunterricht erteilt. Jeden Morgen waren wir mit ihm den arabischsprachigen Blätterwald der libanesischen Hauptstadt durchgegangen. Seine Sympathien lagen damals eindeutig auf seiten des ägyptischen Staatschefs Gamal Abdel Nasser und des panarabischen Sozialismus. Dazu kam ein starker antiamerikanischer Affekt. Suheil Idris, der an der Libanesischen Universität Beiruts unterrichtete, war für dortige Begriffe ein fortschrittlicher Mensch. Er suchte nach einer Anpassung seines sunnitisch-islamischen Glaubensbekenntnisses an aufklärerische Liberalität. Er hatte sogar Jean-Paul Sartre und Simone de Beauvoir ins Arabische übersetzt.

Wir umarmten uns brüderlich. Nach Ausbruch der blutigen Wirren in seiner Heimat hatte Suheil in Algier Zuflucht gesucht. Dort waren Leute seines Bildungsstandes gefragt, die das Französische fast ebensogut beherrschten wie die Sprache des Propheten. Er hatte an der Arabisierungskampagne des Boumedienne-Regimes aktiven Anteil genommen, und seit seiner Pensionierung verbesserte er seine kümmerliche Rente durch Privatunterricht für Angehörige der algerischen Oberschicht.

Ich fragte ihn, ob er Wein oder ein Glas Whisky trinken wolle, doch mein ehemaliger Lehrer lehnte strikt ab. »Sie werden lachen«, meinte er, »in meinen alten Tagen bin ich ein relativ frommer Muslim geworden, und der Gesundheit tut diese Alkoholabstinenz gut. Im übrigen färbt wohl die militante maghrebinische Umgebung auch auf mich ab.« So beließen wir es bei einem Orangensaft und wandten uns in melancholischer Erinnerung jenen Zeiten zu, als am Libanon die diversen Konfessionen und »Tawaif« in prekärer, aber durchaus erträglicher Harmonie nebeneinander lebten.

Ich erzählte von dem Besuch, den ich am Morgen des gleichen Tages dem algerischen Anwalt Abdenour Ali Yahia abgestattet hatte. Dessen Büro befand sich in einer modrigen Stube der Rue Abane Ramdane, die nach einem Märtyrer des Freiheitskampfes benannt war. Abdenour Ali Yahia war ein kleiner, unscheinbar wirkender Mann. Er war nachlässig gekleidet, und niemand hätte diesem bebrillten Intellektuellen zugetraut, daß er sechs Jahre in französischen Gefängnissen verbracht und sich als militanter Nationalist einen Namen gemacht hatte. Jetzt hatte er sich einer anderen Aufgabe verschrieben, die mindestens ebensoviel Mut erforderte. Er leitete eine kleine algerische Menschenrechtsbewegung und stand den inhaftierten Islamisten der Heilsfront beratend zur Seite.

Obwohl Abdenour Ali Yahia gegen Frankreich gekämpft hatte, war er durch die lange Präsenz der ehemaligen Kolonialmacht zutiefst geprägt. Er hätte ebensogut ein gebildeter französischer Provinznotar sein können. Wenn er sich auf die Menschenrechte berief, die in diesen Tagen in Algerien mit Füßen getreten wurden, dann klang bei ihm das Vokabular des Rousseauschen »Contrat social« und sogar das Pathos der revolutionären »Convention« an.

Daß Abdenour so unerschrocken gegen die Polizeiwillkür antreten konnte, verdankte er seinen guten Beziehungen zu einem Mitglied des neuen Staatskomitees. Vor allem dessen Präsident Mohammed Boudiaf war ein alter Vertrauter, der seine schützende Hand über ihn hielt. Der Anwalt hatte eine unerwartet hohe Meinung von dem ehemaligen Feldwebel, der nunmehr die Geschicke Algeriens lenkte. »Il a mauvais caractère«, sagte er lächelnd von Boudiaf, er hat einen schwierigen Charakter, und laut Napoleon sei dies doch die einzige Art, Charakter zu beweisen. Was Abdenour Ali Yahia zutiefst beunruhigte, war die Welle wahlloser Verhaftungen, die alle notorischen Sympathisanten der FIS heimsuchte. Vermutlich waren bereits mehr als zehntausend Verdächtige in die entfernten Konzentrationslager der südlichen Sahara transportiert worden, und die Lebensbedingungen dort würden vollends unerträglich, sobald die große Hitze einträte.

Der Anwalt kannte die alte Einheitspartei »Nationale Befreiungsfront« gut genug, um ihre inneren Rivalitäten, ihre Clan-Bildungen richtig einzuschätzen, die sich nunmehr auch im »Haut Comitée d'Etat« widerspiegelten. Für die Zukunft sah er schwarz. Dabei war er sich wohl bewußt, daß die islamische Auflehnung kein rein algerisches Problem war, sondern jederzeit auf die Nachbarländer Tunesien und Marokko, ja auf das Niltal übergreifen konnte.

Ich erwähnte dieses Treffen mit Abdenour, um auch Suheil Idris zu einer politischen Aussage zu bewegen. Aber der Libanese hielt sich vorsichtig zurück und drehte behutsam an seinem grauen Schnurrbart. »Ich bin ein Ausländer in diesem Land«, sagte er, »und ich werde mich hüten, mich in die inneren Angelegenheiten einzumischen. Da wären meine algerischen Kollegen weit eher berufen, kompetente Meinungen zu vertreten.« Er verwies mich auf eine Aussage des Soziologen Benaoun, der das Erwachen des revolutionären Islamismus zu erklären suchte.

Dieses Phänomen, so hatte Benaoun doziert, sei nicht neu in der arabischen Geschichte. Alle vierzig oder fünfzig Jahre stelle sich diese Gesellschaft immer wieder selbst in Frage, zerstöre ihre eigenen, fest etablierten Referenzen. Sie sei dann zu einer Hierarchisierung der Werte unfähig. In diesen »dementiellen« Augenblicken tauchten jene Bewegungen aus dem Urgrund auf, die das Politische und das Religiöse miteinander zu verschmelzen suchten. Dabei würden die ärmsten Bevölkerungsschichten mobilisiert, die jeder geistigen Orientierungsmöglichkeit beraubt schienen. Die ideologische Leere würde dann durch chiliastische Prophezeiungen ausgefüllt, und am Ende stände stets ein Blutbad und eine unerbittliche Konfrontation zwischen Aufruhr und Staat.

Um ein neues Gleichgewicht zu schaffen, müsse dann der weltliche Herrscher – der Sultan, der »Malik«, der Bey – sowie all jene, durch die die Sünde und das Unheil über die fromme Gottesgemeinde gekommen seien, ausgemerzt, es müsse ein radikaler Systemwechsel vorgenommen werden. Diese ideologischen Heilsideen würden durch den Sozialneid und durch die Frustration der Massen zum Sieden gebracht. Auf der Suche nach einem Sündenbock müßten die Agitatoren nach einer manichäischen Zweiteilung Ausschau halten: auf der einen Seite das Gute und die Entrechteten; auf der anderen Seite das Böse und die Verfluchten, die die Macht an sich gerissen hätten. Der Soziologe Benaoun hatte hinzugefügt, daß ein solcher Vorgang nicht auf Algerien beschränkt sei, sondern die gesamte islamische »Umma« in regelmäßigen Abständen heimsuche.

Suheil Idris hatte diese Theorie vorgetragen wie in den alten Lehrtagen unseres Studienzentrums von Bikfaya. Nun ging er dazu über, die scheinbaren Entdeckungen des Algeriers Benaoun zu relativieren. Was dieser algerische Wissenschaftler vortrage, so betonte Suheil, sei doch nichts anderes als ein Plagiat jener Geschichtsbeschreibung, die der Vater der Soziologie, der weise Maghrebiner Ibn Khaldun, bereits im 14. Jahrhundert formuliert habe. Es sei die Theorie einer zyklischen Wiederkehr, die für das religiös-politische Leben der islamischen Völker von Anfang an maßgeblich gewesen sei.

Die reine koranische Lehre, die puritanische Erneuerung seien in früheren Zeiten aus der Wüste oder dem rauhen Gebirge gekommen, habe die korrupten und sündhaften Herrschaftssysteme der städtischen Dynastien weggefegt und ein Regime des koranischen Rigorismus errichtet, das man heute als fundamentalistisch bezeichnen würde. Auf diese Weise seien im Mittelalter die glaubenstrunkenen Eiferer der Almoraviden (Al Murabitun) aus der Westsahara in die reichen Oasen Marokkos eingebrochen; und mit der Forderung nach sittlicher Strenge und früh-islamischer Pietät hätten auch die Almohaden (Al Muwahhidun), die Verfechter der Einzigkeit Gottes, den ganzen Atlas mit Krieg überzogen und ihre religiöse Unerbittlichkeit bis nach Spanien hineingetragen.

In der gesamten islamischen Welt seien immer wieder die politischen Erneuerungsbewegungen durch den Rückgriff auf den Koran und die egalitären Vorstellungen des idealen Gottesstaates von Medina gerechtfertigt worden. So sei es in der Neuzeit noch bei den eifernden Sekten und Bruderschaften der Wahhabiten im Nadschd und der Senussi in der Cyreneika geschehen, bevor auch diese fanatischen Wüstenstürmer mit zunehmender Bereicherung der Heuchelei, dem moralischen Verfall, der Sünde anheimfielen.

Ich entgegnete Suheil, daß die Islamische Heilsfront von Algerien ihre revolutionären Anhänger schwerlich bei den letzten Beduinen oder bei verspäteten Wüstenrittern finden könne; ihre entschiedenste Gefolgschaft rekrutiere sie im Proletariat der Städte. Ähnlich könnte es sich doch eines Tages auch im Scherifischen Königreich Marokko abspielen, bei den entwurzelten Massen von Casablanca, oder in Ägypten, im engen Schlauch des übervölkerten Niltals. In diesem Zusammenhang kam der Erweckerfigur des Ayatollah Khomeini eine entscheidende, weit über den Iran und die schiitische Glaubensrichtung hinauswirkende Bedeutung zu. Der Imam Khomeini hatte erkannt, daß die islamische Revolution unserer Tage – dem zyklischen Grundschema Ibn Khalduns durchaus getreu – ihr menschliches Potential bei den Enterbten und Entrechteten, bei den »Mustazafin«, in den großen urbanen Zusammenballungen finden müsse, daß in den trostlosen Bannmeilen – erdrückt durch westliche Überfremdung – die Saat der kompromißlosen koranischen Rückbesinnung, ihr Ideal von der Gleichheit aller Gläubigen, fruchtbarsten Nährboden fände.

»Ich halte es wie die meisten Muslime«, lächelte Suheil Idris. »Mit fortschreitendem Alter werde ich fromm, auch wenn ich mich von den Fanatikern fernhalte.« So bedauerte er die Entfremdung, die zwischen Islam und Christentum eingetreten sei. Amerika würde in dieser Hinsicht eine schwere Verantwortung tragen. Es sei eine sehr abendländische Fehleinschätzung, wenn man glaube, die Folgen des Golfkriegs seien im Zuge einer neuen utopischen Friedensordnung irgendwie bereinigt. Rußland sei seit dem »Selbstmord der Sowjetunion«, wie die Chinesen es nannten, zum Trabanten der amerikanischen Orientpolitik geworden. Washington und Moskau seien sich einig in der Ausgrenzung und systematischen Bekämpfung des Fundamentalismus, der »Usuliya«, und erwiesen sich als die besten Propagandisten jener Lehre, die der charismatische Scheikh Sayid Qutb in Kairo vorgetragen habe, bevor er 1966 am Galgen endete.

»Sie wissen doch«, fuhr mein ehemaliger Lehrer fort, »daß ich Anhänger einer modernistischen Erneuerung des Islam gewesen bin, daß ich den ägyptischen Scheikh Abduh, den großen Reformer des Niltals, als Vorbild verehre. Aber diese quasi-aufklärerische Tendenz, diese fast rationalistische Interpretation des Korans, kann heute bereits als gescheitert angesehen werden. Es sind doch nur noch Ignoranten oder Naivlinge, die im Westen auf diesen Prämissen eine politische Neuorientierung des Orients programmieren.«

Als Muster einer gelungenen islamischen Anpassung an die Neuzeit werde immer noch das Beispiel des Kemalismus, die radikale Absage Atatürks an die verkrusteten Strukturen des Osmanischen Reiches zitiert. Atatürk sei jedoch kein Erneuerer, sondern ein Feind des Islam gewesen, der nicht davor zurückschreckte, den Propheten Mohammed als einen »lügnerischen und räuberischen Beduinen« zu bezeichnen.

»Die imperialistische Hegemonialpolitik des Präsidenten Bush und seines Außenministers Baker stützt sich mit einer für ›Demokraten‹ eigenartigen Vorliebe auf jene islamischen Potentaten und Militärkasten, die sich einem archaischen Traditionalismus verschrieben haben.« Suheil Idris hatte sich bei dieser Anklage erregt. »Sie sehen es ja hier in Algerien. Nicht der freiheitlich geäußerte Volkswille wird von Washington honoriert, sondern man stützt sich auf eine Junta von Offizieren. Noch krasser ist es in Saudi-Arabien, in den Golf-Emiraten oder gar in Kuwait. Die Saudis haben nur eine Verfassung, nämlich den Koran, und die dortige Gesetzgebung ist strikt auf die Scharia ausgerichtet. Bürgerliche Freiheiten werden unter König Fahd weit weniger toleriert als in der vielgeschmähten Islamischen Republik Iran, so paradox das klingen mag.«

Die geldstrotzenden Feudalherren, die sittlich verkommenen Petroleum-Dynasten, seien nun einmal die bevorzugten Verbündeten des Westens. Sie stützten sich dabei auf gefügige Korangelehrte, auf eine von ihnen gesiebte Ratsversammlung der »Ulama«. Selbst die höchste theologische Autorität des Islam, die Universität El-Azhar in Kairo, die einst als Leuchtturm des Glaubens galt, sei der staatlichen Macht gefügig gemacht worden, seit die dortigen Professoren, und an deren Spitze der Scheikh El Azhar, von der ägyptischen Regierung berufen werden.

Die »Ulama« von Algerien hätten einst im Kampf gegen die französische Überfremdung eine wichtige Rolle als Verteidiger der koranischen Tradition gespielt. Heute seien sie – vom Staatsapparat und den Geheimdiensten gegängelt – ein Instrument gesellschaftlicher Beharrung gegen die aufkommende islamische Revolution. Kein Wunder, daß für die sogenannten »Fundamentalisten«, für die Prediger koranischer Gleichheit und Gerechtigkeit, die »Traditionalisten« auf Dauer gefährlichere Gegner seien als die westlich orientierten Modernisten, die ohnehin nur eine bürgerliche oder intellektuelle Minderheit darstellten.

Suheil unterbrach seinen Redefluß. »Manchmal geht das Temperament doch noch mit mir durch«, lächelt er, »und ich leide am Niedergang der arabischen Nation. Vielleicht geht die geschichtliche Bedeutung des Islam nunmehr auf die nicht-arabischen Völker über. Was in Zentralasien, in den überwiegend muslimisch bevölkerten GUS-Republiken und in Afghanistan vor sich geht, dürfte auf lange Sicht gesehen wichtiger sein als der endlose und demütigende Streit um Palästina. Schon müssen wir uns fragen, wann die Stunde eines neuen Tamerlan schlägt. Denn ich bin französisch genug erzogen, um mit Paul Valéry zu wissen, daß im Abgrund der Geschichte sehr viel Raum vorhanden ist.

Was er denn von der Theorie Fukuyamas halte, jenes amerikanisierten Japaners, der das »Ende der Geschichte« konstatiert habe, seit das westliche Demokratiemodell und die erfolgreiche kapitalistische Marktwirtschaft sich nach dem Untergang des Marxismus als einzig gültige Menschheitsperspektive bestätigt hätten, fragte ich Suheil.

Da lachte der Libanese hellauf. Er betrachte Francis Fukuyama als einen Scharlatan. Was vom amerikanischen Modell zu halten sei, hätten die Algerier ja unlängst am eigenen Leibe erfahren, als ihr freier Volksentscheid für eine islamische Staatsform unter dem Beifall aus Washington, Paris und Moskau zerschlagen worden sei. Die Marktwirtschaft wiederum hätten die Maghrebiner schon unter der merkantilen Präsidentschaft Schedli Ben-Dschedids kennengelernt. Im wesentlichen sei Schwarzmarkt, Benachteiligung der ökonomisch Schwachen oder – um ein gängiges Wort zu gebrauchen – »Trabendo« dabei herausgekommen. »Nein«, beteuerte Suheil, »die Geschichte schreitet fort, tragisch, immer wieder blutrünstig.« Ob sie linear verlaufe, wie die Abendländer meinten, oder zyklisch, wie Ibn Khaldun es gelehrt habe, spiele dabei eine untergeordnete Rolle.

Es fiel uns schwer, nach diesen historisch-philosophischen Exkursen wieder zu einer banalen Plauderei zurückzufinden. Offenbar sprach der Libanese auch nicht gern über seine alltäglichen Sorgen. Er lebte wohl unter schwierigsten materiellen Bedingungen, und sein

Stolz verbot ihm, darüber zu klagen. Es war ohnehin höchste Zeit, daß ich ein Auto zum Flugplatz bestellte, um nach Constantine zu fliegen. Der Abschied von Suheil Idris vollzog sich in Würde und Wehmut.

Ein rauhes Bollwerk des Glaubens

Constantine, im Februar 1992

Die Nacht hatte sich bereits über dem Atlas und der Hochebene ausgebreitet, als wir in Constantine landeten, das seit der Unabhängigkeit »Qustantinah« geschrieben wurde. Die Maschine aus Algier war pünktlich, wozu die Passagiere sich beglückwünschten. Sicherheitskontrollen am Flugplatz waren kaum wahrzunehmen. Die Taxifahrt in die Stadt führte über die tiefzerklüftete Schlucht des Rhumel-Flusses. Gegen den sternenklaren Himmel erkannte ich den gigantischen Aquädukt, den die römische Kolonisation hier hinterlassen hat.

Jenseits der Brücke hatte sich ein halbes Dutzend gepanzerter Fahrzeuge der Armee wie in einem Rudel gesammelt. Die Staatsführung war offenbar auf alles vorbereitet. Die Stadt Constantine – früher einmal aktiver Mittelpunkt des nordafrikanischen Judentums – galt nunmehr als ein Zentrum des revolutionären Islam. Diese ostalgerische Metropole, von ihrer Anlage her ganz auf Belagerung und Krieg eingestellt, verkörpert seit Urzeiten den Geist des autochthonen Widerstands. In dieser Gegend leistete bei der arabisch-islamischen Eroberung die Berber-Königin Kahina, die, wie ihr Name besagt, wohl auch mit seherischen Gaben ausgestattet war, hinhaltenden Widerstand gegen die Eroberer, die wie ein Sturmwind unter der grünen Fahne des Propheten über den Maghreb hinwegfegten. Noch unter der osmanischen Herrschaft in Nordafrika schlugen die Karawanen, die vom Niltal aus die reichen und magisch verklärten Städte Marokkos, Fes und Meknes, erreichen wollten, einen weiten Bogen um die schroffe Landschaft von Constantine und die weiter südlich gelegenen, bedrohlichen Aurès-Gebirge. Sie traten lieber den mühsamen Umweg über die Oasen der nördlichen Sahara an.

Das »Hotel Panoramique« hatte sich seltsamerweise seit meinem ersten Aufenthalt im Jahr 1953 kaum verändert. Es war gut geführt, und die Zimmer schienen gründlich gereinigt. Der Balkon öffnete sich auf die steile Felswand, die zum Rhumel abstürzte.

Vor dem Einschlafen schaltete ich das Fernsehgerät ein. Auf dem örtlichen arabischen Kanal hielt ein bärtiger Imam eine regierungskonforme Predigt. Fundamentalistische Bekenntnisse wurden jetzt nicht mehr geduldet. Das zentrale Thema des religiösen Vortrages, das – pedantisch artikuliert – immer wiederkehrte, hieß »Ummatu wahidatu«, was sich unterschiedlich übersetzen ließ. Stand hier das Wort »Umma« für die algerische beziehungsweise die arabische Nation, wie das der Offiziersjunta von Algier wohl genehm sein mochte, oder war nicht doch jene große Gemeinschaft der Gläubigen gemeint, die sich über alle völkischen und intellektuellen Spaltungen gottgefällig hinwegsetzte? Selbst in Constantine waren die französischen Fernsehprogramme ebenso deutlich zu empfangen wie in Marseille oder Toulon. An diesem Abend lief eine der zahllosen TV-Serien über Vietnam. Ich ärgerte mich wieder einmal über diese systematische Fehldarstellung des amerikanischen Indochinakrieges in den US-Medien, über die nachträgliche Heroisierung der GIs im Kampf gegen einen angeblich teuflischen Gegner, den Vietkong. Dieser Mythos entsprach so gar nicht der schnöden Wirklichkeit, wie ich sie erlebt hatte. Bei den jungen Algeriern, die die glorifizierenden Bilder dieser Dschungelkämpfe betrachteten, mochten schlummernde kriegerische Instinkte geweckt werden.

Am nächsten Morgen trat ich meinen Rundgang durch Constantine an. Es herrschte ein kühles, kontinentales Klima auf diesem Plateau, das sich angenehm von der klammen Feuchtigkeit Algiers unterschied. Wieder einmal bestätigte sich die alte französische Feststellung, Nordafrika sei ein kaltes Land mit einer heißen Sonne. Im Schatten fröstelte man nämlich, während sofort Wärme aufkam, sobald man in den Schein der Februarsonne trat.

Das ehemalige Europäerviertel war nunmehr vollkommen arabisiert. Der zentrale Platz, den die französischen Kolonisatoren zu einer Art Forum gestaltet hatten, war seiner Triumphsäule mit dem gallischen Hahn beraubt worden. Statt dessen befand sich dort ein abscheuliches weißes Denkmal zu Ehren der gefallenen Mudschahidin. Die Auswüchse des sozialistischen Realismus hatten das unabhängige Algerien nicht ausgespart.

Die Kasbah von Constantine wimmelte von Menschen. Der Großteil der Bevölkerung war hier orientalisch gekleidet. Keine Frau ging unverschleiert. Die Gassen waren noch enger und schlüpfriger als in den alten Vierteln von Algier. Es roch nach Hammel und Urin. Wieder einmal war ich der einzige Europäer in diesem Gewirr, wo die kühnen Raubvogelköpfe der Schawiya-Berber die übrigen Passanten überragten. Ordnungskräfte waren nicht zu entdecken, kein einziger Polizist in Uniform und auch kein Soldat. Doch die Spitzel des Geheimdienstes waren mit Sicherheit überall zugegen.

Die Verkaufsstände der Händler waren oft wie Grotten in den Fels geschlagen. Eine Fülle von Waren wurde angeboten. In den Fleischereien blickten die Köpfe der geschlachteten Hammel mit glasigen Augen auf das Gedränge. Es ging ein Eindruck von exotischer Wildheit von dieser Masse aus, die aber zu keinem Zeitpunkt in Feindseligkeit gegenüber dem Fremden umschlug. Die Kasbah von Constantine hatte fast zu neunzig Prozent für die Islamische Heilsfront gestimmt, aber für diese standhaften Fundamentalisten war nicht mehr der ungläubige Ausländer, der »Kafir«, der Feind, sondern die eigenen Herren, die putschenden Generale, die sich dem Volkswillen entgegenstellten, die Usurpatoren des Obersten Staatskomitees unter Boudiaf, das vergeblich bemüht war, sich von der sündhaften Korruptheit der früheren Einheitspartei FLN zu distanzieren.

Irgendwie erinnerte mich die Situation an die Stimmung in der syrischen Stadt Hama im Jahr 1982, die ich nach der extrem blutigen Niederschlagung der dortigen Moslembrüder durch die Baath-Partei von Damaskus aufgesucht hatte und wo der Volkszorn den westlichen Fremden ebenfalls verschonte. Dort wie jetzt im Maghreb war die Bezeichnung »Adschnabi« – Ausländer – ein Paßwort, eine Losung für persönliche Sicherheit.

Jede freie Fläche in der Kasbah, ob es sich um eine Lehmmauer oder einen Felsvorsprung handelte, war mit politischen Inschriften bepinselt, in blutroter Farbe oder in den grünen Lettern des Islam. Ein »Islamischer Staat« – oder auch eine »Islamische Republik – Dschumhuriyat Islamiya« – wurden hier gefordert. »Die Heilsfront wird siegen«, stand da immer wieder geschrieben und vor allem die Beteuerung »Allahu akbar«, die Gewißheit, daß Gott größer sei als alle seine Herausforderer und Feinde. An Stelle der schäbigen vergitterten Bordelle, die früher diese Gassen säumten, hatten sich Goldschmiedewerkstätten etabliert. Der Schmuck war von schlechter Qualität.

Trotz der insgeheim brodelnden, wuterfüllten Atmosphäre der Kasbah, trotz des tiefen Argwohns gegenüber dem eigenen Staat, der sich in den meisten Gesichtern spiegelte, durfte man sich keinen Illusionen hingeben. Noch funktionierte der Sicherheitsdienst der algerischen Armee und Polizei. Die alten Funktionäre der »Nationalen Befreiungsfront« klammerten sich ebenso zäh und listenreich, notfalls brutal, an Macht und Privilegien wie in Zentralasien die ehemals kommunistische Nomenklatura der muslimischen, ehemals sowjetischen Nachfolgerepubliken. Vom Ostblock hatte Präsident Boumedienne seinerzeit die KGB- und Stasi-Methoden sowie deren Effizienz auf den Überwachungsapparat Algeriens übertragen, und dieses Gerüst erwies sich als überaus widerstandsfähig.

Nach einer langen Wanderung durch die steile und düstere Treppenwelt der Kasbah – stellenweise fühlte ich mich wie in einem Aquarium, so matt und grünlich fiel das Licht in dieses Labyrinth – erklomm ich wieder die Höhe und betrat die kühn geschwungene Brücke, die die Franzosen über den Rhumel gebaut hatten. Von dort bot sich ein Anblick beklemmenden Elends. Auf den wenigen freien Plätzen der Altstadt häufte sich der Abfall und stank zum Himmel. Neben spielenden Kindern tummelten sich fette Ratten. Dazwischen suchten schwarze Ziegen nach kümmerlichem Fraß in den Müllhaufen.

Warten auf den neuen »Zaim«

Algier, im Februar 1992

Es war Zeit, daß ich zu einem vertraulichen, von Algier aus arrangierten Treffen ging. Ohne Mühe fand ich den Schreibwarenladen in der Europäerstadt, wo ich bereits avisiert war und in ein spärlich möbliertes Hinterzimmer verwiesen wurde. Dort wartete ein athletisch gewachsener junger Mann auf mich; wir wollen ihn Othman nennen. Mein Gesprächspartner sympathisierte mit den Islamisten und besaß als Reserveoffizier gute Kenntnisse über den Zustand der Nationalen Volksarmee Algeriens. Er stammte offensichtlich aus den südlichen

Oasen, denn seine Hautfarbe war relativ dunkel und das Haar negroid gekräuselt.

Othman sagte seine Meinung offen heraus. »Sie haben sich ein bißchen in Algerien umgesehen?« begann er betont burschikos nach der Begrüßung. »Dann haben Sie ja gesehen, was aus dem Land geworden ist. Mit den wahnwitzigen pseudo-marxistischen Experimenten Ben Bellas hat es angefangen, und seitdem sind wir immer tiefer in den wirtschaftlichen Abgrund und die Not des Volkes abgeglitten. Früher haben wir einmal Agrarprodukte massenhaft exportiert. Das war noch zur Zeit der Franzosen. Heute importieren wir achtzig Prozent unserer Lebensmittel. In den vergangenen Wochen mußten wir sogar Orangen aus Marokko einführen. Ein beispielloser Skandal.«

Der junge Mann stand natürlich in Opposition zu den Generalen, die in Algerien die Macht an sich gerissen hatten. Da sei doch jüngst ein ungeheuerlicher Vorgang aufgedeckt worden, der höchste Offiziere des Heeres bis auf die Knochen kompromittiert habe. Devisen im Werte von einigen Milliarden Dollar seien angeblich auf persönliche Konten in der Schweiz überwiesen worden. Der Truppe sei dieser Sumpf nicht verborgen geblieben.

Über die Kampfmoral der Streitkräfte lagen laut Othman unterschiedliche Bewertungen vor. Die algerische Volksarmee war in den vergangenen Jahrzehnten mehr für die Niederschlagung von inneren Unruhen und für Aufgaben des »nationalen Dienstes«, das heißt für Arbeiten zur Verbesserung der Infrastruktur oder zur Landgewinnung ausgerichtet worden als für die äußere Verteidigung. Die Gesamtzahl der Bewaffneten – einschließlich Gendarmerie und Republikanischer Garde – betrug etwa 180000 Mann. Darunter gab es 70000 bis 80000 Wehrpflichtige, deren Verläßlichkeit ungewiß blieb, obwohl sie bereits nach politischen Kriterien gesiebt worden waren.

Vor allem das jüngere Offizierskorps, so versicherte Othman, sei mit den Generalen und Obristen, die seit der Unabhängigkeit mehr Politik und Geschäfte betrieben hätten als strategische Planung, zutiefst unzufrieden. Es handele sich bei diesen hohen Chargen meist um betagte, früh verbrauchte Männer. General Larbi Belkheir, der jetzt als allmächtiger Innenminister fungiere, gelte zur Stunde als der starke Mann im Staat, zumal der Verteidigungsminister, Generalmajor Khaled Nezzar, erkrankt sei. Eine gewisse Umstrukturierung der Streitkräfte habe vor den Unruhen begonnen, und die Volksarmee verfüge nunmehr – statt der bislang verzettelten Brigaden – über zwei nach Ostblock-Vorbild gegliederte Panzerdivisionen.

Nicht nur die persönliche Vorteilnahme und die flagrante Bereicherung in der Führungsspitze löse bei den jungen Offizieren Entrüstung aus. Die Masse der jungen Soldaten und Chargen stamme doch aus dem kleinen Volk, allenfalls aus dem bescheidenen Bürgertum. Dank ihrer Familienbande lebten sie im Rhythmus der großen geistigen Strömungen, die das Land bewegten. Es könne gar nicht ausbleiben, daß der Funke der Islamisierung auch in die Kasernen überspringe, selbst wenn es bei den Militärs solide Vorbehalte gegenüber gewissen radikalen Predigern des rigorosen Fundamentalismus gebe.

In den Offizierskasinos sei der Niedergang der Sowjetunion, das Auseinanderbrechen der Roten Armee leidenschaftlich diskutiert worden. Die russische Wehrpolitik war bislang als vorbildlich dargestellt worden, und da habe die Niederlage der Sowjets in Afghanistan wie ein heilsamer Schock gewirkt. Die Divisionen und Brigaden seien fast ausschließlich mit Ostblockmaterial ausgerüstet. Das gelte insbesondere für die bescheidene Luftwaffe.

Zwar habe Frankreich sich bemüht, Einfluß auf die Ausbildung der Gendarmerie zu gewinnen, und die USA hätten neuerdings Transportmaschinen vom Typ Herkules sowie technische Beratung angeboten. Aber das Schwergewicht liege weiterhin eindeutig beim ehemaligen Ostblock, und gegenüber der Sowjetunion, heute der »Gemeinschaft Unabhängiger Staaten«, stehe Algerien mit vier Milliarden US-Dollar Rüstungsschulden in der Kreide. Die vierhundert Militärberater aus der Sowjetunion seien übrigens nach deren Zusammenbruch vollzählig im Lande geblieben, und nun stelle sich natürlich die Frage nach deren Verläßlichkeit und Kompetenz.

Othman war ein paar Monate im marokkanischen Grenzgebiet nahe der Oase Tinduf eingesetzt gewesen, wo er Partisanen der Sahrawi-Bewegung »Polisario« betreut hatte. Dieser Kleinkrieg Algeriens gegen König Hassan II. und dessen Expansionspläne in der ehemals spanischen West-Sahara gehe jetzt seinem Ende entgegen. Die Junta von Algier sei auf das Wohlwollen des Scherifischen Reiches angewiesen, und die Rückkehr Mohammed Boudiafs aus seinem langen marokkanischen Exil setze ein deutliches Signal.

Ich fragte Othman, wie man Boudiaf in der Armee beurteile. Dieser Veteran des Befreiungskampfes sei den Soldaten so gut wie unbekannt gewesen, lautete die Antwort. Man erkenne ihm eine gewisse Rechtschaffenheit zu, aber gelegentlich werde über ihn gespottet, er sei senil geworden oder störrisch wie ein »Esel«. Schon der Prophet Mohammed habe doch befunden, daß der Schrei des Esels der häßlichste Laut der Schöpfung sei. Gewiß, das sei Kantinengeschwätz, aber ihm komme es so vor, als würde Mohammed Boudiaf sich für Charles de Gaulle halten, und dazu habe er nun wirklich nicht das Zeug. Auf die oppositionellen Intellektuellen, auf die »Demokraten« von Algier war Othman nicht gut zu sprechen. Den Agitatoren der Heilsfront wiederum warf er vor, daß sie dilettantisch operiert und es versäumt hätten, sich rechtzeitig eine robuste Kaderorganisation zuzulegen. Die Streitkräfte seien zwar militärisch relativ schwach, wenn man sie mit anderen arabischen Ländern vergleiche, doch ohne die Soldaten sei ein Regimewechsel schwer vorstellbar. Die Frage stelle sich heute, ob die islamische Rückbesinnung, die auf die Dauer unvermeidbar sei, weil sie einem mystischen Anspruch des breiten Volkes entspreche, nicht eines Tages von einer Gruppe junger Offiziere in die Hand genommen werden könnte. Auch in Algerien, meinte Othman, befände sich die Macht am Ende des Gewehrlaufes. Offenbar hatte er Mao Tse-tung gelesen. »Vergessen Sie nicht«, fügte er hinzu, »dieses Land war unter den Türken eine Bastion der Janitscharen, und die meuterten immer wieder gegen den Dey von Algier und sogar gegen den Sultan von Istanbul.«

So wie die Extremisten der Heilsfront sich auf das Vorbild der afghanischen Mudschahidin ausrichteten, so sei das junge Offizierskorps fasziniert von den Vorgängen, die sich im islamischen Teil der früheren Sowjetunion abspielten. Im übrigen habe sich ja auch bei der Khomeini-Revolution im Iran erwiesen, daß eine Armee sich auf Dauer nicht gegen die Masse der Gläubigen stellen könne, wenn diese einmal mobilisiert sei.

Die brutalen Repressionsmaßnahmen des Obersten Staatskomitees brächten die Soldaten in Gewissenskonflikte. Da würden jetzt Tausende, ja Zehntausende von politischen Gegnern und Verdächtigen in die Konzentrationslager der Wüste verschleppt, und offenbar sei man sich in der Junta gar nicht bewußt, daß diese Internierungscamps zu radikalen Schulungszentren und zu Brutstätten gesteigerter revolutionärer Bereitschaft werden könnten.

Es wäre dann nicht das erste Mal, daß islamische Eiferer durch die strenge Abgeschiedenheit ihrer »Ribat«, ihrer einsamen Sahara-Festungen, im koranischen Glauben gestählt würden und aus der Wüste aufbrächen, um die gesellschaftliche Läuterung im Sinne des Propheten zu vollziehen. Im Grunde sei die Algerische Republik heute auf der Suche nach einer überzeugenden Führungsgestalt, die ihr den Anschluß an den weltweiten islamischen Trend erlaube. Aber ein solcher »Zaim« sei leider nicht in Sicht.

Othman war abrupt aufgestanden. Er werde wohl sehr bald untertauchen müssen, sagte er unvermittelt, sonst drohe ihm die Verhaftung. Er nahm kurz militärische Haltung an und verabschiedete sich mit einem fast schmerzhaften Händedruck.

Mit einem Mietwagen bin ich von Constantine in nördlicher Richtung gefahren. Die gewundene Asphaltstraße führte durch verlassene, endlose Felder – Folge der staatlichen Kollektivierung –, auf denen das Wintergetreide grünte. Trotz der Bevölkerungsexplosion wäre Nordafrika bei vernünftiger Bewirtschaftung durchaus in der Lage, seine Menschen zu ernähren. Aber die Fellachen wanderten aus ihren »Meschtas«, aus ihren Dörfern, in die Großstädte ab. Die Landflucht hatte dramatische Ausmaße erreicht, und immer neue Kanisterstädte schossen aus dem Boden.

Die wellige Landschaft im Norden von Constantine zog lieblich und menschenleer an mir vorbei. Mein Ziel war eine alte römische Ruinenstadt, die eine knappe Wegstunde entfernt war. Tiddis war schon in ferner numidischer Vorzeit gegründet worden, aber erst die römischen Eroberer hatten hier ein eindrucksvolles Kastell und eine Veteranenkolonie geschaffen, der neben der strategischen Sicherung auch die Nutzung der nordafrikanischen Kornkammer zufiel.

Die steinernen Überbleibsel aus dem 3. Jahrhundert n. Chr. wirkten immer noch monumental. Durch den steinernen Torbogen des Memmius Rogatus stieg ich zum Forum auf. Kaiser Hadrian, so verkündeten die Inschriften, die kunstvoll in den Stein gemeißelt waren, sei der große Förderer dieses wehrhaften Oppidum gewesen. Ein

Hauch imperialer Größe sprach aus der Grabwidmung des Quintus Lollius. Dieser römische Sohn der Stadt Tiddis hatte als kaiserlicher Legat eine Provinz Germaniens verwaltet. Im Auftrag Hadrians hatte er am Krieg gegen die Juden teilgenommen und war dafür mit einer Ehrenlanze ausgezeichnet worden. Zuletzt stand er an der Spitze der Zehnten Legion und erhielt den Titel eines Prokonsuls von Asien.

Das religiöse Leben hatte Tiddis in widersprüchlicher Folge gezeichnet. Auf den Tempel des Saturn folgten die diskreten Stätten des Mithras-Kults, ehe diese orientalische Heilslehre durch einen anderen Erlösungsmythos, die christliche Offenbarung, abgelöst wurde. Das Schwert des Islam hatte in Tiddis einen Schlußstrich gezogen. Auch unter den Fatimiden-Kalifen war die Stadt nicht zu neuer Blüte erwacht.

Ich verweilte lange auf dem kleinen Hügel, rastete zu Füßen der Monumente, genoß die Einsamkeit und die wärmende Sonne. Vor fast genau vierzig Jahren war ich zum ersten Mal der monumentalen Mahnung des Imperium Romanum und den Spuren dieser grandiosen, versunkenen Kultur in Nordafrika begegnet. An diesem Februartag 1992 – vor dem Hintergrund der gärenden islamischen Revolution – schloß sich der Kreis.

MAGHREBINISCHES TAGEBUCH

Roms Ruinen im Atlas

Timgad, im Herbst 1953

Der Himmel über Timgad ist schon herbstlich leer. Das Aurès-Gebirge in der Ferne entfaltet nackte, schwefelgelbe Flanken. Die Hochebene ist von zyklopischen, schwärzlichen Felsbrocken übersät. Die Ruinen sind Bestandteil dieser chaotischen Landschaft geworden. »Das blieb von der Herrlichkeit des Imperium Romanum«, sagt der Weiße Vater, der uns begleitet. Er trägt eine rote Scheschia mit Troddeln zu seiner weißen Kutte, die hier wie ein Burnus wirkt, und sein Bart ist silbergrau. »Die Vandalen hatten gründliche Vorarbeit geleistet, aber im siebten Jahrhundert kamen die Araber von Osten angestürmt wie ein sengender Wüstensturm, fegten die byzantinischen Garnisonen hinweg, und sie haben alles vernichtet«, fährt der Mönch in vehementer Vereinfachung der Geschichte fort. »Wo einst unendliche Wälder grünten, wo sich die Kornkammer des Römischen Reiches erstreckte, haben die Beduinen Verkarstung und Wüste geschaffen. Was ihrer Verwahrlosung, ihrer Verachtung für alle Landwirtschaft nicht zum Opfer fiel, das haben in jahrhundertelanger Kleinarbeit die schwarzen Ziegen geschafft, die jede Vegetation bis auf den Stumpf und die Wurzel abnagten. Wenn ich heute die Nachrichten vom panarabischen und panislamischen Aufbegehren des Orients höre, wenn ich durch die von Menschen wimmelnden Moslem-Viertel von Algier gehe oder durch die blühenden Gärten der Mitidscha fahre, dann überkommen mich böse Ahnungen; ich muß an Timgad denken.«

Dieser Ort ist eindrucksvoller als Pompeji. Wir wandern über die Quadern der römischen Straßen, wo die Wagenräder tiefe Rinnen hinterlassen haben. Auf den Steinbänken des Amphitheaters, das Tausende von Zuschauern faßte und wo Plautus und Aristophanes aufgeführt wurden, hören wir das Echo hallen. Die Säulen der Tempel, die später unter der byzantinischen Herrschaft zu Basiliken umfunktioniert wurden, ragen wie anklagende Finger in die Höhe. Die Götter der Antike und die Heiligen des Frühchristentums sind der Bilderstürmerei der Muselmanen zum Opfer gefallen. Die alten Geschäfts- und Zunftviertel hingegen sind deutlich erhalten.

Am stärksten beeindrucken uns die Thermen und ihr marmorner Luxus. Wer den zerlumpten und schmutzstarrenden Schawiya-Berbern aus dem Aurès-Massiv begegnet, die dem fremden Reisenden Münzen aus der Zeit nordafrikanischer Glorie unter den Cäsaren anbieten, wer diese schäbige Gegenwart an der Hygiene und der raffinierten Leibespflege mißt, die sich in den Bädern des Altertums offenbaren, den verwirrt der Eindruck des Niedergangs. Sogar die Bedürfniseinrichtungen waren in Stein gehauen und mit marmornen Seitenstützen in Form von Delphinen geschmückt, weil die Aedilen und Patrizier von Timgad sogar an dieser trivialen Stätte Gespräch und Geselligkeit pflegten.

Die Spuren vorislamischer Religiosität sind von den arabischen Eroberern systematisch gelöscht worden, aber die puritanischen Eiferer aus der Wüste des Hedschas haben es versäumt, die aufdringlichen Zeichen entfesselter Sexualität zu verwischen, die ihnen Rom und Byzanz hinterlassen hatten. Wegweiser im Irrgarten dieser Ruinenfelder zwischen den zerbröckelnden Triumphbogen und dem verwaisten Forum sind weniger die paar Inschriften, die die französischen Archäologen anbrachten, als jene in Stein gehauenen Phalli, die die Richtung zu einer Vielzahl von Lupanaren weisen. »Wenn die männlichen Glieder überkreuzt sind, dann führen sie zu einem Epheben-Bordell«, erklärte uns der Mönch mit tadelndem Ausdruck. Im kleinen Museum, das in einem Ziegelbau untergebracht ist, enthüllt der kabylische Wächter ein perfekt erhaltenes Mosaik, das einen nackten Afrikaner darstellt. Seinen überdimensionalen Penis hat er auf eine Waage gelegt und hält damit das Gleichgewicht zur anderen Schale, auf der ein Haufen Gold geschichtet ist. »Sexuelle Kraft galt damals wohl als der größte Reichtum«, kommentiert unser geistlicher Cicerone. »Der ausschweifenden Perversion waren keine Grenzen gesetzt.«

Der leere Himmel über Timgad wurde überraschend von düsteren Wolken durchzogen, die flackernde Schatten auf das Ruinenfeld warfen. »Beachten Sie, wie diese Stadt Timgad im Laufe der letzten Jahrzehnte vor ihrer endgültigen Ausmerzung geschrumpft ist«, nahm der Père Blanc wieder auf. »Der Ring der Befestigungsmauern wurde immer enger. Die letzten byzantinischen Garnisonen im Umkreis dieser Siedlung, die sich unter dem Ansturm der Barbaren und – wer weiß – unter Einwirkung von Hunger und Seuchen nach und nach entvölkerte, rissen Tempel und Kirchen ein, trugen Paläste und Magazine ab, verwandten Quadern und Mauern zum letzten Schutz, zum Kampf ums nackte Überleben. Am Ende blieb dieses quadratische Kastell, dieser gewaltige, schreckliche Torso des Untergangs. In meiner frommen Einfalt bilde ich mir ein, daß der Sittenverfall, daß der verzweifelte Hedonismus, die sexuelle Gier, die uns in dieser Trümmerstadt – gewissermaßen in Stein gehauen – überliefert wurden, am Anfang der Tragödie standen. Rom und Byzanz endeten hier in dieser numidischen Außenprovinz wie Sodom und Gomorrha.«

Im Zwielicht der Kasbah

Algier, im Herbst 1953

Warum dachte ich an Karthago, als ich auf der Terrasse eines Türkenhauses stand und die Sonne über der Bucht von Algier aufging. Zu meinen Füßen lärmte bereits die arabische Altstadt, die »Kasbah«, mit krächzenden, barbarischen Lauten. Der dunkelhaarige Philosophiestudent aus Oran neben mir, ein »Pied Noir« oder »Schwarzfuß«, wie man die alteingesessenen Franzosen Algeriens nennt, ein entfernter Verwandter des Schriftstellers Albert Camus, zitierte denn auch aus »Salammbô«, dem Roman Flauberts, den ich als Internatsschüler mit angehaltenem Atem gelesen hatte: »Ein heller Streifen erhob sich im Osten ... Die konischen Dächer der Tempel, die Treppen, die Terrassen, die Ringmauern zeichneten sich allmählich gegen die bleiche Dämmerung ab. Rund um die Halbinsel zitterte ein weißer Schaumgürtel, während das smaragdfarbene Meer in der Morgenkühle wie erstarrt lag. Der rosa Himmel weitete sich, und die engen Häuser drängten sich wie eine dunkle Ziegenherde den Hang hinab ... Alles bewegte sich jetzt in einem verschwommenen Rot, denn der Sonnengott goß über Karthago in vollen Strahlen den Goldregen seiner Adern aus ... la pluie d'or de ses veines ...«

Stundenlang war ich am Vortag durch die Gassen der Kasbah geirrt. Diese mittelalterlich-orientalische Welt, die von der hundertzwanzigjährigen Einwirkung französischer Assimilationsbemühungen nicht einmal gestreift schien, war faszinierend und beklemmend. Die Kasbah hatte sich in ihrer Abgeschlossenheit erhalten wie in jenen düsteren Zeiten, als der Dey von Algier im Namen des Osmanischen Sultans von Istanbul hier regierte und sich nur im Amt und am Leben erhalten konnte, wenn er die türkischen Janitscharen gegen die Gilde der Korsaren, die »Taifater-Rias«, ausspielte.

Die Frauen der Kasbah waren meist in weiße »Haik« gehüllt, was ihnen im Zwielicht das Aussehen von Gespenstern verlieh. Die Männer und Kinder waren vom mangelnden Tageslicht in den sonnenlosen Gassen gezeichnet. Sie wirkten bleich und rachitisch. Aus den zahllosen Garküchen, wo Hammelköpfe und Eingeweide aushingen, drang penetranter Gestank. In dieser Welt des Halbdunkels herrschte ein ständiges Gedränge und Geschiebe. Die Frauengemächer waren durch Holzgitter abgeschirmt, und von den balkengetragenen Erkern aus hätte man sich über den Fußgängerpassagen die Hand reichen können. Die gelegentliche Pracht alter osmanischer oder maurischer Architektur verschwand meist unter einer speckigen Schicht von Schmutz. Die Fayencen der Innenhöfe bröckelten zwischen gedrechselten Säulen ab. Über steile Treppen rieselte der Unrat. In den türkischen Bädern, den »Hammam«, saßen nackte Männer in heiße Dampfwolken gehüllt. Nur selten entdeckte man winzige Ecken der Erholung, ja der Erbauung. In einem Hinterhof, der mit Berberteppichen ausgelegt war, entfaltete sich – eine unvermutete Pracht – ein Feigenbaum, und darunter kauerten weißbärtige würdige Männer, ließen den muselmanischen Rosenkranz, die Namen Allahs aufzählend, durch die Hand gleiten, und ergaben sich in dieser Zawiya der stillen Meditation. Der Europäer blieb ein Fremder in dieser Altstadt, hatte keinen Zugang zu ihrem Leben. Sogar die französische Polizei war machtlos im Labyrinth der Kasbah. Im Irrgarten dieser verschachtelten Häuser, die alle über Terrassen und Geheimtreppen miteinander kommunizierten, verästelte sich eine sehr spezifische Unterwelt, die sich jedem äußeren Zugriff entzog.

Auch an den Weißen Vater von Timgad, an seine Entrüstung und seine Prophezeiungen angesichts des byzantinischen Niedergangs wurde ich erinnert, wenn ölige Schlepper uns immer wieder zum Besuch eines der zahllosen Bordelle aufforderten. Das waren oft mehrstöckige Häuser mit einem gekachelten maurischen Innenhof, wo die Prostituierten sich halbnackt den brennenden Augen der Kunden darboten. Die Paare verschwanden eilfertig und wortlos hinter kunstvoll geschnitzten Türen, nachdem eine fette »Madame« hinter einer Registrierkasse das Geld entgegengenommen und wie im Casino einen oder mehrere Jetons ausgehändigt hatte. Mittels einer schrillen Klingel wachte sie darüber, daß die den »Liebenden« zugeteilte und bezahlte Zeit nicht überschritten wurde. Es gab Freudenhäuser für Europäer und Araber, für Reiche und Arme. Die meisten von ihnen wirkten wie Bedürfnisanstalten, und die Mädchen hatten harte oder verhärmte Gesichter.

Daneben gab es auch das andere, das »weiße Algier – Alger la blanche«, wie es auf den Prospekten hieß und wie es sich als großartige, blendende Silhouette den Passagierdampfern bot, die aus Marseille ansteuerten. »Algier ist eine ganz weiße Stadt«, hatte schon Georges Duroy, jener Gelegenheitsjournalist, der als »Bel Ami« in die Literatur eingegangen ist, in der Novelle Maupassants mühsam zu Papier gebracht, als er seine Nordafrika-Erlebnisse niederschreiben sollte. Als Zentrum des gutbürgerlichen Algiers der Europäer galt damals die Rue Michelet zu Füßen der Universität. Die Ortsansässigen mochten diese geschäftige Durchgangsstraße als eine Art »Champs-Elysées« betrachten.

In Wirklichkeit war sie der Canebière von Marseille verwandt. Die Luxusgeschäfte waren spießig. In der Rue Michelet fielen vor allem die Straßencafés auf, wo sich die Söhne und Töchter der reichen Kolonisten aus dem Landesinnern ein Stelldichein gaben. In diesen Studentenlokalen vibrierte ein sehr konservatives Quartier Latin. Sie waren selbstbewußt, sonnengebräunt und laut, diese jungen Algier-Franzosen aus gutem Hause. Eine Welt schien sie von den düsteren Gassen der Kasbah und deren bleichen Schatten zu trennen. Muselmanen waren in der Rue Michelet nur als Straßenverkäufer und als weißverhüllte Putzfrauen zu sehen, denen man kurzum den Sammelnamen »Fatma« zu geben pflegte.

Dennoch waren Maghreb und Europa ineinander verschachtelt in dieser quirligen, stets aufgeregten Stadt. Es gab nämlich auch die »kleinen Weißen – les petits Blancs«, wie selbst die Araber allmählich mit betonter Verachtung zu sagen pflegten; es gab ein europäisches Proletariat, das in den schäbigen Zonen von Belcourt und Bab-el-Oued zusammengepfercht lebte und in diesen Tagen oft noch kommunistisch wählte. Diese urwüchsigen, humorvollen armen Leute von Algier, diese wahren Pieds Noirs, waren zu einem geringen Teil französischen Ursprungs. Die Andalusier, Sizilianer, Malteser und Juden waren bei ihren Vorvätern in der Mehrheit »Krethi et Plethi«. Aber gerade weil sie bescheiden lebten und mit jedem Franc rechnen mußten, waren sie besonders darauf bedacht, die Privilegien ihres europäischen Status gegenüber den Muslimen zu behaupten. Auch die Juden genossen seit dem »Décret Crémieux« von 1870 die verfassungsrechtlichen Vorteile der Mutterlands-Franzosen. Die kleinen Pieds Noirs, die in einer Atmosphäre mediterraner Überschwenglichkeit und Brüderlichkeit lebten – den Figuren Pagnols nicht unähnlich –, die sich mehrmals am Tag im Bistro zu endlosen Debatten und zum Klatsch trafen, waren eine vitale Mischrasse und wachten eifersüchtig darüber, daß die »Sidis«, wie man die arabisch-kabylischen Eingeborenen spöttisch nannte, auch in den Gewerkschaften nicht zum Zuge kamen, denen sie theoretisch angehören durften.

Kommandostelle der politischen Machtausübung in Algier war das quadratisch-moderne Gebäude des »Gouvernement Général«, im Volksmund »G.G.« genannt. Von der geräumigen Esplanade, dem »Forum«, das dem G.G. vorgelagert war, schweifte der Blick weit über das blaue Mittelmeer. Das Hafenbecken der Amirauté zeichnete sich von dieser beherrschenden Höhe wie eine strategische Skizze ab mitsamt den Inselchen, die einst der Stadt »El Dschazair« den Namen gegeben hatten. Im G.G. amtierte der höchste Repräsentant Frankreichs, der Gouverneur Général, der Sozialist Roger Léonard. Die Verwaltung der drei nordafrikanischen Départements war weitgehend eine Domäne der Sozialistischen Partei, SFIO, ohne die keine Regierung der Vierten Republik gebildet werden konnte, womit sich später die verhängnisvolle Verwicklung dieser ansonsten fortschritts- und emanzipationsgläubigen Parlamentsfraktion in die Repression gegen den nationalen Unabhängigkeitskampf der Algerier erklären ließ.

Gemessen an der Machtfülle des Generalgouverneurs, des Prokonsuls aus Paris, nahm sich die parlamentarische Lokalversammlung, die »Assemblée Algérienne«, recht bescheiden aus. Dieses maghrebinische Land litt an einem unheilbaren konstitutionellen Widerspruch. Auf der einen Seite beteuerten die Regierungen in Paris, daß die drei nordafrikanischen Départements – Algier, Oran und Constantine – integrierter Bestandteil der Republik seien. Als solcher waren sie sogar in den Verteidigungsbereich der Atlantischen Allianz einbezogen worden. Andererseits wachten die Administration und die mächtige Lobby der Algier-Franzosen darüber, daß die acht Millionen eingeborenen Muselmanen weniger realen Einfluß ausübten als eine Million europäischer Siedler. Die französische Assimilationspolitik im Maghreb war nur formal jenem Erlaß des römischen Kaisers Caracalla gefolgt, der mit einem Federstrich alle freien Einwohner seines Imperiums als »cives romani« deklariert hatte.

Aus einem Labyrinth von politischen Intrigen und widerstreitenden wirtschaftlichen Interessen war 1947 die Assemblée Algérienne hervorgegangen. Sie stand theoretisch dem Generalgouverneur als beratende Kammer zur Seite und war befugt, die Gesetze des französischen Mutterlandes auf Algerien auszudehnen. Die fundamentale Schwierigkeit lag in der Ausbalancierung des politischen Einflusses zwischen Muslimen und Europäern, und der Kompromiß lief eindeutig zuungunsten der Einheimischen hinaus. Zwei getrennte Kollegien von je sechzig Delegierten waren geschaffen worden. Das erste oder europäische Kollegium besaß die gleichen Befugnisse wie das zweite oder muselmanische Collège. Selbst der Präsident der Assemblée war turnusmäßig Europäer oder Moslem. Aber das ausgeklügelte Verhältnis täuschte nicht darüber hinweg, daß eine Million Franzosen über die gleiche parlamentarische Repräsentation verfügten wie acht Millionen Nordafrikaner, und dieses Mißverhältnis spiegelte sich ebenfalls in jener Gruppe von dreißig algerischen Abgeordneten paritätisch wider, die in der Pariser Nationalversammlung vertreten waren.

Von den unterschwelligen Spannungen, die aus dieser Verfälschung des allgemeinen Wahlrechts zwangsläufig resultierten, war in den Wandelgängen der Assemblée von Algier wenig zu spüren. In dem stattlichen Gebäude längs der Hafenbalustrade begegneten sich »Français européens« und »Français musulmans«, wie sie im amtlichen Jargon hießen, ungezwungen und jovial. Fast alle sprachen fließend Französisch mit dem unverkennbaren Akzent der Pieds Noirs. Sie versammelten sich in der Buvette zum Apéritif, zum ortsüblichen Pastis. Befremdend wirkten allenfalls der braune Burnus, der golddurchwirkte Turban, die schnabelförmigen Schlürfschuhe der einheimischen Volksvertreter. Doch selbst hier – unter den Kollaborateuren der französischen Macht – wurden bei näherem Zusehen Risse deutlich. So hatte keiner der Muselmanen, die Anspruch auf ein europäisches Statut, das heißt auf Wahlberechtigung zum ersten Kollegium, besaßen – diese Ausnahme betraf vor allem die Träger von militärischen Auszeichnungen und französischen Universitätsdiplomen –, von diesem Privileg Gebrauch gemacht. Der Politik der Assimilation war es auch im versöhnlichen Rahmen dieser Assemblée nicht gelungen, die Schranken zwischen Abendland und Islam zu verwischen.

In jenen Tagen schrieb ich in einer Zeitungskorrespondenz: »Die Assemblée Algérienne stellt zweifellos aus der Sicht der Algier-Franzosen das Maximum der Konzession an die einheimische Bevölkerung dar, das nicht überschritten werden kann, ohne daß es zu schweren Unruhen, ja zur Anarchie käme. Es wäre jedoch ein schwerer Irrtum zu glauben, daß die lebendigen Kräfte des Landes sich auf der fiktiven Plattform dieser Beratenden Versammlung entgegenträten. Trotz seiner westlichen geographischen Lage ist Algier tief im Orient verwurzelt, und wann wäre – etwa in Persien – die wirkliche Politik je in den Majlis gemacht worden. Im Orient gedeiht die Politik in den Basars und im Schatten der Minaretts.«

Islamischer Urboden

Constantine, im Herbst 1953

Die Kasbah von Constantine befindet sich in einem schrecklichen Zustand der Verwahrlosung und starrt vor Schmutz. Hier hat sich seit dem Abzug der Janitscharen nichts verändert. Die offenen Läden sind mit billigen Messingwaren und bunten Teppichen aus dem nahen Tunesien vollgestopft. In den maurischen Cafés hocken die apathischen Orientalen wie verkleidete Clochards, nur daß sie – statt an der Rotweinflasche zu hängen – den kalten Rauch ihrer Nargileh, der Wasserpfeife einsaugen. In den unsagbaren Gassen des »Quartier réservé« sitzt der Ausschuß der »Uled Nail«, die sich angeblich ihre Mitgift durch Prostitution verdienen, wie Tiere hinter Gittern. Ihre gelben Gesichter sind blau tätowiert.

Die Atmosphäre gegenüber Europäern in der Kasbah von Constantine ist abweisend, ja feindselig. Mir fallen die barfüßigen Jungen auf, die mit kehligen Schreien eine Zeitung, *L'Algérie Libre*, verkaufen. In kleiner Schrift steht unter dem Titel zu lesen, daß es sich hier um das Blatt der »Bewegung für den Triumph der Demokratischen Freiheiten« (MTLD) handelt. Es genügt, den Leitartikel zu überfliegen, um zu wissen, welcher Wind hier weht. Die MTLD droht den Algier-Franzosen zwar nicht mehr direkt mit der Alternative »Koffer oder Sarg«, aber sie bleibt die Partei des panarabischen Nationalismus und der islamischen Wiedergeburt. Unverhüllt ruft sie zum Kampf gegen den Kolonialismus auf, glorifiziert die wilden Männer des Mau-Mau in Kenia als vaterländische Helden und stellt ausgerechnet das korrupte und lethargische Libyen des Senussi-Königs Idris als Vorbild einer Befreiung von der europäischen Fremdherrschaft hin. Die französischen Polizisten von Constantine nehmen von dieser revolutionären Botschaft scheinbar keine Notiz und schauen den kleinen Zeitungsverkäufern zu, als böten sie den *Figaro* oder das ultrakonservative *Echo d'Alger* an. Im Département Constantine war es im Mai 1945 – als Zehntausende algerischer Tirailleurs auf den Schlachtfeldern Europas den Sieg Frankreichs feierten, für den sie ihr Blut vergossen hatten – zu einem überraschenden Volksaufruhr unter der Fahne des Propheten gekommen. Den französischen Militärs war nichts Besseres eingefallen, als diese Kundgebungen, die vor allem die Städte Setif und Guelma aufgewühlt hatten, im Blut zu ersticken. Die Erinnerung an diese tragische Stunde lebt offenbar fort.

Die lastende Stimmung in der Kasbah von Constantine ließ mich an ein Gespräch in Algier mit Albert Custine, dem dortigen Korrespondenten der *Agence France Presse*, denken. Albert war ein gedrungener, bärbeißiger Lothringer und gebot in seinem muffigen Büro in der Rue Charras über ein Netz von zuverlässigen Informanten. Er war durchaus kein Linker, sondern ein Liberaler und ein Journalist, der die offiziellen Lügen und Beschönigungen zum Erbrechen leid war.

Ich hatte ihm von meinem Besuch bei Abderrahman Farès, dem muselmanischen Präsidenten der Assemblée Algérienne, erzählt, und wie sehr ich von der Urbanität, dem politischen Verstand dieses mit europäischer Eleganz gekleideten Anwalts beeindruckt war.

»Lassen Sie sich durch Farès und seinesgleichen nicht irreführen«, hatte Albert gewarnt. »Er ist ein Mann guten Willens, der Rationalität und des Fortschritts, wie wir Europäer das bezeichnen würden. Er meint vielleicht sogar, er könnte – mit Pariser Duldung – das Experiment Atatürks in Nordafrika zumindest partiell nachvollziehen. Abderrahman Farès macht sich zum Beispiel stark für die Emanzipation der algerischen Frau. Aber dabei merkt er nicht, daß er mit seiner verwestlichten Progressivität bereits ein Nachhutgefecht liefert. Die Zukunft gehört den Predigern des unversöhnlichen algerischen Nationalismus, und der wurzelt nun einmal in der ›spécificité islamique‹, im muselmanischen Grundcharakter dieses Landes. Die Gefolgschaft des Abderrahman Farès, auch wenn er sich von ihr zu distanzieren sucht, die nennt man hier ›le parti des Caïds‹. In ihr sind die Notabeln, die korrupten Stammesführer, die Feudalherren, die Ortsvorsteher, einige Ulama oder Korangelehrte, kurzum alle beamteten Opportunisten zu finden, denen die französische Administration mit Wahlbetrug, Urnenaustausch und skandalöser Manipulation ihre Delegiertensitze im zweiten, im muselmanischen Collège unseres Scheinparlaments zugeschanzt hat. Es ist die Partei der ›Beni Oui-Oui‹, der ewigen Ja-Sager, wie der Volksmund sie hier verächtlich nennt. Farès mag ein ehrenwerter Mann sein, aber er stellt leider keine reale politische Kraft dar.«

Albert setzte zu einem langen Vortrag über einen ganz anderen algerischen Politiker an, einen bittergehaßten und heißgeliebten Tribun namens Messali Hadj. Eine seltsame Erscheinung, dieser Messali Hadj. Mit seinem langen Bart, der wallenden Mähne und der schwarzen Dschellabah wirkte er fast wie ein Pope. Er war der umstrittene Inspirator des »Mouvement pour le Triomphe des Libertés Démocratiques) (MTLD). Die einfache islamische Bevölkerung, die Armen und Elenden, verehrten ihn wie einen Heiligen, einen »Marabu«, ja sahen in ihm vielleicht eine Art »Mahdi«, einen »von Gott Gelenkten«. Dem tat auch der bizarre Umstand keinen Abbruch, daß seine kürzlich verstorbene Frau eine brave Provinzfranzösin aus Nancy war.

Messali Hadj, so berichtete Albert, sei seit einigen Jahren aufgrund seiner Agitation für einen unabhängigen islamischen Staat, in dem die europäischen »Colons« die Wahl zwischen der Annahme der algerischen Nationalität und einem liberalen Ausländerstatut gehabt hätten, vom Pariser Innenministerium in einen kleinen Ort Westfrankreichs verbannt worden und lebe dort unter Polizeiaufsicht. Doch seine zündenden nationalistischen Predigten seien nicht vergessen. »Bleiben Sie nicht in Algier«, hatte der AFP-Korrespondent mir eindringlich geraten. »Hier werden Sie geblendet von den Villenvierteln auf den Hängen von El Biar. Im blühenden Hinterland der Hauptstadt entdecken Sie die schmucken Höfe der Mitidscha, wo die weißen Siedler im Verlauf eines Jahrhunderts die Sümpfe und das karge Weideland der Nomaden in paradiesische Gärten verwandelt haben. Dort sind die muselmanischen Algerier fast nur noch als Knechte oder Tagelöhner anzutreffen, und allenfalls entsinnen sie sich insgeheim und ohne Hoffnung jener fernen Tage, als der Emir Abd el-Kader vor hundert Jahren der Kolonisation mutig und glücklos Widerstand leistete. Nein, gehen Sie nach Constantine. Dort springt Ihnen die unlösbare Problematik dieser nordafrikanischen Départements ins Gesicht.«

Dieser Messali Hadj entpuppte sich bei näherem Studium als eine faszinierende Gestalt, als symbolträchtiger Vorläufer. Nach dem Ersten Weltkrieg war er wie so manche Kabylen als Fremdarbeiter nach Frankreich ausgewandert. Schon in den zwanziger Jahren war die Zahl dieser fleißigen und anspruchslosen Berber, die den größten Teil ihrer kargen Ersparnisse ins heimatliche Dschuradschura-Gebirge an ihre Familien und Clans überwiesen, auf hunderttausend angewachsen. Die meisten lebten am Rande der Seine-Metropole in der armseligsten Banlieue. Messali war einer von ihnen, suchte Gelegenheitsarbeit in den Fabriken und vollzog allmählich den sozialen Aufstieg, der all diesen rührigen Nordafrikanern vorschwebte. Er wurde fliegender Händler und konnte es sich später leisten, ein kleines »Café-Hotel« zu erwerben, das als Treffpunkt vieler Entwurzelter aus dem Maghreb den heimatlichen Dorfplatz, den »Suq«, oder gar die Ortsversammlung, die Dschemaa, ersetzte.

Kein Wunder, daß bei Messali Hadj politisiert wurde. Natürlich waren die Sidis einer konstanten rassischen Diskriminierung, Polizeischikanen, der permanenten Demütigung sowie der Ausbeutung durch skrupellose Arbeitgeber ausgesetzt. Ganz spontan entstand bei ihnen – im Kontakt mit der fremden Zivilisation des angeblichen Mutterlandes – eine aufsässige Stimmung, die erst sehr viel später auf das eigentliche Algerien übergreifen sollte. Messali Hadj gehörte zu den Gründern einer nationalistisch-revolutionären Bewegung, die sich den Namen »Etoile Nordafricaine – Nordafrikanischer Stern« zulegte. Die eigentlichen Drahtzieher dieser Bewegung, die sich wohlweislich im Hintergrund hielten, waren französische Kommunisten, die sich ihrerseits auf einen Beschluß der Moskauer Komintern aus dem Jahre 1926 beriefen.

Die materielle Interessenverteidigung der muselmanischen Nordafrikaner stand als offizieller Zentralpunkt auf dem Programm der »Etoile«, aber Messali Hadj, damals Generalsekretär dieser Organisation, formulierte schon 1927 auf einem kommunistisch inspirierten »Kongreß der unterdrückten Völker« in Brüssel eine Reihe von Forderungen, die in dieser Kompromißlosigkeit erst fünfunddreißig Jahre später verwirklicht werden sollten: Unabhängigkeit Algeriens, Abzug der französischen »Besatzungsarmee«, Bildung einer verfassunggebenden Versammlung auf der Basis allgemeiner Wahlen, Konstituierung einer national-revolutionären Regierung Algeriens, Verstaatlichung der Wälder und Gruben, auch jener Latifundien, die den einheimischen Feudalherren, den europäischen Kolonisten, den kapitalistischen Agrargesellschaften gehörten, sowie deren Aufteilung unter den darbenden »Fellachen« im Zuge einer radikalen Bodenreform. Kein Wunder, daß die Pariser Behörden 1929 die Auflösung des »Nordafrikanischen Sterns« verfügten. Unter verändertem Namen lebte die »Etoile Nordafricaine« wieder auf. So sammelten sich die maghrebinischen Nationalisten zur Zeit der Volksfront in der »Algerischen Volkspartei« PPA. Messali Hadj war vorübergehend verhaftet worden, dann nach Genf geflohen. Er hatte sich mit der Regierung Léon Blum arrangiert, war anschließend wieder in den Untergrund verstoßen worden. Nach dem Zweiten Weltkrieg gründete er die »Bewegung für den Triumph der Demokratischen Freiheiten«.

Die entscheidende Wandlung unter den algerischen Emigranten hatte sich bereits im Oktober 1930 vollzogen. Messali Hadj war der ständigen Bevormundung durch die französischen Kommunisten und durch die Komintern überdrüssig geworden. Er entdeckte und betonte die nationale und vor allem religiöse Eigenart der Algerier. Der Café-Wirt und Hotelbesitzer Messali Hadj hatte in einer bemerkenswerten Rückbesinnung die Abkehr vom proletarischen Klassenkampf marxistischer Prägung und die Hinwendung zu den unveräußerlichen, egalitären Idealen des Islam vollzogen. Die KPF zog schnell die Konsequenzen aus diesem Abfall. Im Mai 1932 ließ Generalsekretär Maurice Thorez der Komintern mitteilen, daß er mit dem »Nordafrikanischen Stern« gebrochen habe, weil diese Bewegung sich des nationalen und religiösen Deviationismus schuldig mache.

Unterdessen publizierte Messali Hadj, in französischer Sprache natürlich – denn seine Kabylen beherrschten das Schrift-Arabisch nicht –, eine Zeitung, die den programmatischen arabischen Titel *El Oumma* – »Islamische Gemeinschaft« trug. In ihren Spalten wurde die neue Morgenröte und die koranische Wiedergeburt gefeiert. Aus einem Sozialrevolutionär marxistischer Prägung hatte sich Messali Hadj zum religiös inspirierten Prediger gewandelt, zum großen Marabu der nordafrikanischen Auflehnung gegen die kolonialistische Überfremdung. Die französischen Kommunisten waren bei dem Versuch, die algerischen Fremdarbeiter in ihrem Sinne zu politisieren, gescheitert. Die KPF hatte geglaubt, den Islam beiseite drängen zu können, und nicht begriffen, daß gerade die entwurzelten und gedemütigten Nordafrikaner der Pariser Emigration nach einer eigenen Identität, nach Selbstbewußtsein und jener Würde suchten, die ihnen offenbar nur die Botschaft des Propheten Mohammed bieten konnte. Die trügerische Brüderlichkeit des Proletariats und der dialektische Materialismus waren dafür kein Ersatz.

Seit meinem Gespräch mit Albert hatte ich einen Blick für die politischen Inschriften gewonnen, die mir ansonsten rätselhaft geblieben wären. Auf der Fahrt von Algier ins Département Constantine entdeckte ich auf den Lehmmauern der Eingeborenensiedlungen immer wieder die Buchstaben M.T.L.D., und darunter war mit ungelenker Hand ein fünfzackiger Stern gepinselt.

Meine Reisebegleiter machten mich im Waggon erster Klasse auf einen Algerier aufmerksam, der lebhaft mit einer Gruppe Landsleute diskutierte. Er trug einen gutgeschnittenen Zweireiher und hätte wie ein europäischer Intellektueller gewirkt, wenn ihn nicht das scharfe Profil und der krause Haaransatz als Berber ausgewiesen hätten. »Das ist der Apotheker Ferhat Abbas«, flüsterte man mir zu, »der Führer der nationalistischen UDMA-Partei.«

Die »Union du Manifeste Algérien« vertrat zu jener Zeit eine weit versöhnlichere Haltung als die Bewegung des Messali Hadj. Die UDMA, so erfuhr ich, war die Partei des eingeborenen Bürgertums, der Gemäßigten, der algerischen Intelligenz. Der gewalttätige Radikalismus der Demagogen war dieser mittelständischen Gruppierung nicht geheuer. Die Union des Ferhat Abbas war vom europäischen Gedankengut und vom Geist der Französischen Revolution beeinflußt. Der Apotheker aus Setif war vor zwanzig Jahren sogar ein engagierter Verfechter der Assimilation an Frankreich und der Verleihung voller französischer Bürgerrechte an die Algerier gewesen. In einem vielzitierten Aufsatz hatte er damals geschrieben: »Ich habe die algerische Nation in der Geschichte gesucht, aber ich habe sie nicht gefunden«, womit er zweifellos eine objektive historische Wahrheit formulierte, denn dieses in sich zerrissene nordafrikanische Zentralland hatte auch vor der französischen Eroberung stets in fremder Abhängigkeit – zuletzt als Außenposten des türkischen Reiches – gelebt.

Die Tatsache, daß der Pharmacien Ferhat Abbas, dieser durch und durch westlich orientierte, bürgerliche Politiker, knappe zehn Jahre nach seiner Absage an die algerische Nation an den Lügen der angeblichen Pariser Assimilationspolitik verzweifelte und sich an die Spitze einer nuancierten Unabhängigkeitspartei stellte, hätte die französischen Generalgouverneure zutiefst stutzig machen, wie ein letztes Alarmsignal wirken müssen. Die UDMA trat zwar für eine lockere Föderation mit Frankreich, eine Art Commonwealth-Lösung ein, aber sie machte aus ihrer Absicht kein Geheimnis – ähnlich wie die ihr verwandte Neo-Destur-Partei von Tunesien –, der Arabischen Liga beizutreten. Ferhat Abbas verfügte im Herbst 1953 über ganze vier Delegierte in der offiziellen Assemblée Algérienne. Seine Botschaft der Mäßigung und Vernunft stieß bei den französischen Siedlern auf Spott, Ablehnung und Intoleranz, aber auch bei den muselmanischen Massen konnte sie nicht zünden. Das Volk des Maghreb wartete wohl schon insgeheim auf die Stunde der Propheten und Gewalttäter. Einer solchen Rolle war der kleine Apotheker Ferhat Abbas nicht gewachsen.

Ein Herzog der Sahara

Tuggurt, im Herbst 1953

Das Aurès-Gebirge liegt weit hinter uns. In Tuggurt sind wir von goldgelben Sanddünen umgeben, und der Himmel ist tiefblau. In Biskra, der ersten Oase, in der wir uns nach dem Verlassen der El Kantara-Schlucht aufhielten, hatten aus der großen Synagoge hebräische Gesänge geklungen. Es waren nicht nur die liturgischen Klagen der Thora, sondern Kampflieder aus Israel. Der militante Zionismus hatte auf die vielköpfige mosaische Gemeinde von Biskra übergegriffen. Die jüdische Diaspora in Nordafrika verfügte plötzlich über drei Vaterländer: Algerien, wo sie seit Menschengedenken lebte – manche Ethnologen behaupten sogar, daß die Mehrzahl der nordafrikanischen Israeliten gar keine Nachfahren der zwölf Stämme, sondern in der Frühzeit zum Judaismus bekehrte Berber seien; die Französische Republik, die die Juden schon im neunzehnten Jahrhundert – im Gegensatz zu den algerischen Muslimen – nach dem Prinzip des »Teile und herrsche« zu vollwertigen Staatsbürgern gemacht hatte; und neuerdings Erez Israel, das Gelobte Land der Propheten und des auserwählten Volkes. In Biskra entzündete sich bereits unterschwellig der arabisch-muselmanische Nationalismus am neuentdeckten Triumphalismus der ortsansässigen Juden.

In Tuggurt herrschte noch die »Pax franca«, verkörpert durch einen »Offizier für Eingeborene Angelegenheiten«. Capitaine de Brozon war ein eindrucksvoller Mann. Den Bart hatte er nach maurischer Art so gestutzt, daß er ihm als »Collier« das Gesicht umrahmte. Seine Uniform war ein Schaustück kolonialer Pracht: Sandalen an den Füßen, darüber eine schwarze Pluderhose, eine schneeweiße Offiziersjacke, himmelblaues Képi und eine rote Gandura, die er locker auf den Schultern trug. Monsieur de Brozon schien einem Roman von Pierre Benoît entstiegen. Aber er verstand sich auf Verwaltung und Menschenführung. Er betreute die Nomaden, die mit ihren Kamelkarawanen aus dem endlosen Sandmeer des Südens kamen. Er überwachte die herrlichen Palmenhaine, von denen Tuggurt mehr noch als vom Durchgangshandel lebte, und war – bei der Jagd nach Schädlingen und Parasiten – ein Experte auf dem Gebiet der Botanik und

Wüstenzoologie geworden. Der Hauptmann genoß bei der Oasenbevölkerung, die zum großen Teil schon sudanesisch, also schwarz, geprägt war, unangetastete Autorität. Er stieß sogar auf ehrliche Zuneigung bei den einfachen Menschen der Sahara.

»Meine Vorfahren, so erzählt man in unserer Familie, haben an den Kreuzzügen teilgenommen«, sagte de Brozon, als wir im Jeep, den er tollkühn lenkte, auf die verdurstete Gespenster-Oase von El Oued zusteuerten. »Im Kontakt mit dieser archaischen Bevölkerung wird man selbst zu einem verspäteten Kreuzritter, zu einer romantischen Gestalt. Ich bin mir dessen durchaus bewußt. Aber wem ist es schon vergönnt, heute noch ein Stück Sahara wie sein eigenes Herzogtum zu verwalten. Demnächst geht diese Herrlichkeit ohnehin zu Ende. Heute zählt Algerien acht bis neun Millionen Muselmanen. Im Jahr 1980 werden es bei dem galoppierenden Bevölkerungswachstum, der die drei Départements kennzeichnet, zwanzig Millionen sein. Bis dahin wird auch die nationalistische Agitation bis zu uns in die Wüste vorgedrungen sein. Im übrigen bahnt sich hier eine völlig neue Entwicklung an. Seit Jahren suchen unsere Geologen im Sand und Geröll verzweifelt nach Spuren von Petroleum. Bisher ist es nur in der nördlichen Gegend von Aumale zu spärlichen Funden gekommen. Aber neulich war eine geologische Mission bei mir zu Gast, die von gewaltigen Öl- und Erdgaslagern in der Nähe der tunesischen Grenze berichtete. Wie hatten die Briten gespottet, als die französische Armee Ende des neunzehnten Jahrhunderts die Weiten der Sahara in das »Empire Colonial Français« einverleibten: ›Laßt doch den gallischen Hahn im Sand der Wüste scharren!‹ Jetzt haben wir tatsächlich so lange gekratzt, bis aus den Tiefen des Sandes das schwarze Gold heraussprudelt. Unsere Oasen-Romantik geht damit zu Ende. Aber mit dem Petroleum-Reichtum erhält das selbstsüchtige, krämerische Mutterland endlich eine zwingende Motivation, sich an Französisch-Algerien und an die Sahara zu klammern.«

Ratlosigkeit in der Kabylei

Beni Mançour, im Herbst 1953

Die Kabylei ist dem benachbarten Sizilien verwandt. Hier könnte man von einer politischen und kulturellen Einheit des Mittelmeeres träumen, wenn der Einbruch des Islam vor tausenddreihundert Jahren nicht eine endgültige und unauslöschliche Trennungslinie zwischen Nord und Süd, zwischen Christus und Mohammed, gezogen hätte. Diese relativ grüne Gebirgsgegend am Rande des Mittelmeers ist dicht besiedelt. Die Dörfer auf den Bergkuppen erinnern an die Siedlungen von Apulien und Kalabrien. Die Männer auf dem Feld arbeiten unter breiten Strohhüten. Die Frauen sind unverschleiert. Silbern schimmernde Olivenhaine lösen sich mit Wäldern ab, in denen verkrüppelte Korkeichen vorherrschen. Längs der Asphaltstraße hat die französische Forstverwaltung Eukalyptusbäume pflanzen lassen. Der Bahnhof von Beni Mançour, sauber gelb gestrichen, mit roten Ziegeln gedeckt, würde in die Provence passen.

Aber mit einem Schlag ist die südeuropäische Illusion verflogen, die maghrebinische Wirklichkeit wieder hergestellt. Der Zug aus Bougie ist eingerollt; ihm entsteigt ein biblisch anmutender Greis in weißer Dschellabah, den die Einwohner von Beni Mançour mit erregten Hochrufen und viel Ehrerbietung begrüßen. Sogar altertümliche Jagdflinten werden abgefeuert, während sich die Notabeln des Ortes vor dem Patriarchen verneigen und ihm die Hand küssen. Ein junger Kabyle, bis auf den gelben Turban europäisch gekleidet, erklärt mir das Ereignis: »Die Pilger aus Mekka sind zurück. Dieser ›Hadschi‹ lebt in unserem Dorf. Er hat die Heilige Kaaba umschritten, am Berg Arafat gebetet, in Mina den Teufel gesteinigt. Er hat in Medina am Grab des Propheten verweilt. Jetzt ist er wieder unter uns, und das ist ein großer Segen für die Gemeinde.« Ein paar Einheimische mischten sich in unser Gespräch. Sie trugen geflickte Anzüge, aber sie sprachen zu meiner Verwunderung ein beinahe reines Schulfranzösisch, wozu ich sie beglückwünschte. Der junge Wortführer mit dem gelben Turban lächelte bitter. »Vor dem Gesetz sind wir Franzosen. In Wirklichkeit sind wir Unterworfene und Unterdrückte. Schauen Sie sich doch die Landschaft an. Dort im Tal, wo die Vegetation wächst und grünt, da sitzt der französische Colon. Die dürren Hügel aber, wo die Schafe weiden, die gehören uns. Es ist immer das gleiche: die Ausbeutung des Menschen durch den Menschen.«

Mein Versuch, in dieser kabylischen Runde zu Erkenntnissen über die politische Stimmung zu kommen, geriet nicht weit. Von der Unabhängigkeit Algeriens sei vorerst nicht die Rede. Die Forderung der Muselmanen richte sich zunächst auf wirtschaftliche und soziale Gleichberechtigung. Auch die Parolen des Panarabismus aus Kairo, so erfuhr ich, würden in der Kabylei nicht sonderlich ankommen. »Wir sind keine Araber«, sagte der junge Mann, »wir sind Berber, auch wenn wir in den Städten Arabisch sprechen. Unser erster nationaler Held war jener numidische König Jugurtha, der dem Römischen Reich so lange erfolgreichen Widerstand geleistet hat.« Der alte Hadschi war zu uns getreten und begrüßte auch mich mit väterlichem Lächeln. Der mitteilsame Turbanträger küßte seinerseits dem Greis die Hand. »Wir sind natürlich Muslime«, fügte er plötzlich hinzu, »das dürfen Sie nie vergessen.«

Die Siesta verbrachte ich im Hause des französischen Volksschullehrers von Beni Mançour. Auguste Berthin, ein schmalbrüstiger, bebrillter Südfranzose, war unmittelbar aus dem Mutterland gekommen. Er bekannte sich zum Sozialismus und war auf die reichen, selbstbewußten französischen Siedler nicht gut zu sprechen. Er war mit dem Idealismus eines engagierten Antikolonialisten nach Nordafrika gegangen. Inzwischen war Wasser in den Wein seiner emanzipatorischen Begeisterung geflossen. Ein Feind des Kapitalismus und des Großgrundbesitzes war er geblieben. Doch die Entwicklungsmöglichkeiten der algerischen Muselmanen schätzte er nicht hoch ein. Ich berichtete ihm von meinem kurzen Gespräch mit den Kabylen. »Die armen Kerle befinden sich in einem Zustand heilloser geistiger Verwirrung«, meinte Auguste. »Ich versuche, ihnen die Botschaft der Menschenrechte, der Französischen Revolution zu vermitteln. Die Fremdarbeiter, die aus Frankreich heimkehren, bringen unausgegorene marxistische Parolen nach Hause, und im Hintergrund – wie karstiges Urgestein – behaupten sich die unerschütterlichen Gewißheiten des Islam.«

Auguste erzählte mir mit antikolonialistischer Schadenfreude vom mißlungenen Experiment des Ordens der »Weißen Väter«, deren

Gründer, der Kardinal Lavigerie, im vergangenen Jahrhundert mit allen Mitteln versucht hatte, die Berber der muselmanischen Lehre abspenstig zu machen. Mit der Koran-Wissenschaft sei es bei den Kabylen nicht sehr weit her gewesen. Aberglauben, Sektenunwesen und Marabutismus hätten vorgeherrscht. Aber die Christianisierung der »Pères Blancs« sei nicht einen Schritt vorangekommen. Alle Berufung auf den Heiligen Augustinus, Bischof von Hippo Regius (von Bône, wie man heute sagt), der selber Berber war, habe nichts genutzt. Die »Weißen Väter« hätten längst resigniert. Sie würden sich im Maghreb rein sozialen und karitativen Aufgaben widmen und hätten ihren missionarischen Eifer auf die animistischen Stämme von Schwarzafrika verlagert.

»Wie lange wird es noch gutgehen im französischen Algerien?« fragte ich sehr direkt. Auguste nahm nachdenklich die Brille ab. »Es besteht kein Anlaß zur Panik. Die Kolonisation verfügt über Macht und Erfahrung. Ehe es zum offenen Aufstand des algerisch-muselmanischen Nationalismus, zum blutigen Partisanenkrieg kommt, werden bestimmt noch zehn Jahre vergehen, vielleicht sogar zwanzig.«

Der Aufstand beginnt

Constantine, im Januar 1956

Es hat keine zehn Jahre gedauert und schon gar keine zwanzig, bis die Gewehre in Algerien losgingen. Zwölf Monate nach meinem Gespräch mit dem Lehrer Auguste in der Kabylei schlug die Geburtsstunde der bewaffneten algerischen Revolution, am Allerheiligentag 1954. Wenn man in Paris in den ersten Monaten noch hoffen konnte, dieser sporadischen Rebellion Herr zu werden – im August 1955 geschah das Unwiderrufliche. Die algerischen Partisanen der »Nationalen Befreiungsfront« ermordeten in der Gegend von Philippeville 123 französische Siedler auf ihren isolierten Höfen. Darauf antworteten die bewaffneten Milizen der Pieds Noirs wie Berserker mit dem Massaker Tausender Muslime.

Im Januar 1956 reise ich als Kriegsberichterstatter in den nordafrikanischen Départements. Während der Zug von Algier nach dem

Aufstandsgebiet um Constantine rollt, muß ich an die Stunden vor dem Waffenstillstand in Indochina denken. In jener Nacht zum 20. Juli 1954 saß ich unweit von Hanoi unter dem als Offiziersmesse notdürftig hergerichteten Zelt einer französischen Panzereinheit. In der brütenden Schwüle kauerten die Offiziere wie gebannt vor dem Radiogerät, das die Nachrichten aus Genf brachte. Vor wenigen Stunden war der Vietminh noch bis auf zweihundert Meter an die Wagenburg aus Panzern und Halftracks herangeschlichen, und die Leuchtspurmunition hatte das Kriegsende mit einem vernichtenden Feuerwerk gefeiert. Als der Morgen graute, sahen sich die Männer, von denen die meisten eine Reihe ihrer besten Jahre in den Dschungeln und Reisfeldern Indochinas geopfert hatten, mit müden resignierten Blicken an. Draußen fuhr der Jeep vor, der mich nach Hanoi bringen sollte. »Wir werden uns wohl so bald nicht wiedersehen«, sagte ich beim Abschied zu dem Oberst, der – nur mit Shorts bekleidet – wie ein bösartiger Buddha dasaß. Aber der lachte bitter: »In zwei Jahren, mein Lieber, sehen wir uns schon wieder, und zwar in Nordafrika.«

Der Oberst hat Wort gehalten. Der Zug nach Constantine ist zu drei Vierteln mit Soldaten besetzt. Fallschirmtruppen in Tarnjacken und roten Bérets, Fremdenlegionäre mit weißem Képi, algerische und schwarze Senegalschützen. Sie sind alle wieder dabei und tragen ganz selbstverständlich das blaue Indochina-Bändchen über der linken Brusttasche. An der Bar des Speisewagens zeigt ein Sergeant das Bild seiner hübschen »Congai« aus Haiphong. Ob die jetzt bei Ho Tschi Minh in der Fabrik arbeiten muß? Sie reden alle von den mörderischen Reisfeldern Indochinas mit einer Art Heimweh und haben die Flüche längst vergessen, mit denen sie unter den Moskitonetzen jeden neuen Morgen begrüßten.

Noch etwas haben die meisten aus Indochina mitgebracht: die Erbitterung gegen die Politik, die in Paris gemacht wird oder vielmehr nicht gemacht wird, die Wut auf eine Volksvertretung, die tatenlos zusieht, wie Frankreich von einem Kolonialkrieg in den anderen und von einem Rückzug zum anderen taumelt. Der elegante Kavallerie-Hauptmann in meinem Abteil hat ausgerechnet die Zeitung Pierre Poujades zur Hand, jenes populistischen Tribuns der Kleinhändler und Kleinbauern, dem besorgte Beobachter etwas voreilig das Etikett »faschistoid« verpaßt haben. Ist das wirklich die letzte Zuflucht der französischen Rechten? »Das kommt davon, wenn man von sechshundert Abgeordneten regiert wird«, erhitzt sich der Capitaine, »und das wird so weitergehen, bis wir für einige Zeit die Demokratie abgestellt haben.« Die algerischen Partisanen werden von den französischen Indochina-Veteranen in jenem Winter 1956 kurz und bündig als »Viets« bezeichnet, als würden sie noch im Reisfeld statt im »Dschebl« kämpfen. Auch die nordafrikanische Aufstandsbewegung ist offenbar vom indochinesischen Präzedenzfall gezeichnet. Bei den ersten Überfällen auf einsame französische Posten schrien die Angreifer: »Dien-Bien-Phu, Dien-Bien-Phu«, um sich selbst Mut und den Franzosen durch die Erinnerung an diesen Schauplatz ihrer Niederlage in Fernost Angst zu machen.

In der anderen Ecke meines Abteils sitzt ungerührt ein alter Moslem. Wie die meisten Algerier trägt er ein stilloses Gemisch aus westlicher und orientalischer Kleidung. Über einem Anzug von fast europäischem Schnitt hängt der hellbraune Burnus. Auf dem Kopf trägt er einen weißen Turban um den Fez. Hinter der nickelgefaßten Brille lesen die müden Augen in irgendeinem heiligen Buch, und die Lippen bewegen sich dazu. Daß er in der ersten Klasse fährt, hindert ihn nicht daran, zwei gekochte Kartoffeln als einzige mitgebrachte Nahrung zu schälen.

Vor dem Fenster zieht die einförmige algerische Landschaft vorbei. Die Gärten des Küstengebiets liegen hinter uns, und der Zug durchquert eine dunkelbraune Hochebene, wo schon das Wintergetreide grünt. Gegen den blassen Himmel zeichnen sich die schneebedeckten Felsen der Kabylenberge ab. Zwischen kleinen Gruppen von Eukalyptusbäumen ducken sich die festgemauerten Höfe der französischen Colons, die ebensogut in der Provence stehen könnten. Vor den Lehmhütten der Eingeborenen spielen ganze Schwärme buntgekleideter Kinder. Sie winken den französischen Soldaten im Zug mit obszönen Gesten nach.

Je näher wir Constantine kommen, desto häufiger werden die Militärkonvois auf den Straßen. Die Soldaten tragen Helme und haben die Gewehre schußbereit zur Hand. Das erscheint wie harmloses Kriegsspiel, denn vom Aufstand ist keine Spur zu entdecken. Die Telegrafenmasten sind unbeschädigt, ganz zu schweigen von den Brücken und Bahndämmen, über die der Zug mit ungehemmter Geschwindigkeit fährt. Die winzigen Bahnhöfe, die auch in die Auvergne passen würden, wäre nicht die ablehnende Landschaft im Hintergrund, hüllen sich jetzt in dichte Drahtverhaue. Im Speisewagen sind heftige Diskussionen entbrannt. »Was sollen wir denn machen?« fragt ein Fallschirmjäger einen französischen Siedler. »Wir dürfen nicht einmal das Feuer eröffnen, wenn wir die Rebellen vor uns sehen. Wir müssen warten, bis sie zuerst auf uns schießen. Wenn wir Gefangene machen, müssen wir sie der Gendarmerie abliefern. Vorige Woche haben wir hundertfünfzig Verdächtige gestellt, und nur zwei davon sind festgehalten worden. Sobald wir im Gebirge eine ›Meschta‹ erreichen, ist sie von der Bevölkerung verlassen. Aber kaum haben wir den Rücken gekehrt, da kommen sie aus ihren Schlupfwinkeln zurück.« Der Colon liest sorgenvoll im *Echo d'Alger*, wo wieder eine ganze Seite mit dem Bericht über die letzten Überfälle der Aufständischen gefüllt ist. »Der Krieg hier kostet zuviel Geld«, mischt sich ein Fremdenlegionär ein, »und eine Kolonie, die sich nicht mehr rentiert, wird vom Mutterland abgestoßen.« Kriegerischer Eifer oder gar spätkoloniale Entschlossenheit kommen nicht auf in diesem Zug, der ins Aufstandsgebiet fährt.

Trüge in Constantine nicht jeder dritte Mann eine Uniform, es würde keinem Besucher einfallen, an die Existenz einer weitverzweigten Revolte in diesem Département zu glauben. Ich entdecke die Stadt zum zweitenmal, sehe sie plötzlich mit anderen Augen. Die einsame Höhenlage, der drückend graue Himmel erinnern an die südamerikanischen Hauptstädte hoch in den Anden. Ähnlich wie die bolivianischen Cholos machen die Einwohner von Constantine in ihrer Schmuddligkeit einen abweisenden, stumpfen Eindruck. Während im Département Algier auf einen Europäer neun Araber kommen und im Département Oran nur vier, ist das Verhältnis im Département Constantine eins zu achtzehn. Aber hunderttausend Soldaten und Gendarmen sind in dieses Gebiet verlegt worden, so daß praktisch jeder zehnte Mann ein Wächter der Ordnung ist.

Die Mauern der Europäerstadt sind wie von Lepra zerfressen. Rings um den Hauptplatz hat sich beim frühen Einbruch der Dunkelheit ein hektischer Verkehr entwickelt. Schulkinder – Araber und Franzosen – kommen in hellen Scharen aus den gewundenen Gassen. Zwischen zwei Kaffeehäusern, wo die Gäste hinter schmutzigen

Scheiben wie traurige Fische in einem Aquarium sitzen, hat sich eine Art Promenade gebildet. Dort trifft sich die Jugend von Constantine. Beim Anblick dieser schlampigen jungen Europäer stellt sich die Frage, ob die von Frankreich in Algerien betriebene Assimilation sich nicht zugunsten der Araber auswirkt, ob es nicht die Weißen sind, die unmerklich afrikanisiert werden.

Zwischendurch tauchen in schmierigen Gewändern heruntergekommene Patriarchen auf, dicht gefolgt von ihren Frauen, die in schwarze Schleier gehüllt sind. Die Soldaten nennen diese Vermummungen »Kohlensäcke«. Nur die Kabylenfrauen mit den roten Kopftüchern und den geblümten Röcken gehen unverschleiert. Sie sind häßlich wie die Nacht. Noch ist es ungefährlich, bis in das Herz der Kasbah vorzudringen. So schlendern kleine Gruppen unbewaffneter Soldaten durch die schlüpfrigen, stinkenden Gassen, wo aus fast jeder Höhle das eintönige Leiern der arabischen Radiomusik tönt.

Ab neun Uhr abends ist über Constantine Ausgehverbot verhängt. Dann stehen nur noch die schußbereiten Patrouillen an den hell erleuchteten Straßenecken. Die Lampen eines kümmerlichen Lustgartens, wo die Liebespaare sich in friedlichen Zeiten zwischen römischen Ausgrabungen trafen, werfen ein zitterndes Licht auf das silbern schimmernde Laub der Eukalyptusbäume. Der gallische Hahn aus Bronze, der auf einer korinthischen Säule hoch über dem Place de Nemours thront, geht unter in den Schatten der algerischen Nacht.

Der Sous-Préfet im Verwaltungsgebäude von Constantine, dem ich am Schreibtisch gegenübersitze, telefoniert mit dem Administrateur von Batna, der Hauptstadt des Aurès-Gebietes. »Herzlichen Glückwunsch zu eurem gestrigen Erfolg. 68 Rebellen kann man nicht alle Tage unschädlich machen.« Der Beamte gehört zu dem dynamischen Typ junger Leute, die seit Kriegsende oft die höchsten Posten der französischen Ministerien erklommen haben. »Ich bin hier in meinem Element«, sagt der Sous-Préfet und blinzelt mir zu. »Vor zwölf Jahren war ich selber noch bei den Terroristen, wie die Deutschen uns damals nannten, ich war im französischen Widerstand, und glauben Sie mir, bei vertauschten Rollen würde ich hier mehr Unruhe stiften als meine algerischen Gegenspieler.«

Im Département Constantine gibt es nach offiziellen und wohl auch ungeschminkten Angaben rund fünftausend Aufständische, die sich als Angehörige der »Nationalen Befreiungsarmee« bezeichnen. Dazu kommen auf jeden Bewaffneten drei Vertrauensleute, die Träger- und Botendienste leisten. Die Rebellen haben es verstanden, die Mehrheit der Landbevölkerung zu passiven Komplizen ihrer Bewegung zu machen. Sie appellieren dabei an die tief eingefleischte Abneigung der Muselmanen gegen die Fremden und Ungläubigen. Wo dieser Instinkt nicht ausreicht, helfen sie mit Gewalt und Morddrohungen nach.

Die Bilanz des Aufstandes, in Zahlen gemessen, ist noch keineswegs sensationell. Auf den Tabellen, die der Sous-Préfet mir zeigt, sind für die Zeit vom 1. November 1954 bis zum 1. November 1955 auf seiten der »Fellaghas«, wie man die Rebellen neuerdings nennt, 2265 Tote und 241 Verwundete angeführt, auf seiten der französischen Truppen 345 Tote, 649 Verletzte und 41 Vermißte. »Fellagha« bedeutet in Nordafrika soviel wie Wegelagerer oder Banditen. Unter der Zivilbevölkerung fielen bisher 123 Europäer tödlichen Anschlägen zum Opfer, und 88 wurden verwundet. Hingegen brachte die Befreiungsarmee 441 Moslems um und verwundete 301, meist weil sie im Verdacht standen, mit den Franzosen zusammenzuarbeiten. Seit Anfang Dezember sind diese Zahlen entgegen den beruhigenden Versicherungen der Behörden von Algier kräftig gestiegen.

Täglich wird die Ausdehnung des Aufstandsgebietes auf neue Landstriche gemeldet. Es fängt meist damit an, daß auf ein einsam fahrendes Auto Schüsse aus dem Hinterhalt abgegeben werden. Zwei Tage später werden die ersten Attentate auf muselmanische Hilfspolizisten oder Tabakhändler gemeldet, bis jeder Verkehr bei Nacht stilliegt, die isolierten Kolonistenhöfe sich mit Sandsäcken und Schutzmauern befestigen und die kleinen Kampftrupps der Nationalen Befreiungsarmee aus ihren abgelegenen Verstecken den Terror in jede Meschta, in jedes Eingeborenendorf, tragen. Im Unterschied zu Marokko, wo die Unruheherde seinerzeit in den übervölkerten Städten zu suchen waren, verlegt die algerische Revolution das Schwergewicht ihrer Aktionen auf das offene Land. Dort bietet das Bauernproletariat fruchtbaren Nährboden für jede Revolte. Parallel zur militärischen Tätigkeit setzt der politische Druck der »Nationalen Befreiungsfront« ein. Der Streik gegen jede Steuereintreibung der französischen Verwaltung ist in der Regel das untrügliche Symptom dafür, daß die Aufständischen sich durchzusetzen beginnen. Diese Weigerung geht nämlich parallel zu drastischen Erhebungen an Geld und Nahrungsmitteln, die die »Front de Libération Nationale« (FLN) bei ihren Glaubensgenossen vornimmt. Es bestätigt sich, daß in mehr als einem Drittel Algeriens kein Straßentransport von Gütern und Personen mehr stattfindet, dessen Sicherheit nicht mit klingender Münze von den Fellaghas erkauft worden ist.

Auf diesem Weg der Erpressung dringt der Aufstand allmählich bis in die Städte vor. Wenn in Constantine oder Algier ein mozabitischer Händler umgebracht wird, wenn in einem Araber-Café von Blida oder Batna eine Granate explodiert, dann ist der Grund dafür oft genug in der Verweigerung einer Abgabe an die Rebellen zu suchen. Das unsichtbare Netz der FLN hat sich engmaschig über einen großen Teil des Landes gelegt. Im Schatten der desorganisierten Lokalverwaltung von Bône und Constantine konstituieren sich die geheimen Dschemaas der nationalen Revolution.

»Warum setzen sich denn die betroffenen Muslime nicht zur Wehr?« frage ich den Beamten der Präfektur. »Das ist eine Frage des größeren Risikos«, wird mir geantwortet. »Wenn wir einen Algerier der passiven Beihilfe zum Aufstand überführen, stecken wir ihn zwei Wochen ins Gefängnis. Die Fellaghas hingegen schneiden ihm im Weigerungsfalle die Gurgel von einem Ohr zum anderen auf, damit er besser atmen kann.«

Das Unheimliche an dieser Revolte ist ihre Anonymität. Der französische Nachrichtendienst hat zwar die Namen der höchsten Verantwortlichen beschaffen können, soweit sie im Ausland, in Ägypten und Libyen, an obskuren Drähten ziehen. Die Führer der Nationalen Befreiungsfront im Innern sind meist unbekannt. Das Programm der FLN beschränke sich auf die kompromißlose Unabhängigkeitsforderung für Algerien; staatsrechtliche, wirtschaftliche oder gar soziale Fragen würden in keinem der Geheimdokumente berührt, die den Franzosen in die Hände gefallen sind, so sagt man in der Präfektur. Das Haupt der O.S., der sogenannten »Organisation Secrète«, sei weit vom Schuß in Kairo installiert; es handele sich um ein Triumvirat von Revolutionären ohne große politische Vergangenheit: Ben Bella, Boudiaf, Khider lauten angeblich die Namen.

Die Rundschreiben der Anführer an ihre Gefolgsleute, an die »Brüder«, sind in einem kuriosen Stil abgefaßt, einem Gemisch von Gebetsformeln des Islam und marxistischer Terminologie. Alle traditionellen Vorkämpfer der algerischen Autonomie, selbst der radikale Nationalist Messali Hadj, der in Frankreich interniert ist, werden als »Gegenrevolutionäre« bezeichnet und in Abwesenheit zum Tode verurteilt. »Die Revolution steht über den Parteien und Personen«, heißt es in den Losungen, aus denen hervorgeht, daß die Nationale Befreiungsfront auch unter den dreihunderttausend in Frankreich arbeitenden Algeriern festen Fuß gefaßt hat: »Allah sei gelobt; in Frankreich haben wir Klarheit geschaffen und verfügen über eine gute Organisation. Die Messalisten sind auch da, aber nicht mehr lange.«

Immer wieder taucht in dieser Geheimkorrespondenz die Erwähnung des »Großen Bruders« auf, der höchster Gönner und letzte Zuflucht des algerischen Aufstandes zu sein scheint. Das französische »Deuxième Bureau« hat nicht lange gebraucht, um das Inkognito des »Grand Frère« zu lüften, hinter dem sich kein Geringerer als der Führer des neuen Ägyptens, Oberst Gamal Abdel Nasser, verbirgt.

Hinter Batna herrschen die Rebellen

Batna, im Januar 1956

In der vorletzten Nacht ist der Flugplatz von Batna durch eine Gruppe Partisanen beschossen worden. Obwohl das Lazarett, wo man mir in Ermangelung eines Hotelzimmers ein Bett angewiesen hat, nur sechshundert Meter davon entfernt ist, habe ich nichts gehört. Ebensowenig habe ich bemerkt, daß ein unbekannter Berber am nächsten Morgen eine lodernde Petroleumflasche in einen Tabakladen geworfen hat. Zur gleichen Stunde wurde ein jüdischer Händler unweit der Hauptstraße von einem Attentäter mit dem Rasiermesser angegriffen und erlitt tiefe Schnittwunden im Gesicht. Nach der Beschreibung des Angreifers befragt, schwieg sich der Jude aus. Es ist gefährlich geworden, die Rache der Nationalisten herauszufordern. Auf dem Postamt wird mitgeteilt, daß die Hochspannungsleitung zwischen Batna und Constantine gesprengt sei.

All das geschieht sozusagen am hellichten Tage, obwohl die Sous-Préfecture Batna am Fuße des vielgenannten Aurès-Gebirges einem Heerlager gleicht. Ununterbrochen mahlen die Panzerspähwagen und Armeelaster ihre Räder und Ketten durch die schlammigen Straßen. Bewaffnete Posten regeln den Verkehr an den Kreuzungen. Vor jedem Truppenkommando sind Barrikaden aufgetürmt. Hier ist die Unsicherheit, von der man noch in Constantine mit einiger Skepsis sprach, mit Händen greifbar.

Batna ist ein armseliger Ort. Das benachbarte Gebirge verschwindet unter grauschwarzen Wolken. Ohne Unterlaß rieselt eiskalter Sprühregen auf die rechtwinklig angelegten Straßen. Vor drei Tagen hatte noch eine dünne Schneedecke gelegen. Die Eingeborenen, die jeden Rekord der Verwahrlosung brechen, erscheinen in diesem harten Klima mit ihren orientalischen Gewändern völlig fehl am Platz. Auch die ortsansässigen Europäer hinterlassen keinen sehr rühmlichen Eindruck.

Wenn schon die Unsicherheit in Batna an den Wilden Westen unserer Kinophantasie erinnert, so sind die Siedler hier oben alles andere als rauhbeinige Pioniere. Unter den Kolonisten herrscht der südfranzösische, oft korsische Typus vor. Die Rolle des kleinen Postbeamten oder Barbesitzers liegt diesen »petits Blancs« weit mehr als die des Farmers oder des Rauhreiters. Von den Ortsansässigen stechen die jungen Offiziersfrauen vorteilhaft ab. Sie bringen selbst in diese kärgliche Militärsiedlung einen Hauch schlichter Eleganz. Einmal in der Woche besteigen sie mit unbekümmerter Miene den mit Panzerblechen bestückten Triebwagen nach Constantine, um frisches Gemüse und einen Strauß Blumen heimzubringen.

Vor dem Büro des Straßenbauamtes unter den zerrupften Eukalyptusbäumen der Hauptstraße hat sich eine lange Schlange von Arbeitslosen gebildet. Die französische Verwaltung bekämpft in der Arbeitslosigkeit, die zu einem chronischen Übel Algeriens geworden ist, einen der gefährlichsten Herde der Rebellion. Sie beschäftigt eine wachsende Zahl von Müßiggängern mit Straßenerweiterungen und der Wiederherstellung jener abseitigen Verkehrswege, die von den Fellaghas immer wieder aufgerissen werden. Nur wenige Schritte weiter klingt amerikanischer Jazz aus einer muffigen Kneipe, in denen die arabischen Stammgäste neben Spielautomaten letzten Modells auch

Schießbuden finden, wo sie Hand und Auge an einem possierlich grunzenden Bären üben können. Es steht dann dem frisch ausgebildeten Scharfschützen frei, seine Kunst an lebenden Soldaten der »Französischen Union« im Dschebl zu erproben.

In Batna hören die Straßen auf. Gewiß rollt auf einem peinlich überwachten Schienenstrang der Zug nach Biskra täglich bis an die Tore der Sahara. Vorsorglich wird er aber hoch in den Lüften von einem Hubschrauber begleitet, der beim ersten Gefahrenzeichen per Funkspruch zum Anhalten auffordert. Östlich dieser Bahnlinie, im unermeßlichen Rechteck der Aurès- und Nementscha-Berge, herrschen die Rebellen. Ihre Überfälle dehnen sich häufig auf jenen Gürtel von Kolonistendörfern im Norden aus, die nach den Pariser Untergrundbahnhöfen Edgar Quinet, MacMahon, Chateaudun und Pasteur benannt sein könnten.

In das eigentliche Aurès-Gebirge, wo der algerische Aufstand am Allerheiligentag 1954 seinen Ausgang nahm, dringen nur einmal in der Woche schwer gesicherte Militärtransporte ein. Für die entlegensten Verwaltungsposten der eigens aus Marokko herbeigeholten Spezialisten für Berberfragen ist der Hubschrauber die einzige Verbindung zur Außenwelt. Seit Jahresbeginn vergeht im Aurès kein Tag, an dem nicht blutige Zusammenstöße mit Fellagha-Banden in Stärke bis zu hundertfünfzig Mann gemeldet werden. In dieser urweltlichen Wildnis, deren Cañons sich tief in die giftgrünen und rosahellen Felsen einfressen, verfügen die aufständischen Schawiya-Berber über ein so unübersichtliches System von Höhlen und Labyrinthen, daß den verzweifelten Infanteristen auch nicht mit den Raketengeschossen der Luftwaffe geholfen werden kann.

Die Bevölkerung dieses Massivs zählt zu den rückständigsten ganz Nordafrikas. Seit zweitausend Jahren leben die Schawiya unberührt von der römischen wie von der arabischen Eroberung in selbstbewußter Isolation und Anarchie. Die Aufstände des Aurès gegen die jeweiligen Fremdherrscher entsprechen einem uralten Zyklus. Wenn jedoch die letzte Revolte im Herbst 1954 jäh an Bedeutung gewann und sich blitzschnell und weit über die Grenzen des Berber-Landes ausdehnen konnte, so weil sie sich auf längst schwärende Aufsässigkeit des algerischen Nationalismus gegen die französische Kolonisierung stützen konnte und nicht zuletzt, weil die Waffenkarawanen aus Tripolis in den unwegsamen »Nementschas« unkontrollierbare Durchgangspfade fanden.

Die Nationale Befreiungsfront ist sich der Unberechenbarkeit der wilden Berberstämme, deren Islam noch in uralte heidnische Bräuche verstrickt ist, voll bewußt. »Nehmt Euch vor den Aurès-Bewohnern in acht«, heißt es in den Rundschreiben der »Geheimorganisation« O.S. aus Kairo; »sie sind Wilde.« Langsam, mühselig sind die Nationalisten dabei, alle abenteuernden Wegelagerer, die unter dem Vorwand des Heiligen Krieges Ruhm und Gewinn ernten möchten, unter ein einheitliches Kommando zu pressen. Dort, wo die Fellaghas sich den Weisungen der Nationalen Befreiungsarmee nicht beugen wollten, wurden sie oft genug ausgemerzt, ja den Franzosen an die Klinge geliefert. Dieser unerbittliche Zentralisierungsvorgang unter den Aufständischen erfüllt das französische Kommando mit wachsender Sorge.

Oberstleutnant Gauthier, der mir vor der Landkarte ein privates »briefing« erteilt, leitet den Operationsstab des General Vanuxem. Das hatte er schon in Indochina getan. Auch Gauthier entrüstet sich über die Kurzlebigkeit der Zufallsregierungen in Paris und über deren Zick-Zack-Kurs in der Nordafrika-Krise. Bis spät in die Nacht arbeiten die Stäbe in Batna. In den Schreibstuben hängen niedliche Plakate, auf denen ein französischer Soldat ein junges Mädchen auf den Mund küßt. »Von Mund zu Mund – ja; von Mund zu Ohr – nein«, mahnen sie zur Schweigepflicht. Vor dem Rundfunkgerät in der Ecke lauschen die Subaltern-Offiziere mit gerunzelter Stirn einer Sendung aus Paris. Der Professor für Verfassungsrecht, Maurice Duverger, und der MRP-Politiker Maurice Schumann führen eine erhitzte Debatte darüber, ob es wohl zweckmäßiger sei, eine Regierung der »Nationalen Union« oder der »Republikanischen Front« zu bilden. Ähnliches müssen die oströmischen Zenturionen im benachbarten Tebessa empfunden haben, wenn die Senatoren von Byzanz sich über theologische Spitzfindigkeiten stritten, während vor ihren Kastellen die Barbaren heulten.

Suche nach der Algerischen Nation

Algier, im Februar 1956

In Algier bieten die jungen Araber an den Straßenecken tiefblaue Anemonen zum Verkauf, und die Fellaghas sind weit. Die Europäerviertel der Stadt – die Franzosen sind hier gegenüber den Muselmanen leicht in der Überzahl – wirken weiterhin wie eine Spiegelung von Marseille oder Toulon jenseits des Mittelmeers. Die wenigen Greise, die man noch in der wallenden Dschellabah und dem golddurchwirkten Turban antrifft, gleichen glanzlosen Statisten aus einem zweitklassigen Orientfilm. In der Rue d'Isly fällt mir auf, daß manche Frauen der muselmanischen Mittelschicht sich nicht mehr europäisch kleiden. Sie hüllen sich häufiger als früher in weiße Schleier.

Der dynamische Bürgermeister von Algier, Jacques Chevallier, ehemaliger Minister im linksliberalen Kabinett Mendès-France, hat in Rekordzeit das Stadtbild um zwei gewaltige Wohnblocks erweitert. Er hat sie der arabischen Bevölkerung zur Verfügung gestellt und mit den poetischen Namen »Siedlung des Glücks« und »Siedlung des gehaltenen Versprechens« versehen. Trotzdem sind die »bidonvilles« – die »Kanisterstädte« – nicht verschwunden, in denen sich das Elend des Orients anhäuft und in die sich ein unversiegbarer Zustrom entwurzelter Landbevölkerung ergießt. Das Herz der Stadt ist ohnehin die Kasbah geblieben, wo sich seit der Belagerung durch Kaiser Karl V. nicht viel geändert hat. Hier ist sich ein Europäer nach Einbruch der Dunkelheit seines Lebens nicht mehr sicher. Man munkelt, daß sich in den winzigen Innenhöfen der Medressen, der Koranschulen, die Sendboten der »Nationalen Befreiungsarmee« treffen, und es würde keinen aufmerksamen Beobachter des algerischen Aufstandes wundern, wenn sich die Welle des Terrors schlagartig auf die Hauptstadt ausdehnte.

Vorerst haben sich die Rebellen darauf beschränkt, Granaten in arabische Kinos zu werfen, deren Besitzer versäumt hatten, die vorgeschriebenen Abgaben an die Befreiungsfront zu entrichten. Gruppen von jungen Leuten fordern die muselmanische Bevölkerung der Kasbah zum Tabakstreik als Zeichen der nationalen Solidarität auf, und man erzählt die Geschichte von jenem rauchenden Moslem, der zur

Strafe gezwungen wurde, seinen ganzen Tabakvorrat herunterzuschlucken. Die Sicherheitsbeamten des Generalgouvernements beobachten ein Phänomen, das ihnen aus der Zeit der »Résistance« im eigenen Mutterland gegen die deutsche Besatzung vertraut sein sollte. Ein Teil der Unterwelt in der Kasbah von Algier – schwere Jungen, Messerstecher und Zuhälter – kooperiert als Spitzel und Denunzianten mit den französischen Ordnungswächtern. Aber andere Gesetzesbrecher haben ihr patriotisches Herz entdeckt und im nationalen Widerstand eine neue Heimat, ja eine Verklärung ihrer Illegalität gefunden. Der Name eines vielgesuchten Gewalttäters, »Ali la Pointe«, taucht immer wieder auf. Wenn die Polizisten der »Sûreté« gebildeter wären, müßten sie wohl an Bertolt Brecht denken: »Mackie Messer« als vaterländischer Held.

Am Abend meiner Rückkehr aus dem Aufstandsgebiet im Aurès war ich zu einem Pressecocktail in die Assemblée Algérienne eingeladen. Abderrahman Farès, der muselmanische Vorsitzende der Assemblée, dem ich vor drei Jahren begegnet war, hatte sein Amt turnusmäßig an einen Algier-Franzosen abgegeben. Die europäischen Delegierten besprachen mit hitzigen Mienen den letzten Plan des Generalgouverneurs Jacques Soustelle, der die Einverleibung Algeriens in die französische Republik durch die völlige Gleichstellung der einheimischen Bevölkerung verankern möchte. Jacques Soustelle war ausgerechnet von Pierre Mendès-France nach Algier entsandt worden in der Hoffnung, daß dieser ehemalige Chef des gaullistischen Geheimdienstes im Londoner Exil eine liberalere Politik durchsetzen würde als sein sozialistischer Vorgänger Roger Léonard.

Aber PMF, wie man Mendès-France nannte, der Mann, der den Indochina-Krieg mit dem Mut der Verzweiflung beendete und für Tunesien den Weg zur Unabhängigkeit freimachte, merkte zu spät, daß er sich in der Person des neuen Generalgouverneurs gründlich geirrt hatte. Kaum in Algerien eingetroffen, entpuppte sich Soustelle als ein sentimentaler Eiferer der »Algérie Française«, der aus den widerstrebenden Muselmanen vollwertige Franzosen machen wollte. »Mit den meisten Vorschlägen Soustelles sind wir ja einverstanden«, sagte ein hünenhafter Siedler aus der Gegend von Bône, »aber das gleiche Wahlrecht können wir diesen Leuten auf keinen Fall einräumen. Wir würden ja in der Masse untergehen.« – »In wenigen Jahren sind die Araber so oder so an der Macht«, wandte ein alter Herr mit der Rosette der Ehrenlegion ein und schilderte einen Überfall, der noch vor zwei Tagen seinem Nachbarn bei Philippeville das Leben gekostet hatte.

Die Franzosen Algeriens haben sich hinter die sogenannte Gruppe der zweiundachtzig Bürgermeister gestellt, die in Paris und beim Generalgouverneur darauf pochen, daß für sie weder die volle Gleichberechtigung der Araber noch eine föderative Lösung in Frage komme, von der Unabhängigkeit Algeriens ganz zu schweigen. Gegenüber diesen Kräften des Kolonialismus, die sehr ernsthaft anfangen, mit dem Demagogen Poujade zu liebäugeln, hat sich eine Anzahl muselmanischer Parlamentarier und Kommunalräte, die »Einundsechzig«, wie sie sich selbst bezeichnen, zusammengetan, um jede Lösung zu verwerfen, die dem neuen und revolutionären Konzept der »Algerischen Nation« nicht gerecht würde.

Es ist ein kurioses Schauspiel, wie die meist auf Betreiben der französischen Verwaltung aufgestellten muselmanischen Volksvertreter selbst in den friedlichsten Villenvierteln von Algier der tödlichen Erpressung der »Nationalen Befreiungsfront« erliegen. Unter dem Schock eines einzigen anonymen Briefes entdecken diese »Beni Oui-Oui« auf einmal ihr nationales Herz und verdammen in allen Tönen jene Assimilation an Frankreich, die bislang ihr oberstes Programm war. Die Rücktritte algerischer Delegierter und Stadträte sind so zahlreich geworden, daß der Generalgouverneur kurzerhand beschloß, sie pauschal zu ignorieren. »Diese Demissionen«, flüsterte mir ein in Algier ansässiger Journalist ins Ohr, »sind aufschlußreicher als die zahllosen Gewalttaten der Fellaghas. Kennen Sie das türkische Sprichwort: Der Sultan fürchtet sich mehr vor den Komplotten seiner Eunuchen als vor dem Aufstand der Janitscharen?«

Es war nicht leicht gewesen, das Büro der »Union du Manifeste Algérien« in einem unansehnlichen Seitenhaus des Hafenviertels zu finden. Die Zeitung dieser bislang gemäßigten Natonalistengruppe erscheint unter dem programmatischen Kopf: *Die Algerische Republik*. Von der Wand der Redaktionsstube blicken die Porträts der Vorkämpfer der asiatisch-afrikanischen Revolution: Gandhi, der Apostel des gewaltlosen Widerstandes in Indien; Ho Tschi Minh, der Vater des roten Vietnam; Mohammed Ali Jinnah, der Gründer Pakistans; Habib

Bourguiba, das Haupt des Neo-Destur in Tunesien; General Nagib, der die Monarchie in Ägypten stürzte; Mohammed ben Yussuf, Sultan von Marokko; aber auch Kemal Atatürk, der Erneuerer der Türkei, und Franklin D. Roosevelt als konsequenter Förderer des farbigen Nationalismus.

Ahmed Francis, der Chefredakteur, ist ein schmächtiger Intellektueller. In normalen Zeiten hatte er als Arzt praktiziert. Aus seiner europäischen Erziehung macht er keinen Hehl. Die ganze Tragik der algerisch-französischen Symbiose wird am Beispiel dieser mittelständischen UDMA-Partei bloßgelegt. Ihr geistiger Vater, der Apotheker Ferhat Abbas, hatte bekanntlich für das volle französische Bürgerrecht aller algerischen Moslems gestritten. Jetzt ist er vom Gang der Geschichte überholt worden. Noch formuliert die UDMA in ihren offiziellen Verlautbarungen Vorstellungen von einem franko-algerischen Commonwealth. In Wirklichkeit arbeitet auch sie auf die totale »Indépendance« hin. Die bürgerlichen Gefolgsleute des Ferhat Abbas haben sich noch nicht in den Strudel der blutigen Gewaltaktionen hineinreißen lassen, aber dafür müssen sie mit Bitterkeit zusehen, wie die sich aufbäumenden arabischen Massen, die bis 1954 dem bärtigen Propheten Messali Hadj nachgelaufen waren, heute nur noch auf die Untergrundführer der »Nationalen Befreiungsfront« hören.

Ahmed Francis schiebt mit seiner Hand alle Gegenargumente der französischen Verwaltung beiseite. »Angeblich muß das französische Mutterland jährlich fünfzig Milliarden Francs zum Ausgleich unseres Budgets aufbringen. Selbst wenn dem so wäre, blieben die Colons die Nutznießer. Jedes vierte algerische Kind geht heute in die Schule. Das ist nach hundertzwanzigjähriger *pénétration culturelle* kein überzeugendes Ergebnis, zumal in keiner Klasse auf Arabisch unterrichtet wird. Unsere islamische Tradition wurde vom Pariser Staat nicht angetastet, so hören wir, aber die Administration hat darüber gewacht, daß die religiöse Erneuerung, die aus der El Azhar-Universität von Kairo zu uns herüberklang, daß die Bewegung der Ulama kein Echo bei der Bevölkerung fanden. Hingegen wurden das Sektierertum der Zawiya, der Aberglaube, der finstere Marabutismus begünstigt. Man hat uns um die Grundsätze der Französischen Revolution, die wir auf der Schule pauken mußten, in der Realität des Alltags betrogen.« Ahmed Francis blickt zu den Porträts der Staatsmänner an der Wand seines Redaktionsbüros auf. »Sie haben im vergangenen Sommer erlebt, was sich in Marokko abgespielt hat«, fügte er hinzu. »Am Ende ist der Wille des Volkes ausschlaggebend. Hier ist ein unwiderstehlicher Mythos im Entstehen – der Mythos der algerischen Nation.«

Wir sprachen über die Bemühungen der französischen Regierung, in ihren nordafrikanischen Départements neue und unbelastete Gesprächspartner zu finden, die auch beim Volk auf breite Zustimmung stoßen könnten. Immer mehr war in Paris die Rede von den sogenannten »interlocuteurs valables«, aber sie blieben unauffindbar. Im Zeichen des Soustelle-Plans, des Vorschlags der totalen Integration, war kein Kompromiß möglich. Ausgerechnet der damalige Innenminister François Mitterrand, der den Ruf eines Liberalen genoß, hatte den algerischen Aufständischen entgegengerufen: »La négociation c'est la guerre – Verhandlung bedeutet Krieg.« Der sozialistische Ministerpräsident Guy Mollet hatte den Algier-Franzosen mit Argumenten der Vernunft kommen wollen, aber sie hatten ihn mit Tomaten bombardiert und umgestimmt. Bei den Muslimen stieß inzwischen das Angebot auf Durchführung wirklich repräsentativer Wahlen auf totale Ungläubigkeit und Wut. Die »Nationale Befreiungsfront« sorgte ihrerseits dafür, daß sich kein repräsentativer algerischer Gesprächspartner zu erkennen gab. »Alle Personen sind zu liquidieren, die den ›interlocuteur valable‹ spielen wollen«, hieß es in einer Weisung der Revolutionskomitees.

Einige Stunden nach der Zusammenkunft in der Redaktion der *Algerischen Republik* fuhr ich mit einem alteingesessenen französischen Siedler durch die Umgebung von Algier. Es war ein warmer Frühlingstag, und die Obstbäume trugen Blüten. Jenseits der zartblauen See, über die der Schirokko strich, schimmerten die schneebedeckten Berge der Kabylei. Der Winterregen hatte Plantagen und Wälder in ein sattes Grün getaucht. »Dieses herrliche Land, dessen Reichtum wir erst geschaffen haben, sollen wir jetzt den Nomaden überlassen«, knirschte der Colon. »Aber wir haben unsere Trümpfe noch nicht ausgespielt.«

Wir ließen ein häßliches Industriestädtchen hinter uns, wo die Araber uns unfreundlich nachstarrten. Auf einer üppigen Plantage war französisches Militär stationiert. »Der Senator Denisot läßt seine Besitzungen bewachen«, stellte der Siedler anerkennend fest. Ich mußte an die Soldaten von Constantine denken, die sich darüber beschwerten, daß die Kolonisten oft bei den ersten Zwischenfällen ihre Höfe verließen, auch wenn die Truppe deren Schutz übernahm.

Wir bogen in den Ort Castiglione ein, eine gepflegte Strandsiedlung, deren flache Standard-Villen hinter Blumen und Palmen verschwanden. Eine sorglos lärmende, ausschließlich europäische Menschenmenge tafelte auf den Terrassen der Restaurants. Tanzmusik drang ins Freie. Eine Weile überlegte ich, wo ich ein ähnliches Bild schon einmal gesehen hatte. Dann fiel es mir ein: In Israel zwischen Tel Aviv und Haifa sind die Dörfer ähnlich ans Meer gebaut.

Meditationen im Hoggar

Im Februar 1956

Sand in den Haaren; Sand in den Augen; Sand zwischen den Zähnen. Die Oasen Ghardaia, El Golea, In Salah lagen hinter uns. Solange die Wüstenpiste mit einer gewissen Regelmäßigkeit von Lastkraftwagen befahren wurde, hatte sich der Staub infolge der Motorenvibration zu einer Art Wellblech-Formation verfestigt, auf der sich bei achtzig Kilometer Geschwindigkeit ohne allzuschmerzliche Erschütterung zügig fahren ließ. Aber südöstlich von In Salah blieben wir zwischen Steinbrocken und tiefem Flugsand stecken. Immer häufiger fluchten die französischen Geologen, die zu einer ersten Uran-Forschung nach dem Air-Gebirge in Niger unterwegs waren, wenn eines ihrer drei Fahrzeuge – zwei Landrover und ein Lastwagen – bis zur Achse einsackte. Die Sonne rötete unsere Gesichter. Der Wind war eiskalt. Wenn eines der Autos sich festfuhr, unterlegten wir mit Leitern, zogen mit vereinten Kräften, setzten im äußersten Fall die Winde des Lastwagens in Gang. Die Reise war fast unerträglich, bis schließlich die europäische Ungeduld unmerklich von uns abfiel und wir in den Bann der zeitlosen Landschaft gerieten.

Der staubige Flecken In Salah lag weit hinter uns. »Brunnen des Heils« hieß die Oase in der Übersetzung. Die Steinformationen zu beiden Seiten der Piste wurden jetzt unwirklich und phantastisch. Wie erstarrte Atompilze ragten die Felsen empor. Die tektonischen Erschütterungen und vor allem der unermüdiche Wüstenwind hatten die seltsamsten Gebilde an den Horizont gezaubert, Kathedralen-Umrisse, die in rötliches Licht getaucht schienen, Moschee-Kuppeln, die bläulich widerstrahlten, erstarrte Dinosaurier aus Granit. Dazwischen nackte, schwarze Steinsträhnen, die wie Wegweiser zu einem Ort der Verdammung wirkten. Erschöpfung, aber auch Gelassenheit, fast Gleichgültigkeit hatte sich unser bemächtigt. Zwei- oder dreimal halfen wir einzelnen Lastwagenfahrern weiter, Mozabiten mit weißen Kappen, die mit einem Motor- oder Reifenschaden liegengeblieben waren. Sie saßen schon seit einigen Tagen fest, zeigten sich mit umständlichen Sprüchen erkenntlich für unsere Hilfe, aber ihr wirklicher Dank gehörte einem anderen: »el hamdulillah«, sagten sie, »Lob sei Gott«.

Auch wir selbst gerieten beinahe in eine Stimmung frommer Schicksalsergebenheit. Die Sahara ist ein strenger Zuchtmeister. Nirgendwo fühlt sich der Mensch so klein und verloren wie in der Unendlichkeit der Wüste. Nirgendwo fühlt er sich so groß, so einmalig auserwählt wie in dieser leblosen Einsamkeit. Die französischen Geologen waren fröhliche, handfeste Burschen, die jede Gesteinsbildung instinktiv auf ihre mineralogische Zusammensetzung prüften. Aber in der Erschöpfung der kurzen Mittagspause, wenn das Licht eine glasklare, schmerzende Härte gewann, stellten auch sie unerwartete metaphysische Betrachtungen an. Unwiderstehlich umfing uns die Einöde des Hoggar-Gebirges, eine chaotische Welt aus Basalt und Granit. »C'est dantesque«, scherzte Henri, der Leiter der Expedition. »Dantesque« war das Modewort der französischen Salon-Touristen. Tatsächlich hätte Dante Alighieri seinen Abstieg zur Hölle an der Hand des Dichters Vergil in diese Landschaft transponieren können.

Die Piste wurde jetzt durch Wanderdünen völlig überlagert. Damit die Reisenden nicht die Richtung verloren und elend verdursteten, waren in regelmäßigen Abständen Holzpfosten in den Boden gerammt worden. Aber die Pfähle waren so weit voneinander entfernt, gelegentlich verschwanden sie auch ganz im Flugsand, daß wir häufig auf die Motorhaube des Lastwagens klettern mußten, um den nächsten Wegweiser anzupeilen. Ich mußte an den »Llano estacado« aus den Wildwest-Erzählungen Karl Mays denken.

Endlich entdeckten wir Menschen. Zwei Tuareg, schwarz und blau verhüllt – nur der Augenschlitz war frei –, standen reglos auf einem Felsvorsprung. Etwas abseits knabberten vier weiße Kamele an einem dornigen Strauch. Die Tuareg regten sich nicht bei unserem Anblick. Der hohe Sattelknauf ihrer Mehari endete in einem Kreuz; auch der Schwertgriff dieser hamitischen Nomaden war kreuzförmig gestaltet, so daß die Ethnologen die These aufgestellt hatten, die Tuareg seien im frühen Mittelalter Christen gewesen, ehe die arabischen Eroberer, die ganz Nordafrika überfluteten, auch sie zum koranischen Glauben bekehrten.

Am späten Abend erreichten wir den Verwaltungsflecken Tamanrasset. Der Ort bestand aus roten Lehmhütten, auf deren Wänden die Maurer – vielleicht aus irgendeinem Aberglauben – langgezogene Fingerspuren hinterlassen hatten. Ähnlich gezeichnet durch die äolische Erosion – als sei der Finger Gottes am Werk gewesen – waren die roten Basaltfelsen, die den Horizont rundum versperrten.

Der französische »Offizier für Eingeborenenfragen« empfing uns in weiten Pluderhosen und einem prächtig bestickten maurischen Umhang. Er lebte in seinem Bordsch mit einer kleinen Garde von Tuareg. »Leicht hat man es nicht mit diesen Fürsten der Wüste«, sagte der Capitaine, »in meinem Verwaltungsbereich leben noch siebentausend Männer, die dem Volk der Tuareg angehören. Seit sie unter dem Zwang der ›Pax franca‹, die wir hier errichtet haben, ihre Raubzüge gegen Karawanen und Oasen einstellen mußten und nicht mehr die seßhaften schwarzen Völker am Niger terrorisieren, ist eine seltsame Form der Resignation, ja der Apathie über sie gekommen. Sie passen sich den neuen Verhältnissen schwer an. Ihre ehemaligen schwarzen Sklaven sind viel geschickter, viel beweglicher, wenn es gilt, sich die Errungenschaften der Modernisierung anzueignen. Auf unerklärliche Weise scheint den Tuareg der Selbstbehauptungswille abhanden gekommen zu sein, ganz im Gegensatz zu jenen wilden Tubu, ihren hamitischen Verwandten in der Tibesti-Wüste, die an Libyen grenzt. Die Tubu sind weiterhin als Räuber und Wegelagerer gefürchtet, und mehr als einmal in diesem Jahr mußten meine Kollegen in Niger und Tschad ihre Kamelreiter gegen diese Banditen in Marsch setzen. Bei uns ist der Amenokal, der Oberthäuptling oder König der Tuareg, nur noch eine malerische Repräsentationsfigur, die wir gelegentlich den offiziellen Besuchern aus Paris vorführen.«

Tamanrasset liegt 1400 Meter hoch, und die Nacht war kalt. Im Gästehaus wurde uns Kamelfleisch serviert. An diesem Abend wurde sogar unter offenem Himmel ein Film vorgeführt, eine Klamotte, die im achtzehnten Jahrhundert am Hof Ludwigs XV. spielte. Der Anblick der weißen Puderperücken und des höfischen Mummenschanzes löste bei den Tuareg- und Neger-Kindern, die trotz der Kälte halbnackt über die Lehmmauern spähten, unbändige Heiterkeit aus. Auf dem Heimweg zu unserer bescheidenen Bleibe begegneten wir einer Gruppe bewaffneter Tuareg. Sie stolzierten wie Statisten zwischen den mageren Ethel-Bäumen, die wie verkrüppelte Trauerweiden aussahen und von den Franzosen mit viel Mühe gesetzt worden waren.

Ein paar Wochen später sollte ich im Umkreis von Agades, in der damaligen Kolonie Niger, einen eindrucksvolleren Zweig dieses sagenumwobenen Volkes antreffen. In der dortigen Wüste, die dem Air-Gebirge vorgelagert ist, waren die Stammesstrukturen noch weitgehend intakt. Innerhalb der Kaste der Edlen sorgte die matrilineare Erbfolge dafür, daß die Negrifizierung der hellhäutigen Hamiten begrenzt blieb. Die jungen Frauen, die das goldbraune Antlitz unverhüllt trugen, zeichneten sich oft durch Anmut und Schönheit aus. Außerhalb der Ortschaften hatte sich die Sitte erhalten, die Mädchen, wenn sie heiratsfähig wurden, in Käfige zu sperren, wo sie unbeweglich kauerten und mit Kamelmilch pausenlos gemästet wurden, bis sie so fett waren, daß sie kaum noch gehen konnten. Dann war das urwüchsige Schönheitsideal dieser Nomaden erreicht, vergleichbar mit den Fruchtbarkeits-Idolen, die uns aus der Steinzeit überliefert sind. Die Tuareg-Männer, diese hageren Wölfe der Wüste, die nur aus Haut, Sehnen und Knochen bestehen, verzehrten sich in Sehnsucht nach diesen dickbäuchigen, weiblichen Amphoren.

In Agades begann bereits das schwarze Afrika des Sahel. Die Viehzüchter des Peul-Volkes trauerten unter ihren buntgeflochtenen Strohhelmen einer gar nicht so fernen kriegerischen Vergangenheit nach. Die schwarzen »Griots«, halb Gaukler, halb Bänkelsänger, lauerten den vornehmen Stammesherren oder den zahlungskräftigen Fremden auf, schmeichelten ihnen mit improvisierten, plumpen Lobliedern und steckten ein paar Münzen ein. Die grell kostümierten Haussa-Händler breiteten ihre Waren aus. Das weißgetünchte Hotel mit den dicken Lehmmauern, in dem wir Unterkunft fanden, verfügte über einen stilvollen Kuppelsaal, der – wie der französische »patron« berichtete – zur Zeit des Senussi-Aufstandes im Ersten Weltkrieg dieser fanatischen Sekte als Hauptquartier bei ihren Razzien bis nach Gao und Timbuktu gedient hatte.

Aber zurück nach Tamanrasset. Am Morgen nach unserer Ankunft fuhr mich der Capitaine zu einem kleinen Fort am Rande der Ortschaft. Die Lehmfestung, von Ethel-Bäumen umsäumt, kam mir seltsam bekannt vor, als hätte ich sie schon einmal im Traum gesehen. Plötzlich kam mir die Erleuchtung. Ich fühlte mich um zwanzig Jahre zurückversetzt. Damals war ich im westschweizerischen Fribourg mitsamt den anderen Internatsschülern in einen erbaulichen Film über den Wüsten-Eremiten Charles de Foucauld geführt worden. In der dunkelblauen Uniform unseres Collège hatten wir die festungsähnlichen Mauern von Saint-Michel in geschlossener Dreier-Formation zu einer der wenigen Zerstreuungen verlassen, die uns erlaubt wurden. Es war ein spannender Film. Der französische Kavallerie-Offizier Charles de Foucauld hatte um die Jahrhundertwende ein Leben in Saus und Braus geführt. Die Internatsschüler von Saint-Michel waren vor allem von den erotischen Abenteuern dieses Lebemannes in Uniform angetan und starrten fasziniert auf den üppigen Busenausschnitt einer Tänzerin, mit der de Foucauld seine Nächte verbrachte. Jedesmal wenn diese Verlockung des Fleisches auf der Leinwand aufflimmerte, hielten die drei Dominikaner, die in der Stuhlreihe neben uns saßen, schamhaft die Hand vor die Augen.

Aber dann kam der Wandel in der Laufbahn des Charles de Foucauld. Er wurde – als jüdischer Rabbi verkleidet – nach Marokko eingeschleust, um die französische Eroberung dieses Sultanats vorzubereiten. In den Gassen der maghrebinischen Medinas, im Kontakt mit der intensiven Frömmigkeit des Islam, überkam ihn die göttliche Gnade. Er trat in den Trappisten-Orden ein und zog sich später in das Herz der Sahara, nach Tamanrasset zurück, um dort als Einsiedler und Büßer zu leben. Er hegte wohl auch die Hoffnung, den Nomaden der Wüste durch das Vorleben christlicher Tugenden den Weg zum Heil zu weisen. Dieser fränkische »Marabu« hatte bei den ortsansässigen Stämmen offenbar hohe Achtung genossen, auch wenn natürlich kein Moslem daran dachte, der Lehre Mohammeds seinetwegen den Rücken zu kehren. Während des Ersten Weltkrieges, als Afrika von französischen Truppen entblößt wurde, drangen 1916 die fanatischen Senussi von Agades kommend in das Hoggar-Gebirge ein und gewannen die Tuareg-Stämme für ihre kämpferische Gemeinschaft. Nun schlug die Stunde des Martyriums für den Einsiedler Charles de Foucauld. Ein Trupp verschleierter Wüstenkrieger brach in sein unverteidigtes Wüstenfort ein und erschoß ihn. Nach Kriegsende hatte sich die Kirche Frankreichs mit großer Beharrlichkeit für die Heiligsprechung des Père de Foucauld eingesetzt, aber in Kreisen der Kurie, wo man in diesem ehemaligen Offizier eine allzu gallikanische Erscheinung sah, zeigte man keine große Neigung, dem »Heiligen des Quai d'Orsay«, wie man ihn nannte, zur Ehre der Altäre zu verhelfen.

»Sie sollten den Assekrem-Paß besuchen«, hatte mir der Capitaine geraten, als wir den Bordsch Charles de Foucaulds verließen. »Ganz ohne Nachfolger ist dieser Einsiedler nämlich nicht geblieben.« Die Sand- und Steinpiste stieg in steilen Windungen. Ein Kamel hatte sich losgerissen und versperrte uns störrisch den Weg. Dem fluchenden algerischen Fahrer gelang es schließlich, das Tier mit Steinwürfen zu verjagen, und es entfernte sich grotesk, als bewegte es sich auf Sprungfedern. Zu Füßen des Assekrem-Felsen mußte ich aussteigen. Der Pfad war unbefahrbar. Der Paß lag 2700 Meter hoch. Die Kälte war beißend, obwohl der Abend noch nicht fortgeschritten war. Keuchend kam ich auf der Höhe an. Zwei blau gekleidete Männer mit Turban, Gesichtsschleier und Sandalen an den bloßen Füßen erwarteten mich. Auf der Brust trugen sie ein schmuckloses Kreuz aus Holz.

Als ich zu ihnen trat, senkten sie den Schleier wie ein Visier. Europäische Gesichter kamen zum Vorschein, von üppigen blonden Bärten eingerahmt. »Soyez le bienvenu«, sagte der ältere, der sich als Frère Vincent vorstellte. Sein Gefährte hieß Louis. Sie gehörten der Gemeinschaft der »Kleinen Brüder vom Heiligen Herzen Jesu« an, die dem Beispiel Charles de Foucaulds nachleben wollten. Sie hatten die islamische Umwelt erwählt, nicht in der Absicht zu missionieren, wie sie erklärten, denn spätestens seit der Gründung des Ordens der »Weißen Väter« durch die Kreuzrittergestalt des Kardinals Lavigerie hatten die Franzosen erkannt, daß man einen Muselmanen nicht zum Glauben von Nazareth bekehren kann. Sie wollten lediglich, in aller Demut, die Nachfolge Christi vorleben, und das war – bei Gott – kein bescheidenes Unterfangen in dieser Landschaft am Ende der Welt.

Das Spiel der Wintersonne tauchte die gigantische Mondlandschaft, diese zu Stein erstarrte Springflut, in eine ständig wechselnde Symphonie von Farben. Ein zartes Rosarot gab den Grundton ab, verdunkelte sich aber jäh zum Violett, ging dann über in Gelb und Pastellblau. Als der Wind aus dem Fezzan im Licht des erlöschenden Tages über die monumentale Basaltorgel strich, schien es, als müsse jeden Moment aus der menschenleeren, schweigenden Wildnis eine überirdische Sphärenmusik erklingen. »Die Sonne tönt nach alter Weise/In Brudersphären Wettgesang,/Und ihre vorgeschriebne Reise/Vollendet sie mit Donnergang«, zitierte Bruder Vincent, der einmal Germanistik studiert hatte, bevor er dem Ruf der Wüste gefolgt war, den Erzengel Raphael im Prolog zu Goethes »Faust«. Er lud mich in seine Höhle ein. Ein Eisenbett, über das ein paar Kamelhaardecken gebreitet waren, bildete das einzige Zugeständnis an westliche Bedürfnisse. Ein vergilbtes Bild stellte den Père de Foucauld dar, einen ausgezehrten, hageren Mann, auf dessen weißem Burnus ein Kreuz und das Herz Jesu aufgenäht waren. Aus dem Blick des Eremiten sprach eine Mischung von Verzückung und Resignation. Er mußte den Tod durch die Senussi als Erlösung empfunden haben.

Louis, der jüngere der beiden Brüder vom Heiligen Herzen Jesu, hatte Tee gekocht. Sie luden mich ein, zum Abendessen zu bleiben. Es würde nur gehacktes Kamelfleisch und Brotfladen geben. »Man braucht seine Zeit, bis man sich an die Existenz des Anachoreten gewöhnt«, fuhr Vincent fort. »Das blaue Indigo-Gewand macht noch keinen Targi aus.« Er zeigte in die Schlucht, derer sich bereits die Schatten bemächtigten. Mit groben Felsbrocken war dort ein Rechteck abgegrenzt worden mit einer halbkreisförmigen Ausbuchtung nach Osten. »Sehen Sie diese Behelfs-Moschee, la mosquée des nomades, wie wir sie nennen«, erklärte Vincent. »Der Halbkreis weist nach Mekka, gibt die Qibla, die Gebetsrichtung, an.« Tatsächlich erkannte ich einen alten Mann, der sich zum Gebet verneigte, und mit der Stirn den sandigen Boden berührte. »Sie sind fromme Muslime, diese Tuareg«, sagte Louis, »ohne profunde Kenntnis ihrer Religion, aber der einfältige Glaube ersetzt vorteilhaft die Gelehrsamkeit. Auf dem Höhepunkt der Senussi-Revolte waren sie mit Begeisterung in den Sog dieser primitiv-mystischen Sufi-Bewegung geraten. Heute sind ihre kollektiven Ritualübungen des Dhikr seltener geworden. Sie versammeln sich nur noch ausnahmsweise zur pausenlosen Wiederholung des Bekenntnissatzes: la Ilaha illa Allah, der sich im rhythmisch bewegten Singsang bis zur Trance steigert. Aber der Marabutismus beherrscht weiterhin diese Außenseiter der islamischen Umma.«

Wir diskutierten über die Verwandtschaft dieser Bruderschaften des Maghreb und des Sahel mit den Derwischen des arabischen Orients. Louis, der über eine solide orientalistische Ausbildung verfügte, verglich die Senussi mit den Wahhabiten Saudi-Arabiens, bei denen ebenfalls der eifernde Puritanismus und die Suche nach der ursprünglichen Reinheit der koranischen Lehre zu einer brisanten politisch-religiösen Expansion geführt hatte, mit dem Unterschied allerdings, daß die saudischen Beduinen des Nadschd jede Form mystischer Abschweifung, jeden »Sufismus« kategorisch ablehnten, und sich den asketischen, trockenen Vorschriften der hanbalitischen Rechtsschule verpflichteten.

Die Dunkelheit erreichte nun auch den Assekrem-Paß, und die beiden Fratres knieten nieder zum Completorium. Die Sprache der ersten Petrus-Epistel war der unerbittlichen Umgebung des Hoggar besser angepaßt, als die süßlich-sulpizianische Frömmigkeit des Herz-Jesu-Kultes. »Fratres sobrii estote et vigilate«, betete Vincent vor. »Brüder, seid nüchtern und wachsam. Denn Euer Feind, der Teufel, geht um wie ein brüllender Löwe und sucht, wen er verschlingen kann. Widersteht ihm stark im Glauben!« Die Kälte wurde unerträglich. Die beiden Eremiten gingen an ihre simplen Geräte, um ihre täglichen hydrographischen und meteorologischen Messungen vorzunehmen. »Wir sind trotz allem Abendländer geblieben; ein wenig wissenschaftliche Nebenbeschäftigung ist für uns unentbehrlich«, entschuldigte sich Vincent. Er zündete mit Kameldung ein Feuer an, denn die Temperatur, die am Assekrem bis zu siebzehn Grad minus herabsinken kann, hatte den Nullpunkt bereits unterschritten. Ich schnatterte unter den Kameldecken.

»Cui resistete fortes in fide«, nahm Vincent wieder auf. »Mit dem Glauben haben wir Probleme. Da liegt die Versuchung. Unsere Halluzinationen sind nicht die des Säulenheiligen Antonius aus der thebaischen Wüste. Uns erscheinen keine nackten Frauen und apokalyptischen Ungeheuer. Aber die Einzigkeit Gottes macht uns zu schaffen, wie der Islam sie so triumphierend, absolut und abstrakt verkündet. Der Heilige Augustinus war nicht von ungefähr Nordafrikaner, Berber und Bischof von Hippo Regius im heutigen Algerien. Nicht nur, daß seine ›Civitas Dei‹ die Identität von Politik und Religion vorschreibt, die Unterordnung der Polis unter die göttliche Fügung, wie sie heute im militanten Islam wieder gepredigt wird; nicht nur, daß er die Idee vom »gerechten Krieg – bellum iustum« in Vorwegnahme des islamischen »Dschihad« formulierte, Augustinus quälte sich auch mit dem unergründlichen Geheimnis der Dreifaltigkeit. Für Mohammed gab es nur einen einzigen Gott, und der darf nicht dargestellt werden, denn er ist nicht anthropomorph. Da ist kein Vater mit dem Rauschebart, kein Sohn, der am Kreuze stirbt, keine Taube, die über den Wassern schwebt. Es gibt keinen Gott außer Gott, und dieser einzige Gott zeugt nicht und wurde nicht gezeugt, ›'lam ialid wa lam iulad‹. Der Prophet von Mekka mag das Christentum nur bruchstückartig verstanden haben. Vermutlich sah er in der Dreifaltigkeit die Gemeinschaft von Gottvater, Gottsohn und der Jungfrau Maria. Aber diese Assoziation, jede Assoziation war in seinen Augen eine Form von Vielgötterei, von ›Schirk‹, Spaltung der Einzigkeit Allahs. Die Christen gehören zwar zur ›Familie des Buches‹, weil sie an der abrahamitischen Offenbarung teilhatten, aber sie bleiben ›Muschrikin‹, Spalter und verkappte Polytheisten. Sie kennen doch die Legende des Augustinus, als er am Strand von Hippo auf und ab ging, rastlos nach der Erklärung des Mysteriums der Trinität suchend, und wie er einen Knaben entdeckte, der mit einem Löffel Meerwasser in eine Sandkuhle schüttete. – ›Was machst du da‹, hatte der kabylische Bischof gefragt. – ›Ich bin dabei, das Meer in diese Sandgrube zu leeren‹, antwortete das Kind, das in Wirklichkeit ein Engel war. – ›Das ist doch völlig unmöglich‹, erwiderte der Heilige Augustinus. Doch der Cherub lächelte wissend: ›Ich werde eher die Fluten des Meeres in diese Sandgrube umlöffeln, als daß du das Mysterium der Dreifaltigkeit ergründest.‹ – In der Wüste und im Islam ist alles so einfach«, seufzte Frère Vincent, »und die Anfechtungen des Glaubens können zur Zwangsvorstellung werden. Wissen Sie, daß es Tage gibt, wo es mir schwerfällt, mich zu bekreuzigen: ›Im Namen des Vaters, des Sohnes und des Heiligen Geistes‹, wo ich sagen möchte, ›Bismillahi rahmani rahim – Im Namen Allahs des Gnädigen, des Barmherzigen.‹ Dann greife ich wie ein mittelalterlicher Narr einen Stein auf und schleudere ihn gegen den nächsten Basaltfelsen, als könnte ich den gesteinigten Satan, wie die Moslems ihn nennen, ›es scheitanu erradschim‹, verjagen.«

Tiefe Nacht umgab uns. Wir traten aus der Einsiedlerhöhle. Die Felsen zeichneten schwarze Scherenschnitte in einen Sternenhimmel von unvorstellbarer Herrlichkeit. »Man gewinnt hier Distanz von den nuancierten und komplizierten Geistern des Abendlandes«, murmelte Vincent, der die seltene Gelegenheit zu einem Monolog mit Zuhörern voll auskostete. »Von Pascal, der gern das Firmament betrachtete, stammt doch das Wort: ›Das Schweigen dieser unendlichen Räume erschreckt mich‹, aber spüren Sie nicht die Geborgenheit und die Musikalität, die hier von der Unendlichkeit der Galaxien ausgeht. Er war wohl ein kleinmütiger Christ, der Philosoph Pascal. Man denke nur an seine berühmte ›Wette‹, sein krämerisches Versteckspiel mit Gott. Dieser verkappte Jansenist erklärte, daß es sich in jedem Falle lohne, an Gott zu glauben und seinen Geboten zu folgen. Wenn Gott existiere, zahle sich diese Frömmigkeit am Tage des Gerichtes aus; wenn es Gott nicht gäbe, sei aber auch nichts verloren. Erklären Sie einmal diese Wette, die so zahlreiche französische Gymnasiallehrer – ich gehörte ja einmal dazu – beeindruckt, einem frommen Muselmanen. Er wird dieses Kalkül zu Recht als Gotteslästerung empfinden, wo ihm die totale Ergebenheit, die völlige Unterwerfung unter den Willen Allahs, Erfüllung und Frieden bringen sollen. Aber auch hier hilft uns der Heilige Augustinus weiter: ›Inquietum cor nostrum donec requiescat in te Domine – unruhig ist unser Herz, bis es ruhet in Dir, o Herr.‹ So hat der Bischof von Hippo einst gebetet. Diesen Satz finden Sie wörtlich in der 13. Sure des Propheten Mohammed wieder, obwohl der eine vom andern nicht die geringste Kenntnis hatte.«

Frère Louis beendete das allzu theologische Gespräch, indem er die verschiedenen Sternbilder erklärte. Die Venus leuchtete besonders hell. Einer Legende der Tuareg zufolge habe eine Fürstentochter vor grauen Zeiten auf Anraten eines bösen Magiers ihren Vater als Sklaven verkauft, um vollkommene Schönheit zu erlangen. Zur Strafe sei sie als Gestirn, als Venus, in die eiskalte Flimmerferne des Weltalls verbannt worden.

»Algérie Française!«

Algier, im Sommer 1958

René Courtin hat sein listigstes Lächeln aufgesetzt und rückt die randlose Brille zurecht. »Du hattest nicht erwartet, mich so bald in Algier wiederzusehen«, sagte er. »Man hat mir hier im Generalgouvernement eines der schäbigsten Büros zugewiesen. Ein liberaler Offizier wie ich ist bei den Generalen, die in Algier den Ton angeben, reichlich suspekt. Wenn ich überhaupt als Berater für muselmanische Angelegenheiten in diese Mammutverwaltung abgeordnet wurde, so ist das durch die Machtübernahme de Gaulles zu erklären, der offenbar sehr viel differenzierter in Nordafrika taktiert, als die hysterischen Algier-Franzosen erwarten.«

Vor einem Jahr hatte ich mit dem Major Courtin noch gemeinsam bei Suheil Idris im libanesischen Gebirgsdorf Bikfaya gesessen und in einem klösterlichen Sprachzentrum arabische Wortwurzeln und koranische Weisheiten gepaukt. Wer hätte damals geahnt, daß die Ereignisse im Maghreb so schnell einem dramatischen Gipfel zusteuern würden. Der Zorn der »Centurionen« hatte die Vierte Republik und ihre parlamentarischen Possenspiele beiseite gefegt. Die Pariser Politiker, deren Regierungskarussell und deren mangelnde Entschlossenheit die Afrika-Armee in Wut und Verzweiflung versetzt hatten, waren vor den Forderungen der Militärs von Kapitulation zu Kapitulation getaumelt, seit ausgerechnet der sozialistische Ministerpräsident Guy Mollet, der von einer linksliberalen Minderheit gewählt worden war, um nach einer Verhandlungsmöglichkeit mit den Rebellen zu suchen, durch die Tomatenwürfe der Algier-Franzosen verschüchtert worden war. Das Offizierskorps hatte diesen jämmerlichen Auftritt mit sardonischem Gelächter quittiert. Gegen den Protest von Pierre Mendès-France, der aus der Regierung ausschied, hatte sich Guy Mollet nunmehr auf einen harten Kurs festgelegt. Am untauglichen Beispiel Algeriens wollten die französischen Sozialisten, die von bornierten Konservativen stets des mangelnden nationalen Engagements bezichtigt wurden, offenbar beweisen, daß sie untadelige Patrioten waren. Als der Aufstand in Nordafrika sich ausweitete, war Guy Mollet nicht davor zurückgeschreckt, die Dauer des Militärdienstes auf dreißig Monate zu erhöhen und auch die jungen Wehrpflichtigen über das Mittelmeer zu schicken. Im Laufe der Jahre sollte das Aufgebot der französischen Algerien-Armee auf eine halbe Million anschwellen.

Im Oktober 1956 war dem französischen Geheimdienst SDECE der perfekte Coup geglückt. So meinten jedenfalls die jubelnden Offiziere, die bei der Nachricht vom »Kidnapping« des Aufstandführers und seiner vier Gefährten die Champagnerpfropfen knallen ließen. Ein marokkanisches Flugzeug, das den FLN-Chef Ben Bella von Rabat nach Tunis bringen sollte – wohlweislich unter Vermeidung algerischen Territoriums –, war von seinem französischen Piloten direkt nach Algier umgeleitet worden, wo ein militärisches Empfangskomitee bereitstand. Ahmed Ben Bella, ehemaliger Feldwebel der französischen Armee, der im Italien-Feldzug mit solcher Bravour gefochten hatte, daß de Gaulle in Person ihm die »Médaille Militaire« ansteckte, befand sich von nun an in französischem Sicherheitsgewahrsam und sollte bis zum Ende des Algerien-Krieges in Frankreich gefangen bleiben. Guy Mollet, der von den Plänen seines Geheimdienstes nichts geahnt und statt dessen wieder einmal versucht hatte, Kontakt zu den Exil-Algeriern in Tunis aufzunehmen, wurde kreidebleich, als ihm die Entführung Ben Bellas im Ministerrat gemeldet wurde. Die Hoffnungen des SDECE, den algerischen Aufstand mit diesem Husarenstreich gleichsam enthauptet zu haben, erwiesen sich sehr bald als sträfliche Selbsttäuschung. Ben Bella wurde statt dessen in den Jahren seiner Inhaftierung vom zusätzlichen Glanz des Martyriums verklärt. Inzwischen gab es auch für die gemäßigten Nationalisten Algeriens keinen Grund mehr, auf einen Sinneswandel in Paris zu hoffen. Angesichts der verschärften Repression hatten sich Ferhat Abbas und seine Freunde von der UDMA nach Tunis abgesetzt und dem bewaffneten Widerstand angeschlossen.

Die entscheidende und tragische Wende vollzog sich nicht in Algerien, sondern an den Ufern des Suez-Kanals. Weniger um den ägyptischen Rais Gamal Abdel Nasser für die Verstaatlichung dieses internationalen Wasserweges zu strafen, als um den panarabischen Verschwörer und Förderer der algerischen Résistance auszuschalten, landeten Anfang November 1956 französische Elite-Einheiten im Verbund mit britischen Truppen und im engen Zusammenspiel mit der israelischen Armee in der ägyptischen Hafenstadt Port Said. Die strategische Rechnung Guy Mollets und Anthony Edens war ohne die beiden Supermächte USA und Sowjetunion gemacht worden, die diese Eigenmächtigkeit der Entente-Staaten nicht dulden wollten. Nikita Chruschtschow drohte mit Nuklear-Raketen, und General Eisenhower gab den erschrockenen Politikern an Seine und Themse zu verstehen, daß das Krisenmanagement der Giganten nicht durch spätkoloniale Kanonenboot-Politik gestört werden dürfe. Das Unternehmen von Suez mußte sang- und klanglos abgeblasen werden, und diese Demütigung Frankreichs dröhnte im ganzen arabischen Maghreb wider.

Anfang 1957 kam es zu einer neuen Eskalation der Gewalt. Angesichts mangelnder militärischer Fortschritte auf dem offenen Land – die »Quadrillage« des Terrains durch die verstärkten französischen Einheiten begann sich auszuwirken – verlagerte die Algerische Befreiungsfront den Schwerpunkt ihrer Aktivitäten in die Hauptstadt Algier selbst. Der Bombenterror wurde zum schrecklichen Instrument des nationalen Aufstandes. In den verschachtelten Gassen der Kasbah wurden geheime Laboratorien eingerichtet, wo die Sprengmeister der FLN ihre tödlichen Ladungen vorbereiteten. In der Person des Untergrundkämpfers und früheren Zimmermanns Yacef Saadi hatten die Verschwörer einen listenreichen Anführer gefunden. Der Widerstandskämpfer Ali-la-Pointe sollte dort wie ein authentischer Patriot sterben, als er sich mitsamt seinem Explosiv-Arsenal vor der Festnahme durch die Franzosen in die Luft jagte. Die Bomben, die in den Cafeterias, den Bars, Kaufhäusern, Sportstadien der Europäerstadt explodierten und zahlreiche Opfer forderten, schürten unter den Algier-Franzosen Panik und Haß auf alle Muslime. Das Ziel der totalen Verfeindung der beiden Bevölkerungsgruppen wurde von den Aufständischen erreicht. Diese Terror-Aktion wirkte um so unheimlicher, als die ausführenden Agenten meist harmlose und unschuldig blickende muselmanische Mädchen waren. Die berühmteste dieser unerbittlichen Jungfrauen hieß Djamila Bouhired, algerische Jeanne d'Arc und islamischer Todesengel in einer schmächtigen, ja lieblichen Person.

Im Sommer 1957 wurde die 10. französische Fallschirmdivision des General Massu aus dem Bled, aus dem Hinterland, nach Algier verlegt, um mit diesem Spuk aufzuräumen. Generalgouverneur Lacoste, ein bornierter sozialistischer Politiker aus dem französischen Südwesten, hatte den Militärs Carte blanche erteilt. Die Schlacht um die Kasbah wurde zum düstersten Kapitel der französischen Pacification. Gasse um Gasse, Haus um Haus, Keller um Keller wurden von den Paras systematisch durchkämmt. Tausende von Muselmanen wurden verhaftet, die Verdächtigen systematisch der Folterung unterzogen. Die »Gégène«, der Elektroschock, wurde zum privilegierten Instrument der Verhörmethoden. Der Erfolg war verblüffend. Die Widerstandsnester wurden mit Hilfe von Gewalt und Denunziation systematisch geknackt, die Rädelsführer, inklusive Yacef Saadi, gefangen. Die französische Armee indes sollte dieses Erfolges nicht froh werden, auch wenn die terroristische Bedrohung Algiers nunmehr für ein paar Jahre ausgeschaltet war. Die stolzen Paras waren zu Polizeischergen degradiert worden, und die liberalen Zeitungen des Mutterlandes berichteten ausführlich über den Skandal dieser »Gestapo-Methoden«.

Wie oft hatte ich mit Major Courtin in der Abgeschiedenheit des libanesischen Gebirges über diese Ereignisse diskutiert. Was sich im fernen Maghreb vollzog, war uns aus der nahöstlichen Perspektive aussichtslos und absurd erschienen. Courtin trat jetzt ans Fenster und blickte auf die Bucht von Algier. Er war ein Außenseiter in dieser brutalen Kriegslandschaft Nordafrikas. Er verabscheute die Colonels und hielt auch nicht viel von jenem General Massu, der sich als einer der ersten »Freien Franzosen« de Gaulle angeschlossen, schon im Tschad unter Leclerc gekämpft und später in Indochina kommandiert hatte. »Immerhin hat Massu mit größtem Widerwillen die Schmutzarbeit in der Kasbah auf sich genommen«, räumte Courtin ein. »Die Politiker von Paris verlangen von mir, daß ich mich mit Blut und Scheiße beschmiere, soll Massu damals gesagt haben. ›Le sang et la merde‹.« Courtin wirkte wie ein Maulwurf und strich sich das schüttere blonde Haar zurück. »Ich bin Republikaner, wie du weißt, und trotz meines Major-Rangs geheimer Antimilitarist; aber manchmal verstehe ich diese Armee, die am 13. Mai 1958 geputscht hat.«

Zum Zeitpunkt des Aufstandes der Militärs und der europäischen Ultras von Algier hatte ich mich in Prag befunden. Das dortige französische Botschaftspersonal, mit dem ich engen Kontakt hielt, sympathisierte ganz offen mit den Generalen Massu und Salan, die vor einer brodelnden Menschenmasse auf dem Forum von Algier die Bildung eines »Wohlfahrts-Ausschusses«, eines »Comité de Salut Public«, proklamierten. Der Ausdruck war dem jakobinischen Wortschatz der Revolution von 1789 entliehen. Die Putschisten von Algier forderten die Regierung Pflimlin in Paris zum Rücktritt auf und wollten für alle Zeiten die Zugehörigkeit Algeriens zu Frankreich festschreiben. Sie drohten ganz offen mit der militärischen Invasion des Mutterlandes.

Ich war Gast bei einem französischen Botschaftsempfang in Prag, als die Meldung durchkam, Korsika habe sich den Putschisten angeschlossen. Eine fiebrige Begeisterung bemächtigte sich der anwesenden Franzosen. Mit der Kultur-Referentin, einer blonden Normannin, war ich auf die Terrasse herausgetreten. Wir blickten auf den von Scheinwerfern vergoldeten Hradschin. Sie sagte mir, ihr Bruder befinde sich unter den Fallschirmoffizieren, die gerade in Ajaccio an Land gegangen waren. »Wir sollten nicht dem Pöbel der Algier-Franzosen den Lauf der Ereignisse überlassen«, sagte die herbe Frau, die in den Kriegsjahren für die *France Libre* gearbeitet hatte. »Es wird Zeit, daß Charles de Gaulle die Zügel übernimmt. Raoul Salan, der sich auf dem Balkon des Generalgouvernements von Algier von den Pieds Noirs feiern läßt, ist ein politischer General, ein Intrigant. Salan ist nie Gaullist gewesen. In Indochina hat er zu lange Geheimdienste betrieben, und mein Bruder, der unter ihm diente, nennt ihn nur ›le Chinois‹. Einer unserer Vertrauensleute hat Salan am entscheidenden Abend des 13. Mai das Stichwort souffliert: ›Vive de Gaulle!‹, und jetzt kommen die Schreihälse vom ›Wohlfahrts-Komitee‹ an dieser Kommandeursstatue nicht mehr vorbei.«

Von diesem Abend in Prag erzählte ich Courtin. Er strich sich über die hohe Stirn und lachte wieder. Ganz klug wurde man nie aus ihm. »Du weißt, daß ich alles andere als ein Bewunderer de Gaulles bin. Als die Vierte Republik angstschlotternd nach einem Retter vor den Militärs suchte, haben sie den Alten aus seiner Einsiedelei in Colombey-les-Deux-Eglises, wo er zwölf bittere Jahre verbracht hatte, in den Elysée-Palast geholt. Die Generale von Algier – Massu ist ja treuer Gaullist der ersten Stunde – haben mitgespielt. Die Algier-Franzosen und ihre Rädelsführer hatten darauf spekuliert, daß sie den

Einsiedler von Colombey in ihrem Sinne manipulieren könnten. Die Armee war ohnehin davon überzeugt, daß der Führer der ›Freien Franzosen‹ ein bedingungsloser Anhänger der ›Algérie Française‹ sein müsse. Sie haben den Alten wohl unterschätzt. Hier im Generalgouvernement hat man anfangs gejubelt, als de Gaulle den tosenden Massen des Forums die zweideutige Formel: ›Je vous ai compris – Ich habe euch verstanden‹ zurief. Inzwischen sind sie ungeduldig, sogar mißtrauisch geworden. De Gaulle weigert sich, das Wort ›Algérie Française‹ in den Mund zu nehmen. Er trifft nicht die erwarteten radikalen Maßnahmen, um die Integration Algeriens mit der Metropole zu vollziehen. Auch er, so munkelt man, will mit den aufständischen Arabern, mit den Fellaghas, verhandeln, ja in seiner Umgebung wird ein Appell vorbereitet, den er demnächst an die Partisanen der ›Befreiungsfront‹ richten will, um mit ihnen den ›Frieden der Tapferen – La paix des braves‹ zu schließen. – Ich mag den Alten nicht«, wiederholte Courtin, »aber ich unterschätze ihn nicht. Er ist listig und umsichtig wie ein Elefant. Ich amüsiere mich heimlich, wenn ich die siegesbewußten Mienen in unseren Stäben sehe. De Gaulle ist durch den Putsch der starke Mann Frankreichs geworden, aber hier in Algier – so scheint mir – wurde den Fröschen ein Klotz gesetzt.«

Der General ist überall. Am Flugplatz von Maison Blanche ist jede Säule, jede Scheibe, jede freie Fläche mit dem riesigen Porträt Charles de Gaulles beklebt. So geht es weiter längs der Anfahrtstraße zur Stadtmitte, jener zwanzig Kilometer langen »Via Triumphalis«, wo die Algier-Franzosen dem neuen Regierungschef bei seinem ersten Besuch zugejauchzt hatten. Der Einreisende ist von diesem ewig wiederkehrenden Plakat fasziniert, das ihn an allen Straßenecken, ja bis vor die erbärmlichen Lasterhöhlen am Eingang der Kasbah begleitet. Das ist nicht mehr das Bild des noch jugendlich straffen Mannes mit dem goldverbrämten Képi, wie es den Gaullisten von 1940 her vertraut war. Das ist auch kein naiver Buntdruck im Stil der muselmanischen Legendendarstellung, wie er in den Kriegsjahren an die Völker des französischen Imperiums verteilt wurde. Das Plakat von Algier – in ungewissen grauen Konturen gehalten – zeigt einen gealterten Mann, dessen Augen geheimnisvoll und seherisch in die Weite gerichtet sind.

Dieses Bild de Gaulles paßt ganz und gar nicht in den Kirmes-Rummel, in den die »Volkserhebung des 13. Mai« sehr schnell abgeglitten ist. Es ist bezeichnend, daß in Algier am 18. Juni, am Tag der gaullistischen Widerstandsbewegung, auf den Straßen getanzt wurde, während in Paris die »Compagnons de la Libération – Die Gefährten des Befreiungsordens« sich in schlichter, beinahe düsterer Feier auf dem Hinrichtungsplatz am Mont Valérien sammelten. Es bleibt eine Dissonanz bestehen zwischen der ungestümen patriotischen Explosion der Europäer Nordafrikas und der ernsten, fast tragischen Maske des Mannes, den sie an die Macht trugen.

Selbst die Algerier merken das allmählich, wenn sie zwischen den zahllosen Fähnchen und blau-weiß-roten Banderolen zum Geschäft oder zum Apéritif eilen. Denn die Fähnchen sind geblieben seit den Marathon-Kundgebungen des »Wohlfahrs-Ausschusses«. Hat man sie hängen lassen in Erwartung neuer Feiern des nationalen Überschwangs? Hat man sie ganz einfach vergessen? Vielleicht ist das der Grund, weshalb Algier auf den Ankömmling wie ein gewaltiger Ballsaal nach dem Fest wirkt. Die Algier-Franzosen geben in vertraulichen Geprächen zu, daß ihnen beim Lesen der Nachrichten aus Paris zumute ist wie nach dem Erwachen aus einem Rausch. Ernüchterung, das ist die Stimmung in Algier, wo man das Wort »Enttäuschung« noch nicht wahrhaben möchte.

Am Nachmittag vor dem Abflug aus Paris hatte ich die Pressekonferenz André Malraux' erlebt. Das war kein Zeitungsgespräch im üblichen Sinne. Wenn der Autor der »Condition humaine«, der heute das Informationsministerium de Gaulles leitet, die Verbrüderung der Europäer und Araber in Nordafrika lyrisch erwähnt, klingen Töne an, wie sie aus dem spanischen Bürgerkriegs-Epos »Die Hoffnung« vertraut sind. Literatur wird hier zur Aktion so wie die Aktion sich zum literarischen Gleichnis ausweitet. – Was können die Europäer von Algier wohl mit Malraux und seiner tragischen Geschichtsvision anfangen? Bei ihnen blieb allenfalls haften, daß der Informationsminister de Gaulles sich kategorisch gegen jede Form der Tortur aussprach, daß er die Folterung als schändlich und unerträglich bezeichnete, und diese Absage stimmt die Pieds Noirs eher mißtrauisch.

Frühmorgens war ich in Maison Blanche gelandet. Die Kontrolle war überaus großzügig. Die Koffer blieben von jeder Inspektion verschont. Auch die militärischen Sicherheitsmaßnahmen in Algier selbst scheinen seit Januar 1956, als ich das letzte Mal nordafrikanischen Boden betrat, fühlbar gelockert. Gewiß, die Fenster der Autobusse sind durch Drahtgitter gegen eventuelle Granaten gesichert. In regelmäßigen Abständen schieben sich Patrouillen durch die bunte, heitere Menschenmenge der Rue Michelet und der Rue d'Isly: Fallschirmjäger in gesprenkelter Tarnjacke, europäische Reservisten, deren verbissene »Volkssturm«-Gesichter und deren milizähnliches Auftreten wenig Vertrauen einflößen, Spahis und Kolonial-Infanteristen. Noch tragen die gelben Jeeps der Paras den weißen Buchstaben H gleich Hamilkar, Feldherr Karthagos und Code-Name für das sinnlose Landungsunternehmen in Ägypten. Am Eingang des altertümlichen Radio-Gebäudes müssen die Aktentaschen geöffnet werden.

Doch nicht der militärische Aufwand befremdet. Nicht die Sicherheitsvorkehrungen schaffen den Eindruck der Verpflanzung in eine neue, irritierende Umgebung. Ein Klima der Gereiztheit und Beklemmung lastet auf Algier. In der größten Zeitung, dem *Echo d'Alger*, hütet man sich, die liberalen Aussagen der Pariser Regierung hinsichtlich der algerischen Muslime auf der ersten Seite wiederzugeben. Der Satz aus Malraux' Pressekonferenz, daß an eine Abschaffung der politischen Parteien nicht zu denken sei, wurde unterschlagen.

Das »Forum«, dieser weite Freiplatz vor dem Generalgouvernement, wo die Fenster seit dem Studentensturm des 13. Mai noch nicht wieder verglast sind, liegt verlassen in der Mittagsglut. Nur ein paar Kinder mit verschleierten Kabylen-Dienstmädchen beleben die Leere. Die Bevölkerung denkt schon voll Wehmut an jene Tage zurück, da sie einmal Geschichte machen, aus vollem Halse schreien konnte und sich dem Eindruck hingab, am algerischen Wesen müsse ganz Frankreich genesen.

Die tägliche Pressekonferenz des Oberkommandos wird hoch über der Stadt abgehalten. Von dem schlichten Beratungszimmer schweift der Blick über die dunkelblaue See, über Palmenwedel und weiße Hochhäuser. Zur Zeit sind nur die festen Algier-Korrespondenten zugegen. Sehr bald stellt der Neuankömmling fest, daß – hinter dem Schleier jovialer Albernheit – der örtliche Journalismus in zwei Lager gespalten ist. Auf der einen Seite die unnachgiebigen, die unberirrten Herolde des »Wohlfahrts-Ausschusses« und daneben eine kleine, aber selbstbewußte Gruppe von Liberalen. Es ist bezeichnend, daß der Liberalismus in Algier sich heute auf das Prestige de Gaulles beruft.

Den Hauptmann, der neben Oberst Lacheroy, dem Sprecher der Armee, sitzt, hatte ich bereits in Indochina im Presse-Camp von Hanoi als jungen Leutnant kennengelernt. Überhaupt läßt sich die Lage in Algier ohne das indochinesische Vorspiel schlecht begreifen. Die Armee will hier eine Scharte auswetzen. Sie hat in den Dschungeln und Reisfeldern Asiens bitteres Lehrgeld für die Erkenntnis zahlen müssen, daß mit dem leichten patriotischen Sturmgepäck des Soldaten die Gefechte des zwanzigsten Jahrhunderts nicht mehr zu gewinnen sind. Die französische Armee hat die Propaganda entdeckt, und der Journalist – früher ein etwas komischer, oft hämischer Außenseiter – wird zum Kampfgefährten oder zum heimlichen, aber ebenbürtigen Gegner für diese jungen Offiziere, die sich mit der psychologischen Kriegführung vertraut machen wollen.

Der Oberst mit dem Boxergesicht, der auf die Fangfragen mit einem rauhen Lachen antwortet und den das Katz-und-Maus-Spiel der Pressekonferenz sichtlich amüsiert – in Indochina setzten die Presseoffiziere immer die Miene von edlen Märtyrern auf –, ist eines der einflußreichsten Mitglieder des »Wohlfahrts-Ausschusses«, ein angeblicher Experte der psychologischen Aktion. Der Prophet und Lehrmeister der Algerien-Armee ist nicht Charles Maurras, der Vater des integralen französischen Nationalismus, wie man oft vermutete, sondern er heißt Mao Tse-tung. Die Armee hat den »revolutionären Krieg« teilweise am eigenen Leib in den Gefangenenlagern des Vietminh durchgestanden. Jetzt versucht sie, die Methoden des Kommunismus für die nationalen Zwecke Frankreichs im Dschebl Nordafrikas einzuspannen, ein Experiment, das nicht nur das Schicksal Algeriens, sondern die Zukunft ganz Frankreichs belastet. Deshalb liegt das Interesse auf jenen Pressekonferenzen nicht so sehr bei den Zahlenangaben über getötete Rebellen, erbeutete Waffen, verhinderte Einsickerungen, sondern in den knappen Antworten auf politische Fragen, aus denen allzuoft eine ärgerliche Gereiztheit über das Unverständnis des Mutterlandes herausklingt.

In den zahllosen Bistros und Terrassenrestaurants der Europäerstadt findet diese Erbitterung drastischen Ausdruck. Politische Entrüstung ist der große Zeitvertreib. Selbst die jungen Leute mit den Halbstarken-Manieren und der levantinischen Mimik, deren Ansturm auf das Generalgouvernement den Putsch des 13. Mai ausgelöst hat, verschwenden selten mehr einen Blick auf die goldhäutigen Mädchen, die sich mit der Anmut veredelter Pariser Midinetten und den törichten Starallüren christlicher Libanesinnen bewegen. Sie diskutieren wie ihre Eltern über Politik, und Politik ist hier gleichbedeutend mit Agitation.

Während ein Lautsprecherwagen der Armee zu propagandistischen Filmvorführungen über die »Revolution des 13. Mai« einlädt, schaut das Bild General de Gaulles, dieser abweisende herrische Kopf, befremdet und einsam über das Treiben der südlichen, wortstarken Plebejer. Ein geschäftiger Trupp kommt näher: drei Zivilisten unter der Anleitung eines Fallschirmjägers mit Klebetopf und Plakaten. Neben das Porträt de Gaulles, oft quer über den Kopf des Generals, wird ein neuer Anschlag angebracht, eine Landkarte, die Frankreich und Algerien umfaßt. »Von Dünkirchen in Flandern bis Tamanrasset im Herzen der Sahara«, steht in roten Lettern geschrieben: »53 Millionen Franzosen«. Dieses Schlagwort der Integration ist Trumpf. »Algerien soll eine französische Provinz sein wie die Bretagne oder Burgund«, so lautet die Forderung des »Wohlfahrtskomitees«, und wehe dem, der in Algier an diesem Programm rütteln möchte oder nur einen Zweifel anmeldet.

Veitstanz der Verbrüderung

Algier, im Juli 1958

General Jacques Massu, der »Sieger« der Schlacht von Algier, hat zur Verbrüderungsfeier im Industrieviertel Belcourt eingeladen. Die Veranstaltung fiel mit dem »Id el Kebir«, dem islamischen Gedenkfest zu Ehren des abrahamitischen Sühneopfers, zusammen. Belcourt ist eine trostlose Gegend. Zwischen den gestikulierenden Haufen eines verwahrlosten arabischen Unterproletariats patrouillierten an diesem Abend vereinzelte Fallschirmjäger. Diese drahtigen, eng geschnürten Männer in den gescheckten Tarnanzügen wirkten wie bösartige und gefährliche Wespen. Wo sie auftauchten, teilte sich die dichteste Ansammlung wie mit einem Zauberstab.

Das Fest – die »Diffa«, wie man hier sagt – fand in einem großen Hof statt, dessen Portal durch eingeborene Wachmannschaften behütet war, wenig vertrauenerweckende junge Männer in blauen Monteuranzügen. Sie droschen mit sichtlichem Vergnügen auf ihre Landsleute ein, wenn sie dem Tor zu nahe kamen. Im Innern hatten sich die Frauen unter einem Zeltdach an niedrigen Tischen mit Hammel, Couscous und Süßigkeiten gelagert. Neben den vermummten Muselmaninnen kauerten auch europäische Damen der Gesellschaft mit dem Gehabe freundlicher, aber recht autoritärer Stifterinnen von Patronats- oder Wohltätigkeits-Veranstaltungen. Madame Massu präsidierte. Der gute Wille zur Annäherung war allzu sichtbar und rührend.

General Massu legte sein Haudegengesicht mit dem breiten Schnurrbart in breite, sympathische Lachfalten. Mit seiner riesigen Nase hätte er ein Reiter-Kapitän des großen Turenne sein können. Der Mann entbehrte nicht einer entwaffnenden Naivität. Als ihm die Verhörmethoden seiner Paras in der Kasbah vorgeworfen wurden, hatte er sich selbst auf den Folterstuhl spannen und durch Elektroschocks quälen lassen. So schlimm sei das doch gar nicht, meinte er nach dem Experiment.

Unter den Geladenen der Feier von Belcourt fiel mir ein hagerer, ärmlich gekleideter Mann mit seinen fünf Söhnen auf, der mit atemberaubender Hast Hammel und Grieß hinter die gelben Zähne preßte, ohne sich durch ein Wort oder einen Blick ablenken zu lassen. Es waren auch Vertreter der alten Führungskaste vorhanden. Qadis, Scheichs und andere Notabeln, die ihre feudalen Privilegien unter der Glasglocke der französischen Verwaltung ihr Leben lang erhalten hatten und die sich nun rat- und hilflos mit der nationalen und sozialen Revolution des jungen Algerien konfrontiert sahen. Ein alter Richter, ein bärbeißiger Mann, dessen Haupt ganz unter dem Turban verschwand und dessen Zwiebelbart an Bilder aus der osmanischen Zeit erinnerte, schaute wütend auf die balgenden Kinder zu seinen Füßen. Am sympathischsten wirkten die altgedienten Veteranen der algerischen Schützenregimenter mit vielen Orden auf der Dschellabah und ehrlichen, einfältigen Gesichtern.

Sehr zahlreich war diese schmausende Gemeinde nicht. »Warten Sie nur, bis das offizielle Mahl zu Ende ist, dann öffnen wir das Portal, und das ganze Stadtviertel Belcourt kommt zu uns«, hatte der Verwaltungsoffizier S.A.U. (Section Administrative Urbaine) gesagt. Die Tore gingen auf, doch es stürmte nur ein Heuschreckenschwarm frecher, lärmender, schmutzstarrender Araberjungen herein und ein paar Mädchen mit zerzausten Zöpfen und geblümten Kleidern, die sie im Staub nachzogen. Es kamen jene unangenehmen Miliz-Gestalten im Monteuranzug, die jetzt Stimmung machten. Es versammelte sich eine Horde unschlüssigen, lauernden Lumpenproletariats. Das Orchester spielte monotone arabische Weisen. Ein Sänger war auch bestellt, ein Mann mit blassen, beinahe edlen Zügen, ein melancholischer Poet aus Bou Saada. Er breitete die Blätter mit seiner handgeschriebenen Dichtung aus. »Das sind Verse zu Ehren der Verbrüderung aller Algerier und der Erneuerung des französischen Algerien seit dem 13. Mai«, sagte ein hinzutretender Offizier. Aber als ich den stillen Mann auf Arabisch ansprach, zeigte er mir ein selbstverfaßtes Minnelied, eine »Qassida«, ganz im Stil der frühen prä-islamischen Beduinen-Lyrik, wo der verzweifelte Liebhaber am glimmenden Nomadenfeuer steht und der Geliebten, die er noch nie in seine Arme schließen konnte, nachweint. »Ya, qalbi ... oh mein Herz ...« begann das traurige Lied.

»Ya qalbi ...« sang der Dichter mit der zitternden, beinahe mekkernden Stimme des arabischen Vortrags. Das Mikrofon war schlecht eingestellt, der Lärm der Menge zu laut. Die verschleierten Frauen unter dem Zelt stimmten gellende Yu-Yu-Schreie an, und jetzt sprangen die ersten Männer auf, wild blickende Wegelagerergestalten zum stampfenden Tanz. Drei junge Araberinnen traten in den Kreis der Klatschenden. Sie waren unverschleiert und trugen knapp sitzende europäische Kleider. Sie banden sich eine Schärpe um die üppigen Hüften, zogen die Stöckelschuhe aus und wiegten sich im Bauchtanz, steigerten allmählich das Tempo, rafften mit den Händen das lang wallende Haar, bewegten sich in erotischen Schwingungen, daß die Männer heiße Entzückungsrufe ausstießen. Vor allem eine blutjunge Kabylin mit widderähnlichem Profil, in einen hellgelben Rock eingezwängt, beherrschte die Runde orientalischer Sinnlichkeit.

Der Dichter war neben mir stehengeblieben und sah mit traurigem Blick auf die entfesselten Freudenmädchen von Belcourt. Die verschleierten Frauen nahmen ihre Kinder bei der Hand und gingen. Das Fest der Verbrüderung ging als Veitstanz des Pöbels zu Ende.

Die Ultras und de Gaulle

Sidi Ferruch, im Juli 1958

Der Sand von Sidi Ferruch ist historischer Boden. Ein massiver Turm, der die Bucht beherrscht, erinnert an die französische Landung im Sommer 1830, Auftakt zur Eroberung ganz Algeriens. An dieser Stelle gingen im November 1942 auch die Soldaten General Eisenhowers an Land. Mit der Riviera läßt sich diese Südküste des Mittelmeers nicht vergleichen. Der Sand ist schwarz und mit fleckigem Gestein durchsetzt. Die Dünen sind von grauem Schilf verunstaltet. Am häßlichsten sind hier die Siedlungen: billige Buden aus Zement, grell bemalt und ungepflegt. Ungepflegt ist auch das Publikum, die aufgedunsenen Frauen, die Dubout gezeichnet haben könnte, die schwitzenden Männer im Unterhemd. Es sind nicht nur Europäer dort. Auch Muselmanen kommen mit ihren Familien. Deren Frauen sind allerdings meist zu Hause geblieben. Die arabischen Kinder vergnügen sich mit dem Vater und planschen im Wasser. Man kann von Algerien sagen, was man will, aber Apartheid wird hier nicht praktiziert.

Über die Dünen fahren die sandgelben Command-Cars des 3. Fallschirmjäger-Regiments. Der Kommandeur dieser Einheit, Oberst Trinquier, ist der meistdiskutierte Mann in Algier. 1946 hatte ich unmittelbar unter dem Hauptmann Trinquier in Cochinchina gedient. Wer hätte damals vermutet, daß dieser elegante Offizier, der wie ein Filmstar wirkte und eine lange Dienstzeit in der internationalen Konzession von Schanghai hinter sich hatte, der später hinter dem Rücken des Vietminh die Partisanengruppen des Meo-Volkes im indochinesischen Hochland organisierte, sich zur treibenden Kraft des militärischen Aufbegehrens gegen den ohnmächtigen Pariser Parlamentarismus aufschwingen, daß er sich als Experte der härtesten revolutionären Kriegführung entpuppen würde.

Die Soldaten Trinquiers trugen immer noch den chinesischen Drachen im Wappen. Die »Paras« verluden ihre Feldbetten und Zelte. Das 3ème R.P.C. (Régiment de Parachutistes Coloniaux) rückte aus der Umgebung Algiers in die Bergschluchten des Quarsenis im Süden ab, wo die mit den Franzosen kooperierende »Bellounis-Armee«, eine rein algerische Hilfstruppe, die die grün-weiße Fahne der Nationalisten führt, in die Dissidenz gegangen ist. Ich schaue der gelben Wagenkolonne Trinquiers und seinen jungen Offizieren mit den kahlgeschorenen Köpfen unter dem roten Béret lange nach. Es hätte damals in Indochina eines Zufalls bedurft, und ich wäre heute einer von ihnen.

Die Verlegung des Regiments Trinquier aus dem Algérois an den felsigen Nordrand der Sahara, so munkelt man unter den radikalen französischen Nationalisten, den Ultras von Algier, entspreche einem hinterhältigen Plan de Gaulles. Er wolle die Hauptstadt von jenen politisierten Truppen entblößen, die sich am nachhaltigsten mit dem Putsch des 13. Mai und der »Algérie Française« solidarisiert hatten. Die Stimmung ist schon wieder gereizt bei den Pieds Noirs. Für die kleinen Weißen erscheint die Verleihung der vollen Gleichberechtigung an die Muselmanen als Auftakt zu einem schonungs- und aussichtslosen Existenzkampf. Es ist kein Zufall, daß gerade unter den Taxichauffeuren, wo Muslime und Christen sich ungefähr die Waage halten, die Feindseligkeit beider Seiten besonders hart aufeinanderprallt. »Bevor die Araber hier ihre Autonomie erhalten«, sagt mir ein europäischer Taxifahrer, »da gehe ich lieber in die korsische Heimat meiner Väter zurück, und glauben Sie mir, dann sorgen wir Korsen aus Algier dafür, daß Ajaccio ebenfalls die Hauptstadt eines unabhängigen Landes wird. Was diese Algerier können, das vermögen wir auch.« In der Umgebung Algiers haben ein paar aufgeschlossene Industrielle versucht, die »Integration« in die Tat umzusetzen. Sie stellen an jede Maschine je einen muselmanischen und je einen europäischen Arbeiter. Das Resultat: Nach drei Tagen führte entweder der Moslem lediglich Handlangerdienste für den Europäer aus, oder die Zusammenarbeit war in eine Schlägerei ausgeartet.

Das europäische Proletariat von Algier liefert das Fußvolk für die extremistischen Bewegungen. Die Organisatoren dieser Ausbrüche sind jedoch nicht in den Arbeitervierteln von Belcourt oder Bab-el-Oued zu suchen. Die Pariser Regierung hat es mit den Finanzinteressen und politischen Ambitionen einer kleinen, aber mächtigen Gruppe von Großgrundbesitzern und Unternehmern zu tun. Der Einfluß der »algerischen Lobby«, gerade in den letzten hektischen Tagen der Vierten Republik, kann gar nicht überschätzt werden.

Diese Routiniers parlamentarischer Verzögerungsgefechte, die das »Rahmengesetz« zuerst verstümmelten, dann jedes Gespräch mit Tunis und Rabat vereitelten, die von Algier aus einen Teil der französischen Presse nachhaltiger beherrschten als die offiziellen Parteien des Palais Bourbon, sahen ihre Stunde kommen, als die französische Armee in Nordafrika angesichts der Unschlüssigkeit und Paralyse der Regierung, angesichts der drohenden Internationalisierung im Rahmen der »guten Dienste« des US-Botschafters Robert Murphy die Geduld verlor. Hinter den randalierenden Studenten, die das Generalgouvernement am 13. Mai stürmten, aber auch hinter den Obersten des »Wohlfahrts-Ausschusses«, konnte man stets diese überlegenen Drahtzieher wittern, für die das nationale Interesse oft nur Vorwand zur Wahrung der eigenen erdrückenden Vorrechte war.

So bleibt es auch heute. Ich habe ein langes und recht offenes Gespräch mit Alain de Sérigny geführt, dem Wortführer der Ultras. Sérigny war Besitzer und Chefredakteur des *Echo d'Alger*, der größten Zeitung Nordafrikas. Mit Nachdruck trat dieser soignierte, von seiner politischen Bedeutung durchdrungene Mann für die Integration Algeriens in das Mutterland ein. Die Föderation lehnte er mit Vehemenz ab. Aber als ich ihn nach der Zeitspanne fragte, in der die völlige Gleichstellung der Muslime verwirklicht werden solle, unterbrach er mich brüsk: »Ich bin doch nicht Mendès-France, daß ich Ihnen einen ultimativen Termin angebe.« – »Was würden Sie tun«, fragte ich weiter, »wenn General de Gaulle sich für eine andere Lösung entschiede als die Integration?« – »Aber das ist doch gar nicht denkbar; den Gedanken weisen wir zurück«, wurde mir heftig erwidert. »Wenn de Gaulle der algerischen Wirklichkeit auf den Grund gegangen ist, dann kann er gar nicht anders, als sich für den von uns vorgeschlagenen Weg entscheiden.« Es klang ein drohender Unterton aus diesem letzten Satz.

Am folgenden Tag traf de Gaulle zum zweiten Besuch nach seiner Regierungsübernahme in Algier ein. Ich stand am Straßenrand, als die schwarze Citroën-Kolonne dem Sommerpalast der Generalgouverneure zusteuerte. Die Stunde wirkte schon tragisch. Die Wohlfahrts-Ausschüsse waren durch die Weigerung de Gaulles, sich eindeutig für die Integration Algeriens auszusprechen, zutiefst erbost. Auch seine nuancierte Haltung gegenüber den algerischen Nationalisten alarmierte sie. Diese Komplotteure, die es gewohnt waren, alle bisherigen französischen Ministerpräsidenten schamlos unter Druck zu setzen, hatten die Flüsterparole ausgegeben: kein Triumphzug für de Gaulle, sondern kühle Zurückhaltung. Deshalb waren die Fahnen selten, und die Zuschauer standen in dünner Einerreihe hinter dem Spalier aus algerischen Tirailleurs und Landsturmsoldaten. Aus einer Ecke, wo sich Halbwüchsige zusammenrotteten, ertönten Pfui-Rufe. »Schämt ihr euch nicht?« herrschte ein Major sie an. Plakate mit dem Bild des Generals waren zerfetzt worden. Die Inschriften »Es lebe Salan« waren über Nacht häufiger geworden als die Lothringer Kreuze, so daß die Armee in aller Hast neben jedes »Vive Salan« ein übergroßes »Vive de Gaulle« pinseln ließ.

Es war ein seltsamer Abend. Die europäischen Zivilisten trotzten, und die Muselmanen waren überhaupt nicht zu sehen mit Ausnahme jenes blinden Veteranen mit dem roten Fez und den vielen Orden, der an seinem Stock ein blau-weiß-rotes Fähnchen befestigt hatte und es dem schwarzen Citroën des Generals entgegenschwenkte. De Gaulle war in seinem offenen DS 19 stehend durch die dämmerigen Straßen Algiers gefahren, als sehe er das alles nicht. Schon begegnete er den Algier-Franzosen mit jenem »mépris de fer«, der »eisernen Verachtung«, die zur Legende des Befreiers Frankreichs gehörte.

Am nächsten Mittag warteten die ungestümen Zivilisten der »Wohlfahrts-Ausschüsse« vergeblich vor dem Gitter des Sommerpalastes in der glühenden Sonne. De Gaulle ließ sie nicht vor. Er hatte vor der Presse verkündet, daß in Zukunft die gleichen Briefmarken und Banknoten auf beiden Seiten des Mittelmeers Geltung haben würden. Zu weiteren Zugeständnissen an die Integration ließ er sich nicht herbei. »Der Alte führt die Ultras an der Nase herum«, kommentierte ein Pariser Korrespondent.

Statt der Zivilisten beorderte de Gaulle die Generale und Obersten in den Sommerpalast. Sie kamen – die Schultern rollend und selbstbewußt – in ihren Tarnuniformen, mit aufgekrempelten Ärmeln, die Brust voller Orden. Ihnen gegenüber stand vor den maurischen Kacheln des großen Salons der einsame Mann im schlichten Khakituch der Brigadiers. Er war lediglich mit dem Lothringer Kreuz dekoriert. Aber er beherrschte alle Anwesenden mit der Höhe seines Wuchses und seiner eiskalten Autorität, die Furcht einflößte. De Gaulle redete nur kurz zu den Offizieren von Algier. Sie waren nicht zu einer politischen Aussprache, sondern zum Befehlsempfang gekommen. Nach der gebieterischen Audienz verweilten sie ziemlich ratlos diskutierend im Palmengarten. Die Journalisten aus aller Welt beobachteten die Offiziere von Algier mit Spannung, und als sie sich zum Gehen anschickten, sagte ein Amerikaner: »Here goes the glory of France.«

Das Ballett der »fliegenden Bananen«

Guelma, Anfang August 1958

Um vier Uhr früh wurde ich von einem Soldaten geweckt. Er hatte den schweren amerikanischen Stahlhelm auf dem Kopf und hielt eine Maschinenpistole in der Hand. »Oberst Le Bosc hat mich zu Ihnen geschickt«, sagte er. »Wir sind einer Gruppe von Fellaghas fünfzig Kilometer östlich von Guelma auf den Fersen.« Draußen stand der Jeep fahrbereit. Das Städtchen Guelma lag noch in tiefem Schlaf. Nur die Hunde bellten. Ein bewaffneter Posten stand mit schlaftrunkenen Augen vor dem Musikpavillon am Hauptplatz.

Am Rande der Ortschaft stießen wir auf eine Kompanie Fallschirmjäger, die bereits auf ihre Fahrzeuge geklettert waren. Wir schlossen uns ihnen an. Die kargen Kuppen des Atlas setzten im Osten rötliche Kronen auf. Der Fahrtwind war frisch. Die letzten Häuser hatten Getreidefeldern Platz gemacht. Jetzt folgten Olivenhaine, und dann umgab uns nur noch eine dämmerige Macchia. Öde Hänge säumten von beiden Seiten das Asphaltband. Agaven reckten sich rechts und links der Straße wie Prunkwedel eines orientalischen Herrschers. Nur die geknickten Telefonmasten gaben Kunde vom Krieg.

Wieder mußte ich an Indochina denken, als ich die graugrünen Uniformen, die jungen Gesichter sah und die leise Brise auf der Haut spürte, die mehr noch als das Morgenrot den kommenden Tag anmeldete. Die Offiziere des Bataillons, das durch den Atlas rollte, um einen unfaßbaren Feind zu stellen, haben fast sämtlich in Ostasien gedient.

Auf dem Felsvorsprung rechts, auf dem schon der weiße Glanz der frühen Sonne liegt, klebt eine Meschta, armselige Lehm- und Steinhütten. Ein paar Kinder drängen sich vor den dunklen Öffnungen, werden aber von den Müttern jäh zurückgezerrt. Die schwarzen Ziegen bleiben bei unserem Anblick stehen, dann flüchten auch sie in wilder Panik, während zwei Jagdmaschinen über die kahle Kuppe brausen. Die Luft hat sich mit Grollen und Schnaufen gefüllt. Während wir am Rande des tiefen Talkessels anlangen, entdecken wir eine Kette von Hubschraubern. Die »Fliegenden Bananen« drehen sich schwerfällig wie trächtige Rieseninsekten, schnuppern vorsichtig die Windrichtung, denn von der hängt die unfallfreie Landung ab, setzen sich torkelnd auf die Kämme rings um die Schlucht. Gleichzeitig – so erkenne ich schmerzhaft gegen das Flimmern des durchbrechenden Gestirns – öffnet sich ihr Bauch. Grün und braun gescheckte Männer springen heraus, verteilen sich mit komisch wirkender Hast. Vom anderen Ende der Talsohle hören wir den Feuerstoß eines Maschinengewehrs. Die Einkreisung ist vollendet. Gegenüber versperrt die zweite Kompanie den Abzug nach Süden.

Die Fallschirmjäger, die aus den Hubschraubern herausquellen, kämmen weit zerstreut den oberen Saum der Schlucht ab. Der Jeep hat mich neben einem improvisierten Gefechtsstand in einer Lehmkate abgesetzt. Ein athletischer blonder Major der Paras gibt durch das Feldtelefon seine Befehle. »Wir haben sie erwischt«, sagt er zu mir. »Aber leider keine bewaffneten Fellaghas. Nur politische Kader und Verwaltungsbeauftragte, Steuereinnehmer und Propagandisten.« Die zwei Mistral-Jäger kommen wieder so dicht über die Höhen, daß man glaubt, sie müßten zerschellen. Auf einmal stößt die eine Maschine steil ins Tal und feuert aus ihren Maschinengewehren auf eine flüchtende Gruppe von drei Männern. Steine und Felssplitter wirbeln hoch. Drei graue Gestalten liegen im Geröll. Ein Bündel bewegt sich noch. Die Paras lesen den Überlebenden auf. Aus den Meschtas ringsum werden die Männer zusammengetrieben, armselige Gestalten, in ausgefranste braune Tücher gehüllt, den formlosen Turban auf den ausgemergelten Köpfen. Ein Verwaltungsoffizier nimmt sich die rund fünfhundert Kabylen vor und verlangt ihre Papiere. Die Fallschirmjäger stehen mit schußbereitem Gewehr daneben. Das Ganze spielt sich beinahe wortlos ab. Ein Sergeant berichtet von den drei Ausbrechern: Zwei Sicherheitsbeauftragte der FLN hatten mit einem Eingeborenen, der der Zusammenarbeit mit den Franzosen verdächtig war, entrinnen wollen. Die beiden Rebellen seien tot. Wie durch ein Wunder sei der dritte Mann nur verletzt.

Ich bin zu einer Gruppe Paras getreten. Sie sind nicht begeistert von dem Ergebnis dieser Aktion. »So geht es jetzt schon wochenlang«, sagt ein Gefreiter aus Lyon mit Tarzan-Gesicht. »Wir klettern wie die Bergziegen, und dann gibt es nicht einmal Feuerwerk. Alles was wir tun dürfen: diese Mistkerle zusammentreiben, die doch alle mit den Fellaghas unter einer Decke stecken, sie sortieren und ihnen beibringen, wie man ›Vive la France‹ schreit. Das war im April noch anders, als die Rebellen in Bataillonsstärke von Tunesien aus durchzubrechen versuchten.«

Der blonde Major bereitet etwas Besonderes vor. Er telefoniert mit der Division und fordert zwei Bomber B 26 an. Aber das geht offenbar nicht ohne Einwände von oben. »Ich versichere Ihnen«, sagt der Major, »daß ich nur ein Schaubombardement vorführen will. Das beeindruckt die Kerle mehr, als wenn ich sie hundertmal hintereinander ›Es lebe das französische Algerien‹ rufen lasse.« Die Mistral-Jäger sind wieder da, und auf Anweisung des Majors tosen sie so nahe über die Köpfe weg, daß die Eingeborenen sich mit verzerrten Gesichtern auf den Bauch werfen. Nun schießen glühende Schlangen aus den Tragflächen, enden zischend und brüllend auf der kargen Geröllhalde. Nach einer Weile brummen die bestellten B 26 heran, setzen zum Tiefflug an und hüllen das Felstal in das Bersten ihrer Bomben und den schwarzen Qualm der Napalm-Behälter.

Der Verwaltungsoffizier hat aus dem Haufen dreißig Verdächtige ausgesondert, die nicht zu den umliegenden Meschtas gehören. Sie werden auf zwei Lastwagen verfrachtet und zum Regimentsstab gefahren. Nach und nach sammeln sich auch die Soldaten. Die Fallschirmjäger klettern auf die Laster. Das Ballett der Hubschrauber ist längst wieder abgekreiselt. Die Bergkuppe raucht noch wie eine verlassene Opferstätte. Die Kabylen werfen scheue Blicke auf den geschwärzten Felsen, bevor sie sich wieder ihren Hütten, ihren Ziegen und ihren verängstigten Angehörigen zuwenden.

Psychologische Kriegführung

Ain Beida, im August 1958

Nach dem Abendessen stand der Oberst als erster auf. Dann setzten wir uns in die Ecke mit den Korbsesseln und tranken den kalten Grog, die Spezialität des Regiments-Kasinos. Die beiden Sozialassistentinnen wurden um diese Stunde nach Hause geschickt. Die eine war eine blonde Nordfranzösin mit dem burschikosen Auftreten von Frauen in Uniform, die zu lange in der Armee gedient haben. Die andere war eine algerische Muselmanin mit samtbraunen Augen, die mit einem Militärarzt verlobt war und sogar zum Christentum übertreten wollte.

Auch der Feldgeistliche wandte sich zum Abschied. Den ganzen Abend war er die Zielscheibe freundlicher Neckereien von seiten der jungen Offiziere gewesen – die Frage des Zölibats hatte zur Debatte gestanden –, bis der Oberst das Gespräch autoritär beendete. »Ich habe festgestellt, daß ein Offizier, der seine Frau nachkommen läßt, nur noch die Hälfte leistet. Die Kirche weiß schon, was sie tut.« Zuletzt war der stille Hauptmann für »muselmanische Angelegenheiten« mit dem Jeep in den Bordsch oberhalb der Stadt zurückgefahren, ein Fort mit dicken Mauern und Schießscharten, das in den ersten Zeiten der französischen Eroberung um die Mitte des neunzehnten Jahrhunderts erbaut worden war. Als er sich bei Tisch mit mir auf arabisch unterhielt, war ein anderer Capitaine aufgestanden und hatte sich zum Zeichen des Protestes an das andere Tischende gesetzt.

Oberst Wibert galt als einer der fähigsten Offiziere in diesem Sektor gegenüber der tunesischen Grenze. Seit dem 13. Mai übte er auch die zivile Befehlsgewalt im Städtchen Ain Beida aus. Seine skeptische, humorvolle und doch resolute Einstellung zu den Geschehnissen zwischen Paris und Nordafrika unterschied ihn wohltuend von den ränkeschmiedenden Kameraden in Algier. Der Colonel war Ostfranzose, und in seinem Regiment dienten überwiegend junge Leute aus Lothringen und der Champagne. Er war mit seinen Soldaten überaus zufrieden. »Da behauptet man, daß in Frankreich jeder dritte kommunistisch wählt. Ich möchte wissen, wo in meiner Einheit die Roten stecken«, sagte er.

Am Nachmittag hatten wir über die militärische Lage gesprochen. Am späten Abend unter dem fahlen Neonlicht der Offiziersmesse, in dieser kleinen Stadt am Rande des Dschebl, durch deren Gassen ab neun Uhr nur noch die Stiefel der Patrouillen hallten, drängten sich die wirklichen, die politischen Probleme auf. Unweigerlich wandte sich das Gespräch dem Militärputsch vom 13. Mai zu. »Auch wir haben unsere Revolution gehabt«, sagte Oberst Wibert in seiner Sesselecke. »Die Europäer hier im Ort – sie machen immerhin ein Fünftel der Bevölkerung von Ain Beida aus – haben ihren Wohlfahrts-Ausschuß gegründet und der Armee, in diesem Falle mir selbst, die Macht angetragen. Heute schimpfen sie übrigens schon wieder, wir würden das Gemeindeleben in eine Kaserne verwandeln.« Der Oberst lächelte pfiffig. »Wissen Sie, was das bei uns war, der 13. Mai, das war der Triumph Tartarins, und das war Clochemerle.« Clochemerle ist die burleske Geschichte einer spießigen Kleinstadtrevolte in der französischen Provinz anläßlich der Errichtung einer Bedürfnisanstalt.

Als die Nachricht der großen Kundgebungen auf dem Forum von Algier bis Ain Beida drang, hatten sich auch dort die wackeren Patrioten zusammengetan und waren wild entschlossen, dem »System des Verzichts und des Verrats« ein Ende zu setzen. Vertreter dieses Systems war ein Sous-Präfekt, der dem sozialistischen Innenminister Jules Moch die Treue hielt. Zum System gehörte aber auch der Bürgermeister von Ain Beida, der das Unglück hatte, nicht dem gleichen Clan und der gleichen Sippe anzugehören wie die Hauptschar der »Erneuerer«.

Der selbsternannte Wohlfahrts-Ausschuß war durch die fahnengeschmückten Straßen und eine jubelnde, aufgeregte Menge zum Colonel marschiert, der sie in seinem Büro empfing. »Wir haben uns entschieden, die Geschicke der Stadt in unsere Hand zu nehmen«, sagten die europäischen Revolutionäre mit eifriger Miene und warteten freudig gespannt auf eine heftige Entgegnung. »Aber bitte sehr«, sagte der Oberst und nahm ihnen durch seine Bereitwilligkeit den Wind aus den Segeln, »ich werde Ihnen nach Kräften zur Seite stehen. Was haben Sie zunächst vor?« An ein konkretes Programm hatte der Wohlfahrts-Ausschuß gar nicht gedacht, und es vergingen keine drei Tage, da hatte der Oberst an ihrer Stelle die Marschroute ausgearbeitet und an die Spitze der »Erneuerer« einen ausgedienten Offizier manövriert, der für Ordnung und Mäßigung sorgen sollte.

Etwas bewegter verlief der Fall des Sous-Präfekten, eines nervösen, dramatisch veranlagten Mannes, der die Offiziere als Putschisten bezeichnete und an die letzte Regierung der Vierten Republik in Paris ein pathetisches Ergebenheitstelegramm aufgab, das übrigens nie durchgekabelt wurde, da sich dem Postbeamten beim Lesen dieser »antipatriotischen« Zeilen die Haare sträubten. Als der einsame Sous-Präfekt und letzte Verteidiger der Vierten Republik – durch einige Gläser algerischen Rotweins gestärkt – den Europäern von Ain Beida entgegentrat und das Opfer einer randalierenden Gruppe von Jugendlichen zu werden drohte, bahnten ihm die Militärs eine Gasse aus der südländisch erregten Menge und bestellten für ihn einen Flug nach Paris.

Seitdem hat Ain Beida wieder zum Alltag zurückgefunden, mit strenger Polizeistunde, mit gelegentlichen Überfällen der Fellaghas, die immerhin den stellvertretenden Gemeindevorsitzenden am hellen Mittag niederknallten, mit der Sorge um die Ernte und mit drückend schwülen Sommernächten. Die jüdischen Händler hocken hinter ihren Theken, zahlen Steuern an die Rebellen, stellen sich gut mit dem Militär. Sie warten vorsichtig ab. Die Europäer sitzen mißmutig in den Cafés am Place Saint Augustin und sehen sorgenvoll zu, wie der Oberst die Integrationsparolen ernst nimmt, überall die legalen Löhne der Landarbeiter anschlagen läßt, die Vorrechte der Algier-Franzosen einschränkt.

»Kommen Sie morgen abend zur großen Kundgebung auf dem Platz Saint Augustin«, hatte der Colonel geraten. Den ganzen Vormittag waren Autos mit Lautsprechern durch die Straßen des Moslemviertels gefahren. Sie spielten Marschmusik und luden zur Versammlung ein. Die sinkende Sonne berührte bereits die obere Stufenreihe des römischen Amphitheaters, da kamen die ersten Eingeborenen aus ihren Häusern in Gruppen zu vier und fünf. Der Platz füllte sich schnell mit Muselmanen aller Altersgruppen, vom ehrwürdigen Greis bis zum jungen Autoschlosser in blauer Monteurskluft. Sie sprachen wenig untereinander. Sie stellten sich vor dem Verwaltungsgebäude auf, das mit großen Schildern: »Es lebe das französische Algerien«, »Vive de Gaulle«, »Vive Soustelle« behängt war. Wieder brüllten Märsche aus den Lautsprechern. Armee-Patrouillen standen einsatzbereit an den Straßenkreuzungen. Sie machten noch einmal Stichproben unter den »Demonstranten«. Vor der Balustrade, auf die sich ein Offizier geschwungen hatte, standen Schulmädchen in lärmender Unordnung. Sie waren noch zu jung für den Schleier. Gleich neben ihnen in einem sorgfältig reservierten Karree waren die muselmanischen Frauen von Ain Beida ins weiße Haik gehüllt, das Gesicht durch ein rotes oder grellgrünes Tuch maskiert.

Der Capitaine auf der Empore winkte, um Ruhe herzustellen. Er war ein »Spezialist«. Vier Jahre lang hatte der hagere, ausgelaugte Mann in den Gefangenenlagern des Vietminh in Indochina verbracht. Vier Jahre lang war er zweimal am Tag zur obligatorischen politischen Instruktionsstunde angetreten, hatte den Zirkus der Selbstkritik, der Sprechchöre, der Gehirnwäsche am eigenen Leibe erlitten. Jetzt war er wieder bei der Truppe und leitete den »psychologischen Krieg« im Sektor von Ain Beida. Mit erhobenen Armen, wie ein erfahrener Agitator, hatte er sich aufgereckt. Neben ihm stand der algerische Dolmetscher, der einzige Muselmane, der sich seit der Ermordung des stellvertretenden Bürgermeisters auf die Rednertribüne wagte. Es waren viele Araber zur Kundgebung gekommen. »Das wäre noch vor sechs Monaten undenkbar gewesen«, sagte der Reserveleutnant neben mir. »Aber machen Sie sich keine Illusionen. Wenn die Algerier so zahlreich kommen, so bedeutet das lediglich, daß der Druck der Rebellen nachgelassen hat. Politische Schlüsse zu ziehen, wäre völlig verfrüht.«

»Wir rufen jetzt zusammen: Vive l'Algérie Française«, schrie der Capitaine mit beschwörender Stimme ins Mikrofon. Ich stand mitten unter den Muslimen. Sie hoben die Hände über den Kopf wie Rotchinesen auf Massenmeetings – ich war wirklich der einzige, der nicht klatschte –, und sie riefen mit etwas kläglicher Stimme: »Vive ... vive ...« Dabei sahen sie sich wie schüchterne Schulkinder an, die eine Lektion des Lehrers nachplärren. Der Capitaine forderte sie mit rudernden Gesten auf: »Ich habe euch nicht laut genug gehört. Ihr müßt kräftiger schreien. Also noch einmal im Chor ...«

Als Oberst Wibert hinzutrat, ließ der Hauptmann auch den Colonel hochleben. Die Ansprache des Obersten war praktischen Fragen gewidmet. Er schilderte den Fall eines europäischen Vorarbeiters, der den eingeborenen Tagelöhnern einen Teil ihrer Zahlung vorenthielt. Er, der Colonel, habe dafür gesorgt, daß dieser Ausbeuter ins Gefängnis kam. Die Zuhörer könnten sich selbst davon überzeugen und sollten in Zukunft mit jeder Beschwerde vertrauensvoll zu ihm kommen. Er bürge dafür, daß ihnen Gerechtigkeit geschehe. Dann sprach er zur bevorstehenden Abstimmung über die neue französische Verfassung: »General de Gaulle hat gesagt, es komme nicht darauf an, ob ihr für oder gegen die Verfassung stimmt, sondern daß ihr überhaupt zur Urne kommt. Auch die Frauen sollen wählen. Wir werden ein besonderes Büro für die Frauen aufmachen. Damit die eifersüchtigen Ehemänner sich keine Sorgen machen, versichere ich euch, daß alle Schreibkräfte im weiblichen Wahlbüro ebenfalls Frauen sein werden.« Die angetretenen Männer gingen brav und, wie es schien, etwas erheitert auseinander. Die Lautsprecher verbreiteten wieder kriegerische Weisen. »Nous sommes les Africains qui revenons de loin ...«, dröhnte es.

Beim Einbruch der Nacht saßen wir beim eisgekühlten Grog. Wir sprachen vom psychologischen Krieg und dessen Propagandisten in Algier, von den mit Mao Tse-tung jonglierenden Obersten des »Comité de Salut Public«, für die der Kommandant von Ain Beida keine besondere Zuneigung empfand. »Was wir hier machen, ist Paternalismus, das wissen wir sehr wohl«, sagte er nachdenklich. »Wie wir die nächste Etappe bewältigen sollen, die Muselmanen zur politischen Verantwortung und Mitarbeit heranzuziehen, das weiß ich nicht. Wir bauen Schulen, wir pflegen die Kranken, wir holen nach, was in hundert Jahren versäumt worden ist, und das versichere ich Ihnen: Wir werden hier nicht noch einmal so unrühmlich abziehen wie aus Indochina.« Ich mußte an den sorgfältig gekleideten Araber denken, der nach der Kundgebung an den Oberst herangetreten war und ihm die blödsinnigsten Fragen über die Abhaltung des Referendums stellte. Der Colonel, der lange im Orient gedient hatte, verstand sehr wohl, daß es dem Mann darum ging, am Abend im Kreise seiner Verwandten und Freunde erzählen zu können: »Ich habe dem Oberst die und die Frage gestellt, und er hat mich für einen Esel gehalten. Er hat aber nicht gemerkt, daß ich eigentlich ihn zum Narren hielt.«

Der skeptische Offizier für »muselmanische Angelegenheiten« mischte sich in unser Gespräch ein. »Haben Sie gehört, was sich neulich im Oranais ereignet hat? Ein allzu eifriger junger Offizier hatte seine zerlumpten Muslime zusammengetrieben und sie bei einer Inspektion de Gaulles ›Vive l'Algérie Française‹ schreien lassen. Dann trat er vor den mißmutigen Gründer der Fünften Republik und meldete: ›Mon Général, was Sie hier sehen, diese Männer, die Ihnen zurufen, sind vollwertige Franzosen – des Français à part entière.‹ De Gaulle hat den Capitaine wie abwesend gemustert und dann schneidend gesagt: ›Ziehen Sie Ihre Schützlinge erst einmal anständig an – habillez-les d'abord –.‹ Dann hat er der Veranstaltung grußlos den Rücken gekehrt.«

»Ja, der psychologische Krieg«, seufzte der Oberst und trank das Glas leer. »Unsere jungen Offiziere glauben daran. Sie haben die Politik entdeckt, und es wird ihnen schwerfallen, wieder zur Rolle der ›großen Schweigenden‹ zurückzufinden, wie die Armee in Frankreich früher hieß. Wir werden demnächst sogar mit öffentlicher Selbstkritik nach Vietminh-Modell anfangen. Wir haben ein paar ehemalige Fellaghas, die zu uns übergegangen sind und die dazu bereit wären. Der Soldat muß leben wie der Fisch im Wasser, hat Mao Tse-tung geschrieben. Das ist der Fall für unsere Feinde. Uns geht es darum, dem Fisch das Wasser abzugraben, die Bevölkerung allmählich von den Rebellen zu lösen. Aber eines macht mich doch stutzig: Unser Capitaine, den Sie auf der Kundgebung sahen, hat diese psychologische Knetung der roten Propagandisten ganze vier Jahre in den Vietminh-Lagern über sich ergehen lassen müssen; ein Kommunist ist er trotzdem nicht geworden.«

Auf der anderen Seite in Tunis

Tunis, im August 1958

In den Stäben Algeriens wird man eigenartig gemustert, wenn man erzählt, daß das nächste Reiseziel Tunis heißt. »Sie gehen also zum Feind«, scheint jeder Blick zu sagen, und es klingt beinahe etwas Neid durch die Frage hindurch. In Tunis, der Propaganda- und Nachschubzentrale der Rebellen, kann sich der zivile Besucher jenen persönlichen Anschauungsunterricht vom algerischen Aufstand holen, der den französischen Offizieren in Nordafrika versagt bleibt. Dort tritt der Gegner zum erstenmal aus der Anonymität der unfaßbaren Masse heraus und läßt die Maske des Partisanenkampfes fallen.

Aus dem Bullauge der DC 4 versuche ich krampfhaft, dort unten in der Gegend von Soukh Ahras in den graugrünen Korkeichenwäldern eine Kampftätigkeit auszumachen. Im Vorfeld der französischen Morice-Linie sind die Lager der Fellaghas dicht an die französischen Außenposten herangeschoben. Aber die hölzernen Wachtürme um den Flugplatz von Bône, mit ihren Scheinwerfern und Maschinengewehren, bleiben die letzte kriegerische Vision. Die Natur hat keine Trennungslinie zwischen Algerien und Tunesien gezogen, und die weißen Schaumkronen des Meeres pulsieren ohne Unterbrechung am sandigen Küstenstreifen.

Dann landet die Maschine in Tunis, und auf einmal ist der Druck fortgenommen. Man hat sich so daran gewöhnt, die schußbereiten Posten neben jedem Flugzeug stehen, die Rollfelder von Drahtverhau und Mirador-Ketten eingezäunt zu sehen, daß die Nonchalance des tunesischen Personals, die Stille des Abends verwirren. Der Frieden kommt wie ein Schock. Die tunesischen Zöllner tragen flache Tellermützen und rote Aufschläge. Die besondere Aufmerksamkeit des Kontrollbeamten gilt den Drucksachen. Meinem Nachbarn nimmt er ein paar rechtsgerichtete Pariser Zeitungen weg. Er tut das mit bedauerndem Lächeln. »Zu dumm«, sagt er, »daß Sie ausgerechnet keine anderen Blätter mit sich führen.« Ein anderer Fluggast aus Algier ist eiligen Schrittes zum Zeitungsstand gegangen, um *L'Express*, Zeitschrift des linksgerichteten französischen Liberalismus und Befürworter der Unabhängigkeit Algeriens, zu kaufen. In Algier ist dieses Blatt nicht zu finden. Auch daran merkt man, daß eine Grenze überschritten ist.

An lila blühenden Hecken vorbei ist der Bus nach Tunis eingefahren. Durch die feierlichen Palmenwedel dringt der Gestank der Abwässer des Chalk-el-Wadi. Am breiten, baumbestandenen Boulevard Bourguiba warten die kleinen Renault-Taxis – rot und weiß gestrichen – in langer Reihe, und die Arbeitslosen, deren es viele gibt, verkaufen Straßenbahn-Fahrscheine mit kleinem Aufschlag an die Passanten. Die Stadt wirkt gelassen und träge. In dieser Brutstätte antifranzösischer Verschwörung – wie man es von Algier aus sieht – ist Frankreich näher als in Constantine. Man muß schon Arabisch verstehen, um die verwaschenen Plakate mit dem Gewehr entziffern zu können, auf denen der Abzug der letzten französischen Garnisonen gefordert wird.

Dennoch hat sich einiges geändert in Tunis seit meinem letzten Besuch im Herbst 1953. Neben jede französische Reklame schmiegen sich die Schnörkel der arabischen Schrift. Auf den Caféterrassen der Innenstadt, vor den italienischen Pizzerias sitzen überwiegend tunesische Gäste. Die jungen Araber sind in die kleidsame weiße Gandura gehüllt, um deren Frische man sie beneidet und in die sie sich wie in eine römische Toga zu drapieren verstehen. In dem maltesischen Restaurant, wo unter trostloser Neonbeleuchtung die bescheidenen europäischen Familien schweigend ihre Ravioli essen, dringt aus dem Nebenzimmer lautes arabisches Rufen. Dann singen die tunesischen Studenten, und durch das Speiselokal hallt ein zügiger Rhythmus, der an den libanesischen »Dabke« erinnert.

Von Zeit zu Zeit sehen sich die jungen Europäer wortlos und vielsagend an. Ich muß an die französischen Taxichauffeure denken, die neben ihren arabischen Kollegen an den kleinen Renaults warteten. Auch sie tauschten ähnliche Blicke, wenn ihnen ein tunesischer Polizist unter weißem Tropenhelm etwas zu selbstbewußt einen anderen Parkplatz anwies. Die Süditaliener, die in Tunis besonders zahlreich sind, passen sich wohl am geschmeidigsten an. Auf den Eisenstühlen des Boulevard Bourguiba sitzen sie bei Einbruch der Nacht wie auf dem Corso von Catania, Palermo oder Tarent: schwerfällige Matronen in schwarzen Kleidern sind darunter und rehäugige pummelige Mädchen mit weiten Röcken. Etwas deklassiert wirken die Europäer hier schon, die in den Hotels Pförtnerdienste versehen oder vor den Postschaltern schwitzend Schlange stehen.

Bevor ich durch ein mittelalterliches Stadttor die engen Straßen der Medina, der alten Araberstadt, betrete, bleibe ich verdutzt unter zwei blauen Straßenschildern stehen. Da heißt der größte, repräsentativste Platz der tunesischen Hauptstadt weiterhin »Place de France«, und an ihm entlang läuft die »Rue du Général de Gaulle«. Die Tunesier sind ein liebenswürdiges Volk, und die Unabhängigkeit ist ihnen nicht zu Kopf gestiegen. Selbst die polemischen Inschriften zur staatlich angeordneten Sauberkeitskampagne: »Befreit Euch vom Schmutz, wie Ihr Euch vom Kolonialismus befreit habt!« sind nicht ganz so böse gemeint.

Zum erstenmal seit meiner Ankunft in Nordafrika betrete ich eine Medina ohne die geringste Beklemmung und ohne böse Vorahnung. Wie unendlich weit erscheint hier die erstickende Kasbah von Algier. Im Vorbeigehen fällt mir auf, daß über den meisten Buden und maurischen Cafés neben dem Bild des Staatspräsidenten Bourguiba und den roten tunesischen Fähnchen auch regelmäßig der grün-weiße Wimpel der algerischen Befreiungsfront flattert und daß aus sämtlichen Lautsprechern die feierlich-beschwörende Stimme des Radio-Kommentators von Kairo tönt.

Sehr imposant ist das Hauptquartier der algerischen Aufstandsbewegung nicht. Man braucht eine Weile, bis man in der belebten, lärmenden Rue de Corse zwischen einem Bäckerladen und einem Limonadenverkäufer das anspruchslose Haus findet. Die Holztür trägt weder Schild noch Namen. Ein tunesischer Polizist steht nebenan und mustert unauffällig die Besucher des stillen Hauses. Auf mein Klingeln öffnet ein junger Algerier, mich mit argwöhnischem Blick betrachtend. Wie ich ihm meine Karte gebe, spricht er mich auf Deutsch an. Er hat in Deutschland gearbeitet, aber in ein Gespräch läßt er sich nicht verwickeln.

Ich warte in der Diele des ersten Stocks. Hier muß einmal ein Anwaltsbüro gewesen sein. Die altertümlichen Sofas sind morsch und geben dem Gewicht des Besuchers klagend nach. Die Türen sind großzügig geöffnet, auch zu jenem Zimmer, dessen Betreten durch ein französisches Schild aufs strengste untersagt ist. Mehrere junge Leute arbeiten an einem Archiv und schleppen Bündel von Zeitungen. *El Moujahid* – »Kämpfer des Heiligen Krieges«, so nennt sich das Wochenblatt der Nationalen Befreiungsfront. Es liegt auf jedem Tisch aus. Der junge Mann, der mich eingelassen hat und im hintersten Zimmer verschwunden war, kommt mit einem aufmunternden Lächeln zurück. »Monsieur Boumendjel wird Sie gleich empfangen.« Dann vertieft er sich mühsam in die Lektüre einer arabischen Zeitung. Es herrscht ein fröhlich-kollegiales Durcheinander in diesem Befehlsstand des nordafrikanischen Widerstandes. In der Rue de Corse ist vor allem die Propagandazentrale der FLN untergebracht. Hier tagt auch die offizielle Vertretung für Tunesien. Jede Botschaft oder Gesandtschaft umgibt sich heute mit mehr Vorsichtsmaßnahmen und Sicherungen.

Ich muß an den Sommer 1956 in Kairo denken und an meinen ersten Besuch bei den algerischen Exilgruppen in Ägypten. Am Abend zuvor war mir Allal-el-Fassi, der Bannerträger des marokkanischen Nationalismus und Vorsitzende der Istiqlal-Partei, in der eleganten Konditorei Groppi am Qasr-el-Nil begegnet. Er hatte fremd und geheimnisvoll gewirkt mit seinen blauen Augen und dem rötlichen Kinnbart unter den dunkel-afrikanischen Ägyptern. Allal-el-Fassi hatte sich so urban und liebenswürdig gezeigt, wie es die Angehörigen der alten Geschlechter des fernen Maghreb verstehen. In seinem gutgeschnittenen europäischen Anzug konnte man ihn nur schwerlich für das Haupt einer streng islamischen Erneuerungsbewegung halten. Aber gelegentlich brach jene ungestüme, beinahe zerstörerische Energie durch, die die verdutzten und erschrockenen Ägypter und Levantiner die »Hidda el maghribiya«, die nordafrikanische Heftigkeit nennen. Der Vorsitzende des Istiqlal war in optimistischer Stimmung, während er mir den Teller mit süßem Gebäck zupackte. Die Verstaatlichung des Suez-Kanals hatte noch nicht stattgefunden. Ben Bella war noch nicht verhaftet. Ein vertraulicher Emissär der Pariser Regierung hielt sich in Kairo auf und suchte Kontakt mit der FLN. In jenen Tagen machten die Nordafrikaner aus ihrer Geringschätzung für die Kairoten kein Hehl, und auch die Beziehungen zu Gamal Abdel Nasser entbehrten jeder Herzlichkeit.

»Suchen Sie doch unsere algerischen Brüder auf«, beendete Allal-el-Fassi das Gespräch. »Berufen Sie sich auf mich.« Und so hatte ich mich am nächsten Tag im Kairoer Büro der Algerischen Befreiungsfront eingefunden. In der verkehrsreichen Straße war ich schließlich vor einem mysteriös verschwiegenen Portal angelangt wie in einem Kriminalfilm. Auch hier hatte ein ägyptischer Polizist allzu unbeteiligt Posten bezogen. Im ersten Stockwerk herrschte die gleiche brüderliche Unordnung wie in Tunis in der Rue de Corse. An jenem Nachmittag hatte mich noch Mohammed Khider empfangen, der jetzt im französischen »Santé«-Gefängnis sitzt, nachdem er gemeinsam mit Ben Bella auf dem Flug nach Tunis von den Franzosen gekidnappt wurde. Mohammed Khider, ehemaliger Straßenbahnschaffner in Algier und Abgeordneter der französischen Nationalversammlung, strotzte zu jener Zeit von Zuversicht und Energie. Nichts war seltsamer als die Pressekonferenzen der FLN in Kairo, die sich stets zu einem Exklusiv-Gespräch zwischen den algerischen Aufstandsführern und den am Nil akkreditierten französischen Korrespondenten entwickelten, während die Masse der Journalisten, das Fußvolk der ägyptischen Presse, teilnahms- und verständnislos im Hintergrund des Empfangsraumes sitzen blieb. Taufik Madany, der Vorsitzende der islamischen Ulama-Bewegung, verlas die Pressekommuniqués; denn er – der Koran-Gelehrte – war am ehesten in der Lage, die klassisch arabischen Formulierungen in fehlerlosem »Tadschwid« vorzutragen. Die neu hinzugekommenen algerischen Politiker, die damals zahlreich in Kairo eintrafen, sahen sich gezwungen, ihre Erklärungen verlegen auf Französisch abzugeben. Seit jenem Sommer 1956 hat sich das offizielle Gesicht des algerischen Aufstandes gründlich verändert.

Die hintere Tür der Wartediele in der Rue de Corse war endlich aufgegangen. Ein dunkelhäutiger Sudanese ging an mir vorbei in Begleitung eines hochgewachsenen korpulenten Mannes, der mich sofort mit großer Leutseligkeit begrüßte. Maître Boumendjel erinnerte mich irgendwie an Carlo Schmid, den Sozialdemokraten mit dem intellektuell-bürgerlichen Habitus. Er sprach ein völlig akzentreines Französisch und hätte dem Typus nach Südfranzose sein können. Das Zimmer, in dem er mich empfing, war mit Akten und Zeitungsausschnitten gefüllt. An der Wand hing eine Karte Algeriens, daneben die grünweiße Fahne mit rotem Halbmond und Stern. Über der Flagge krümmte sich ein symbolischer Stacheldraht wie eine Dornenkrone.

Ein zweiter Mann war bei meinem Eintreten aufgestanden. Er war klein und schmächtiger als Boumendjel. Seine Augen lächelten nicht. Er hatte nichts von der jovialen Art des Rechtsanwalts. Sein verschlossenes feines Gesicht, die prüfenden Augen kamen mir bekannt vor. »Dr. Ahmed Francis«, stellte Boumendjel ihn vor, und auf einmal kam mir die Erinnerung an jenen regennassen Vormittag im Januar 1956 in Algier, als Francis mich noch als Repräsentant der gemäßigten Autonomisten-Partei UDMA in seinem bescheidenen Büro am Hafen empfangen hatte. Wenige Tage später war er nach Kairo geflohen und hatte alle Brücken hinter sich abgebrochen. Nunmehr ist er zum Bevollmächtigten der Algerischen Befreiungsfront in Marokko ernannt worden und spielt in den obersten Führungsausschüssen eine diskrete Rolle.

»Es trifft sich gut, daß Sie uns zu zweit antreffen«, sagte Boumendjel, der wie Francis den Hemdkragen offen trug, wohl um den revolutionären Charakter der Bewegung zu unterstreichen. »Wir arbeiten als Kollektiv, wir sprechen im Auftrag der Front und nicht im eigenen Namen. Deshalb bitten wir Sie auch, uns nicht persönlich zu zitieren.« Das Gespräch kam schnell und ergiebig in Fluß. Schon nach den ersten Worten wurde die wachsende Verbitterung der Exil-Algerier deutlich. Die Fronten hatten sich verhärtet. Die Kompromißbereitschaft war geschwunden. Der Krieg mit all seinen Folgen und Gewohnheiten hatte sich als unerbittlicher Richter zwischen die Parteien gestellt. Darüber konnten auch die trügerische Vertraulichkeit dieses verstaubten Anwaltsbüros und die Bonhomie Boumendjels nicht hinwegtäuschen.

Hinter der scheinbaren Ungezwungenheit lauern Mißtrauen und trotziges Selbstbewußtsein. Die Propagandastellen, die mit erstaunlicher Begabung für großangelegte *public relations* die anreisenden Journalisten aus aller Welt betreuen und beim überwiegend angelsächsischen und liberalen Pressekorps von Tunis – im professionellen Jargon »Maghreb-Circus« genannt – einen willigen Resonanzboden gefunden haben, arbeiten meisterhaft. Die schonungslose Wirklichkeit des algerischen Widerstandes wird durch die Partisanenführer der Algerischen Befreiungsarmee repräsentiert, und die sind verschlossen, rauh, leidenschaftlich. Die Militärs der ALN verachten die fast levantinische Lässigkeit, die sinnenfreudige Eitelkeit ihrer tunesischen Gastgeber, und die Minister des Präsidenten Habib Bourguiba zahlen den algerischen Brüdern diese Herablassung reichlich heim, indem sie sie als Hinterwäldler und Grobiane abtun. Die bewaffnete Präsenz der Algerier auf tunesischem Boden stellt für das Regime Bourguiba eine schwer erträgliche Prüfung dar. Dennoch wären die französischen Nachrichtendienste, die in Tunis stark vertreten sind, schlecht beraten, wenn sie diese maghrebinischen Zwistigkeiten überbewerteten.

An die 200000 algerische Flüchtlinge sind in den Lagern unweit der Grenze untergebracht. Daneben existieren – sehr viel diskreter und dem Zublick des Reisenden entzogen – die Ausbildungs- und Sammellager der Fellaghas auf tunesischem Boden. Eine Einschätzung der bewaffneten und uniformierten algerischen Mudschahidin auf tunesischem Staatsgebiet bleibt zwangsläufig ungenau. Sicher ist, daß die

Befreiungsarmee in Zahl und Bewaffnung der schmächtigen tunesischen Nationalgarde mit ihren sechstausend Mann weit überlegen ist.

Nicht nur dank dem moralischen Übergewicht des Kämpfenden über den Verhandelnden lastet die ALN auf dem tunesischen Staatsbau. Mit der drohenden Präsenz ihrer kriegserprobten Truppen könnte sie eines Tages entscheidend in die innere Entwicklung der tunesischen Republik eingreifen. Die zahlreichen Bilder der Fellaghas mit funkelnagelneuen Uniformen und der adretten Krankenschwestern wurden meist in tunesischen Ausbildungs-Camps aufgenommen, und die abenteuerlichen Berichte europäischer und amerikanischer Reporter, die den Kampf der Rebellen »an der Front« beschreiben, beschränken sich auf einen schmalen Streifen Niemandsland, östlich von Bône und Tebessa. Die Algerier bilden in Tunesien einen Staat im Staat.

Diese latente Spannung zwischen FLN und Tunis hat eine aktuelle Reibungsfläche gefunden. Es fiel den Algeriern schwer, der Absprache zwischen de Gaulle und Bourguiba über den Abzug französischer Truppen aus Tunesien mit Ausnahme Bizertas entgegenzutreten. Aber es wurde bestimmt mit Bitterkeit vermerkt, daß verschiedene Garnisonen des tiefen Südens direkt über die Grenze nach Algerien überwechselten, um dort den Kampf gegen die FLN zu intensivieren. Als das Abkommen zwischen Tunis und der französischen Erdöl-Gesellschaft C.R.E.P.S. bekannt wurde, wonach das Petroleum-Lager von Edjele nahe der libyschen Grenze, das die FLN als ein rein algerisches Vorkommen betrachtet, über eine Sahara-Pipeline an den tunesischen Hafen Gabès geleitet werden soll, kam es zum offenen Streit.

»Bourguiba ist uns in den Rücken gefallen«, konnte man die jungen Extremisten des algerischen Widerstandes in den Straßen von Tunis vernehmen, und selbst der verträgliche Boumendjel im Büro der Rue de Corse hatte mir bedeutungsvoll die letzte Ausgabe des *Moujahid* in die Hand gedrückt, dessen Leitartikel »Mehr als das tägliche Brot« gegen diesen angeblichen Bruch der maghrebinischen Solidarität wetterte.

Bei der algerischen Vertretung in Tunis herrschten Mißmut und Empörung. Die militärischen Meldungen, die über die Grenze drangen, klangen nicht gut. Das Oberkommando der Befreiungsarmee hatte seine ehrgeizigen Pläne aufstecken müssen. Den teilweise in

Bataillonsstärke operierenden Partisanen war der Befehl gegeben worden, sich wieder in kleine Trupps, in »Kataeb«, aufzulösen und den individuellen Terror zu aktivieren. Die Franzosen hatten längs der Grenze elektrisierte Zäune und Minenfelder angelegt. Diese »Barrage«, die sogenannte Morice-Linie, erwies sich als ein mörderisches Hindernis für die Infiltranten. Dazu kam die Enttäuschung der FLN über die Politik General de Gaulles, von dem sich verschiedene Mitglieder des Koordinierungsausschusses größere und schnellere Nachgiebigkeit versprochen hatten. Mit einiger Sorge sah man der groß angekündigten französischen Offensive gegen die fünf Gebirgs-Bollwerke der Rebellen von den Nementschas bis zu den Höhen um Tlemcen entgegen.

»Bestehen Sie weiterhin vor jeder Verhandlung mit Paris auf der Anerkennung der algerischen Unabhängigkeit durch Frankreich?« hatte ich im Hauptquartier der FLN in Tunis gefragt. »Für uns ist die Unabhängigkeit nicht irgendeine Vorbedingung«, wurde mir geantwortet, »sie ist überhaupt der letzte Sinn unseres Kampfes. Wenn Frankreich einmal unsere Unabhängigkeit anerkannt hat, dann sind wir bereit, über alles andere, über die Siedler, Wirtschaftsinteressen, Kulturabkommen, weitherzig zu verhandeln. Aber vom ›Istiqlal‹ können wir nicht abgehen.«

Auf diese starre Prinzipienforderung, die jeden Übergangskompromiß als feige und unehrenhaft ablehnt, hat der Taktiker Bourguiba mit Verärgerung reagiert. In einer Geburtstagsrede hat er der FLN eine ausführliche Vorlesung über die Kunst der diplomatischen Verhandlungen gehalten, die in dem Ausruf gipfelte: »Krieg ist gleichbedeutend mit List.« Setzt euch erst einmal mit den Franzosen an den Verhandlungstisch, das Übrige werdet ihr schnell hinzugewinnen, schien er den Algeriern in Hammam Lif zuzurufen und verwies auf seine eigenen Erfolge. Tatsächlich betrachtet der französische Wohlfahrts-Ausschuß von Algier die geringe politische Anpassungsfähigkeit der Rebellen als seinen sichersten Trumpf.

Bei den Algeriern stößt Bourguiba mit seinen Vorhaltungen auf wenig Gegenliebe. Sie spotten schon darüber, daß der tunesische Staatschef sich weiterhin als »Mudschahid el akbar – als größter Streiter im Heiligen Krieg« lobhudeln läßt. Wer könnte auch innerhalb der Befreiungsfront die Verantwortung und vor allem die Autorität für eine erfolgverheißende Verhandlungsführung aufbringen? Etwa der alte Partei-Routinier Ferhat Abbas, der sich zwar anschickt, den offiziellen Vorsitz der ersten algerischen Exilregierung zu übernehmen, den die Militärs der ALN jedoch spöttisch den Befehlshaber der »Wilaya von Montreux« nennen, weil Abbas sich meist zu diplomatischen Kontakten in der Schweiz aufhält? Oder der joviale Anwalt Boumendjel, den man sichtlich ausgesucht hat, um die ausländischen Journalisten verbindlich und freundlich zu unterhalten? Der große Mann der Rebellion, Ahmed Ben Bella, sitzt seit der sogenannten Flugzeug-Affäre im Pariser Gefängnis. Der unversöhnliche und zwielichtige Drahtzieher des Aufstandes der Kabylei, Abbane Ramdane, ist bei seinem letzten Besuch im Kampfgebiet im Auftrag seiner eigenen Führungsgefährten und Rivalen umgebracht worden. Der einstige Sergeant der französischen Armee, Amar Ouamrane, fühlt sich in der Rolle eines rauhbeinigen Haudegen wohl und schnauzt jeden Besucher aus Paris an: »Wollen Sie sich mit einem Mörder kleiner Kinder unterhalten?« oder »Was würden Sie sagen, wenn Sie einer unserer Bomben zum Opfer fielen?« Als ob es dann überhaupt noch etwas zu sagen gäbe.

Wer ist wirklich verantwortlich in diesem Führungskollektiv, dessen interne Feindschaften – nicht nur zwischen Kabylen und Arabern oder zwischen Politikern und Militärs – aufreibend und mörderisch sein müssen wie in jeder Sammeldirektion und wie in jeder von außen gesteuerten Widerstandsbewegung? Aus der Sicht des meeroffenen Tunis mit seinen geschmeidigen Menschen wirkt der Aufstand der algerischen Hinterwäldler, der Berber, die vom Raffinement des arabischen Orients kaum einen Hauch verspürten, dafür aber auf den Arbeitsplätzen in Frankreich den Dampf marxistischer Ideologie eingesogen haben, wie ein maghrebinischer »Bundschuh«, ein Sturm entfesselter Derwische.

Oberst Krim Belkassem gilt zur Stunde als das Haupt des militärischen Flügels. Er hat als Gefreiter bei den Franzosen gedient, bevor er die Gesetzlosigkeit wählte. Krim Belkassem, der gedrungene Mann mit dem düsteren Gesicht und dem sardonischen Lachen, gab dieser Tage einem ahnungslosen amerikanischen Reporter ein langes und sachliches Interview. Aber am Ende ging die makabre Dramatik des Kabylen, seine Freude am wilden Spiel mit ihm durch: »Haben Sie schon einmal einen Menschen mit bloßen Händen umgebracht?« fragte er den verblüfften Amerikaner. Ein verhinderter Romanheld für André Malraux.

Nabeul, im August 1958

Omar L. ist tunesischer Kommunist und Mitglied des Zentralkomitees. In dem bäuerlichen Haus seines Vaters in Nabeul, dessen Mauern hellblau getüncht sind, sitzen wir gemeinsam auf dem Schaffell und diskutieren Politik. Das bleiche, scharfe Profil Omars hinter der dunkel getönten Brille ist unbewegt. Doch die Sprache des jungen Intellektuellen klingt scharf, wie abgehackt. Die Gestik ist nervös. Nicht auf Klassenkampf und Gesellschaftsveränderung sei die Strategie der tunesischen Kommunisten in dieser Anfangsphase gerichtet, so erfahre ich. Der Marxismus sei in Nordafrika noch auf den Umweg des radikalen arabischen Nationalismus angewiesen. Gamal Abdel Nasser von Ägypten sei in dieser Perspektive ein unentbehrlicher Wegbereiter, auch wenn er die Kommunisten des Niltals in Konzentrationslager eingesperrt habe. Die Freiheitskämpfer Algeriens, so meint der Ingenieur Omar L., drehen kräftig am Rad der Geschichte. Bourguiba hingegen sei kaum besser als der libanesische Präsident Camille Chamoun, der angesichts des nasseristischen Aufstandes der Muslime von Beirut und Saida die US-Marines ins Land gerufen hat. Bourguiba, dieser »Demagoge mit dem Mussolini-Gehabe«, sei nicht davor zurückgeschreckt, die amerikanische Interventionspolitik in Nahost gutzuheißen. Vielleicht ziele er insgeheim auf die Führung des geeinten Maghreb hin und hoffe, daß Washington ihm zu diesem Ziel verhelfe. Aber der »Mudschahid el akbar«, hier lachte der junge Kommunist schallend, habe die Rechnung ohne die algerische Revolution gemacht.

Die französische Frau Omars hat sich zu uns gesellt. Ich könnte sie schon einmal gesehen haben unter den ernsten, hageren Mädchen, die im Quartier Latin die kommunistische *Humanité* verkaufen. Sie serviert uns eine Spezialität des tunesischen Sahel, den schmackhaften Couscous mit Fisch. Sie paßt überhaupt nicht in diesen Rahmen und lächelt entschuldigend, wie ich die Einrichtung ihres Schwiegervaters mustere. Über dem Plüschsofa sind zwei Kanonenrohre aus Blech als

Dekoration gekreuzt. Neben dem Glasbehälter mit künstlichen Blumen hängen zwei Farbdrucke mit üppigen Odalisken. In der Souvenir-Ecke gruppieren sich die Familienfotos um eine Abbildung des heiligen Schwarzen Steines von Mekka, um die Kaaba.

In jenen Tagen war Hammamet, das nur ein paar Kilometer von Nabeul entfernt ist, noch ein liebliches Fischerdorf, wo abends der Jasmin duftete. Der Schafhirte zog dort mit seiner Herde an der alten spanischen Festung vorbei und blies auf der Flöte. Vier Frauen saßen im weißen Schleier am Rande des Friedhofs, als seien sie den Gräbern entstiegen. Sie blickten aufs Meer.

Christiane Darbor, die Korrespondentin einer Pariser Zeitung, besaß ein bescheidenes Appartement in Hammamet. Sie wollte mich am späten Abend zu französischen Freunden nach Sidi-Bou-Said mitnehmen, sogenannte »Liberale«, die mit dem Unabhängigkeitskampf der Algerier sympathisierten. Tunesien ist der Sammelplatz jener Linksintellektuellen und Progressisten geworden, die bei den Paras von Algier als Vaterlandsverräter gelten und von den Pieds Noirs mehr gehaßt werden als die Fellaghas. Auf dem Nachttisch Christianes entdeckte ich ein Foto Ben Bellas. Insgeheim schwärmte sie wohl für den stattlichen algerischen Revolutionär, der, wie ich scherzend bemerkte, dem französischen Schlagersänger Luis Mariano ähnlich sah. Das Engagement so mancher französischer Bürgerstochter zugunsten der algerischen Revolution hatte zweifellos auch eine erotische Komponente.

In Sidi-Bou-Said war eine ganze Runde versammelt. Das Dorf – hoch auf den Felsen – mit seinen schneeweißen Mauern, den hellblauen Fensterläden und Türen, den kunstvollen Schmiede-Erkern, das Panorama aus Klippen, lila Blüten und tiefgrüner See war von atemberaubender Schönheit. »Ist das nicht prächtiger als Capri?« fragte die blonde elegante Gastgeberin, während wir auf die Terrasse ihrer maurischen Villa traten. Sie war eine sehr mondäne, etwas exzentrische Frau mittleren Alters. Sie trug ein weites orientalisches Gewand, war über und über mit Schmuck behängt. Sie lehnte sich sehr selbstbewußt auf den Diwan und hatte nur Augen für einen breitschultrigen algerischen Partisanen, der in buntkariertem Hemd und engen Hosen vor ihr kauerte.

Ahmed erzählte auf ihr Geheiß, und alle anderen schwiegen. Er berichtete über einen Durchbruch seiner »Katiba« durch die französische Morice-Linie; wie seine Gefährten im Feuer der Maschinengewehre und Granatwerfer liegenblieben, sofern sie nicht in die mörderischen Minenfelder gerieten. Bei diesem Anblick kam mir die Erinnerung an die »Aeneis«, an jene Passage im zweiten Gesang des Vergil, wo die Königin Dido von Karthago in ähnlicher Unverblümtheit dem unheilverfolgten Aeneas die Schilderung seines Mißgeschicks abfordert: »Continuere omnes intentique ora tenebant – Alle schwiegen mit angespanntem Gesicht«. Auch dieses Mal sank die feuchte Nacht – Nox humida – über dem benachbarten Karthago, wo sich heute am Rande der phönizischen Ruinen der Boulevard Dido mit der Avenue Mendès-France kreuzt. Dem jungen Algerier standen am Ende seines Berichts die Tränen in den Augen: »Quis talia fando ... temperet a lacrimis – Wer könnte sich bei einer solchen Schilderung der Tränen enthalten?«

Die überwiegend französische Gesellschaft – am Strand und beim Segeln tief gebräunt – hatte dem Whisky kräftig zugesprochen. Man sprach erregt von der zunehmenden Nervosität und Sorge der Algerier angesichts der Abstimmungskampagne über die Verfassung der Fünften Republik in Frankreich und in den norafrikanischen Départements. Die psychologische Auswirkung auf die Weltöffentlichkeit könnte beträchtlich sein. Man erregte sich auch über die Amerikaner, die den Franzosen weiterhin Waffen für die Niederwerfung des Aufstandes lieferten. Regelmäßig kam das Gespräch auf Gamal Abdel Nasser und die Faszination, die dieser Tribun gerade auf die jungen Tunesier ausübte.

Bourguiba – Algier – Nasser, immer wieder kreist das Gespräch um diese Dreiecks-Konstellation. Wie lange kann der tunesische Staatschef noch gegen den Strom schwimmen? Die Frage wird unterschiedlich beantwortet. Die einen meinen bereits, im Volk die ersten Ansätze organisierten Widerstandes, zumindest aktiver Verschwörung auszumachen. Die anderen wiederum, und sie mögen der Wahrheit näherkommen, glauben weiter an Bourguibas Stern.

»Nur die Kugel des Attentäters kann Bourguiba aus dem Sattel werfen«, hatte mir am Vortag einer der jungen Journalisten der Destur-Partei gesagt und wies bedeutungsvoll auf ein Kinoplakat an der Hauptstraße: »Alle können mich töten.« – »Eine Zeitlang haben wir befürchtet, die europäischen Extremisten aus Algier würden die Mörder dingen. Dann kam ein ägyptisches Komplott, das rechtzeitig aufgedeckt wurde. Heute stellen die Algerier vielleicht die reale Gefahr dar.« – Anarchie und Nihilismus seien eine größere Versuchung für die algerischen Aufständischen als der enge ideologische Panzer des Kommunismus, kamen die Gäste von Sidi-Bou-Said überein und ließen sich Riesencrevetten zum Rosé-Wein servieren.

Das Dreieck-Thema der politischen Unterhaltung wurde durch eine vierte Dimension erweitert: Der Name de Gaulle war gefallen. Welches sind die Absichten des Generals? Wie oft wurde mir die Frage in Bitterkeit, Zuversicht und Skepsis gestellt, seit ich in Tunis ankam. Die gut Informierten sagten es gradheraus: Vor dem Winter, bevor de Gaulle nicht Staatspräsident der Fünften Republik sei, würde er mit seinen Algerien-Plänen nicht herausrücken. Bis dahin brauche er die Obersten von Algier, um die politischen Parteien in Paris in Schach zu halten, und die Parlamentarier von Paris, um die Nordafrika-Armee zu zügeln. »Kennen Sie die letzte Geschichte vom Besuch des tunesischen Botschafters Masmudi bei de Gaulle?« fragte ein Journalist aus Paris und atmete den üppig-süßen Duft einer Jasminblüte ein. Masmudi hatte den General in einer persönlichen Audienz gebeten, Ahmed Ben Bella freizugeben. Ben Bella wird von den verhandlungsbereiten Kreisen in Paris als geeigneter Gesprächspartner angesehen. »Warum soll ich Ben Bella schon entlassen?« soll de Gaulle geantwortet haben. »Es geht ihm nicht schlecht im Gefängnis. Er lebt als politischer Häftling unter vergünstigten Bedingungen. Er kann mit seinen algerischen Freunden kommunizieren. Er ist in Sicherheit und behält sein Prestige bei seinen Landsleuten. Im übrigen verfügt er über eine reiche Bibliothek und kann endlich etwas für seine Bildung tun.«

Ich erwähnte, daß ich vor zwei Wochen mit Paul Delouvrier, dem von de Gaulle neu entsandten Generalgouverneur für Algerien, ein langes Gespräch geführt hatte. Der Ingenieur Delouvrier war kein Politiker, sondern Technokrat. Im Hinblick auf Algerien war er völlig unbelastet, ja unbefangen. Der Auftrag de Gaulles hatte bei ihm keinerlei Begeisterung ausgelöst, wie er mir gestand. Die Benennung Delouvriers, so erklärte ich meiner eleganten Gastgeberin von Sidi-Bou-Said, gebe Anlaß zu Hoffnung. Ich hütete mich jedoch in diesem indiskreten, plappernden und versnobten Kreis die tatsächliche Anekdote seiner Berufung preiszugeben. »Sie sind doch Reserveoffizier?« hatte de Gaulle gefragt. Delouvrier bejahte. »Dann können Sie sich dieser Ernennung nicht entziehen.« Delouvrier hatte einen letzten Einwand versucht: »Mon Général, ich muß Ihnen gestehen, daß ich unter gewissen Umständen kein Gegner der algerischen Unabhängigkeit bin.« – »Et moi donc«, gab de Gaulle majestätisch von sich, »als ob ich das wäre.« Der Vorfall hatte sich im Frühsommer 1958 abgespielt.

Treibjagd auf Fellaghas

Akfadu-Wald (Kabylei), im Sommer 1959

Das ist kein Krieg mehr. Das ist eine Großwildjagd. Das Wild, das hier gejagt wird, heißt Mensch, »fellouz«, wie die Soldaten statt »Fellagha« sagen. Mit dem Jeep fahren wir durch den Akfadu-Wald, ein undurchdringliches Dickicht aus Korkeichen und Macchia. In diesem Gelände hatte der sagenhafte Partisanenführer Amirouche sein Hauptquartier aufgeschlagen. Hier befand sich das Lebenszentrum des Aufstandes, das Herz der Rebellion, die Wilaya III. Die große Zeit der »Befreiungsfront« ist in diesem Abschnitt vorbei. Der Jeep schwankt wie ein Schiff auf der Fährte, die Bulldozer erst vor zwei Tagen aufgebrochen haben. Der Hauptmann der Fallschirmjäger auf dem Vordersitz hält den Karabiner schußbereit. Weniger wegen der Heckenschützen, die hier und da aus den Korkeichen feuern könnten, als wegen des Wildschweinbratens, den er gern für die Verpflegung der Truppe zum Lagerplatz bringen möchte. Hüfthohe Affen leben im Akfadu-Wald, springen beim Nahen des Autos erschrocken aus den Baumkronen. Schakale huschen über die Lichtung. Der Capitaine hat aus dem fahrenden Jeep geschossen. Der tote Schakal ist fett und wohlgenährt.

Es hat nicht an Leichen gefehlt im Akfadu-Wald. Hier war es unter den Fraktionen der FLN zu blutigen Säuberungsaktionen gekommen. Neuerdings fordert das Unternehmen »Jumelles«, das die Franzosen seit einem Monat gegen das Bollwerk des Aufstandes führen, schwere Opfer bei den Partisanen. Zwei Stunden sind wir mit einem Zug

Fremdenlegionäre durch die Dornen und Sträucher auf Pirsch gegangen. Wir haben keinen Fellagha entdeckt. Die Spuren ihrer Maultiere waren noch zu sehen. In der Ferne hören wir einmal die Feuerstöße eines leichten Maschinengewehrs. Vielleicht lagen sie unmittelbar neben uns im Dickicht oder in einer Felshöhle.

Die Legionäre tragen grüne Bérets und Tarnjacken. Wir kommen am ehemaligen Befehlsstand der Wilaya III vorbei, einer Höhle im Waldboden, mit Zweigen und Wellblech zugedeckt. Aber der Stab ist längst über alle Berge. Am Himmel kreist ein knallrot gestrichenes Aufklärungsflugzeug. »Da schau mal, Richthofen persönlich«, sagt eine Stimme neben mir auf Deutsch. Eine Überraschung, in dieser nordafrikanischen Wildnis deutsche Laute zu hören. Während einer Marschpause habe ich mich zu den Legionären gesetzt. Die Zahl der Freiwilligen aus der Bundesrepublik geht langsam zurück. Trotzdem machen die Deutschen noch rund siebzig Prozent der Mannschaftsbestände aus. Warum sie gekommen sind? Aus Abenteuerlust die einen, wegen zerrütteter Familienverhältnisse die anderen – Alimente spielen eine große Rolle –, manche auch, weil sie zu Hause etwas ausgefressen hatten. Der Krieg ist für sie ein Handwerk, das sie vorzüglich beherrschen. Die Abenteuerlustigen sind nur selten auf ihre Kosten gekommen.

Der Gefechtsstand des General Faure befindet sich auf einer großen Lichtung. Die ersten Fallschirmjäger sind hier erst vor acht Tagen abgesprungen. General Faure genießt in Frankreich einen etwas ominösen Ruf. Lange vor dem 13.-Mai-Putsch von Algier war er in ein politisches Komplott verstrickt gewesen. De Gaulle hat ihm die schwierigste Befriedungsaufgabe in Algerien übertragen, das militärische und zivile Oberkommando in der Kabylei. Faure ist eine straffe Erscheinung und ein liebenswürdiger Gesellschafter. Als Offizier der französischen Gebirgsjäger hatte er 1940 am Kampf um Narvik teilgenommen. Er ist dezidierter Befürworter der französischen Integration Algeriens. Die Nuancen, den Empirismus der gaullistischen Nordafrika-Politik lehnt er ab.

Die Franzosen sind dabei, den Algerienkrieg zu gewinnen. Vor vierzehn Tagen war ich von Marokko über die Grenzstadt Oujda mit dem Zug nach Oran gerollt. Im Scherifischen Königreich tritt die algerische Grenzarmee diskreter auf als in Tunesien. Etwa dreitausend

Soldaten der »Befreiungsarmee« dürften zwischen Oujda und Figuig auf ihre Stunde warten. Aber auch im Westen bilden die französischen Grenzsperren und elektrifizierten Warnsysteme ein fast unüberwindliches Hindernis für die Infiltranten. General Faure berichtet über die Fortschritte der Pazifizierung. Natürlich sei es schwer, einen Partisanenkrieg gegen eine Aufstandsorganisation zu gewinnen, die im Osten und im Westen, in Tunesien und in Marokko, über unverletzliche rückwärtige Basen, über sogenannte »Sanctuaires« verfügt. »Wir werden es trotzdem schaffen«, meinte der grauhaarige Oberst im Stab des Generals Faure. »Wir sind dabei, den Fellaghas in der Großen und Kleinen Kabylei gründlich das Handwerk zu legen. Im Ouarsenis ist weitgehend Ruhe eingekehrt, und in den Nementscha-Bergen rührt sich nicht mehr viel. Bleibt noch der Aurès, aber dort hat es noch nie Frieden gegeben. Wenn Sie mich fragen, so schätze ich die Feuerkraft der FLN in Algerien selbst auf sechstausend Gewehre, und die meisten von ihnen sind tagsüber vergraben.«

Der Oberst ist kein Schwadroneur. Ich war tatsächlich zwischen Oran und Algier durch eine weitgehend friedliche Landschaft gefahren, aus der die Spannung der zwei ersten Kriegsjahre gewichen ist. Sogar die Kasbah von Algier hatte ich allein durchstreift. Die Widerstandsparolen der Befreiungsfront sind von den Mauern verschwunden. Statt dessen wird für die »Algérie Française« mit allen Mitteln Stimmung gemacht. Die französischen Offiziere der »Sections Administratives Urbaines«, die sich um den Kontakt zu den Algeriern bemühen, ja die sich in der Illusion wiegen, sie könnten das Vertrauen der Einheimischen gewinnen und von den skeptischen Paras deshalb als »Boy Scouts« belächelt werden, haben über den flachen Dächern der arabisch-türkischen Altstadt Lautsprecher anbringen lassen, aus denen ohne Unterlaß Propagandaparolen und französische Marschmusik klingen. Mag auch mal ein Zug entgleisen, ein Dutzend Telefonmasten gefällt oder ein Attentat durchgeführt werden, im ganzen gesehen kann die Armee mit ihren Erfolgen zufrieden sein.

Wir sitzen mit General Faure und seinem Stab am Camping-Tisch unter einem geräumigen Zelt. Schon beim Apéritif ereifert sich ein Hauptmann über die Ungewißheit der Pariser Direktiven. »De Gaulle hat uns den Auftrag erteilt, der Rebellion das Rückgrat zu brechen, und das haben wir geschafft. Aber ein klares politisches Konzept hat er uns nicht übermittelt. Manche fürchten, daß wir am Ende doch wieder zu einem Verzicht gezwungen werden sollen.« Der Capitaine stößt auf schweigende und trotzige Zustimmung. Der Fotograf von *Paris-Match*, der sich unserer Mittagsrunde zugesellt hat, macht mich auf einen kahlköpfigen Major aufmerksam, dem die übrigen Offiziere mit einer gewissen Zurückhaltung begegnen und der gerade von einem Sergeanten aus dem Zelt gerufen wird, weil Verdächtige aufgegriffen worden seien. »Das ist der Spezialist des ›Détachement Opérationnel de Protection‹«, flüstert mir der Fotograf zu, »der Fachmann für Verhöre und Folterungen.« Zwei algerische »Harki«, Freiwillige auf seiten der französischen Armee, mit grünen Dschungelhüten und furchterregenden Gesichtern begleiten den Major zu einem schwerbewachten Holzbunker am äußersten Rande der Lichtung.

Immer wieder dreht sich das Gespräch um das Schlagwort Integration. Ob diese Offiziere, die in Nordafrika eine Art militärischen Ordensstaat errichten möchten wie ihre Vorfahren, die Kreuzfahrer, in der Levante, tatsächlich an diese These der Verschmelzung glauben oder sie auch nur wünschen? Ich wende ein, daß – unter Berücksichtigung der hohen Geburtenrate bei den Nordafrikanern – die konsequente Durchführung der Integration zu einer fatalen ethnischen Verschiebung führen müsse, daß in knapp dreißig Jahren auf drei Franzosen ein Algerier käme und daß Frankreich binnen einer Generation aufhören würde, eine europäische und westliche Nation zu sein.

»Ich kenne Ihre Argumente«, entgegnete der grauhaarige Colonel; »aus dem Elysée-Palast wird häufig kolportiert, die Schlacht von Poitiers gegen die Sarazenen sei von Karl Martell vergebens gewonnen worden, wenn man den Anhängern der ›Algérie Française‹ nachgäbe. Aber wir können doch nicht ewig kapitulieren. Wir können doch die Algier-Franzosen und die Zehntausende von Harki, die freiwillig auf unserer Seite fechten, den Fellaghas nicht ans Messer liefern.« Ich mußte an die Anekdote denken, die in Algier umging. Ein bekannter französischer General hatte sich mit dem Gedanken getragen, einen kleinen algerischen Moslem an Kindesstatt anzunehmen; in letzter Minute hatte er diese Adoption doch noch in eine Vormundschaft umgewandelt.

Am frühen Nachmittag sind wir wieder auf Patrouille, auf Pirsch gegangen. Im nahen Wadi belfern plötzlich Maschinengewehre. Vier

Fellaghas mit zwei Maultieren sind gesichtet. Die Aufständischen tragen Drillichjacken, Blue Jeans und grüne Schirmmützen. Durch die ersten Feuerstöße sind vierzig andere Partisanen, die hinter den Felsen im Anschlag lagen, aufgescheucht worden. Französische Alpenjäger, pausbäckige Jungen des letzten Rekrutierungsjahrgangs, stürzen auf den Steilhang zu. Das sind nicht mehr die militärischen »Existentialisten« des Indochina-Feldzuges, die im Dschungel von Annam »einen Fleck Erde ohne Asphalt« suchten. Es sind die braven Söhne von Kleinbauern und linksgerichteten Arbeitern, die unter der nordafrikanischen Sonne unversehens ihren patriotischen Instinkt entdecken.

Die Fellaghas versuchen, sich zwischen den Oleanderbüschen in Trupps von vier und fünf Mann aufzulösen. Aber der Tag ist zu hell. Die Hubschrauber der Fallschirmjäger haben den Weg zum Kamm versperrt. Die Algerier brechen im Feuer zusammen. Nur eine kleine Gruppe entkommt. Auch die Franzosen haben Verluste, vier Verwundete und zwei Tote. Die Verwundeten werden am nächsten Morgen im Tagesbericht von Algier erwähnt. Die beiden Toten werden verschwiegen.

Über dem Dorf Tifrit weht die Trikolore. Tifrit ist den Franzosen selbst in den schweren Jahren 1956 und 1957 treu geblieben. Das ist kein Zufall. Hier lebt die zahlreiche Sippe und Klientel des Baschaga Butaleb, dessen Vorfahre sich schon 1860 als erster auf die Seite der anrückenden französischen Truppen schlug. Der Baschaga, der als »Kaid« in den umliegenden Dörfern über herrische Autorität und geringe Beliebtheit gebot, wurde denn auch eines der ersten Opfer des Aufstandes. Er wurde von den Partisanen erschossen, ein Teil seiner Familie verschleppt. Erst die Ankunft einer französischen Kompanie rettete die Sippe vor der Ausrottung.

»Diese Rebellen sind keine wahren Moslems«, sagte ein überlebender Patriarch der Familie, ein Greis, der als einziger den Burnus trägt. »Sie haben das Grab des großen Marabu Mohammed Ben Malik, Stammvater unserer Sippe, der vor rund siebenhundert Jahren in der benachbarten Höhle lebte und Wunder wirkte, geschändet. Sie haben unsere Zawiya, unsere religiöse Bruderschaft, zerstreut. Wir sind das letzte fromme und gottesfürchtige Dorf im ganzen Umkreis.«

Das Grab des Heiligen ist mit grellen Tüchern zugedeckt. Die grünen und roten Fahnen sind aufgerichtet. Aber die Koranschule ist leer. Es ist gar nicht so widerspruchsvoll, daß ausgerechnet dieses profranzösische Dorf des Baschaga Butaleb als letzte Ortschaft der Kabylei der Derwisch-Tradition des nordafrikanischen Islam treu geblieben ist. Die nationale Revolution der FLN ist zutiefst islamisch inspiriert, sie richtet sich jedoch gegen die Vorrechte der Marabu-Familien, gegen die »Bruderschaften«, Tariqa oder Zawiya, gegen die abergläubischen Bräuche, die damit verbunden sind. Soweit die Revolutionäre der FLN sich auf eine religiöse Motivation berufen, möchten sie die Lehre des Propheten in ihrer koranischen Reinheit wiederherstellen und von jenen schmarotzerhaften Sufi-Orden, jenen Pseudo-Mystikern, säubern, die allerorts, auch in Marokko, mit den europäischen Behörden kollaboriert haben.

Ein Jahr zuvor hatte mir ein Verwaltungsleutnant in dem Kabylendorf Aissa Mimoun den Aufruf des Marabu von Ikhelouiene zugesteckt. Der heilige Mann hatte seine Schrift auf Französisch abgefaßt, wie übrigens auch die Rebellen Befehle und Flugblätter fast immer in französischer Sprache formulieren. Auch dieser Repräsentant einer wenig orthodoxen Richtung des ländlichen Islam stand auf der französischen Seite, denn er fühlte sich durch die algerische Revolution persönlich bedroht. Deshalb rief er seinen Landsleuten in dem Manifest zu: »Schart Euch um das mächtige Frankreich, um Euren Vater de Gaulle! Frankreich ist gerecht und stark und will Euer Heil.« Doch plötzlich wurde alles hintergründig und fremd. Der Marabu beendete seinen Appell auf Arabisch mit einer Sure des Korans: »Oh, Ihr Gläubigen! Satan hatte ihre Taten vor ihren eigenen Augen veredelt. Er hatte gesagt: Heute wird kein Mensch Euch überwinden, denn in Wahrheit ich stehe Euch bei. – Aber als beide Heere sich gegenüberstanden, wandte er sich von beiden ab und sagte: wahrlich ich habe keinen Anteil an Euch. Ich sehe, was Ihr nicht seht. – Wahrlich, so spricht der Prophet, ich fürchte Allah, denn das Strafgericht Allahs ist unerbittlich ...«

Ein junger, westlich wirkender Algerier hat sich zu uns gesellt. Er ist eben aus Frankreich zurückgekehrt, wo er als Mechaniker gearbeitet hat. Die Nordafrikaner, die man so zahlreich in Frankreich antrifft, sind fast ausschließlich Kabylen, die die Armut der Heimat zur Auswanderung zwingt. Der junge Mann gehört dem Clan des Baschaga Butaleb an, und das hatte sich bei den Nordafrikanern in

Lyon, wo er arbeitete, schnell herumgesprochen. Von da an war er in Frankreich vor den Attentätern der FLN seines Lebens nicht mehr sicher. Eigenartigerweise kam er nach Hause zurück, um Schutz zu suchen, obwohl dort oben – in der Mittagsglut – der drohende Akfadu-Wald flimmert. Einer der entschlossensten Partisanenführer hat dort das Erbe des Amirouche angetreten. Er heißt Mohand Ould Hadj, ein ehemals reicher und angesehener Kaufmann. »Ein sehr ehrbarer Mann, bevor er in die Wälder ging«, bestätigt sogar der Alte im Burnus, der Mohand gut gekannt hat.

Wenn der Abend über die Kabylei hereinbricht, könnte man sich in der Haute Provence wähnen, wäre nicht der schwefelgelbe Schein am Himmel. Diese karge Gegend ist überaus dicht bevölkert. Bei Nacht leuchten die Dörfer ebenso zahlreich im Gebirge wie auf den Hängen des Libanon. An den dunklen Flecken in den Wadis kann man die Ortschaften erkennen, die im Zuge französischer Vergeltungs- oder Sicherungsmaßnahmen ausgesiedelt und total zerstört wurden. Bei Tage bieten sie einen gespenstischen Anblick mit ihren offenen Steinwänden und verödeten Gassen.

Ein fahler Morgen bricht an. Wir erreichen den Akfadu-Paß. Die Fallschirmjäger mit den bizarren Schirmmützen, die auch den Nacken schützen, sind schwer bepackt. Der Soldat, der den Granatwerfer schleppt, strauchelt unter dem Gewicht, bückt sich, als wolle er sich erbrechen, beißt dann mit gelbem Gesicht die Zähne zusammen. Auf den Steilhängen bohren sich die Dornen des Unterholzes tief unter die Haut. Hundert Meter vor uns hat ein aufklärender »Voltigeur« eine Gruppe Fellaghas aufgescheucht. Er schießt hinter ihnen her. Aber die Partisanen sind wie Eber durch das Gestrüpp geprescht – mitten in den Kessel hinein. Denn die Höhen sind auch auf der Ostseite besetzt, und im Süden naht wie ein Schwarm bösartiger Hornissen das Geschwader der »Fliegenden Bananen«, der schwerbäuchigen Transporthubschrauber des modernen Commando-Krieges. An der Felswand jenseits des Wadi, dort wo die Ruinen des Dorfes Sidi-el-Hadj beginnen, wird durch Rauchsignal der Landeplatz angedeutet. In rascher Reihenfolge kreiseln die Hubschrauber an, stellen sich steil auf wie Seepferdchen, bevor die eine Schiene den Boden berührt und die Marine-Füsiliere herausspringen. Sie torkeln dann wieder nach Süden ab.

Der Ring ist geschlossen. Die Treibjagd beginnt. Rund achtzig Fellaghas müssen in diesem Talkessel stecken. Dreitausend schwerbewaffnete französische Soldaten, zwanzig Sikorski-Hubschrauber, Aufklärungs- und Jagdflieger, sogar eine Batterie Gebirgsartillerie sind aufgeboten, um ihnen den Garaus zu machen. Unter den Partisanen soll sich Mira Abdul Rahman befinden, der militärische Befehlshaber der Wilaya III, so hat ein Überläufer am Vortag berichtet. Als erste haben die Fremdenlegionäre Feindberührung. Mit dem bloßen Auge sehen wir sie den Steilhang hinabstürmen. Über das Sendegerät melden sie fünf tote Gegner. Wer jetzt bei den Partisanen nicht im Waldloch liegt, in absolut sicherer Tarnung, der wird den Tag kaum überleben.

An einer Meschta auf halbem Weg zum Wadi kommt es zum Gefecht. Drei Fallschirmjäger sind verwundet, und die Aufständischen feuern aus einer bunkerähnlichen Steinhütte. Da springt ein Para aufs Dach, reißt das Wellblech auseinander, wirft eine Granate hinein und läßt sich seitlich abrollen. Die sechs toten Algerier in der Hütte führten nur alte Flinten, Revolver und Jagdgewehre mit sich. Man könnte sie für harmlose Wilderer halten, wenn nicht die Fotos in ihren Taschen wären. Da sieht man sie mit kriegerischen Mienen inmitten einer Katiba von vierzig Mann. Auf dem Bild halten sie funkelnagelneue Karabiner und leichte Maschinengewehre in der Hand. Vermutlich haben sie diese modernen Waffen irgendwo im Gestrüpp, in einem unauffindbaren Versteck auf höheren Befehl vergraben. Ihre Ersatzleute werden sie finden. Der Krieg stirbt nicht aus.

Die Paras zeigen mir das Tagebuch des Feldwebels, der die kleine Truppe befehligte. Die Eintragungen sind in französischer Sprache. »Armee der Nationalen Befreiung« steht darin und dann »Es lebe das freie Algerien!«, eine Inschrift, die ich in der »verbotenen Zone« häufig an den Lehmwänden der ausgebrannten Meschtas entdeckt hatte. Dann folgt eine pedantische Buchführung über Inspektionen, Handstreiche und auch Steuereintreibungen bei der Bevölkerung. Ein Fallschirmjäger hat eine Zahnbürste neben dem jüngsten Toten aufgehoben. Er schüttelt nachdenklich den Kopf, ehe er sie fortwirft.

In jede Höhle werden Granaten geworfen. Die Macchia wird durchkämmt. Trotzdem sind nur vierzig der achtzig gemeldeten Fellaghas gefallen, man möchte sagen zur Strecke gebracht, so ungleich ist der Kampf. Die französischen Soldaten werden die Nacht im Freien verbringen. Naßkalter Nebel zieht auf. Das werden böse Stunden sein nach dem erstickend heißen Tag.

Eine »Alouette« – eine »Schwalbe«, wie der kleine französische Hubschrauber heißt – hat uns zum Befehlsstand des Oberbefehlshabers für Algerien, General Challe, gebracht. In 1700 Meter Höhe erstreckt sich die Zeltstadt auf der kahlen Bergkuppe. Unzählige Antennen projizieren surrealistische Zeichnungen in den Abendhimmel. Hinter den aufgeschlagenen Zeltplanen diskutieren die Stabsoffiziere vor hellerleuchteten Landkarten mit bunten Eintragungen. Die Ordonnanzen drängen sich vor dem Fernsehschirm, wo eine Chansonsängerin aus Algier sich tief ins Dekolleté blicken läßt. Die riesige blau-weiß-rote Fahne über dem Lager ist ab Einbruch der Dunkelheit hell angestrahlt, als entfalte sie sich unter dem Pariser Triumphbogen am 14. Juli. Rings ums Lager sind Panzerspähwagen aufgefahren. Aber ist das überhaupt notwendig?

Über den Felsbrocken des Dschurdschura-Gebirges liegt der letzte rote Streifen des Tages. Tief unten, im breiten Geröllbett, quält sich der wasserarme Summam-Fluß. Hier hatte im Sommer 1956 der erste große politische Kongreß der Befreiungsfront getagt, und hier soll demnächst die Pipeline verlaufen, durch die das Erdöl der Sahara zum Mittelmeer gepumpt wird. Der blonde, knabenhafte Leutnant aus der Touraine hat ein grün-weißes Abzeichen aus der Tasche geholt. Er hat es am Nachmittag auf der Bluse des algerischen Feldwebels entdeckt. Ob ich das lesen könne, fragt er. Auf dem Tuchfetzen mit dem roten Halbmond der Mudschahidin sind arabische Schriftzeichen gestickt: »Armee der Nationalen Befreiung«, entziffere ich, und darüber ein Spruch des Korans: »Allahu maa es sabirin – Allah ist mit den Standhaften«.

Barrikaden in Algier

Algier, im Dezember 1959

»Kann man dem Nationalismus mit Wohlstand begegnen?« so begann ich einen Zeitungsartikel nach ausführlichen Gesprächen in den schlecht geheizten Stuben der Wirtschaftsabteilung des Generalgouvernements. »Können die Franzosen von den Algeriern den Verzicht auf ihr Unabhängigkeitsstreben erkaufen, wenn sie ihnen eine große wirtschaftliche Zukunft als Provinz des Mutterlandes verheißen? Das ist nach Ansicht der unentwegten Integrationsanhänger das Ziel des ›Plans von Constantine‹, der in den kommenden Jahren und Jahrzehnten Algerien mit Hilfe des Sahara-Erdöls in ein Industrieland verwandeln soll. Was das Petroleum betrifft, so wurden alle Erwartungen übertroffen. In fünf Jahren soll die Rohölproduktion der Sahara 28 Millionen Tonnen betragen, in zehn Jahren mindestens 50 Millionen Tonnen. Das Erdgas von Hassi R'Mel sei in so unvorstellbarem Reichtum vorhanden, daß es ohne Schwierigkeiten die Bedürfnisse ganz Europas decken könne. In der kommenden Dekade soll die Hälfte der Investitionsausgaben in Algerien mit den Staatsgewinnen aus der Erdölproduktion finanziert werden. Die Fertigstellung der Pipelines zum Mittelmeer schreitet trotz des Krieges fristgerecht voran.

Aber was Algerien am dringlichsten braucht, sind neue Arbeitsplätze, und daran wird es auch in Zukunft fehlen. Die Erdöl-Industrie beschäftigt nur eine verhältnismäßig geringe Zahl von Arbeitern. Wenn das Schwerindustrie-Projekt, das große Vorhaben von Bône, wirklich Erleichterung auf dem algerischen Arbeitsmarkt schaffen soll, müßte es von einem ganzen Netz von Fabriken und weiterverarbeitenden Betrieben umgeben sein. Doch hier wirkt sich der Aufstand als Hemmschuh aus. Statt 122 Milliarden Francs an Investitionen aus privater Hand, mit denen man für Bône gerechnet hatte, sind bisher nur 14 Milliarden eingegangen. Innerhalb von fünf Jahren sieht der Plan von Constantine die Schaffung von 3000–4000 neuen Arbeitsplätzen vor. Die Bevölkerungszunahme pro Jahr beträgt jedoch 250000, und Algerien lebt bereits in einem Zustand chronischer Unterbeschäftigung.

Als ein wirtschaftliches Allheilmittel kann also der Plan von Constantine nicht angesehen werden. Wird wenigstens die allmähliche Besserstellung der muselmanischen Bevölkerung – deren Last zunächst das Mutterland zu tragen hätte – dem Nationalismus entgegenwirken? Die Präzedenzfälle aus der zeitgenössischen Geschichte sind in dieser Beziehung eindeutig: Die Hebung des allgemeinen Lebensstandards in Algerien wird den algerischen Nationalismus nicht hemmen, sondern ihn beschleunigen. Diese Erkenntnis wird in Algier sogar von Experten vertreten, denen man keinen übertriebenen Liberalismus vorwerfen kann. Es scheint deshalb, als verspräche man sich in der Umgebung de Gaulles von der Besserung der algerischen Lebensbedingungen keineswegs einen Verzicht der Muslime auf ihren nordafrikanischen Nationalismus, sondern allenfalls eine Mäßigung, eine Kanalisierung ihrer Bestrebungen zur Selbständigkeit. Man möchte den Aufstand der unkontrollierbaren und wilden Fellaghas nach und nach in eine ordentliche Emanzipation von gemäßigten und verantwortungsbewußten Patrioten umleiten, die sich der Notwendigkeit einer engen ökonomischen und politischen Zusammenarbeit mit Frankreich bewußt bleiben. Eine solche Entwicklung setzt jedoch einen langen Zeitablauf voraus, und Zeit ist Mangelware in Nordafrika.«

»De Gaulle an den Galgen« röhrte die Menge. Ich war in eine Gruppe europäischer Aktivisten von Algier eingekeilt. Rund fünftausend Menschen waren im Stadtteil Saint-Eugène zusammengekommen, um auf Einladung der Kampfverbände für ein »französisches Algerien« der Rede des ehemaligen Ministerpräsidenten und MRP-Führers Georges Bidault zu lauschen. Die breitschultrigen Männer vom Ordnungsdienst, die die Rednertribüne gegen etwaige Attentate der algerischen Nationalisten abschirmten und die Schmährufe gegen de Gaulle auslösten, waren brutale Schlägertypen.

Jacques Susini, der Sprecher der französischen Studenten von Algier, ein blasser Jüngling mit verblüffend tiefer Stimme, hatte in dramatischem Orgelton den Präsidenten der Fünften Republik des Verrats am französischen Algerien bezichtigt. Je heftiger die Anklagen gegen General de Gaulle klangen, desto brausender war der Applaus. Eine kleine Bürgerkriegsarmee in Zivil war im Stadion Saint-Eugène unter dem blaßblauen Winterhimmel von Algier zusammengekommen.

Ein Wind der Gewalttätigkeit wehte über dem Stadion. Die »nationalen Franzosen« von Algier, wie sie sich selbst nannten, die Ultras, wie sie in Paris hießen, waren in Rage. Am 13. Mai 1958 hatten sie gewähnt, den Sieg in Händen zu halten. Als de Gaulle an die Spitze Frankreichs gerufen wurde, glaubten sie, er werde ihre Politik durchführen: die Wiederherstellung einer lückenlosen französischen Herrschaft in Nordafrika, die Errichtung einer Art Franco-Regime im französischen Mutterland, die endgültige Absage an Liberalismus und Demokratie. Statt dessen – und das warf der Studentenführer Susini dem General vor – hatte Paris sich mit Tunis und Marokko versöhnt, hatte den aufständischen Algeriern den »Frieden der Tapferen« und neulich sogar die Selbstbestimmung angeboten. De Gaulle war als Staatschef der Fünften Republik über jeden Diktaturverdacht erhaben.

Jedesmal wenn der Name eines Politikers der Vierten oder der Fünften Republik fiel, wurde er mit Pfui-Rufen bedacht. Premierminister Michel Debré, der sich einst in seinem *Courrier de la Colère* als fanatischer Anwalt der »Algérie Française« gebärdet hatte, wurde von den Schmähungen nicht ausgenommen. Was mochte in dem Christdemokraten Georges Bidault angesichts dieser entfesselten Rechtsextremisten vorgehen? Der frühere Ministerpäsident griff in seiner Rede die Politik de Gaulles mit scharfen und oft brillanten Formulierungen an. Die Fünfte Republik habe sich auf den Weg des Verzichts begeben. Sie stehe im Begriff, alle Verpflichtungen gegenüber den Algier-Franzosen preiszugeben. Doch der Applaus für Bidault war wenig spontan. Die geistreichen Wendungen des ehemaligen Geschichtsprofessors kamen bei den an eine rüdere Sprache gewöhnten Schlägern von Belcourt und Babel-Oued schlecht an. Im Grunde verachteten sie diesen kleinen, eitlen Mann mit dem sauber gezogenen Silberscheitel, der nach langen Jahren parlamentarischer Ränke und Erfolge seine Begabung als Volkstribun zu entdecken glaubte. Scine Rede ging im Geschrei gegen de Gaulle unter, und sein Gesicht erstarrte in einer gewissen Verlegenheit.

Neben mir kommentierte ein »Gorilla« des Ordnungsdienstes die Bidault-Rede mit wüsten Beleidigungen: »Geh doch weg, fils de pute, du Hurensohn, du gehörst ja auch zu den verfaulten Parlamentariern ...« Auf der obersten Tribünenbank sprang in regelmäßigen Abständen ein älterer Mann auf und brüllte: »Algérie Française!« Er schrie so laut, daß der Hals anschwoll und der Kopf zu platzen drohte.

»Gleich kriegt er einen Schlaganfall«, meinte einer der Demonstranten. Rings um Bidault hatten die Anführer der vierzehn »Nationalen Bewegungen« für ein französisches Algerien Platz genommen. Sie waren alle erprobte Komplotteure und zur Stunde wieder dabei, einen neuen Putsch zum Sturz der Fünften Republik und de Gaulles auszuhecken. Die meisten dieser Verschwörer stehen auf der Liste, die der Generaldelegierte Delouvrier – der Titel Generalgouverneur wurde abgeschafft – für den Fall von Unruhen zum beschleunigten Abtransport nach Frankreich bereithält. Aber die Extremisten haben viele Komplizen in der Verwaltung und in der Armee. Sie sind längst gewarnt und werden untertauchen, ehe es zu neuen gewalttätigen Kundgebungen in Algier kommt.

Neben Jacques Susini, dem Sprecher der Studenten, saß der Abgeordnete Lagaillarde, der am 13. Mai den Sturm auf das Generalgouvernement angeführt hatte. Sein fuchsroter Bart löste keine ungeteilte Begeisterung mehr aus. Er ist Parlamentarier geworden; er ist nicht zurückgetreten, als de Gaulle seine liberale Aglerien-Politik einleitete; seine Proteste sind nach Meinung mancher Algier-Franzosen zu lahm geblieben. »Jetzt verdient er sechshunderttausend Francs im Monat«, bemerkte eine Stimme in der Menge.

Endlich kommt auch ein Moslem zu Wort. Der Baschaga Boualem ist ein hochgewachsener, imposanter Mann. Er kleidet sich in algerische Tracht. Der weiße Schesch umrahmt das blasse Gesicht. Auf der Brust trägt der ehemalige Rittmeister der französischen Armee eine Reihe hoher Auszeichnungen. Doch die traurigen Augen Boualems blicken alles andere als kriegerisch. Es spielt ein beinahe schüchternes Lächeln um seinen Mund. Der Baschaga spricht ein paar Worte über die enge Verbundenheit der Provinz Algerien mit dem Mutterland in das Mikrofon. Die anwesenden Europäer brüllen Beifall, und der einsame Krieger und Feudalherr setzt sich wieder. Die Attentäter der FLN haben bereits die halbe Familie des Baschaga Boualem getötet. Er selbst schwebt täglich in Lebensgefahr. Wieder meldet sich eine anonyme Stimme in der Zuschauermasse: »Es wird nicht mehr lange dauern, dann haben sie den auch umgelegt.«

»Was heißt hier Selbstbestimmung«, hat Bidault gerufen, »die muselmanischen Algerier haben längst ihre Entscheidung zugunsten Frankreichs gefällt.« Die Aktivisten jubeln. Sehen sie denn nicht, daß außer dem Baschaga Boualem nur zwei alte verhutzelte Muselmanen erschienen sind, offenbar Türwächter irgendeiner französischen Verwaltung, die auf höhere Weisung geschickt wurden und die man gut sichtbar hinter der Rednerloge plaziert hat? Dabei ist das Stadion Saint-Eugène neben einem überwiegend arabischen Stadtviertel gelegen.

Unter den fünftausend Menschen ist keine einzige Uniform zu sehen. Die Armee steht offiziell abseits. Es liegen strenge Befehle aus Paris vor. Wenn der Name de Gaulles in den Versammlungen der Ultras geschmäht wird, so soll die Armee daran keinen Anteil haben. Die Mauerinschrift »De Gaulle lügt«, die heute ebnso häufig in Algier zu sehen ist wie früher das Plakat »Die FLN lügt«, wird jeden Abend von Militärpatrouillen gewissenhaft überpinselt. In der Armee herrscht nicht die gleiche Stimmung wie am Vorabend des Putsches vom 13. Mai. Aber es brodelt unter der Decke der äußeren Disziplin. Viele Offiziere, die sich von der Integration Algeriens das Heil und die Erneuerung Frankreichs versprachen, sind über den Liberalismus, den eiskalten Wirklichkeitssinn de Gaulles, der in so eigenartigem Widerspruch zum Pathos seiner Reden steht, zutiefst enttäuscht, ja bestürzt. Noch erscheinen sie wie gelähmt und untereinander gespalten. Aber der Respekt vor dem Präsidenten der Fünften Republik ist im Schwinden. Bei den Pieds Noirs wird de Gaulle nur noch mit dem zotigen Schimpfwort »la Grande Zohra« bedacht.

Man sagt, die »Aktivisten« wollten ihr Pulver trockenhalten, sie rüsteten sich für die entscheidende Kraftprobe, die stattfinden könnte, sobald die offiziellen Verhandlungen zwischen de Gaulle und der FLN in Paris oder sonstwo beginnen. Ohne die Armee vermögen sie nichts. Deshalb die unentwegte Frage in Algier nach den Absichten, nach der Loyalität der Generale und Offiziere. Die europäischen Nationalisten suchen mit allen konspirativen Mitteln ihre Verbindungen zum Militär auszubauen. Immer wieder hört man den Namen des Generals Raoul Salan, »le Chinois«, wie man ihn in Fernost nannte, der sich mit de Gaulle überworfen hat und nun als letzter Rekurs der verzweifelten Algier-Franzosen erscheint.

Beim Verlassen des Stade Saint-Eugène mußte ich an mein Treffen mit Oberst Godard am Vortag denken. Der Sicherheitsbeauftrage für die Stadt Algier war Para-Offizier und hatte sich schon in der Résistance des Zweiten Weltkrieges beim Kampf um das Plateau du Vercors in Savoyen einen Namen gemacht. Godard stand wie eine zornige Bulldogge vor dem Stadtplan der Kasbah, als ich das Gespräch auf die bevorstehende Verhandlungsrunde mit der »Algerischen Befreiungsfront« brachte. Nach ein paar Prinzipienerklärungen kam er zur Sache: »Meinen Sie, daß die Offiziere der Algerien-Armee ihrer überseeischen Tradition und Aufgabe einfach den Rücken kehren werden? Glaubt denn de Gaulle, daß wir nach dem Fiasko von Indochina bereit sind, einen neuen Rückzug aus Nordafrika zu akzeptieren? Die Armee will nicht ihr letztes Prestige und den mühsam wiedergewonnenen Glauben an sich selbst preisgeben. Wir lassen uns nicht in die modrigen Kasernen des Mutterlandes und den monotonen Schlendrian des Garnisonslebens in der Provinz verbannen. Ich meinerseits gehe nicht nach Romorantin zurück, und ich kenne viele, die meine Entschlossenheit teilen.« Tatsächlich hatte sich Colonel Gardes, den ich als Leiter des Pressecamps von Hanoi im Jahre 1954 kennengelernt hatte und dem ich im Hotel Aletti per Zufall begegnete, mit ähnlicher Vehemenz geäußert. Ich wußte damals noch nicht, daß diese beiden Offiziere – gemeinsam mit Oberst Argoud – zu diesem Zeitpunkt bereits als Rädelsführer der Revolte der Ultras und der späteren OAS agierten.

Am Abend nach der Kundgebung im Stadion hatte Georges Bidault sich mit seinen neuen politischen Freunden in der Bar des Hotels »Saint-Georges« getroffen. Die Hotelterrasse hängt wie ein schwebender Garten hoch über Algier. Bidault und der Baschaga Boualem waren von der üblichen Gefolgschaft der Ultras und von wachsamen Gorillas umgeben. An einem streng abgesonderten Tisch, nur wenige Meter entfernt, hatte der Fallschirmjäger-General Massu Platz genommen. Er hatte wohl mit zwiespältigen Gefühlen vernommen, daß Georges Bidault mit dem Sprechchor »De Gaulle an den Galgen« gefeiert wurde. Die Stadt Algier ist total antigaullistisch geworden, und dadurch trennt sie sich mehr und mehr von der »Métropole«, die in de Gaulle weiterhin den obersten Schiedsrichter der nationalen Interessen Frankreichs, den »arbitre«, gerade auch in der Nordafrika-Krise sieht. Die randalierenden Pieds Noirs von Algier hätten gut daran getan, im Stadion Saint-Eugène die Inschrift zu lesen, die als Mahnung für allzu hitzige Sportler und Zuschauer über dem Eingang angebracht war: »Es ist leicht, den Schiedsrichter zu beschimpfen; es ist schwer, ihn zu ersetzen.«

Genau einen Monat nach der Kundgebung von Saint-Eugène errichteten die europäischen Extremisten der »Nationalen Front« ihre Barrikaden im Stadtzentrum von Algier und feuerten auf die Gendarmen aus dem Mutterland. Eine Woche lang dauerte der Aufstand der

Ultras, der vom Rotbart Lagaillarde – er hatte seine Gefolgsleute also doch nicht enttäuscht – und dem zwielichtigen Kneipenbesitzer Jo Ortiz angeführt wurde. Im Hintergrund agierten die konspirierenden Colonels. Antoine Argoud beschimpfte den aus Paris herbeigeeilten Premierminister Debré als Verräter. Die 10. Fallschirmjäger-Division sympathisierte nach der Abberufung ihres Kommandeurs Jacques Massu offen mit den rebellierenden Pieds Noirs. Dennoch brach der Aufstand gegen die »Grande Zohra« wie ein Spuk zusammen, als die 25. Luftlandedivision nach Algier verlegt wurde und die überforderten Barrikadenkämpfer unter einem unaufhörlich strömenden Regen zum Trocknen nach Hause gingen. De Gaulle – so schien es – hatte jetzt freie Hand und schickte sich an, den gordischen Knoten zu durchschlagen.

Im Hinterhof der Revolution

Tunis, Ende Januar 1960

Tunis wimmelt von Agenten, Spionen und Geheimpolizisten. Die Perfektion des tunesischen Spitzelsystems knüpft an lange türkische Tradition an. In der trüben Bar am Boulevard Bourguiba, wo sich die Partisanen auf Stadturlaub treffen, unter dem trostlosen Neonlicht eines entzauberten Orients, bewegen sich die verdächtigen Gäste – Aufständische, Waffenhändler, Nachrichtenübermittler – wie Krebse in einem trüben Tümpel. Jeder beobachtet und überwacht jeden. Die Statisterie eines drittrangigen Spionagefilms ist hier versammelt, und die wenigen Mädchen sind wie für das Sunlight der Bühne geschminkt.

Um so auffälliger ist die Unbekümmertheit, mit der sich die algerischen Minister der Exilregierung in Tunis bewegen. Auf jedem Empfang sind sie dabei. Noch nie hatte man soviel Gelegenheit, völlig ungezwungen mit den Häuptern dieser geheimnisumwitterten Verschwörung zu plaudern. Ministerpräsident Ferhat Abbas ist weniger leutselig geworden. Dafür gibt sich der Nachrichten- und Geheimdienstchef Abdelhafis Bussuf höchst aufgeräumt. Der distinguierte schlanke Mann mit den dicken Brillengläsern, den Ben Bella später mit Stalins GPU-Chef Berija vergleichen sollte, lächelt so verbindlich wie ein Wolf im Schafspelz. Ich hatte Bussuf vor sechs Monaten in Marokko kennengelernt. Damals, in dem weißen Haus der Rue Charles Péguy von Rabat kam er gerade von einer Audienz bei Kronprinz Mulay Hassan zurück und trug noch den zeremoniellen Anzug mit silbergrauem Schlips. Bussuf ist kein Arbeiter der letzten Stunde. Er gehörte mit dem gefangenen Ahmed Ben Bella, der in Abwesenheit zum Vizepremierminister ernannt worden ist, und mit Kriegsminister Krim Belkassem jener winzigen Gruppe von Desperados an, die im November 1954 den Partisanenkrieg in Algerien entfachten. Im Gegensatz zu vielen anderen Führern des Aufstandes läßt Abdelhafis Bussuf keine persönliche Wärme aufkommen. Der Mann mit dem exakt gestutzten kleinen Schnurrbart hat etwas Dozierendes, wenn er spricht. Bevor er in den Maquis ging, war Bussuf Schulmeister gewesen, und seine akzentreine französische Sprechweise wirkt pedantisch. Gelegentlich züngelt Fanatismus hinter der Maske eisiger Selbstbeherrschung.

Abdelhafis Bussuf wird zu den »Harten« der FLN gezählt, zweifellos zu Recht. Unter den zahlreichen algerischen Persönlichkeiten, denen ich bisher begegnete, hat Bussuf die kategorischsten Positionen bezogen, ohne auch nur zu versuchen, sie nach orientalischer Art in die Verbindlichkeit der äußeren Form einzupacken. Während wir in Rabat den grünen Pfefferminztee tranken und die Leibwache, die den Minister zum Flugplatz bringen sollte, vor dem Portal ungeduldig wurde, fiel mir eine Äußerung Ferhat Abbas' ein. Von französischen Journalisten auf die Schwierigkeiten verwiesen, die sich General de Gaulle beim Versuch einer Verständigung mit der FLN bei seinen eigenen Militärs, bei den französischen Obersten, entgegenstellten, hatte Ferhat Abbas bemerkt: »Auch ich habe meine Colonels.«

In diesem Januar 1960 richten sich die forschenden Blicke der Beobachter in Tunis vorrangig auf Krim Belkassem, den kleinen, steinharten Kabylen, der seit der Schaffung des militärischen Führungstriumvirats der FLN der starke Mann der Revolution ist. Krim sitzt neben dem ägyptischen Delegationschef Fuad Galal auf einem altmodischen Sofa. Den Kontakt mit der Presse überläßt er seinem neuen Staatssekretär Si Mohammedi.

Si Mohammedi ist als Oberst Naceur im Maquis von Algerien bekannt geworden. Der herkulisch gebaute Kabyle mit dem sanguinisch roten Gesicht wirkt fast europäisch. Er ist ein Mann des Untergrundkampfes, noch nicht an die Salons von Tunis gewöhnt und freut sich wie eine Debütantin über das aufgeregte Getue der Cocktail-Party. Si Mohammedi hat während des Zweiten Weltkrieges in einer muselmanischen Sondereinheit der deutschen Wehrmacht als Feldwebel gedient. Er war im Sommer 1942 dabei, als das deutsche Oberkommando den großen Zangengriff nach dem Orient – über Ägypten im Süden und den Kaukasus im Norden – führen wollte. Si Mohammedi hat später in der Kalmückensteppe gekämpft und wurde zur Zeit des Tunesien-Feldzuges hinter den alliierten Linien in Ostalgerien bei Tebessa in deutschem Auftrag abgesetzt. Si Mohammedi ist ein rauher Sohn des Krieges. Aber auch er hält sich an die Weisung größter Höflichkeit und offizieller Mäßigung, die Krim Belkassem ausgegeben hat. Hans-Jürgen Wischnewski hat Si Mohammedi auf die Seite genommen und spricht mit ihm über die beschleunigte Rückführung desertierender Fremdenlegionäre.

Ein junger Oberleutnant der Algerischen Befreiungsarmee kommt auf mich zu. Sein Bruder studiere in der Bundesrepublik und habe ihn auf meine Rundfunkkommentare hingewiesen. »Warum benutzen Sie immer noch das Wort Fellagha, das uns eine gewisse französische Propaganda angehängt hat?« fragt er vorwurfsvoll. »Wir sind wirklich keine ›Straßenräuber‹. Wir sind auch keine Terroristen, ebensowenig wie die französischen Maquisards im Zweiten Weltkrieg. Wir üben allenfalls Gegenterror aus. Wenn Sie uns schon nicht als ›Freiheitskämpfer‹ bezeichnen wollen, dann nennen Sie uns doch Mudschahidin. Sie haben sich mit dem Islam befaßt und sollten deshalb wissen, daß hier tatsächlich ein Dschihad, ein Heiliger Krieg, im Gange ist.«

Hiobsbotschaft aus dem Kongo

Algier, im Juli 1960

Kaum hatte ich im maurischen Kaffeehaus am unteren Eingang der Kasbah von Algier einen Mokka bestellt, da wurde der schmuddelige Platz mit den abbröckelnden orientalischen Stuckfassaden von französischen Soldaten eines Zuaven-Regiments umstellt. Ihre Maschinenpistolen waren auf die dicht gedrängten Gäste gerichtet, ausschließlich Araber und Kabylen, die teils in der wallenden maghrebinischen Tracht, teils aber auch in Monteuranzügen und Bluejeans orientalischen Müßiggang pflegten. Die Alten unter dem golddurchwirkten Turban hatten aufgehört, an der Wasserpfeife zu schmauchen. Die Schachpartien wurden unterbrochen. Die getuschelten Gespräche, in denen die letzten Nachrichten des Partisanenkrieges so schnelle Verbreitung finden, daß die Franzosen dafür das Wort »téléphone arabe« erfanden, waren jäh verstummt. Als wäre das selbstverständlich, stellten die Kaffeehausgäste sich in drei Reihen auf. Von den rotbemützten Zuaven bewacht, gingen sie in langem Zug durch eine modrige Gasse der Kasbah auf ein großes vergittertes Haus zu, wo man sie nach Waffen untersuchte und ihre Papiere prüfte.

»Das ist nur Routine«, sagte der französische Unteroffizier, den ich ansprach, »wir tun das etwa zweimal in der Woche. Häufig erwischen wir dabei einen Terroristen.« Ob diese Polizeimaßnahmen auch von den Betroffenen als Routine empfunden werden? Mit ausdruckslosen Gesichtern schritten die Verdächtigen der Kasbah zwischen den Soldaten einher. Ihre Kleidung war oft zerlumpt, ihr Aussehen meist armselig. Aber ihre Schicksalsergebenheit war eindrucksvoll. Aus der Menge, die den Zug der Gefangenen umgab, wurde kein Zuruf laut. Die Mienen verschlossen sich, der Handel ging weiter; sogar die Araberkinder unterbrachen ihr Spiel nicht. Helfen konnten die Einwohner der Kasbah ihren Landsleuten nicht, und so taten sie, als sähen sie ihre vorübergehende Inhaftierung nicht, breiteten über die Demütigung dieser Männer den Schleier der islamischen »Hischma«, der schamvollen Zurückhaltung.

Ich war fast allein geblieben in dem Kaffeehaus. Auf dem verlassenen Nebentisch lag die letzte Ausgabe einer Tageszeitung, des *Echo d'Alger*. In riesigen Schlagzeilen stand dort rot unterstrichen, daß am Kongo die schwarze Schutztruppe der Belgier, die Force Publique, gemeutert habe, daß in der Garnison von Thysville am unteren Kongo die belgischen Offiziere von den eingeborenen Soldaten überwältigt wurden. Unter der belgischen Zivilbevölkerung sei Panik ausgebrochen.

Bis zur Abfahrt des Schiffes, das mich entlang der westafrikanischen Küste in schleppenden Etappen nach Pointe-Noire an die äquatoriale Mündung des Kongo-Stroms bringen soll, bleiben noch zwei Stunden. Der alte türkische Palast, in dem ein paar französische Offiziere die Kasbah von Algier seit Jahren verwalten, überwachen und sozial betreuen, ist nicht fern. Diese jungen blonden Männer mit dem eifernden Blick mittelalterlicher Ordensritter hatte ich noch vor einem Jahr als siegesgewisse, glühende Anhänger des »französischen Algerien« angetroffen. Sie waren auf die Algier-Franzosen gar nicht gut zu sprechen. Sie wollten ja die volle Gleichberechtigung der Muslime durchsetzen, eine Egalität im Rahmen der französischen Republik, als »muselmanische Franzosen«, wie man damals sagte. Die Stimmung im Palast ist heute ganz anders. Der Alltag des Krieges hat sich in Algerien seit einem Jahr nicht geändert, trotz der Vorbesprechungen zwischen französischen und algerischen Emissären, trotz der optimistischen Proklamationen General de Gaulles. Der Partisanenkampf und die Attentate haben sich nicht verschärft und auch nicht nachgelassen. Dennoch ist ein psychologischer Wandel im Gange, und niemand spürt das so deutlich wie die beiden jungen Hauptleute, denen ich auf einem geschnitzten Hocker gegenübersitze. Sie machen aus ihrem Herzen keine Mördergrube.

Seit de Gaulle, der sich lange geweigert hat, das Wort »Algérie Française« in den Mund zu nehmen, dazu übergegangen ist, vom »algerischen Algerien« zu reden, von der Selbstbestimmung der Muselmanen, ja von der künftigen algerischen Regierung, seitdem ist den Offizieren der Kasbah die propagandistische Rüstkammer ausgeräumt worden. An den Wänden der SAU, der Verwaltungseinheit für die untere Kasbah, hängen noch die Plakate aus der fröhlichen Zeit des Integrationsrummels. Ein französischer Soldat schließt brüderlich die Arme um einen Moslem im Turban und einen Algier-Franzosen. »Algerien ist französisch – auf immer«, steht darunter. Was sollen diese Parolen heute noch?

Die ersten Auswirkungen unter den Arabern der Kasbah haben nicht auf sich warten lassen. De Gaulle in Person hat die Schaffung einer Algerischen Republik in Aussicht gestellt, und schon halten die Anhänger der Algerischen Befreiungsfront FLN nicht mehr ganz so vorsichtig mit ihren Meinungsäußerungen zurück. Jene Algerier, die öffentlich mit der französischen Armee kollaboriert haben – so wenige sind das nicht –, fühlen sich noch bedrohter als zuvor. Die Masse der muslimischen Bevölkerung, die bisher vorsichtig abgewartet hatte, die sich der französischen Militärverwaltung beugte und an die Kommissare der FLN regelmäßig ihre Abgaben entrichtete, wittert, daß die Nationalisten den Wind im Rücken haben. Die Kasbah ist ganz allmählich in Bewegung geraten. Die Meinungssonden, die die jungen französischen Verwaltungsoffiziere auswerfen, bleiben ohne Echo. Die Zellen der FLN bereiten sich darauf vor, ihre bisher überwiegend militärisch-terroristische Organisation auf eine politische Betätigung am hellen Tag umzustellen.

Die französischen Offiziere machen mürrische, entmutigte Gesichter. Auch sie haben die Morgenzeitung vor sich liegen, wo von der Meuterei der »Force Publique« am Kongo die Rede ist. »So weit kommt Europa, wenn es die Schleusen der marxistischen Revolution öffnet«, sagt ein Capitaine, »wenn die Kolonialmächte ohne Sinn für Verantwortung abdanken und den farbigen Nationalisten das Feld räumen. Was mit den Belgiern am Kongo geschieht, ist eine Warnung für uns Franzosen in Algerien.«

Die »blaue Nacht« des Terrors

Algier, Anfang März 1962

Die Frühlingsluft ist weich wie Samt. Auf den Trottoirs der Rue Michelet flanieren die Europäer. Sie sind bereits sommerlich gekleidet. Die Studenten palavern beim Apéritif auf der Terrasse des »Otomatic«. Überall werden Blumen verkauft. So verzerrt war also das Bild, das die Pariser Presse ihren Lesern bot. Wenn man den Korrespondentenberichten des *France-Soir* Glauben schenkte, versank die Stadt Algier in Chaos und Blut, seit die vier Generale Challe, Salan, Jouhaud und Zeller vor einem Jahr erfolglos gegen de Gaulle geputscht hatten und ein Teil ihrer Anhänger, die sogenannte OAS – »Organisation de l'Armée Secrète« – in den Untergrund gegangen war. Am Vormittag, bei meiner Ankunft, waren die Gendarmeriekontrollen am Flugplatz Maison Blanche zwar streng gewesen, aber nun herrschte im Zentrum der Europäerstadt eine – wie mir schien – gelassene, ja heitere Atmosphäre.

Unvermittelt – ich wollte gerade die Stufen zum Fußgängertunnel vor der Universität betreten – höre ich zwei Schüsse. Keine zwei Meter von mir entfernt liegt ein Mann in seinem Blut, ein alter Araber, dem der rote Fez vom Kopf gerollt ist. Er war ein harmloser Blumenverkäufer, aber die Tatsache, daß er Muslim war und sich in das Europäerviertel wagte, ist ihm zum Verhängnis geworden. Die Menschen ringsum haben abwesende Gesichter aufgesetzt, tun so, als hätten sie nichts bemerkt, drehen sich nicht einmal nach dem blutenden Leichnam um. Die Ambulanz, die schließlich erscheint, lädt das Mordopfer mit Routinegesten auf eine Bahre und braust davon. Meine euphorische Stimmung ist im Nu verflogen.

In der Nacht zum 5. März wird Algier durch eine schier unaufhörliche Folge von Explosionen erschüttert. Ich bin wie die meisten Journalisten im Hotel »Aletti« abgestiegen. Gemeinsam mit dem *Welt*-Korrespondenten August Graf Kageneck blicke ich in die Nacht, die »nuit bleue«, wie sie später in der französischen Presse bezeichnet wurde. 117 Bomben gingen in dieser »blauen Nacht« hoch, die meisten kurz vor Morgengrauen. Die Sirenen der Krankenwagen heulten. In mehreren Vierteln wurde geschossen. Die OAS protestierte noch einmal mit allen Mitteln der Einschüchterung und des Terrors gegen die »Preisgabe« Algeriens durch das Mutterland. »Opération Rock'n' Roll« war der Codename, unter dem diese Sprengstoff-Aktion gestartet worden war. Dahinter standen die verzweifelten Figuren der OAS und jene »soldats perdus«, wie de Gaulle sie nannte – jene »verlorenen Soldaten«, die der Armee den Rücken gekehrt hatten, die ihrem Oberbefehlshaber den Gehorsam verweigerten, ja mit List und Gewalt versuchten, »la Grande Zohra« umzubringen. Der Generalsputsch vom April 1961 wirkte in schrecklicher Weise fort. Die Verschwörer hatten damals binnen 24 Stunden begriffen, daß die vorherrschende Meinung im Mutterland sich längst mit der »Algérie algérienne«, die de Gaulle vorschlug, abgefunden hatte. Diese Komplotteure hatten nicht einkalkuliert, daß die Nordafrika-Armee sich mehrheitlich aus Reserveoffizieren und Wehrpflichtigen zusammensetzte, die nach Hause wollten und keinerlei Neigung verspürten, in das Abenteuer eines Bürgerkrieges zu schlittern. Das letzte Carré der aufsässigen Generale, das 1. Fallschirmregiment der Fremdenlegion, ließ sich in seiner Garnison von Zeralda durch die »Gendarmes Mobiles« entwaffnen. Das 1er R.E.P. wurde aufgelöst. Die Offiziere dieses Regiments, soweit sie nicht rechtzeitig zu den Putschisten der OAS in den Untergrund gestoßen waren, stimmten nach ihrem Fehlschlag voll Trotz und Trauer das Lied von Edith Piaf an: »Non, je ne regrette rien ... Nein, ich bereue nichts ... Mit meinen Erinnerungen habe ich ein Feuer angezündet ... Je me fous du passé ... Ich pfeife auf die Vergangenheit ...«

Seitdem ging in Algier »Fantomas« um, jene unfaßbare Gruselgestalt aus einer französischen Kriminalserie, die mit gespenstischer, krimineller Lust Mord und Schrecken verbreitet. Jeden Tag wurden Muselmanen auf offener Straße niedergeschossen. Aber auch jene Offiziere, die treu zu de Gaulle standen, waren aufs äußerste bedroht. Die Algerische Befreiungsfront hatte sich ihrerseits die an Anarchie grenzende Verwirrung ihrer Gegner zunutze gemacht. Die Kasbah war längst der Kontrolle der französischen Ordnungskräfte entglitten. Die Paras waren abgezogen. Die FLN-Führer hatten die grün-weiße Fahne der Revolution mit rotem Halbmond und Stern über den flachen Terrassen der Altstadt gehißt, und wehe dem Europäer, der sich in Sichtweite der algerischen Scharfschützen wagte. Sie lauerten am Eingang der Kasbah und im Umkreis der »Place du Gouvernement« auf Opfer, um sich für die Übergriffe des entfesselten Europäer-Mobs zu rächen. Schon am späten Nachmittag leerten sich die Straßen, und sehr bald gewöhnte ich mir – wie alle anderen Bewohner Algiers – an, beim Gehen stets hinter mich zu spähen. Die bewährte Taktik, wenn in einer einsamen Gegend ein anderer Passant einem folgte, bestand darin, den Schritt zu verlangsamen und ihn vorgehen zu lassen. Sobald der Unbekannte überholt hatte, schielte er seinerseits nach hinten und versuchte, das Manöver im umgekehrten Sinne nachzuvollziehen.

Es gingen schlimme Gerüchte um. Um den totalen Zerfall der Staatsgewalt zu verhindern, waren aus Frankreich Anti-Terror-Gruppen eingeflogen worden, sogenannte »Barbouzes«, die unter den Attentätern der OAS aufräumten und denen grausame Foltermethoden nachgesagt wurden. Von einer ominösen Villa in El-Biar war die Rede, wo eine Gruppe Vietnamesen – Überlebende der Binh-Xuyen-Piraten aus dem französischen Indochina-Krieg – sich als Spezialisten der Tortur betätigten und eines Tages kollektiv den Tod fanden, als ein gewaltiges TNT-Paket der OAS in ihren Mauern gezündet wurde.

Auf der arabischen Seite übten die Kommissare der FLN unerbittliche Vergeltung an jenen Muslimen, die der Zusammenarbeit mit den Franzosen verdächtig waren. Während fast alle Algier-Franzosen, die es sich leisten konnten, ihre Familien über das Mittelmeer nach Frankreich verschickten, bauten die »petits Blancs« von Belcourt und von Bab-el-Oued ihre verschlampten Arkadenhäuser und baufälligen Mietskasernen zu Festungen aus, bereiteten sich mit einem selbstmörderischen Mut, den ihnen keiner zugetraut hatte, auf den Untergang vor. Wie hatte doch sogar Albert Camus, der liberale Schriftsteller des humanistischen Existentialismus, ein Sohn bescheidener Algier-Franzosen, geschrieben: »Wenn ich die Wahl habe zwischen der Gerechtigkeit und meiner Mutter, dann hat meine Mutter den Vorrang.« Zwischen Algier und Oran war die »Pest« ausgebrochen.

»Fantomas« hatte sich vor Einbruch der »nuit bleue« auch im Hotel »Aletti« vorgestellt. Viele Journalisten hatten Drohbriefe der OAS erhalten. Die Presse, so hieß es in den Pamphleten, trage eine große Schuld am Verlust Algeriens. Besonders verhaßt bei den Ultras war eine Gruppe von zwölf italienischen Korrespondenten, die bei der Beschreibung der blutigen Gewaltmethoden der OAS mit ihrem großen Vorbild Malaparte zu rivalisieren suchten. An diesem Abend stürmte eine Gruppe uniformierter französischer Gendarmen in die Hotelhalle und die angrenzende Bar, wo die Presseleute ihre Informationen austauschen. Der befehlende Gendarmerie-Hauptmann ließ einen der Italiener auf der Stelle festnehmen und abführen, während er den übrigen den Tod androhte, falls sie das Land nicht verließen.

Als die Uniformierten einen angesehenen amerikanischen Journalisten zusätzlich aufforderten, ihnen nach außen zu folgen, stießen sie allerdings auf unerwarteten Widerstand. Der Amerikaner war erbleicht und wehrte sich gegen die Anstrengungen zweier »Ordnungshüter«, die ihn zum wartenden Wagen eskortieren wollten. Er wäre wohl doch mitgegangen, aber da trat ihnen die britische Journalistin Claire Holingworth in den Weg. Claire hatte so manche Kriegsberichterstattung hinter sich. Die letzte Greuelmeldung aus dem abscheulichen Bürgerkrieg hatte sie an diesem Nachmittag wohl mit einer starken Dosis Whisky hinuntergespült, jedenfalls stand sie nun den Gendarmen wie eine erzürnte und ergraute Löwin gegenüber. Sie packte den Amerikaner am Ärmel und herrschte die Bewaffneten an:

»Dieser Mann verläßt das Hotel nicht. Sie haben keinen Haftbefehl, und wir wissen nicht einmal, wer Sie sind.« Immer mehr Journalisten waren jetzt zusammengeströmt, und die sechs Gendarmen reagierten mit Unsicherheit und Hast. Beinahe fluchtartig verließen sie das »Aletti« und ließen den amerikanischen Kollegen hinter sich. Auch der entführte Italiener sollte übrigens am nächsten Tag freigegeben werden.

Die Gendarmen waren kaum fortgefahren, da kam ein anderes Polizeiaufgebot mit Sirenengeheul herangebraust. Eine Truppe von etwa dreißig C.R.S.-Angehörigen der Sonderpolizei des französischen Innenministeriums besetzte die Hotelhalle. Jetzt flüchteten alle Presseleute in die oberen Etagen, um einer eventuellen Verschleppung zu entgehen. Auch ich schloß mich mit August von Kageneck in meinem Zimmer ein, bis sich herausstellte, daß das C.R.S.-Detachement gar nicht auf Journalisten Jagd machte, sondern auf ihre Vorgänger, die falschen Gendarmen, die in Wirklichkeit einem getarnten Kommando der OAS angehörten.

In jenen Tagen war es bereits möglich, mit geheimen Emissären der Algerischen Befreiungsfront in Algier selbst Kontakt aufzunehmen. Es bedurfte einiger diskreter Mittelsmänner, einer Fahrt durch muselmanische Außenviertel, wo man als Europäer den Kopf besser ein wenig einzog, und nach einigem Warten saß man dann in einer schmucklosen Standardwohnung jener Sozialwohnblocks, die im Zuge des »Plans von Constantine« errichtet worden waren, einem jungen, selbstbewußten Muslim mit Sonnenbrille gegenüber, der die neue Macht und die neue Ordnung in den nordafrikanischen Départements, besser gesagt in den »Wilayas« Algeriens, repräsentierte. Mit leiser Stimme trug der Unbekannte seine Sorge vor, daß auch die muselmanische Bevölkerung durch die permanenten Provokationen der Ultras zu massiven Überfällen auf die Europäerviertel angestachelt werden könnte. Für die »Befreiungsfront« werde es immer schwieriger, den Zorn ihrer Landsleute zu zügeln. Zur Stunde sei die Disziplin der Algerier jedoch mustergültig.

Die französische Administration hatte Algier längst verlassen und residierte – durch Gendarmen und C.R.S. militärisch abgeschirmt – in den hastig errichteten Betonklötzen von Rocher Noir. Die Unabhängigkeit Algeriens war nur noch eine Frage von Monaten.

Tatsächlich ging am 1. Juli 1962 die Präsenz Frankreichs in Nordafrika offiziell zu Ende. Während des Algerien-Kriegs haben die französischen Streitkräfte 25614 Gefallene beklagt. 2788 europäische Siedler sind zwischen 1954 und 1962 umgebracht worden. Die Zahl der toten Algerier konnte nicht annähernd ermittelt werden: Die Schätzungen schwanken zwischen einer halben und einer Million.

Ben Bella wird entmachtet

Algier, im Juni 1965

Auf den Hängen von El-Biar hatte Hanns Reinhardt, dpa-Korrespondent für Nordafrika, in seiner maurischen Villa zum Meschui eingeladen. Es war Abend. Der betäubende Blumenduft wurde durch die Fettdämpfe des Hammelbratens überlagert, der sich im Garten am Spieß drehte. Es waren zumeist Journalisten anwesend, dazwischen – wie ein Orakel – Si Mustafa, der Vertrauensmann der algerischen Armee im Informationsministerium. Si Mustafa hieß eigentlich Winfried Müller, stammte aus Frankfurt, hatte in der Fremdenlegion gedient, von wo er zur Algerischen Befreiungsarmee desertierte. Früher war er angeblich sogar Vopo in der DDR gewesen. Während des Algerien-Krieges hatte er von Tlemcen aus die deutschen Soldaten der Fremdenlegion zum Überlaufen aufgefordert. Jetzt gehörte er zum Oujda-Clan des Obersten Boumedienne.

Mustafa Müller wirkte an diesem Abend angespannt und verschlossen. Am Vortag hatte sich eine dramatische Wende vollzogen. Wie die meisten Kollegen war ich nach Algier gekommen, um über die Asiatisch-Afrikanische Konferenz zu berichten, die Präsident Ahmed Ben Bella einberufen hatte. Aber in der Nacht des 19. Juni hatte die Armee des Oberst Boumedienne gegen Ben Bella geputscht. Der Staatschef war ohne Gegenwehr seiner Getreuen verhaftet worden, die politischen Kräfteverhältnisse hatten sich total verschoben. Die Asiatisch-Afrikanische Konferenz, deren Delegierte teilweise bereits eingetroffen waren und im »Club des Pins« ein sehr komfortables Quartier bezogen hatten, würde voraussichtlich abgeblasen werden. Ben Bellas Hoffnung, sich vor diesem Forum als Wortführer der Dritten Welt zu profilieren, war durch die eigene Armee vereitelt worden.

Hanns Reinhardt, blond, blauäugig, Typus ehemaliger Marineoffizier, hatte mich beiseite genommen. Beim schweren Rotwein hingen wir gemeinsamen Erinnerungen nach. Vor drei Jahren hatten wir im tunesischen Randstreifen der sogenannten »Grenzarmee« der FLN einen Besuch abgestattet. Diese Truppe, die inzwischen auf zwölftausend Mann angeschwollen war, verfügte über moderne sowjetische Waffen, sogar Panzerspähwagen. Nach zahlreichen vergeblichen Versuchen, die Morice- und Challe-Linie der Franzosen zu durchbrechen, war die »Armée des frontières« für den Tag X in Reserve gehalten worden, für die Stunde der Unabhängigkeit. Ende Juli 1962 war die »Indépendance« feierlich proklamiert, und die »Grenzarmee« schickte sich an, auf breiter Front und mit Einwilligung der französischen Garnisonen in ihre Heimat zurückzukehren. Uns war schon damals im tunesischen Grenzgebiet aufgefallen, daß diese Einheiten stark politisiert waren, daß eine Art Prätorianergarde daranging, die exklusive Macht im neuen algerischen Staat für sich zu beanspruchen.

Zwei Wochen später war das Unvermeidliche passiert. Das junge, eben aus der Taufe gehobene Algerien stand am Rande des Bürgerkriegs. In Algier hatte sich mit Hilfe der Partisanen der Wilaya III der Apotheker Ben Khedda als Chef der Exekutive etabliert, nachdem er seinen Berufskollegen Ferhat Abbas an der Spitze der provisorischen Revolutionsregierung abgelöst hatte. Die Maquisards des inneren Widerstandes patrouillierten in den Straßen der Hauptstadt in buntgescheckten Uniformen. Teilweise hatten sie sich mit Tarnjacken und roten Bérets als Paras verkleidet, als wollten sie ihren schlimmsten Gegnern von gestern nacheifern. Die Partisanen hatten die Verwaltung an sich gerissen, soweit von Administration noch die Rede sein konnte, und die verschiedenen Wilayas schienen nicht gewillt, sich von dem farblosen Zivilisten Ben Khedda Vorschriften machen zu lassen. Als die Grenzarmee aus Tunesien anrückte und im großen Bogen von Süden her der Hauptstadt nahte, war das »Pronunciamiento« bereits vollstreckt. Die Soldaten und Offiziere Boumediennes hatten Ahmed Ben Bella, den repräsentativsten und populärsten Helden der algerischen Unabhängigkeit, der kurz zuvor aus seiner Internierung in Frankreich entlassen worden war, auf den Schild gehoben und sprachen Ben Khedda und seinem Häuflein Exilpolitiker jede Legitimität ab.

Wir waren in Algier gewesen als sich der Umsturz vorbereitete. Noch wurden die Straßen des Europäerviertels durch pittoreske Streifen der Wilaya III kontrolliert, Berberkrieger aus dem nahen Gebirge, die sich weigerten, vor Ben Bella und Boumedienne zu kapitulieren. Aber die Kasbah hatte schon die Schwenkung vollzogen. Die Untergrundkämpfer der türkischen Altstadt hatten die Zeichen der Zeit erkannt, Verbindung zur Grenzarmee aufgenommen, und nun schirmten schwerbewaffnete Zivilisten mit grün-weißer Armbinde das dunkle Gassengewirr gegen die Kabylen und die letzten Anhänger Ben Kheddas ab.

Mit Hanns Reinhardt waren wir nach einigem Palaver durch die Sperren zu Yacef Saadi gelangt, dem legendären Rädelsführer der »Bataille d'Alger«, der die gewaltsame Säuberungsaktion der Kasbah durch die Fallschirmjäger des General Massu um Haaresbreite überlebt hatte und inzwischen ebenfalls aus den französischen Gefängnissen heimgeschickt worden war. Yacef Saadi sah keineswegs wie ein imponierender Freiheitskämpfer aus. Der kleine Mann mit dem Menjou-Bärtchen und dem etwas schwammigen Gesicht wirkte eher verschlagen und listig als heroisch. Er empfing uns mit großer Herzlichkeit, bot uns Tee und Süßigkeiten an, führte uns auf eine überragende Terrasse. Dort waren Maschinengewehre in Stellung gebracht, sie beherrschten die Zugänge der Kasbah. »Es wird nicht mehr lange dauern«, sagte Yacef Saadi, »dann rücken die Soldaten Boumediennes in Algier ein. Es sind disziplinierte Einheiten. Das Land braucht nach den langen Wirren eine starke Führungspersönlichkeit, nämlich Ben Bella, und eine verläßliche Ordnungstruppe. Der Clangeist der Berber und der anarchische Instinkt der Maquis-Kämpfer müssen sich der neuen historischen Phase Algeriens beugen.«

An diesem Abend kam es auf den südlichen Anmarschstraßen des Algérois noch zu sporadischen Gefechten. Dann marschierte die »Armée des frontières« in der Hauptstadt ein, und die Bevölkerung jubelte ihrem Liebling Ben Bella zu. Die überrumpelten Krieger der Wilaya III zogen sich verbittert und wütend in ihr Gebirge zurück.

Wieder war fast ein Jahr vergangen. Im Frühjahr 1963 war ich mit einem Fernseh-Team nach Algerien gekommen. Die Kabylei hatte sich gegen die ihr verhaßte Zentralgewalt des Präsidenten Ben Bella erhoben. Mit Hanns Reinhardt hatte ich sorgfältig die Umgehungsstraßen und Nebenpisten studiert, auf denen ich mit unserem VW-Bus – von der offiziellen »Armée de Libération Nationale« unbehelligt – ins Aufstandsgebiet durchschlüpfen könnte. Es gelang mir tatsächlich, die Militärsperren der Soldaten Boumediennes, die inzwischen russische Stahlhelme und Schnellfeuergewehre trugen, zu meiden. Am Nachmittag waren wir im Herzen der Kabylei, im Umkreis der Städtchen Fort National und Michelet, die damals noch ihre französischen Namen trugen.

Von bewaffneten Partisanen der Wilaya III wurde ich sofort in die Befehlszentrale der »Front der Sozialistischen Kräfte» (FFS) geführt, wo uns der junge und sympathische Führer der Kabylen-Revolte Ait Ahmed in einem als Stabsbüro improvisierten Café Maure empfing. Ait Ahmed war 1956 gemeinsam mit Ben Bella vom französischen Geheimdienst gekidnappt worden, aber weniger als ein Jahr nach der Unabhängigkeit standen die beiden Männer sich als Feinde gegenüber. »Wir haben keine Revolution gemacht, wir haben keinen endlosen Partisanenkrieg geführt, um jetzt dem Personenkult für Ben Bella zu huldigen und ein Militärregime zu akzeptieren«, erklärte Ait Ahmed. Mir schien es, als fiele es den kriegerischen Berbern schwer, nach so vielen Jahren des Abenteuers und des heroischen Wagnisses in den Alltag einer trivialen, zivilen Existenz zurückzufinden. Der angeborene Individualismus dieses stolzen Bergvolkes lehnte sich spontan gegen die politische Gleichschaltung auf, die die Küsten-Araber wohl leichter über sich ergehen ließen.

Etwas außerhalb von Michelet wurde ich am nächsten Tag dem eigentlichen Befehlshaber, der Seele des Aufstandes, vorgestellt. Ein grauhaariger, breitschultriger Mann mit martialischem Schnurrbart schüttelte mir die Hand mit Bärengriff, jeder Zoll ein Herr, ein Wilhelm Tell des Atlas. »Das ist der Kommandeur der Wilaya III, Mohand Ould Hadj«, sagte der Partisan neben mir ehrfurchtsvoll, und mir kam die Erinnerung an die Treibjagd im Akfadu-Wald vor vier Jahren, als die Soldaten des General Faure vergeblich nach diesem legendären Partisanenführer gefahndet hatten. Als ich zwei Tage später auf Schleichwegen nach Algier zurückfuhr und aus der Ferne beobachtete, wie die reguläre Armee Boumediennes Panzerspähwagen sowjetischer Bauart und leichte Artillerie auf den Zufahrtstraßen der

Kabylei sammelte, spürte ich, daß der Revolte der »Front der Sozialistischen Kräfte« keine lange Dauer mehr beschieden war.

»Wann haben wir uns eigentlich das letzte Mal gesehen?« fragte der dpa-Korrespondent, während er ein Stück Hammelbrust abriß und neben mein Rotweinglas legte. »Das war doch erst vor einem Jahr.« Tatsächlich waren wir im August '64 mit kleiner militärischer Eskorte, die uns der Major Chabou, Stabschef der »Nationalen Volksarmee«, zur Verfügung gestellt hatte, von Algier bis in die unmittelbare Grenznähe Marokkos gefahren. Am späten Abend hatten wir das Städtchen Marnia, den Geburtsort Ben Bellas, erreicht und waren sofort in eine Kaserne eingewiesen worden. Zu jener Zeit träumte Präsident Ben Bella noch davon, ganz Afrika vom Imperialismus und Neokolonialismus zu reinigen. Er sah sich gewissermaßen als »Zaim«, als Führer in einem weltweiten Befreiungskampf der Dritten Welt. Er hatte Rückhalt in Moskau gesucht, arbeitete weiter auf das engste mit Gamal Abdel Nasser zusammen und sympathisierte mit Fidel Castro. Für die Befreiung Palästinas wollte er – mit großer und naiver Geste – hunderttausend algerische Freiwillige zur Verfügung stellen.

In der Kaserne von Marnia wurden Schwarzafrikaner – sie mochten insgesamt ein Bataillon bilden – für den Partisanenkrieg in ihren jeweiligen Heimatländern ausgebildet. Die meisten von ihnen stammten aus den portugiesischen Kolonien und waren – wer weiß, auf welchen Umwegen – in den Maghreb gelangt. Es gab auch Kameruner, Kongolesen und südafrikanische Angehörige des »African National Congress« (ANC). Wir filmten ausgiebig die militärischen Übungen dieser angehenden Widerstandskämpfer. Die algerischen Ausbilder hetzten ihre schwarzen Zöglinge durch das felsige Gelände, schossen haarscharf über ihre Köpfe hinweg, jagten sie durch Stacheldrahtverhaue und Hindernisse bis zur totalen Erschöpfung. Dann zogen die »Freiheitskämpfer« singend in ihre Baracken. »Sie wissen gar nicht, welche Mühe es macht, aus diesen Leuten Soldaten zu machen«, lachte der Major mit der Kalaschnikow. »Unser Präsident hat sich viel vorgenommen.«

Und nun – etwa zehn Monate später, am 19. Juni 1965 – war Ben Bella auf ziemlich heimtückische Weise verhaftet und gestürzt worden. Der Präsident hatte den Coup der Militärs überhaupt nicht kommen sehen. Die Soldaten Boumediennes waren mit ihren Panzern und

Mannschaften ausgerückt, um angeblich bei einem Filmvorhaben über die »Schlacht von Algier« als Statisten mitzuwirken. Viele hatten sich als französische Fallschirmjäger verkleidet. Die Dreharbeiten und die historische Rekonstruktion wurden von Yacef Saadi technisch beraten. So fiel es nicht auf, als in der Nacht plötzlich Truppenbewegungen entstanden und die bescheidene Villa Joly, wo Ben Bella residierte, umzingelt wurde.

Der plötzliche Umsturz von Algier war eine Warnung an alle Experten für arabische und insbesondere maghrebinische Fragen. Niemand hatte diesen Putsch vorausgesagt. Unter den französischen Spezialisten gab es vor dem 19. Juni 1965 keine einheitliche Meinung über die Person Oberst Boumediennes. Kaum einer der französischen Offiziere, die mit dem verschlossenen algerischen Verteidigungsminister in Berührung gekommen waren, hätten ihm die Ausbootung Ben Bellas zugetraut. Mancher hielt den früheren Kommandeur der Grenzarmee für ein »Schilfrohr, das mit Eisenfarbe bepinselt« sei. So wenig inneren Zusammenhalt die Führungskräfte der algerischen Revolution auch seit der Machtergreifung und der Proklamation der Unabhängigkeit bewiesen hatten, so sehr sich die einzelnen Gruppen befehdeten und bis aufs Messer bekämpften, diese eingefleischten Verschwörer hatten es verstanden, alle Rivalitäten hinter einer Mauer des Schweigens zu verbergen. Die sehr intimen Männerfreundschaften und Eifersüchte, die in der Abgeschiedenheit der Grenzlager und der Maquis entstanden waren, standen ohnehin jeder rationalen Analyse im Weg.

Die Gründe und die näheren Umstände des Sturzes Ben Bellas sind heute bekannt, wenn auch nicht die psychologischen Triebkräfte der Hauptakteure. Präsident Ben Bella war sich seiner Sache zu sicher geworden. Dieser Tribun, der sich in seiner Gefängniszelle eine umfangreiche politische Bildung angeeignet hatte, fühlte sich als Zaim von Gott berufen, Algerien dem Sozialismus entgegen und in die Spitzengruppe der Völker der Dritten Welt zu führen. Er hatte die diversen algerischen Fraktionen und Cliquen rastlos und geschickt gegeneinander ausgespielt. Zu seiner Lektüre während der Festungshaft dürften neben den Schriften des Antillen-Philosophen Frantz Fanon auch Machiavellis Werke gehört haben. Vor allem hatte er mit unverhohlener Bewunderung die Politik de Gaulles verfolgt, der ihm vorgemacht hatte, wie man sich einmal auf diesen, einmal auf jenen politischen Flügel stützen kann, ohne jemals dessen Gefangener zu werden. Wie de Gaulle dank dem Putsch von Algier am 13. Mai 1958, war Ben Bella durch den offenen Bruch Oberst Boumediennes und seiner Grenzarmee mit der damaligen provisorischen algerischen Regierung des Ministerpräsidenten Ben Khedda an die Macht gekommen. De Gaulle hatte über drei Jahre gebraucht, um die Armee, die ihm die Tore des Elysée-Palastes geöffnet hatte und dann politische Ansprüche anmelden wollte, völlig zu entmachten. Für Ben Bella schien am Vorabend des großen Asiatisch-Afrikanischen Gipfeltreffens von Algier der Moment gekommen, um die »Algerische Nationale Volksarmee« in ihre Schranken zu weisen.

Doch Oberst Boumedienne war weder ein General Massu noch ein General Salan. Die Absicht Ben Bellas, sich aus dem allzu engen Bündnis mit der Armee zu lösen, war ihm bekannt. Die Absetzung des Innenministers Ahmed Medeghri hatte ihn gewarnt. Die Ernennung des Oberst Tahar Zbiri zum Generalstabschef, die während einer Reise Boumediennes nach Moskau stattfand, war ein zusätzlicher Hinweis. Schließlich stand am Vorabend der sogenannten zweiten Bandung-Konferenz die Entlassung des Außenministers Abdelaziz Bouteflika, eines engen Vertrauten des Verteidigungsministers, fest und schien auf eine Ausbootung Boumediennes selbst hinzuweisen.

Ben Bella hatte gerade eine triumphale Rundreise durch das westliche Algerien, das ihm besonders verbunden war, hinter sich gebracht. Er fühlte sich stark und beliebt. Er stand im Begriff, sich mit seinen alten Feinden aus der Kabylei zu versöhnen. Sein ehemaliger Mithäftling Ait Ahmed, Anstifter des jüngsten Kabylen-Aufstandes und geistiger Doktrinär der »Front der Sozialistischen Kräfte«, der in einer Zelle von Algier auf sein Urteil wartete, sollte begnadigt werden. Ja, man sprach davon, daß Ait Ahmed anstelle von Bouteflika das Außenamt übernähme. Offensichtlich suchte Ben Bella sich in dem Moment mit den Kabylen zu versöhnen, wo sich die Kraftprobe mit der Armeeführung Boumediennes anbahnte. Er wollte sich auf jene oppositionellen Kräfte stützen, die er nur dank der Armee hatte niederringen können, und nach außen den Eindruck erwecken, im Grunde sei Boumedienne der Anstifter der harten militärischen Maßnahmen gegen die Opponenten der alten Befreiungsfront gewesen. Es war eine nicht ungeschickte und etwas zynische Rechnung, die Ben Bella aufgemacht hatte. Am Vorabend der Asiatisch-Afrikanischen Konferenz fühlte er sich immun. Er konnte nicht ahnen, daß die Militärs das Risiko auf sich nehmen würden, das Treffen scheitern zu lassen und das internationale Prestige Algeriens zu schädigen, wenn es darum ging, ihren letzten Trumpf gegen den allzu mächtig werdenden Präsidenten auszuspielen.

Ben Bella hatte die Verschwörung unterschätzt. Die Nationale Volksarmee hatte mit monolithischer Entschlossenheit zugeschlagen und einen Staatsstreich von technischer Perfektion durchgeführt. Außer dem Parlamentspräsidenten Ben Allah hat sich kein nennenswerter Politiker Algeriens gerührt, um dem Volksidol von gestern beizustehen. Jene Männer des inneren Widerstandes, die Ben Bella als Vertrauensleute in die Armee geschleust hatte, wie der bereits erwähnte Stabschef Zbiri, waren aktiv am Komplott beteiligt; die eigentliche Verhaftung des Zaim in der »Villa Joly« auf den Höhen von Algier wurde von Tahar Zbiri in Person vorgenommen.

Das muß die bitterste Erfahrung für Ben Bella gewesen sein: der Abfall, der Verrat fast all jener Männer, auf die er sich verlassen zu können glaubte. Jetzt mußte er dafür zahlen, daß er ohne Rücksicht auf Personen und Freundschaften den einen gegen den anderen wie Schachfiguren ausgetauscht hatte. Die Opponenten aus der Kabylei hatten den Versöhnungsversuchen Ben Bellas ohnehin skeptisch gegenübergestanden und spendeten beim Sturz des starken Mannes Beifall. Die meisten Kabinettsmitglieder bekannten sich mit überstürzter Hast zum neuen Revolutionsrat, den Boumedienne proklamierte, ohne dessen Zusammensetzung zunächst bekanntzugeben. Die Minister der verschiedenen Exilregierungen aus der Zeit des Befreiungskampfes witterten beim Sturz des Zaim die Hoffnung, wieder aktiv am politischen Leben teilzunehmen. Die religiösen Kräfte, die in der Vereinigung der Ulama zusammengefaßt waren, hatten das sozialistische Experiment Ben Bellas ohnehin mit Mißtrauen verfolgt und waren von seiner Kampagne zugunsten der Emanzipierung der algerischen Frau in keiner Weise beglückt. Die Ulama gaben dem Staatsstreich des Oberst Boumedienne, der einst an der islamischen Universität El Azhar in Kairo studiert hatte, ihre spontane Zustimmung.

Nur eine Gruppe blieb Ben Bella treu, und gerade diese Unterstützung war angetan, den gestürzten Staatschef zusätzlich zu diskreditieren. Es handelte sich um die algerischen Kommunisten, die Linkssozialisten und Progressisten, ja auch um jene französischen Marxisten, die nach dem Algerien-Krieg über das Mittelmeer gekommen waren, um als Berater in den Ministerien, als Journalisten in den Redaktionen und als Lehrer in den algerischen Schulen an der Verwirklichung einer sozialistischen Wunschvorstellung mitzuwirken, deren Realisierung ihnen in Frankreich selbst versagt blieb. Die französischen Kolonisten in Algier, die fast alle ins Mutterland zurückgekehrt waren, hatte man einst die Pieds Noirs genannt. Die französischen Marxisten, die nach der Unabhängigkeit nach Algier gekommen waren, nannte man jetzt die »Pieds Rouges«, die »Rotfüße«. Für die Pieds Rouges und ihre linkssozialistischen algerischen Freunde war der Sturz Ben Bellas eine böse Überraschung. Ben Bella hatte sie begünstigt, nicht weil er Kommunist war oder aus Algerien einen marxistischen Staat machen wollte – sein tief eingefleischter muselmanischer Glaube hätte sich dagegen gesträubt –, sondern weil er die algerischen Roten als Manövriermasse benutzen wollte gegen die Armee und gegen jenen Überrest der algerischen Bourgeoisie, die ihm Bodenreform und Sozialismus nicht verzeihen konnte.

In den kritischen Junitagen nach der Absetzung Ben Bellas sah es achtundvierzig Stunden aus, als befände sich Algerien am Rande des Bürgerkrieges. Die Kundgebungen in Algier selbst blieben zwar auf lärmende Straßenaufläufe kleiner Gruppen von Halbwüchsigen und Studenten beschränkt. Dennoch sah die Armee sich veranlaßt, über die Hauptstadt eine militärische »Quadrillage« zu verhängen. Die von wenigen Agitatoren gelenkten Demonstrationen gegen Oberst Boumedienne haben es immerhin fertiggebracht, einen solchen Eindruck von Unsicherheit in Algier zu stiften, daß die Asiatisch-Afrikanische Konferenz vertagt wurde. Eine Bombenexplosion auf dem Gelände am »Club des Pins« hatte den Ausschlag gegeben.

Doch die erwartete Fortsetzung der Unruhen blieb aus. Ein paar aufsässige Linksintellektuelle wurden verhaftet, einige französische Ratgeber ausgewiesen, und schon verstummte in den Straßen von Algier der Ruf: »Boumedienne assassin«. Bezeichnenderweise waren die Schmährufe gegen Boumedienne stets lauter gewesen als die Forderung nach einer Rückkehr Ben Bellas. Die Opposition gegen die Armee wurde in diesen heißen Sommertagen von Algier im wesentlichen von Studenten und Gewerkschaftern getragen. Aber Studentenbund und Syndikate waren in der Vergangenheit ja keineswegs bedingungslose Befürworter des gestürzten Staatschefs gewesen, sie hatten manche Auseinandersetzung mit dem Zaim gekannt, der die Spitzen der jeweiligen Organisationen mit ihm ergebenen Figuren hatte besetzen lassen. Diese von Ben Bella ernannten Studenten- und Gewerkschaftsführer verfügten im entscheidenden Moment nicht über ausreichende Gefolgschaft, um wirkungsvoll auf die Straße zu gehen.

Es ist eigenartig, wie schnell das Prestige Ben Bellas in Algerien verblaßt ist, wie schnell dieses Volk den Zaim zu vergessen scheint. Wirklich populär bleibt er wohl bei den sogenannten »Yaouled«, den kleinen Schuhputzern von Algier, die er in Kinderheimen und Lehrlingswerkstätten zusammenfassen ließ und die in ihm eher den erfolgreichen Mittelstürmer der Fußballmannschaft von Marnia bewunderten als den Begründer des algerischen Sozialismus. Beliebt bleibt Ben Bella ebenfalls bei den Frauen Algeriens, denen sein Typ des orientalischen Schlagersängers gefiel, denen sein Emanzipationsprogramm entgegenkam und denen die muselmanische Askese eines Boumedienne unheimlich erscheint. Die Algerier sind für Ben Bella nicht auf die Barrikaden gegangen. Was sie an dem Putsch der Militärs am meisten schockiert, ist die Tatsache, daß nunmehr die Armee ganz unverhüllt die Macht ausübt. Das verschworene Offizierskorps bildet einen Staat im Staat.

Das neue Algerien des Revolutionsrats trägt zunächst einmal das Gesicht eines Mannes, des Oberst Houari Boumedienne. Sein Lebenslauf ist nur in groben Zügen bekannt. Vor vierzig Jahren wurde er in Guelma in Ostalgerien als Sohn einer einfachen Landarbeiterfamilie geboren. Er soll einmal in einer französischen Fabrik gearbeitet haben, aber die wesentlichen Etappen seiner Ausbildung sind die islamische Zeituna-Universität in Tunis, die berühmte muselmanische Hochschule El Azhar in Kairo und die geheimen militärischen Ausbildungslager des Irak. Boumedienne spricht ein schwerfälliges Französisch. Hingegen ist er in der arabischen Koransprache bewandert wie kaum ein anderer Repräsentant der algerischen Führungsschicht. Dieser Mann mit dem hageren Antlitz und dem brennenden Blick des Fanatikers ist kaum mit der Zivilisation des Westens in Berührung gekommen und wurzelt zutiefst im puritanischen Islam.

Man sagt Houari Boumedienne nach, er sei gerecht. Zweifellos ist er so introvertiert, wie sein Gegner Ben Bella extrovertiert war. Ihm ist mit westlichen Maßstäben nicht beizukommen. Er enthüllt sich im Grunde erst, wenn er Arabisch spricht, nicht das volkstümliche Dialekt-Arabisch, dessen sich Ben Bella bediente und auf das – in ägyptischer Mundart – auch Gamal Abdel Nasser zurückgreift, wenn er zur Masse spricht. Als Oberst Boumedienne die erste Proklamation des Revolutionsrats vor der Kamera verlas, da sprach er im klassischen Rhythmus des Korans.

Bereits als Oberbefehlshaber der sogenannten Grenzarmee war Boumedienne durch seine äußere Bescheidenheit aufgefallen. Man sah an ihm nie irgendwelche Rangabzeichen. Er war meist in einen alten Regenmantel gehüllt, stand abseits und schwieg. Als starker Mann des algerischen Staates hat er diese Haltung vorerst nicht geändert. Nur im äußersten Fall bindet er einen Schlips um. Uniform trägt er nie. Dieses betont zivilistische Auftreten täuscht nicht darüber hinweg, daß die Offiziere der einstigen Grenzarmee aus Marokko und Tunesien den Ton angeben im Revolutionsrat und in der Regierung. So wurde das Industrieministerium zwar dem Ingenieur Abdessalam übertragen, einem algerischen Technokraten, der mit den Franzosen die entscheidenden harten Verhandlungen über die Petroleum-Abkommen führt. Aber Finanzminister in der neuen Regierung wurde Qaid Ahmed, während des Krieges Major Slimane, dem zur Verwaltung dieses schwierigen Ministeriums das elementare Fachwissen fehlt.

Dem Oberst ist innerhalb der Nationalen Volksarmee ein gewisses Amalgam gelungen zwischen der »Armee der Grenzen«, die – mit sowjetischem Material ausgerüstet und von ehemaligen algerischen Offizieren der französischen Armee beraten – niemals aktiv in die Kämpfe eingreifen konnte, und den Maquisards des Innern, die die ganze Bürde des Krieges mit völlig unzureichender Bewaffnung und unter schrecklichen Verlusten durchstehen mußten.

Auf dem zivilen Sektor scheint der Regierungschef jedoch keinen gesteigerten Wert darauf zu legen, die authentischen Väter der Revolution und jene prononcierten Persönlichkeiten in sein Kabinett aufzunehmen, die in den Exilregierungen von Tunis eine entscheidende Rolle gespielt hatten. Als einziger »historischer Führer«, wie man in

Algier sagt, steht Rabah Bitat, ein Haftgenosse Ben Bellas, auf der Ministerliste. Weder Mohammed Khider noch Abdelhafis Bussuf haben einen Sitz in der Regierungsmannschaft. Der Führer des Kabylen-Aufstandes gegen die Franzosen und spätere Verteidigungsminister Krim Belkassem ist zwar nach Algier zurückgekehrt, bleibt aber von den Regierungsgeschäften ausgeschlossen. So ergeht es auch dem ehemaligen Ministerpräsidenten Ben Khedda. Die Hoffnung vieler Algerier, Boumedienne werde sich dem Chef der ersten algerischen Exilregierung, Ferhat Abbas, zuwenden, wurde nicht erfüllt. Es haben vielleicht einige Kontakte stattgefunden zwischen den putschenden Offizieren und dem Apotheker von Setif, den Ben Bella unter polizeiliche Bewachung gestellt hatte. Aber sie haben zu keinem Ergebnis geführt.

Ferhat Abbas, der in der Schule des französischen Parlamentarismus groß geworden ist, forderte eine Demokratisierung der algerischen Politik und eine Liberalisierung der algerischen Wirtschaft als Voraussetzung für seine Teilnahme an der politischen Verantwortung. Diese Forderungen mußten auf taube Ohren stoßen bei einer festgefügten militärischen Kaste, die den Parlamentarismus lediglich als Ausdruck westlicher Debilität und die freie Wirtschaft als korrupten Sumpf der Volksausbeuter empfindet. Der Revolutionsrat wäre andererseits heute wie gestern verlegen, wenn er eine Definition jenes spezifisch algerischen Sozialismus geben sollte, den die Umgebung Boumediennes anstrebt.

Vor meinem Rückflug aus Algier notierte ich: »Boumedienne hat zu verstehen gegeben, daß Algerien sich seinen eigenen Problemen widmen und auf die Flucht in die Außenpolitik verzichten soll. Damit gibt er bewußt die panafrikanische und panarabische Tendenz der algerischen Revolution preis, ja den Anspruch auf eine Führungsrolle innerhalb der Dritten Welt, den Algerien unter Ben Bella erhob. Zweifellos ist das eine vernünftige Entscheidung. Denn Algerien wird damit die kostspielige Illusion genommen, am Rad der Geschichte zu drehen. Wenn Boumedienne in absehbarer Zeit wirtschaftliche Erfolge vorweisen kann, wird sich dieser außenpolitische Verzicht positiv auszahlen. Doch wenn die ökonomischen Wiederbelebungsversuche des Revolutionsrats scheitern sollten und sich statt dessen lediglich die Privilegien der Offizierskaste im Angesicht einer darbenden Bevölkerung bestätigen, dann müßte man sich auf tiefe Enttäuschung vorbereiten. Dann wäre nicht ausgeschlossen, daß die algerische Masse eines Tages nach einem neuen Traum Ausschau hält, der ihr eine weltweite Mission vorgaukelt.«

Qadhafi und der Kardinal

Tripolis, im Februar 1976

Kardinal Pignedoli war in die Falle gegangen, und Oberst Qadhafi verstand sich auf das Geschäft der Geiselnahme. Der Vatikan und der libysche Staatschef hatten vereinbart, einen Dialog zwischen Muslimen und Christen zu führen. Die beiden monotheistischen Religionen sollten einander näherkommen, sich auf ihre gemeinsamen Ursprünge besinnen, Front machen gegen eine Welt der Gottlosigkeit, die sich im Osten dem »wissenschaftlichen Materialismus« marxistischer Obedienz, im Westen der Verehrung des Goldenen Kalbes und der permissiven Konsumgesellschaft ergeben hatte.

Politische Hintergedanken waren auf beiden Seiten vorhanden. Der Araber suchte in Rom Unterstützung für seine Palästina-Politik und seinen militanten Anti-Zionismus. Die Katholische Kirche wollte Qadhafi für eine größere Toleranz gegenüber den christlichen Minderheiten im Orient gewinnen und hatte vor allem das Überleben der mit Rom unierten Christen des Libanon im Auge. Bekanntlich gehörte der Libyer auch zu den maßgeblichen Geld- und Waffenlieferanten der muselmanischen Aufständischen auf den Philippinen. Die Frau des Präsidenten Marcos war höchstpersönlich von Manila nach Tripolis gereist, um für eine Beilegung dieses Bürgerkrieges zu plädieren. Doch die schöne Imelda hatte wenig ausrichten können. Nun sollte offenbar die Kurie in die Bresche springen und unter anderem die Beilegung des Konflikts aushandeln, den die Moros entfacht hatten.

In Rom hatte man ursprünglich an vertrauliche Kontakte, an ein diskretes Gremium von Theologen gedacht. Doch die Rechnung war ohne den libyschen Wirt gemacht worden. Zur Bestürzung des Kardinals Sergio Pignedoli, Leiter des Vatikanischen Sekretariats für die nicht-christlichen Religionen, hatte Qadhafi die islamisch-christliche

Konferenz zu einer Mammutveranstaltung aufgeblasen. Das Theater El Massara in Tripolis, ein moderner Betonklotz von betrüblicher Einfallslosigkeit, lieh dem Unternehmen seinen Rahmen. Die beiden Delegationen sollten wie Akteure auf der Bühne Platz nehmen. Als Zuschauer und Augenzeugen waren rund tausend Gäste aus aller Welt zusammengetrommelt worden. Mich selbst hatte die Einladung in Frankfurt erreicht. Neben Kohorten von Journalisten, Diplomaten und Klerikern waren auch alle nur denkbaren Vertreter umstürzlerischer und verschwörerischer Bewegungen in Tripolis zusammengeströmt. Der frühere Anführer der »Schwarzen Panther«, Stokely Carmichael, war aus Uganda angereist, wo er im Auftrag Qadhafis die Willkürherrschaft des absurden Marschalls Idi Amin zu zügeln versuchte.

Vier Tage waren dem Treffen von Tripolis gesetzt, und schon in den ersten Stunden kam es zum offenen Disput. Das äußere Bild, der Habitus der Delegationen waren aufschlußreich. Die muselmanischen »Ulama« bewegten sich in ihrer wallenden, traditionellen Tracht. Unter den weißen Turbanen blickten ihre bärtigen Gesichter mit dem Ausdruck triumphierender Überlegenheit auf die christliche Gegenpartei am gesonderten Konferenztisch zu ihrer Linken. Die Muslime hatten ein Jahrhundert kolonialer Unterwerfung wettzumachen, und das Erdöl, das in ihren öden Siedlungsräumen so reichlich sprudelte, war ein unumstößliches Zeichen für das Wohlwollen Allahs, das wieder auf seinen Gläubigen ruhte. Das Petroleum spendete unverdienten Reichtum und unverhoffte Macht. Demgegenüber gaben die Repräsentanten des Vatikans ein schwaches Bild ab. Kardinal Pignedoli, ohnehin kleingewachsen, schien sich noch mehr zu ducken und war auf eine Taktik permanenter Entschuldigung eingestellt. Was nützte es der katholischen Delegation, daß sie in ihren Reihen mit den Dominikanern aus Kairo über die profundesten Koran-Interpreten verfügte, bei denen gelegentlich sogar die Schriftgelehrten der islamischen Universität El Azhar Anregungen suchten.

Die Mehrzahl der römischen Geistlichen war im schlichten Clergy-Man-Aufzug erschienen, und die Auswirkungen des Zweiten Vatikanischen Konzils hatten ihr festgefügtes dogmatisches Gebäude in mehr als einem Punkt erschüttert. Den Muselmanen fiel es leicht, ihren christlichen Brüdern und Kontrahenten vorzuwerfen, sie hätten den Pfad der wahren Religiosität verlassen und die sittlichen Werte des Christentums, in vieler Hinsicht mit denen des Islam identisch, verkümmern lassen. Die Reinheit der Offenbarung sei durch eine falsche Wissenschaftlichkeit getrübt worden. Die römische Kirche habe schließlich mit Verspätung und schlechtem Gewissen dem Gedankengut der Aufklärung stattgegeben und sogar mit Rücksicht auf das Idol des materiellen Fortschritts die Gewißheiten des Glaubens getrübt. Der Islam hingegen habe die innere Geschlossenheit wiedergewonnen und ordne seine politischen Vorstellungen kategorisch einem religiös orientierten Weltbild unter.

Die streitlustigen Ulama trugen ihre Vorwürfe mit fast grimmiger Heiterkeit vor. Sie platzten vor Gewißheit gegenüber einem Gesprächspartner, der sich das Zweifeln angewöhnt, der die Beschwichtigung zum System erhoben hatte, der dem Modernismus um so eilfertiger nacheilte, als er das »Aggiornamento« um Jahrzehnte versäumt hatte. Der Kardinal und seine in sich gespaltene Gruppe boten ein klägliches Schauspiel auf der Bühne von Tripolis, und keiner der islamischen Koran-Gelehrten honorierte es im geringsten, wenn ihnen nach dem Schlag auf die rechte Wange der Christen auch noch die linke geboten wurde. Die katholische Delegation, die an diesem nordafrikanischen Ufer gestrandet war, spiegelte die leidvolle innere Zerrissenheit ihres obersten Hirten, Papst Paul VI., wider und die Widersprüche einer ratlosen Klerisei.

Unter den christlichen Beobachtern kam es mehrfach zu Äußerungen des Mißmuts und der Ungeduld. Während der Konferenzpausen war ich mit einem irisch-amerikanischen Jesuiten, Father O'Connor, ins Gespräch gekommen, der im Auftrag eines katholischen Verlagshauses des Mittelwestens nach Tripolis gekommen war. »Dieser italienische Kardinal ist eine Katastrophe«, sagte O'Connor unverblümt. Seine blauen Augen funkelten zornig hinter der randlosen Brille. »Ich bin wahrhaftig kein Anhänger des französischen Bischofs Lefèbvre, dieses alten Narren, der mit seinen reaktionären politischen Vorstellungen seine vernünftige Forderung nach liturgischer Kontinuität diskreditiert. Aber was sich hier vollzieht, ist die römische Kapitulation vor einer unverschämten Herausforderung. Wir ernten jetzt die Früchte, die viele meiner Confratres selbst gesät haben. Mit rührender Naivität, oft auch mit schamlosem Opportunismus haben sie die Religion in eine fortschrittliche Soziallehre ummünzen wollen. Sie huldigten dem vermeintlich areligiösen Zeitgeist und zerstörten damit das eigene Fundament.«

Father O'Connor war selber Orientalist, hatte lange Jahre im Irak gelebt und war dort Zeuge der blutigen Unterdrückung der nestorianischen Christenheit geworden. »Kann denn dieser Kurien-Prälat nicht begreifen, daß wir als Christen den Muselmanen nur Achtung gebieten, wenn wir ihnen militant und fest im Glauben entgegentreten?« fragte er erregt. »Der Kardinal Pignedoli möchte mit seiner Nachgiebigkeit die Duldsamkeit Qadhafis gegenüber den Christen im Libanon einhandeln. Aber wissen Sie, was der libysche Oberst im Kreise seiner Getreuen erklärt hat: Es gebe eine gottgewollte, zwangsläufige Identität zwischen Arabertum und Islam. Jeder Araber müsse Moslem sein, und deshalb sei kein Platz – im Libanon und andernorts – für arabische Christen. Daß die katholischen Maroniten der Levante schon das Kreuz verehrten, als die Beduinen des Hedschas noch Götzen aus Holz und Stein anbeteten, scheint dieser Libyer völlig zu ignorieren.«

Am Nachmittag des zweiten Konferenztages entstand Bewegung in der Versammlung. Die Delegierten und die meisten Beobachter standen auf. Zwei Reihen vor mir tuschelten zwei bärtige Mullahs aus Sowjetisch-Usbekistan, die in weißen Turbanen und grün-gelb-blau gestreiften Seidenmänteln besonderes Aufsehen erregten, mit einem orthodoxen Popen – möglicherweise der KGB-Beauftragte –, der sie begleitete und überwachte.

Jetzt erkannte auch ich den Grund der plötzlichen Spannung. Muammar el-Qadhafi – von wenigen Sicherheitsbeamten umgeben – hatte den Saal betreten. Er ging gar nicht bis zur Bühne, sondern nahm mit betonter Bescheidenheit in einer Zuschauerreihe Platz. Doch da kam der Kardinal bereits in devoter Haltung auf den libyschen Staatschef zugeeilt, nahm ihn bei der Hand – fast hätte er sie geküßt – und führte den pro forma widerstrebenden Libyer auf die Empore. Ein gewaltiger Applaus brandete hoch. Die anwesenden Muselmanen hatten ihren Erwählten erblickt. Ein paar italienische und französische Journalistinnen gerieten beim Anblick dieses schönen Mannes mit dem ausdrucksvollen Beduinenkopf in Verzückung. Qadhafi wirkte in der Tat wie ein strahlender Filmschauspieler. Eine sympathische Jungenhaftigkeit ging von ihm aus, und nur aus der Nähe fiel die brennende Starrheit seines Blickes auf, die gelegentlich sogar etwas Gehetztes hatte. Qadhafi genoß seinen Triumph. Er war auf das einfachste gekleidet mit einer schwarzen Hose und einem schwarzen Rollkragenpullover, und er bewegte sich mit der Geschmeidigkeit einer Katze. Neben diesem Krieger der Wüste erschien der beflissene römische Prälat mit seiner roten Kalotte, der roten Schärpe über der Soutane, den roten Socken in den Spangenschuhen wie ein Komödiant.

Alle Augen waren von nun an auf Qadhafi gerichtet. Zu viele Geheimnisse rankten sich um diesen Mann. Die CIA hatte ein ausführliches Psychogramm des libyschen Diktators entworfen. Seine Herkunft als Sohn armer Beduinen habe ihn gezeichnet. Gerade weil er in seinen Knabenjahren stets mißachtet und vernachlässigt worden sei, weil er in der Schule zurückstehen mußte hinter den Söhnen wohlhabender und arroganter Feudalherren, habe sich das brennende Bedürfnis nach sozialer Gleichmacherei in ihm angestaut. Die ersten Knabenjahre in der erbarmungslosen Unendlichkeit der Libyschen Wüste hätten ihn mit einem fast prophetischen Sendungsbewußtsein erfüllt. Wieder einmal habe die Einsamkeit eines Menschen zwischen Sand und Firmament das Verlangen nach der totalen Übereinstimmung mit dem Willen Allahs und ein fanatisches Verlangen nach religiöser Erneuerung, nach Abrechnung mit der korrupten und gottlosen Welt ausgelöst.

Jetzt war dieser Beduinensohn zum tätigen Instrument, ja zum Motor jeder Form revolutionären Umsturzes geworden. Er hatte versucht, seine eigene Nation von nur drei Millionen Menschen – zum geringen Teil Beduinen, in der Mehrzahl städtische Krämer, Handwerker und Gelegenheitsarbeiter – in eine egalitäre, islamische Gesellschaftsform einzuschmelzen. Zur Bezeichnung seines neuen Staatswesens, das auf dem Konsensus der Massen ruhen sollte, hatte er den arabischen Neologismus »Dschamahiriya« geschaffen. Zweifellos war es ihm gelungen, seine Mitbürger mit dezenten Lebensbedingungen und mit nationaler Arroganz auszustatten. Eine Laune der Geologie, der immense Erdölreichtum des tripolitanischen Bodens, verschaffte ihm die Mittel dazu. Aber sein krampfhafter Versuch, aus den Libyern eine geschlossene Vorhut der arabischen und islamischen Wiedergeburt zu machen, die Jugend seines Landes zu kasernieren und das

Heldentum zur obligatorischen Staatstugend zu erheben, stieß auf die Trägheit, die Profitsucht und die Bestechlichkeit einer Bevölkerung, die sich zwar bei den offiziellen Kundgebungen hysterisch gebärdete, aber zutiefst pragmatisch blieb.

Immerhin war Muammar el-Qadhafi zur Spinne im Netz eines weltweit verzweigten Terroristen-Systems geworden. Nicht nur bei den muselmanischen Moros von Mindanao oder bei der radikalsten Fraktion der palästinensischen »Front der Verweigerung« hatte er seine Hände im Spiel. Seine Emissäre finanzierten die Bombenleger und Attentäter der »Irisch-Republikanischen Armee« in Belfast, der »Befreiungsfront von Korsika«, der baskischen Unabhängigkeitsbewegung ETA, der bretonischen Autonomisten, der »Rote-Armee-Fraktion« in der Bundesrepublik. Wo immer Unruhe und Blutvergießen in der Dritten Welt entstand, vornehmlich in den islamischen Randgebieten, waren Qadhafis Agenten am Werk. Es hieß, daß er – ungeachtet seines Zweckbündnisses mit Moskau – sogar versucht habe, islamische Propagandisten nach Sowjetisch-Zentralasien einzuschleusen. Zur Zeit der islamisch-christlichen Konferenz munkelte man, der eine oder andere deutsche Terrorist, der beim jüngsten Attentat auf die OPEC-Sitzung von Wien verwundet worden war, warte in einem Militärhospital von Tripolis auf seine Genesung. Die Spuren des ominösen Carlos führten zum libyschen Geheimdienst.

Gegen Ende der Sitzung verließ Qadhafi als erster das Theater El Massara. Er wechselte ein paar Worte mit den Journalisten. Plötzlich erkannte er in der Menge der Reporter den Korrespondenten der Pariser Zeitung *Le Monde*. Eric Rouleau war als Jude in Ägypten geboren, und Qadhafi wußte das sehr wohl. Dennoch schloß er Rouleau mit brüderlicher Geste in seine Arme. Nächtelang hatte er mit diesem prominenten französischen Orientkenner diskutiert, hatte versucht, diesen mosaischen Angehörigen der »Familie des Buches« zur koranischen Offenbarung zu bekehren. Das Verwirrende an Qadhafi lag auch darin, daß keine systematische Verteufelung auf ihn paßte und daß man diesem inspirierten Querulanten eine gewisse Sympathie nicht verweigern konnte.

Im Sommer 1958 hatte ich zum ersten Mal Libyen bereist. Mit dem Autobus war ich entlang der tunesischen Südküste gefahren. Als wir die Grenze überquerten, hatte mich ein »Alim« der Zeituna-Universität, der neben mir saß, auf ein paar Betonbunker aufmerksam gemacht, Reste jener Mareth-Linie, mit der die Franzosen im Winter 1939 ihre nordafrikanischen Besitzungen gegen die Divisionen Mussolinis abschirmen wollten. Wie unendlich weit lag das zurück! Am Rande der tripolitanischen Asphaltbahn entdeckte ich die verlassenen Siedlungen jener italienischen Kolonisten, die das faschistische Regime in die Wüste geschickt hatte, um an die grandiose Agrartradition des antiken Rom anzuknüpfen. Die Felder, die dort unter unsäglichen Mühen der Wüste abgerungen worden waren, versanken längst wieder im Sand. Die schmucken weißen Häuschen waren verlassen, die Türen erbrochen. Schwarze Ziegen suchten nach spärlichen Grasbüscheln.

Im August 1958 war Tripolis noch eine europäisch geprägte Stadt. Das urbanistische Talent der Italiener hatte anspruchsvolle Verwaltungsbauten und vor allem eine herrliche Hafenpromenade hinterlassen. Unter den Arkaden des hochgewölbten Geschäftsviertels ging es fast neapolitanisch zu. Der greise König Idris-el-Senussi, den die Engländer nach der faschistischen Niederlage auf den Thron gehoben hatten, war ein gefügiges Werkzeug des Westens. Die Briten bildeten seine Armee aus und verfügten über Basen in der Cyrenaika, während die Amerikaner vor den Toren der Hauptstadt den gewaltigen Luftstützpunkt Wheelus Field ausgebaut hatten. Kein Wunder, daß sich unter den jungen libyschen Offizieren, in der aufsässigen Kaufmannschaft, vielleicht sogar bei den Beduinen der Wüste der Wille nach tatsächlicher Unabhängigkeit regte und der Wunsch, am großen Aufbruch des Arabismus teilzuhaben.

Im Hotel »Mehari«, dessen Fenster sich auf die tiefblaue Bucht öffneten, erfuhr ich die große Nachricht des Tages. Der irakische König Feisal war in der Nacht ermordet worden. Mit der Machtergreifung radikaler arabischer Nationalisten in Bagdad war das gesamte amerikanische Bündnissystem im Nahen und Mittleren Osten ins Wanken geraten. Der alte Gewährsmann der Briten im Zweistromland, Nuri es Said, wurde bei seinem Fluchtversuch, den er in Frauengewändern unternahm, erkannt und getötet. Die Sympathisanten des ägyptischen »Rais« Gamal Abdel Nasser triumphierten an Euphrat und Tigris. Dem Haschemitischen Königreich Jordanien, dessen Herrscher Hussein mit seinem Vetter Feisal in Bagdad engste Beziehungen gepflegt hatte, drohte ein ähnliches Debakel. Britische Fallschirmjäger wurden unter Benutzung des israelischen Luftraumes nach Amman eingeflogen und sorgten dort für Stabilität. Im Libanon, wo Teile der muselmanischen Bevölkerung ebenfalls in den Taumel der nasseristischen Begeisterung geraten waren, rief der christliche Präsident Camille Chamoun die Amerikaner ins Land, weil in Beirut und im Gebirge offener Bürgerkrieg drohte. Am Tag meiner Ankunft in Tripolis waren die US-Marines, die »Ledernacken«, an der libanesischen Küste an Land gegangen, und der ganze Maschreq, der ganze arabische Orient, vibrierte vor Empörung und Wut.

In Tripolis hatten die Koran-Gelehrten und die panarabischen Nationalisten den Generalstreik ausgerufen. Ich ließ mich zur Altstadt fahren, die jenseits der malerischen türkischen Zitadelle begann. Sämtliche Läden waren geschlossen. Kaum ein Mensch war zu sehen. Während ich einsam durch die verwaisten Gassen schlenderte, dröhnte fast aus jedem Haus eine wohlbekannte Stimme. Gamal Abdel Nasser hatte die Menschenmassen des Niltals zusammengerufen. Der ägyptische Rais stand damals auf dem Höhepunkt seines Ansehens. Zwei Jahre zuvor hatte er den Suez-Kanal verstaatlicht und den Ansturm von Franzosen, Engländern und Israeli – mit Hilfe Chruschtschows und Eisenhowers wohlweislich – überlebt. Nun donnerte er gegen die amerikanische und britische Intervention im Libanon und in Jordanien an. Sein mächtiger Aufruf zum nationalen Widerstand hallte nicht nur durch Ägypten, sondern durch die ganze arabische Welt von Marokko bis zum Persischen Golf. Saut el Arab, Stimme der Araber, nannte sich der überall hörbare Rundfunksender von Kairo. Den Namen Saut el Arab hatte sich sogar einer der Partisanenführer der Algerischen Befreiungsfront als »nom de guerre« zugelegt. Die Libyer hatten ihre Radiogeräte auf maximale Lautstärke gestellt und lauschten gebannt dem großen Volkshelden vom Nil. Ich mußte an die Szene im Film »The Great Dictator« denken, wo Charly Chaplin durch die verödeten Straßen einer polnischen Provinzstadt hetzt, verfolgt von der Stimme des entfesselten und tobenden Tyrannen. Eine ähnliche Psychose herrschte in den vereinsamten Gassen von Tripolis. Ganz unbedenklich wäre es nicht gewesen, in dieser Stunde antiimperialistischer Aufwallung als westlicher Ausländer erkannt zu werden.

Als ich auf einem stillen Platz im Schatten einer kleinen Moschee schließlich doch eine Gruppe Männer entdeckte, die um das Radio geschart der Botschaft aus Kairo lauschten und dabei ihren Kaffee schlürften, ging ich schnurstracks auf sie zu und setzte mich zu ihnen. Auf die Frage, woher ich käme, gab ich an, ich sei Druse, ein »Darsi« aus dem Libanon. Das reichte aus, um akzeptiert zu werden, obwohl sicher keiner der Anwesenden über die geheimnisvolle und recht abseitige Sekte der Drusen auch nur annähernd Bescheid wußte. Man bot mir eine Tasse Kaffee an, und schon war ich einbezogen in die brüderliche Stimmung islamisch-arabischer Frontstellung gegen die verderblichen Machenschaften der westlichen Aggressoren. An jenem Tag im August 1958 hätte ich wetten mögen, daß dem Regime des Königs Idris, der der stolzen Überlieferung seiner Vorfahren den Rücken gekehrt hatte, ein baldiges Ende gesetzt würde, auch wenn ich nicht wissen konnte, daß eine Gruppe junger Offiziere der libyschen Armee, angeführt von einem Beduinen-Sohn namens Qadhafi, bereits fieberte, dem nasseristischen Beispiel zu folgen, und den Putsch vorbereitete, der im folgenden Jahr das Schicksal der Senussi-Dynastie besiegeln sollte.

In den achtzehn Jahren, die seit diesem ersten denkwürdigen Aufenthalt in Tripolis vergangen waren, hatte sich in der libyschen Hauptstadt ein brutaler Wandel vollzogen. Die harmonischen Überreste italienischer Architektur waren durch scheußliche Betonfronten verschandelt worden. Die herrliche Strandpromenade war in einem chaotischen Gewirr von Hafenanlagen, Kränen, Piers und Lagerhäusern untergegangen. Die Straßen waren durch eine hupende Autoflut verstopft. Als meine Mitarbeiter die Statue des römischen Kaisers Septimus Severus filmen wollten, die nur deshalb noch nicht vom Sockel gestürzt worden war, weil dieser Imperator libyschen Ursprungs war, wurden sie einen halben Tag lang auf einer Polizeistation festgehalten. Reichtum und Macht waren mit der Entdeckung des Erdöls über das einstige Königreich der Senussi hereingebrochen, aber ob das schwarze Gold diesem Wüstenland zum Segen gereichte, blieb dahingestellt. Die zahlreichen tunesischen Fremdarbeiter, die aus rein finanziellen Gründen nach Tripolis geströmt waren, klagten über die neureiche Überheblichkeit und die ideologische Verbohrtheit, die die Libyer Qadhafis neuerdings auszeichneten. Die Stimmung in Tripolis war nicht nur den Fremden gegenüber feindselig und mißtrauisch. Die permanente Verschwörung wurde zum Grundelement dieses Staates, und die Geheimpolizei war allgegenwärtig.

Am vorletzten Tag der islamisch-christlichen Konferenz von Tripolis kam es zur Enthüllung. Qadhafi – wieder ganz burschikos in Schwarz gekleidet – hielt seine große Rede und goß Hohn über das Haupt seines so gefügigen Partners, des Kardinals Pignedoli. Dem Repräsentanten des Vatikan hatte es nichts genutzt, daß er gewissermaßen für die Kreuzzüge Abbitte leistete, daß er den europäischen Kolonialismus verurteilte, daß er die angebliche Mißachtung des Korans durch die Christenheit tadelte, ja Mohammed als Propheten des Islam anerkannte. Pignedoli hatte einem Kommuniqué zugestimmt, das später von römischer Seite widerrufen werden mußte, weil es den Zionismus als rassistische Bewegung disqualifizierte und Jerusalem als arabische Stadt bezeichnete, die weder geteilt noch internationalisiert werden dürfe.

Muammar el-Qadhafi, der »Bruder Qadhafi«, wie er sich nennen ließ, begann seine Ausführungen, indem er Jesus, »Isa« auf Arabisch, als Propheten gelten ließ und auf jene Verse des Korans verwies, die nicht nur den christlichen Erlöser, sondern auch dessen Mutter lobend erwähnen. Christen und Muslime verfügten über die gleiche Offenbarung, sie ständen einander nahe, seien eng verwandt, beriefen sich auf die gleiche Urschrift, beteuerte der libysche Staatschef und Revolutionär. Es bedürfe nur einiger kleiner Berichtigungen, um die beiden zerstrittenen Zweige der »Familie des Buches« zusammenzuführen. Es reiche aus, wenn die Christen die Verfälschungen der Heiligen Schrift, die ihnen bei der Abfassung des Evangeliums und bei dessen Interpretation unterlaufen seien, richtigstellten und wenn sie Mohammed als Vollender der göttlichen Offenbarung, als Siegel der Propheten verehrten. Sobald diese Voraussetzungen erfüllt seien, stehe der Einheit zwischen Christen und Muslimen nichts mehr im Wege.

Der vatikanischen Delegation hatte sich nun doch eine deutliche Verwirrung und Bestürzung bemächtigt. Auf den Zuschauertribünen rumorte es. Father O'Connor war vor Verärgerung rot angelaufen. »So tief ist Rom gefallen«, murmelte der amerikanische Jesuit. »Jetzt können wir nur noch den heiligen Bernhard von Clairvaux anrufen, daß er einen Funken jenes Geistes wieder anfacht, der damals die Christenheit der Kreuzzüge beseelte. Die Maroniten des Libanon werden die ersten Leidtragenden dieser Kapitulation der Kurie sein.«

Auch bei den muselmanischen Delegierten gab es keine einhellige Zustimmung für den libyschen Staatschef. Qadhafi hatte sich allzu viele politische Feinde innerhalb der Umma gemacht. Seine jüngste These, wonach allein der Buchstabe des Korans, nicht aber die islamische Überlieferung – die »Sunna« oder der »Hadith« – als Richtschnur des Glaubens gelten sollten, stieß bei den Schriftgelehrten auf offenen Widerspruch. »Am liebsten möchte er ein neuer Kalif werden«, brummte ein mürrischer Beobachter aus Ägypten. »Als Beweis seiner Berufung zu diesem Amt als Statthalter Gottes auf Erden versucht er krampfhaft, Erfolge im Kampf gegen die Ungläubigen vorzuweisen.«

Ein älterer, blauäugiger Turbanträger mit grauem Bart war auf mich zugetreten und stellte sich als Imam einer deutsch-islamischen Glaubensgemeinschaft im nördlichen Baden vor. Auch er war nicht ganz glücklich über den aggressiven Ton Qadhafis. Er hätte lieber einem versöhnlichen Gespräch des Ausgleichs beigewohnt. Sogar die scharf antizionistische Gangart dieses Kongresses weckte Unbehagen bei dem deutschen Imam. »Ich gehöre nicht zu jener Gruppe von Nazis, die nach dem Krieg zum Islam übertraten, beim rabiaten Arabismus Unterschlupf suchten und ihren antijüdischen Zwangsvorstellungen weiter nachhängen«, sagte er. »Ich war bereits junger Moslem, als Hitler zur Macht kam, und ich bin damals verfolgt und vorübergehend von der Gestapo eingesperrt worden, weil ich Anhänger einer semitischen Religion war.«

In jenem Februar 1976 wußten wir nicht, daß drei Jahre später bei dem Konklave, aus dem Johannes Paul II. als erster polnischer Papst hervorgehen sollte, Kardinal Sergio Pignedoli zu den »Papabili« gezählt würde. Wir konnten auch nicht ahnen, daß die Autoren Collins und Lapierre in einem durchaus plausiblen Zukunftsroman den Obersten Qadhafi als Wasserstoffbomben-Leger in New York und als Fünften Reiter der Apokalypse porträtieren würden. Den Spezialisten der westlichen Geheimdienste hingegen blieb schon damals nicht verborgen, daß der missionarische Ausdehnungsdrang des libyschen Staatschefs sich nach Süden, auf die afrikanische Sahel-Zone richtete.

Qadhafi hatte 1969 den ungeliebten und hinfälligen Monarchen Idris-el-Senussi gestürzt. Doch nun trat er fast zwangsläufig in die Fußstapfen jener islamischen Bruderschaft der Senussiya, deren nominelles Oberhaupt der frühere König bis zuletzt gewesen war. Viel war nicht übriggeblieben von dieser fanatischen »Tariqa«, die sich seit dem neunzehnten Jahrhundert in der Cyrenaika entfaltet, die Rückkehr zum reinen Islam der Frühzeit gefordert hatte und einen Gottesstaat errichten wollte. Mit türkischer Unterstützung hatten die Beduinen der Senussiya vor dem Ersten Weltkrieg der italienischen Eroberung standgehalten. Diese kargen, einfältigen Männer waren – ähnlich der ihnen wesensverwandten »Mahdia« des Sudan – Vorläufer eines religiösen Erwachens, dem sich der arabische Nationalismus erst als Sekundär-Phänomen anschließen sollte. Ihre Eroberungs- und Missionierungszüge uferten jenseits der Wüste auf den afrikanischen Sahel aus. Sie unterwarfen den heutigen Tschad bis zu den animistischen Stämmen der Savanne, sie beherrschten die jetzige Republik Niger, weite Teile von Mali und die südlichen Oasen der algerischen Sahara. Als Franzosen und Italiener auf dem Höhepunkt der Materialschlachten des Ersten Weltkrieges gezwungen waren, ihre nordafrikanischen Kolonien von Truppen zu entblößen, bemächtigte sich die Bruderschaft der Senussiya eines gewaltigen Territoriums. Erst in den dreißiger Jahren gelang es den Legionen des faschistischen Generals Graziani nach vielen Rückschlägen, die Cyrenaika zu unterwerfen und der Senussiya das Rückgrat zu brechen. Das Oberhaupt der Tariqa flüchtete zu den Engländern nach Ägypten, die ihn zwanzig Jahre später als alten Mann auf dem Thron von Tripolis als Handlanger ihrer Politik installierten.

Benito Mussolini war 1940 nicht vor der Lächerlichkeit zurückgeschreckt, das »Schwert des Islam« zu gürten, ehe er zur angeblichen Befreiung des Niltals vom britischen Joch jenen Vorstoß nach Ägypten befahl, der schon in den Grenzstellungen von Sollum kläglich steckenblieb. War es dieser italienische Frevel, diese Überheblichkeit Mussolinis, die der römische Kardinal Pignedoli jetzt mit Demütigung und Beschämung in Tripolis büßen mußte?

Muammar el-Qadhafi hatte mit der »Weißen Garde« der Senussi-Krieger, die ihrem König in der Cyrenaika die Treue halten wollten, kurzen Prozeß gemacht. Die totale Machtergreifung fiel ihm in Libyen leicht, denn von nun an verkörperte er – wenn auch als Karikatur – jenen Geist islamischen Siegesbewußtseins, jenen revolutionär-religiösen Taumel, der einst die fromme Bruderschaft der Senussiya zu ihren Waffentaten befähigt hatte. Die Propagandisten Qadhafis schwärmten neuerdings in den Sahel-Staaten aus. Die Petro-Dollars flossen in Strömen. 1976 hatte Qadhafi stillschweigend den Awzu-Streifen im nördlichen Tschad annektiert, wo Uranium vermutet wurde. Seine Agenten schürten den Aufstand des kriegerischen Volkes der hamitischen Tubu in der Tibesti-Wüste gegen die überwiegend christliche Regierung des Tschad. Vielleicht schwebte dem Obersten von Tripolis schon damals die Schaffung einer weitgezogenen »Islamischen Sahel-Republik« vor. Jedenfalls rekrutierte die libysche Dschamahiriya eine »Islamische Legion«, in der sich Freiwillige aus einer Vielzahl afrikanischer Staaten einfanden. Die algerische Abwehr hatte rechtzeitig erfahren, daß die Werber Qadhafis beim Wüstenstamm der Tuareg aktiv geworden waren und daß sie diesen verschleierten Nomaden libysche Pässe aushändigten. Die Tuareg, so argumentierte Qadhafi, seien libyschen Ursprungs, und sie hätten sich auf dem Höhepunkt der Senussi-Bewegung dieser »Zawiya« mit kriegerischer Begeisterung angeschlossen. Von nun an waren die Algerier hellhörig geworden, denn nicht nur im Norden von Mali und Niger nomadisierten die Tuareg; auch im südlichsten Algerien lebten ja versprengte Gruppen dieser einst so gefürchteten Rasse.

Skorpione im Wüstensand

Oase Tinduf, im März 1976

Scherif ließ auf sich warten. Am frühen Nachmittag hätte er anrufen müssen, um uns den Zeitpunkt unseres Aufbruchs nach der Oase Tinduf in der West-Sahara anzukündigen. Aber nun senkte sich schon die Dämmerung über Algier. Die Entscheidung über unsere Reise würde sicherlich in der unmittelbaren Umgebung des Präsidenten der Demokratischen Volksrepublik Algerien getroffen, denn alle Fäden liefen in der häufig wechselnden Befehlszentrale zusammen, wo Houari Boumedienne sich wie die Spinne im Netz verhielt. Es war ein gutes Omen für unser Vorhaben, daß der für uns abgestellte Begleiter Scherif dem umfangreichen Sicherheitsapparat des Staatschefs angehörte.

Zum erstenmal war ich Houari Boumedienne begegnet, als er 1962 – bereits nach der Proklamierung der Unabhängigkeit – an der Spitze seiner Grenzarmee über den Atlas nach Norden auf die Hauptstadt vorgerückt war, um die Regierung Ben Khedda zu stürzen. Damals wirkte der Oberst wie ein hagerer Wolf. Seinen Kampfanzug trug er nachlässig. Der Kragen stand offen. Nie sah man ihn mit einer Kopfbedeckung. Rangabzeichen verschmähte er. Das Profil war messerscharf, und die Augen fixierten den Gesprächspartner mit stechender Intensität. Nachdem er drei Jahre später seinen Rivalen Ben Bella eingekerkert und sich selbst zum Präsidenten der Republik proklamiert hatte, war mit Houari Boumedienne eine allmähliche Verwandlung vor sich gegangen. Er trug nun dunkle, gut geschneiderte Einreiher, weiße Hemden und einen festlichen Schlips.

Über die Schultern hatte Boumedienne stets eine »Aba«, einen schwarzen ärmellosen Mantel, geworfen, wohl um die orientalische Ausrichtung seiner Politik auch visuell zu unterstreichen. In den Augen der Regimegegner verlieh ihm dieses düstere Cape das Aussehen eines maghrebinischen Dracula. Doch wer erlaubte sich schon Späße über Houari Boumedienne? Auch an der Spitze des Staates war er ein Mann des Geheimnisses und der Verschwörung geblieben. Sein Mißtrauen war sprichwörtlich, und im Revolutionsrat verstand er es, die verschiedenen Fraktionen sorgfältig zu dosieren und gegeneinander auszuspielen. Manche hatten gehofft, daß die späte Heirat dieses asketischen Eiferers mit einer stattlichen Orientalin, der man im Kreise seiner Feinde jüdische Abstammung nachsagte, die stets düstere Laune Boumediennes aufhellen würde. Aber er war sich treu geblieben und verbarg wohl hinter dem schroffen, abweisenden Gebaren eine Vielzahl von Hemmungen und eine sehr islamische, immer noch pubertär wirkende Schüchternheit.

Die Zeit verging schleppend im Hotel »Aurassi«, wo man uns einquartiert hatte. Das »Aurassi« war nach jenem Aurès-Gebirge benannt, wo der Aufstand gegen die Franzosen 1954 seinen Ausgang genommen hatte. Dieser überdimensionale Betonkegel, der von einer Menge Geheimpolizisten, aber wenig kompetentem Personal betreut wurde, konnte auch nicht durch die lila, grünen und gelben Möbel aufgeheitert werden, die aus Italien importiert waren. Die Stadt Algier unter uns war in Nebel und kalten Regen gehüllt. Das Mittelmeer in der Ferne – stahlgrau wie eine Panzerplatte – war kaum zu erkennen. Die Kasbah und die Admiralität versackten bereits in der Dunkelheit. Die Lichtergirlanden, die in steilen Kurven zu den Höhen von El-Biar führten, zitterten wie ertrinkende Lampions. Mit jeder Stunde, die verstrich, wurde unsere Stimmung trübseliger.

Plötzlich stand Scherif in der Tür. Er hatte nicht einmal angeklopft. Der junge, hochgewachsene Algerier mit dem kurzen, krausen Haar und dem mächtigen Schnurrbart strahlte gute Laune aus. Er trieb uns zum Aufbruch an. Die beiden Autos, die uns und unser Material zum Flugplatz »Maison Blanche« – jetzt sagte man »Dar el Beida« – bringen sollten, ständen bereits vor dem Portal. Höchste Eile sei geboten, auch wenn der Pilot der Linienmaschine nach Bechar Weisung erhalten habe, auf unser Eintreffen zu warten. Die mediterrane Fröhlichkeit Scherifs wirkte ansteckend. Er gehörte zu jenen Nordafrikanern, die das Französische – neben ihrem rauhen maghrebinischen Dialekt – wie eine zweite Muttersprache beherrschten. Sein Akzent erinnerte unverfälscht an jene »Pieds Noirs«, jene »Schwarzfüße«, wie die Algier-Franzosen sich selbst bezeichneten, die einst das Stadtviertel Bab el-Oued bewohnt und dort einen verzweifelten und mörderischen Widerstand gegen die Emanzipationspolitik de Gaulles geleistet hatten, ehe sie über das Mittelmeer in ein unbekanntes Mutterland flüchten mußten.

Das Verkehrschaos in Algier war komplett. Die Fahrzeuge standen hupend Stoßstange an Stoßstange. Mit Blaulicht und Sirene bahnte uns der Motorradfahrer der Präsidentschaft einen Durchlaß. Im Flugzeug nach Bechar, das seit einer halben Stunde mit dröhnenden Motoren auf der Rollbahn stand, waren die algerischen Militärs in olivgrünem Drillich in der Mehrzahl. Die Zivilisten trugen zerknitterte europäische Anzüge und hatten sich meist malerische Tücher oder Turbane um den Kopf geschlagen.

Die Oase Bechar, unweit der marokkanischen Grenze, war einst unter dem Namen Colomb-Bechar eine der Hauptgarnisonen der Fremdenlegion in der westlichen Sahara gewesen. Wir landeten dort gegen Mitternacht. Die Luft war schneidend kalt, aber wir empfanden die klirrende Trockenheit der Wüste wie eine Wohltat nach dem klammen Rheuma-Klima des algerischen Küstenfrühlings. Der Himmel über uns wirkte klar wie eine schwarze Glasplatte. Die Sternbilder, die sich dort spiegelten, kamen uns vergrößert vor wie in einem Observatorium. Die mit dem Lineal gezogenen Straßen von Bechar waren menschenleer. Armeepatrouillen begegneten uns auf der Fahrt zum Hotel, das in der Franzosen-Zeit zur luxuriösen Kette »Transatlantique« gehört hatte und das sich jetzt in einem haarsträubenden Zustand der Verwahrlosung und Verschmutzung befand.

Die Sonne ging wie eine flammende Orange auf. Wir flogen in südwestlicher Richtung weiter nach Tinduf, dem großen rückwärtigen Stützpunkt der Polisario-Partisanen auf algerischem Boden. Unter uns rollten sechshundert Kilometer löwengelber Sandwüste ab, durch die sich nur das schwarze Band einer Asphaltstraße zog. Die einzige befahrbare Landverbindung der vorgeschobenen Sahara-Festung Tinduf mit dem algerischen Kernland verlief in bedrohlicher Nähe der marokkanischen Grenze, um die schon einmal im Jahre 1963 ein kurzer, heftiger Konflikt der beiden maghrebinischen Nachbarstaaten entbrannt war.

In Tinduf empfing uns die Stimmung eines modernen Wüstenkrieges. Ohne Unterlaß starteten oder landeten auf der Rollbahn Flugzeuge vom Typ Mig 17 oder Mig 19. Die Luftbasis war durch ein Gewirr von Gräben und Stacheldraht nach allen Seiten geschützt. Auf den kahlen Dünen zeichneten sich die Flak-Batterien vom blaßblauen Himmel ab. Die Soldaten in den Stellungen und Baracken trugen sowjetische Stahlhelme. An der Ausfahrt wurden wir peinlich genau kontrolliert. Scherif umarmte einen gedrungenen jungen Zivilisten, der uns erwartete und offenbar dem gleichen Sicherheitsdienst angehörte. Selim, so hieß er, war ebenfalls ein Freund lärmender Heiterkeit und nicht enden wollender alberner Späße. Neben dem sympathischen Scherif wirkte er etwas verschlagen.

Das Städtchen Tinduf, das von den Franzosen einmal als Wohn- und Verwaltungszentrum für das Personal der nahen Eisengruben von Gara Djebilet wie ein Schachbrett angelegt worden war, wirkte heruntergekommen und verödet. Sogar die anspruchslosen Dornakazien längs der schnurgeraden Alleen vertrockneten. Die trostlose Siedlung wurde von einer steilen Felswand beherrscht. Ein altes Kolonialfort, halb Spielzeug, halb Filmrequisite, mit roten Lehmzinnen, Schießscharten und eisenbeschlagenen Toren vermittelte auf dieser Höhe einen Hauch von Romantik und Nostalgie. Über dem quadratischen Turm flatterte die grün-weiße Fahne Algeriens mit rotem Halbmond und Stern.

Unser Hotel war wohl seit Jahren nicht mehr gereinigt worden. Überall war der feine Wüstensand eingedrungen. Die Bettücher hatten sicher schon ein Dutzend Gäste über sich ergehen lassen. »Haben Sie die Schwedinnen gesehen, die zu unserer Bewirtung bereitstehen?« fragte Baldur, der hünenhafte blonde Kameramann, der sich wegen seines germanischen Typus bei den Orientalen besonderer Beliebtheit erfreute und prompt mit »Baladur« angeredet wurde. Ich fiel auf den Scherz herein, blickte in den Innenhof und entdeckte drei pechschwarze Sudanesinnen, die als Zimmermädchen fungierten. Die dünnen Beine steckten in billigen Kattunröcken, und auf dem Kopf sträubte sich eine Vielzahl von geflochtenen Zöpfen wie Rattenschwänze.

Wir brauchten nicht lange nach den »Sahrawi«, wie man die Polisario-Anhänger nannte, zu suchen. Jenseits des Forts in südlicher Richtung erstreckte sich eine große, wohlgeordnete Zeltstadt, über der die Fahnen und Wimpel der eben gegründeten »Arabischen Demokratischen Sahara-Republik« flatterten. Das rot-weiß-grüne Emblem mit Dreieck und Stern glich dem Wappen der Palästinensischen Befreiungsfront. In dem Camp nahe der Stadt waren fast nur Frauen, Kinder und Greise zu sehen. Selbst von diesen Nicht-Kombattanten ging eine selbstverständliche Würde aus. Die Frauen mit den ebenmäßigen, kupferbraunen Gesichtern trugen ihren dunkelblauen Umhang mit natürlicher Eleganz. Beim Anblick unserer Kamera drängten sie sich gestikulierend vor dem Objektiv. Sie brachen in das grelle, markerschütternde Ju-Ju-Geschrei aus, das die Weiber des Maghreb zur Feier freudiger Ereignisse, zum Beklagen der Toten, zum Schmähen der Feinde und zur Aufpeitschung der eigenen Männer vor der kriegerischen Tat anstimmen. Sie skandierten in einstudiertem Sprechchor: »Tahia el Dschumhuriya es sahrawiya el arabiya ed dimokratiya – Es lebe die Arabische und Demokratische Sahara-Republik!«

Dazu wiegten sie sich wie im Tanzrhythmus einer Festtrommel. Aber sie gerieten nie außer sich. Der Krieg war für sie kein Ausnahmezustand, die Vertreibung kein Verhängnis, mit dem man nicht fertig wurde wie etwa bei den Palästinensern, diesen entwurzelten Akkerbauern und Städtern, mit denen die Sahrawi so häufig verglichen wurden. Die Nomaden der West-Sahara hatten seit Menschengedenken keine dauerhafte Bleibe besessen. Sie waren mit ihren Herden den Wolken gefolgt in der Hoffnung, daß ein gnädiger Regenguß die Dürre und Öde vorübergehend mit spärlichem Grün überziehen würde. Diese Menschen gehörten überwiegend dem Stamm der Rgibat an, für den der Krieg ein männliches Alltagsgeschäft war; sie schwärmten am Lagerfeuer von Überfällen, »Rezzu« und Scharmützeln. »Männer der Wolken« nannte man die Rgibat. Die Mauren der West-Sahara, die seit ihrer Bekehrung zum Islam und dem Eindringen versprengter arabischer Eroberungsgruppen im Gegensatz zu den meisten Algeriern und Marokkanern ein fast reines Arabisch, den Hassania-Dialekt, sprachen, bewegten sich in ihren blauen Gewändern wie biblische Gestalten. Das Indigo ihrer Kleidung, die vor Hitze und Sand schützte, hatte auf die Haut abgefärbt, und die Legende ging, daß bei diesen »blauen Menschen« schon die Neugeborenen mit erblicher Indigo-Tönung zur Welt kämen.

Wir wurden zu einer jungen Frau unter das Zelt geführt. Eine Maschinenpistole vom Typ Kalaschnikow lehnte am Pfosten in Griffweite neben ihr. Die Maurin, die sich als Lehrerin und verantwortliche Frauensprecherin des Polisario zu erkennen gab, hielt uns in wohlgesetztem Hocharabisch einen Vortrag über den Willen des Sahrawi-Volkes, seine volle Unabhängigkeit gegen die Unterjochungspolitik Hassans II., des Königs von Marokko, zu ertrotzen. »Wir werden kämpfen bis zum letzten Blutstropfen«, betonte sie pathetisch, »auch wir Frauen, und wir werden über den Thron von Rabat siegen.« Nicht nur die fortschrittlichen Kräfte der großen arabischen Nation, die gesamte islamische »Umma« werde sich nach und nach mit den Freiheitskämpfern des Polisario solidarisieren, so meinte sie, denn sie ständen im Lager des revolutionären Anti-Kolonialismus, der sozialistischen Gerechtigkeit, sie befänden sich auf dem »rechten Wege Allahs«. Ähnlich wie diese maurische Amazone mochte Aischa, die junge Lieblingsfrau Mohammeds, vom Rücken ihres Kamels zu den Kriegern des frühen Islam gesprochen haben, als sie nach dem Tod des Propheten aktiv in die Nachfolgekämpfe eingriff.

Die Thesen des »Frente Polisario« waren uns bekannt und auf zahlreichen internationalen Tribünen – bis hin zur Vollversammlung der Vereinten Nationen in New York – hinreichend vorgetragen worden. Vor ihrem Abzug aus der West-Sahara hatten die Spanier der maurischen Bevölkerung des Sakhiet-el-Hamra und des Rio de Oro zugesagt, daß sie sich für ihr demokratisches Selbstbestimmungsrecht und – je nach Ausgang des Referendums – für ihre staatliche Unabhängigkeit einsetzen würden. So lautete auch eine Geheimabsprache, die General Franco in seinen letzten Herrschaftstagen mit Präsident Boumedienne von Algerien getroffen hatte.

Statt dessen hatte die spanische Armee ihre ehemalige Besitzung überstürzt geräumt, als König Hassan von Marokko breite Massen seiner Untertanen zum »Grünen Marsch« nach Süden mobilisierte. Rund 350000 Marokkaner – Junge und Alte, Männer und Frauen – hatten sich im Dezember 1975 zunächst mit Lastwagen und Bussen, dann zu Fuß in Bewegung gesetzt. Es war zu einem Sturm nationaler und religiöser Begeisterung gekommen, und der umstrittene Monarch von Rabat hatte aus dieser Atmosphäre patriotischer Einstimmigkeit politisches Kapital geschlagen. Er erschien seinen Untertanen plötzlich wieder als »Amir el mu'minin«, als Befehlshaber der Gläubigen, in dessen Namen die Freitagspredigt in den Moscheen gehalten wird. Über den waffenlosen Kolonnen des »Grünen Marsches« flatterten die roten Fahnen mit dem grünen Stern in der ockergelben Wüste. In den Händen hielten die eifernden Bekenner, diese frommen Expansionisten des Groß-Marokkanischen Reiches, das Buch der Offenbarung, den Heiligen Koran. Alle Parteien, sogar die erbittertsten Gegner des Königs, hatten sich um den Thron geschart. Selbst die kleine Schar des Kommunistenführers Ali Yata äußerte sich militant zugunsten des Anschlusses der West-Sahara an das Scherifische Mutterreich. Was konnten die spanischen Sahara-Truppen, was konnten die Elite-Soldaten des »Tercio«, der spanischen Fremdenlegion, anderes tun angesichts der menschlichen Sturmflut, die sich ihren Stacheldrahtverhauen, Bunkern und Minenfeldern unaufhaltsam und opferbereit entgegenschob, als ihr den Weg freizugeben und damit all jene Zusagen zunichte zu machen, die die Regierung von Madrid und die lokale Kolonialverwaltung ihren Schutzbefohlenen, den Sahrawi, gemacht hatten?

Im Dreiecksverhältnis zwischen Marokko, Algerien und Spanien ging es ja nicht nur um historische Territorialansprüche und das Selbstbestimmungsrecht maurischer Nomaden, sondern um handfeste wirtschaftliche Interessen. Im Sakhiet-el-Hamra wurden gewaltige Phosphatvorkommen abgebaut, auf die Rabat ein begehrliches Auge geworfen hatte, um ein weitgehendes Weltmonopol über diesen Rohstoff zu erlangen. Zur gleichen Zeit ermutigte Algier den Widerstand des Polisario in der Hoffnung, über diesen Pufferstaat einen indirekten Zugang zum Atlantischen Ozean zu erhalten, während die Spanier ihre wirtschaftlichen Interessen in einer kleinen und ohnmächtigen Sahara-Republik besser gesichert wähnten als in einem Anhängsel des Groß-Marokkanischen Reiches. Die Polisario-Front selbst träumte wohl davon, dank des Phosphats und anderer noch zu entdeckender Mineralvorkommen zu einer Art Kuweit im äußersten Westen der arabischen Welt zu werden, wo jedem Sahrawi, der lesen und schreiben konnte, der Zugang zu hohen Regierungsstellen, Botschafterposten und wirtschaftlichen Sinekuren offenstand. Nach übereinstimmenden Schätzungen zählte das ehemals spanische Territorium nicht mehr als 80000 Menschen, meist Nomaden. Im Jahr 1962 – als ich den Sakhiet-el-Hamra zum erstenmal besucht hatte – war das Verwaltungszentrum El Ayun, dem die Phosphatförderung von Bu Kraa erst in späteren Jahren ökonomische Bedeutung verschaffen sollte, lediglich eine erweiterte Wüstengarnison des Tercio. Ohne aktive algerische Einmischung, daran zweifelte niemand, wäre der Unabhängigkeitskampf der Sahrawi von den Scherifischen Streitkräften im Keim erstickt worden.

Die Unverhohlenheit, mit der sich die Militärbehörden Boumediennes zu ihrer Intervention im West-Sahara-Konflikt bekannten, verwunderte uns mehr und mehr. Am Tag nach unserer Ankunft in Tinduf fuhren wir, begleitet von Scherif und Selim, in die südliche Wüste. Kaum zwanzig Kilometer war der Landrover gerollt, und wir befanden uns eindeutig noch auf algerischem Territorium, da entdeckten wir den großen rückwärtigen Stützpunkt, das Auffang- und Sammellager des Polisario. Auch hier duckten sich Zelte und ärmliche Baracken in einer schmutzig-braunen Mondlandschaft. Der kalte Sturm wirbelte Sandwolken hoch und verdüsterte den Himmel. Die Sonne wurde zur blassen Scheibe. Wir preßten schützend die langen

Enden unseres Kopftuches, des »Schesch«, vor den Mund. Die Lippen waren wund vor Trockenheit. Auch hier waren die Männer im waffenfähigen Alter selten. Man sah sie allenfalls in der gelben Uniform der früheren spanischen Sahara-Schutztruppe mit flatterndem Turban auf ihren Jeeps durch die Lageralleen rasen. Die Frauen wurden militärisch gedrillt, übten sich stolpernd im Gleichschritt, exerzierten an den Gewehren und sangen kriegerische Weisen, die der Wind in Fetzen zu uns trug. Sogar die Kinder nahmen an dem kriegerischen Ritual teil, auch wenn sie mit Holzgewehren hantierten. Ab dreizehn Jahren stießen die Knaben ohnehin zu ihren Vätern und fieberten mit angestammtem Instinkt dem mörderischen Überfall auf den Feind entgegen. Früher hatte man Karawanen geplündert oder schwerfällige Kolonialkolonnen in den Hinterhalt gelockt. Jetzt sprang man dem marokkanischen Eindringling an die Gurgel.

In einer Steinhütte, die mit staubigen Decken ausgelegt war, fanden wir Unterkunft. Hier standen wir bereits unter der Obhut der Sahara-Partisanen. Es waren umgängliche, sympathische Männer, die uns meist auf Spanisch ansprachen und sich damit als authentische Bewohner des Rio de Oro auswiesen. Nur Murad, der »Masul« der Polisario-Front, der für die Betreuung ausländischer Journalisten verantwortlich war, beherrschte das Französische und wurde nicht müde, propagandistisch auf uns einzuwirken. Er hatte wohl früher in Algerien oder – wer weiß – in Casablanca studiert und wirkte recht intellektuell unter den rauhen Kriegergestalten seines Stammes. Zu den Mahlzeiten gab es frischgebackenes Brot, das sandig unter den Zähnen knirschte, und Sardinen aus der Büchse. Dazu tranken wir Tee und gelegentlich Ziegenmilch.

Wir brauchten einige Zeit, ehe wir die Ausmaße des weitgestreuten Sammellagers des geflüchteten Sahara-Volkes erkannten. Es mochten – wenn man die unsichtbaren Männer hinzurechnete – etwa 40000 Menschen im Umkreis dieser vegetationslosen Wasserstelle versammelt sein, die noch aus der Zeit der französischen Kolonisation den spaßigen Namen »Hassi Robinet« trug. Die Hälfte der Bevölkerung in der ehemals spanischen Sahara hatte sich also auf den Weg ins Exil und in den Widerstand begeben. Wie Murad uns feierlich mitteilte: Es hatte ein »Plebiszit der Füße« stattgefunden. Am Abend trafen zusätzliche Lastwagen mit erschöpften Familien in Hassi Robinet ein.

Sie waren vor vier Tagen aus den Flecken Gelta Zemmur und Umm Dreiga nach Norden aufgebrochen und stammten aus jenem Teil der Wüste, den die Marokkaner bei ihrer willkürlichen Aufteilung des Rio de Oro vorübergehend dem südlichen Nachbarstaat, der Islamischen Republik Mauretanien, zugeschlagen hatten.

Zwei Stunden lang waren wir durch eine steinige, schwarze Einöde gefahren, die wie Anthrazitkohle schimmerte, ehe uns unsere bewaffneten Polisario-Begleiter ihre Gefangenen vorführten. Die zwei Landrover hatten ständig die Richtung gewechselt, um die Orientierung zu erschweren und bei uns den Eindruck zu erwecken, wir hätten das algerische Staatsgebiet verlassen. Doch wir hatten vorsorglich einen Kompaß eingesteckt, und die Sonne zeigte an, daß wir nach Südosten rollten. In Einer-Kolonne kamen etwa achtzig Gefangene mit schleppenden Schritten aus einer Mulde hoch. Ihr Lager konnten wir nicht einsehen. Sie hockten sich resigniert in einem Halbkreis nieder. Ein halbes Dutzend Polisario-Partisanen bewachte sie lässig.

Es waren meist tiefschwarze Soldaten, die uns vorgeführt wurden, Angehörige der winzigen mauretanischen Armee von damals insgesamt zweitausend Mann, die in ihren isolierten Wüstenforts mühelos überwältigt worden waren. Die Schwarzen stammten wohl überwiegend aus dem südlichsten Streifen der Islamischen Republik Mauretanien, die bereits an den Senegal-Fluß grenzt und dem Sahel-Gürtel zuzurechnen ist. Seit Jahrhunderten war es ihr trauriges Los gewesen, von den hellhäutigen Nomaden der Wüste gefangen, verschleppt oder als Sklaven verkauft zu werden. Noch heute verwenden die weißen Mauren, die »Beidan«, wie sie sich selbst nennen, in ihren Oasen schwarze Leibeigene, die »Haratin«, um die Dattelernte einzubringen und die bescheidenen landwirtschaftlichen Arbeiten zu verrichten. Ein Angehöriger der stolzen Kriegerkaste oder der frommen Marabu-Stämme würde sich einer solchen Tätigkeit schämen.

Unter den Gefangenen befanden sich auch vier Marokkaner, die sich nicht nur durch die helle Haut, sondern auch durch selbstbewußtes Auftreten hervortaten. Sie schilderten ohne Umschweife die Umstände ihrer Gefangennahme. Bei Nacht waren die Sahrawi wie Wüstenfüchse über ihren schwerfälligen Konvoi hergefallen. Die Berbersoldaten aus dem Atlas waren diesem Krieg nicht gewachsen, während die Polisario-Partisanen sich in ihrem vertrauten Element bewegten.

Ehe der Morgen graute, war die marokkanische Kolonne aufgelöst, die Fahrzeuge waren gesprengt, die Sahrawi wie ein Spuk verschwunden.

Nach Hassi Robinet zurückgekehrt, bedrängten wir Murad mit unserer Forderung, eine Expedition in den zum Greifen nahen Sakhiet-el-Hamra zu begleiten. Unsere Ungeduld wurde durch die Ankunft eines französischen Fotoreporters gesteigert, der mit drei Jeeps und zehn Guerilleros an einem viertägigen Streifzug teilgenommen hatte. Er war dabei bis in die Nähe von Amgala gelangt, einem marokkanisch besetzten Stützpunkt, gegen den eine Woche zuvor ausnahmsweise ein Bataillon der regulären algerischen Armee einen massiven Angriff vorgetragen hatte, dabei jedoch mit schweren Verlusten abgewiesen worden war. Murad versprach uns nach kurzem Hin und Her, daß wir am kommenden Morgen mit Sayed el Wali, dem Generalsekretär der Polisario-Front, die nunmehr als Einheitspartei der neugegründeten Sahara-Republik fungierte, zusammentreffen würden.

Am Lagerfeuer vor unserer Steinbaracke kauerte ein Dutzend Journalisten. Wegen der Kälte waren wir nahe an die Glut gerückt. Es waren Franzosen, Algerier, drei Libyer und ein Spanier dabei. Mit den Libyern war nicht viel anzufangen, aber der Spanier Antonio, der seit Wochen vergeblich auf eine lohnende Reportage-Expedition mit den Sahrawi wartete, erfreute sich allgemeiner Beliebtheit, auch bei den Wüstenkriegern, die uns mit wachsamen Augen und unendlicher Würde Gesellschaft leisteten. Antonio vertrat eine kleine linksgerichtete Zeitung aus Katalonien. Ein paar Jahre hatte er in der spanischen West-Sahara gelebt und sich mit den Unabhängigkeitswünschen dieser Mauren solidarisiert. Die Kapitulation Madrids vor dem rüden marokkanischen Zugriff hatte ihn zutiefst enttäuscht. Jetzt ließen ihn sogar seine Freunde vom Polisario auf den versprochenen Rezzu warten und vertrösteten ihn von Woche zu Woche.

Antonio stammte aus Andalusien und war den Arabern nahe geblieben. Er holte die Gitarre hervor und sang ein paar Lieder, die von der Alhambra und vom Ende des letzten maurischen Königs von Granada erzählten. Er trug seine Wartezeit mit Fatalismus. Aus dem nahen Zeltlager drangen weibliche Sprechchöre, Ju-Ju-Rufe und Trommeltakte zu uns herüber. »Selbst bei Nacht hören sie nicht auf zu feiern«, lächelte Antonio, »sie kosten ihr Abenteuer aus, la fiesta permanente.« Er erzählte mir von den engen Verflechtungen zwischen Iberien und dem Maghreb, von einer psychologischen Verwandtschaft, die auch die Reconquista überdauert habe. Spanische »Renegaten« hatten immer wieder im Dienste des Sultans von Marokko gestanden, der diesen oberflächlich bekehrten Christen wohl mehr Vertrauen schenkte als seinen eigenen muselmanischen Untertanen. »Wissen Sie, daß es spanische ›Renegados‹ waren, die unter dem Sultan Ahmed el Mansur die ganze Sahara durchquerten, um bis zur geheimnisvollen Stadt Timbuktu an der großen Niger-Schleife vorzudringen? Wenn der König von Rabat und seine Istiqlal-Partei heute von einem Groß-Marokkanischen Reich träumen, das bis zum Niger reichen soll, so ist das dieser Handvoll spanischer Söldner zu verdanken, die ihr Eldorado – statt in der Neuen Welt oder in Cipangu – im Herzen Afrikas suchten. Immer die gleiche, mit Raffsucht gepaarte Donquijoterie.«

Ich erzählte Antonio von meiner Schiffsreise nach Timbuktu im Sommer 1959. Wir waren in Gao an Bord des altertümlichen Schaufeldampfers »Archambauld« gegangen. Nach zweitägiger Fahrt über die tiefgrünen Wasser des Niger, aus dem abends die wulstigen Köpfe der Flußpferde wie Felsbrocken herausragten, waren wir voller Erwartung an Land gegangen. Ich hatte dabei sehr intensiv an jene spanischen Eroberer, die Desperados und Renegaten des Pascha Dschaudar, denken müssen, die vermutlich von dem legendären Timbuktu ebenso enttäuscht waren wie jetzt ich. Denn schon vor vier Jahrhunderten war von der Pracht der Hauptstadt des negro-islamischen Sonrai-Reiches nur noch ein Schatten übriggeblieben. Schon damals duckten sich staubige Gassen, trostlose Lehmhäuser unter der grausamen Sonne. Aus den massiven Minaretten der ockerfarbenen Moscheen ragten die schwarzen Trägerbalken wie eine barbarische Dekoration. Die höchsten Kuppeln waren von Straußeneiern gekrönt. Der Hafen war längst versandet, und auf dem Marktplatz hatten wir bei den Bambara-Frauen Hals- und Armschmuck aus Lehm und geflochtenem Stroh erstanden, die mit einer gelbglänzenden Tinktur überpinselt waren und deshalb von den Franzosen als »Or de Tombouctou« – als »Gold von Timbuktu« – bezeichnet wurden.

Für Dschaudar und seine Männer war der angebliche Reichtum der schwarzen Niger-Reiche zu einer schmerzlichen Fata Morgana geworden. Wie groß muß die Verlassenheit dieser Abenteurer gewesen sein, als die endlose Sahara hinter ihnen lag und sie sich auf ein ruhmloses Garnisonsleben an diesem gottverlassenen Strom einrichten mußten, der sich träg und scheinbar ziellos zwischen Sandbänken und Dünen schlängelte. Immerhin, für die kriegerischen Tuareg der Wüste, die mit ihren Kamelen und ihren schwarzen Sklaven – verschleiert und unheimlich – bis zu diesen Ufern vordrangen und die nur an die Tümpel ihrer winzigen Oasen gewöhnt waren, wirkte dieser seichte Fluß wie ein Naturwunder. Sie bezeichnen den Niger bis auf den heutigen Tag als »el bahr« – als das Meer.

Sayed el Wali hatte ein großes schwarzes Zelt in der Wüste aufschlagen lassen, weit von den Frauen, den Kindern und deren Lärm. Der Generalsekretär des Polisario empfing uns, auf Teppiche gelagert, in einem Kreis von Stammesführern und ehrwürdigen Greisen. Zwei davon hatten der Notabeln-Versammlung von El Ayun, der »Dschemaa«, angehört, die noch die Spanier ins Leben gerufen hatten. Im Zelt Sayed el Walis ging es feierlich zu. Die Jugend dieses Mannes verblüffte mich – er war erst sechsundzwanzig Jahre alt –, und ich empfand für ihn eine spontane Sympathie. Er war im Gegensatz zum Indigo-Blau seiner Umgebung in ein weißes wallendes Gewand gehüllt und trug keinen Turban. Die Haare wuchsen buschig und zerzaust. Der kurze Backenbart umrahmte ein hageres, kühnes Gesicht. Seine Stimme – er sprach fließend Französisch – klang unerwartet hell, und jedesmal wenn er das Wort ergriff, spiegelten sich eine naive Verwunderung und eine verschmitzte Heiterkeit in den Augen dieses ungewöhnlichen Partisanenführers.

Das Transistorgerät – unentbehrliches Requisit aller arabischen Revolutionäre – wurde bei unserer Ankunft ausgeschaltet. Ein schwarzer Diener reichte grünen Tee, den Sayed el Wali persönlich in winzige Tassen ausschenkte. Dreimal mußten wir sie leeren. Der erste Trunk, so wurde uns erklärt, sei bitter wie das Leben, der zweite süß wie die Freundschaft, der dritte mild wie der Tod. Ob es nicht bei der zweiten Tasse heißen müsse »süß wie die Liebe«, fragte ich nach den unvermeidlichen Begrüßungsformeln. »Das erzählen die Europäer und die Städter des Maghreb«, kicherte Sayed el Wali, »aber hier in der Wüste haben Sie es mit einer Männergesellschaft zu tun, und für Romantik ist in unseren Beziehungen zu den Frauen kein Raum.«

Man hatte mir berichtet, Sayed el Wali sei im Grunde gar kein echter Sahrawi, er stamme aus dem äußersten marokkanischen Süden bei Tan Tan und habe sogar seine Schulausbildung in Rabat genossen. Als ich ihn danach befragte, lachte er schallend. »Was bedeuten denn Grenzen in der Wüste?« entgegnete er, »es sind die gleichen Stämme, die zwischen Mauretanien und Algerien, Marokko und der West-Sahara, Mali und Libyen nomadisieren. Wir bilden eine große Gemeinschaft, und die Marokkaner, die uns heute erobern und beherrschen möchten, sind in früheren Jahrhunderten von uns niedergeworfen worden.« Ähnlich wie er selbst, so berichtete ich Sayed el Wali, hatte sich im Grunde Kronprinz Mulay Hassan auf der Konferenz der Blockfreien von Belgrad im Jahr 1961 geäußert, als ich ihn nach der völkerrechtlichen Zugehörigkeit der damals spanischen Sahara befragte. Lächelnd und mit elegantem Abstand hatte der spätere König Hassan II. gesagt: »Die Frage ist müßig, ob die West-Sahara den Marokkanern oder ob Marokko den Sahrawi gehören soll. Tatsache ist, daß wir eine organische und historische Einheit bilden.«

In Algier munkelte man, daß Sayed el Wali nicht mehr das Vertrauen Präsident Boumediennes genösse, daß er sogar vorübergehend unter Hausarrest gestellt worden sei. Offenbar hatte der Generalsekretär des Polisario die algerische Bevormundung als Belastung empfunden und beim libyschen Staatschef Qadhafi, der ihm als Beduine ohnehin näherstand, eine zusätzliche Rückendeckung gesucht. Es wäre müßig gewesen, ihm diesbezügliche Antworten zu entlocken.

Unser Gespräch wandte sich der sozialistischen Ausrichtung der Sahrawi-Bewegung zu. Die These, die Sayed el Wali vortrug, war keineswegs originell. Als islamische Revolutionäre seien die Polisario-Partisanen durchaus nicht auf die westlichen und atheistischen Denkmodelle des Marxismus-Leninismus angewiesen. Es genüge, zum Kern der muselmanischen Offenbarung zurückzukehren. Der reine, der ursprüngliche Islam sei sozialistisch und absolut egalitär gewesen. Diese Idealvorstellungen, wie sie der Prophet Mohammed und die ersten Khalifen vorgelebt hätten, gelte es heute neu zu beleben. Der Aufstand der Sahara gegen den marokkanischen Thron trage nicht nur arabisch-nationalistische Züge, er beschränke sich auch nicht auf die radikale Ablehnung aller Annexionsansprüche der Alawiten-Dynastie, vielmehr liege ihm zutiefst die Forderung nach religiöser Erneuerung zugrunde.

»Sie kennen sicher die Geschichte der Almoraviden, el Murabitun, wie wir sie auf Arabisch nennen«, fuhr der junge Guerillaführer fort, und plötzlich kam wie ein Hauch von Verzückung über sein Gesicht. »Es waren fromme Männer der Wüste, die sich in einem Kloster, einem ›Ribat‹, nördlich des Senegal verschanzt hatten, ehe sie die Stämme der West-Sahara, vor allem die verschleierten Sanhadscha, sammelten und wie ein Wirbelsturm nach Norden aufbrachen, wo die damaligen Fürsten Marokkos sich in Bruderkriegen erschöpften, dem wahren Islam den Rücken kehrten, dem Aberglauben und dem Sittenverfall erlagen. Die Almoraviden haben nicht nur die inneren Verhältnisse Marokkos total verändert und revolutioniert, sie sind als Mudschahidin des Islam über die Straße von Gibraltar nach Spanien übergesetzt, haben in Andalusien die Herrlichkeit der arabischen Herrschaft wiederhergestellt und die christliche Reconquista um Jahrhunderte verzögert. Ähnlich wie vor neunhundert Jahren die Murabitun, diese strengen Krieger Allahs, pochen auch wir heute an die südlichen Pforten des Scherifischen Reiches. Wir wollen nicht nur als Sahrawi unsere Unabhängigkeit von Rabat erkämpfen, sondern in Marokko selbst einen morschen Thron stürzen, um auf seinen Trümmern den republikanischen Staat der islamischen Gerechtigkeit zu errichten.«

Sayed el Wali lud mich zu einer kurzen Besichtigungsfahrt seiner Truppe ein. Er setzte sich selbst ans Steuer des Jeep. Plötzlich war er wieder ein ausgelassener Jüngling. Er gab Vollgas, und das Fahrzeug vollführte waghalsige Kapriolen. Ich mußte mich an den Sitz klammern, um nicht in den Sand geschleudert zu werden. Für die Nomaden des Polisario hatten Jeeps und Landrover die Kamele ersetzt. Ihren Spaß am waghalsigen Reiterspiel, an der »Fantasia«, hatten sie auf diese Benzinrösser übertragen.

Es war keine gewaltige Heerschau, die Sayed el Wali vorzustellen hatte, aber die Partisanen, die sich in zwangloser Beduinen-Art um uns scharten, waren Krieger aus Leidenschaft und Veranlagung. Der islamische Glaube und seine Gottergebenheit verliehen ihnen unbegrenztes Beharrungsvermögen, die Tugend des »Sabr«. In dieser vegetations- und menschenleeren Einöde wurde der maoistische Lehrsatz des Volksbefreiungskrieges, demzufolge der Partisan in der Bevölkerung zu leben habe wie der »Fisch im Wasser«, scheinbar ad absurdum geführt. Doch diese Männer lauerten in der Sahara wie der Skorpion im Wüstensand. Sie verfügten über ein phänomenales Orientierungsvermögen und nahmen jede Überlebenschance wahr. Zehn gelbe Landrover, mit Wüstensand zur Tarnung zusätzlich verkrustet, waren aufgereiht. »Wir sind heute schon in der Lage, die Phosphatgruben von Bu Kraa zu verunsichern«, sagte Sayed el Wali, »sogar die Küste des Atlantik haben unsere Vorhuten erreicht.«

Diese Behauptung klang damals wenig glaubwürdig, aber zwei Jahre später sollte ich tatsächlich Filmaufnahmen der Polisario-Partisanen an der Steilküste des Sakhiet-el-Hamra sehen, wie sie am Steuer ihrer Geländewagen stolz und triumphierend auf das unendliche Meer zu ihren Füßen blickten, vergleichbar mit jenem fernen Eroberer Okba Ben Nafi, der im siebten Jahrhundert den ganzen Maghreb in einem einzigen Eroberungsritt dem Islam unterworfen hatte und der, am Ufer des Atlantik angelangt, das Pferd bis zur Brust in die Fluten trieb, den Säbel zum Himmel hob und der Überlieferung zufolge ausrief: »Im Namen Allahs, wenn der Ozean mich nicht daran hinderte, würde ich die Botschaft des Propheten noch weiter nach Westen tragen!«

Sayed el Wali machte kein Geheimnis daraus, daß er in der Islamischen Republik Mauretanien, diesem problematischen Relikt der französischen Kolonisation zwischen Maghreb und Senegal, den schwachen Punkt der marokkanischen Expansionspolitik sah. Gegen Mauretanien wollte er das Schwergewicht seiner Kommando-Aktionen richten, zumal er bei den dortigen Nomaden, die meist dem Rgibat-Stamm angehörten, sowie bei den aufsässigen Panarabisten und Studenten der Hauptstadt Nuakschott auf spontane Unterstützung zählen konnte. Der Staatschef Mauretaniens, Mukhtar Uld Daddah, dessen französische Frau ihren christlichen Namen Marie in Miriam abgewandelt hatte, mußte sich in jenen Tagen bereits isoliert und verlassen vorkommen. In seinem bescheidenen Palast von Nuakschott hatte mir dieser Abkömmling eines frommen und unkriegerischen Marabu-Stammes knapp zwei Monate zuvor ausführlich über die bittere Enttäuschung berichtet, die ihm Houari Boumedienne von Algerien bereitet hatte. Leichten Herzens war Mukhtar Uld Daddah das Bündnis mit König Hassan II. nicht eingegangen, zumal die marokkanischen Garnisonen, die alsbald in sein Land einrückten, sich wie eine Besatzungsarmee gebärdeten. Eine Art Verhängnis war über diesen hochachtbaren Mann mit dem sensiblen Predigerantlitz hereingebrochen. Er spürte damals wohl schon, daß das Ende seiner Herrschaft nahe war.

Auch Sayed el Wali sollte nur allzubald das Opfer der Sahara-Tragödie, seines eigenen Ehrgeizes und seines grenzenlosen Mutes werden. Wenige Wochen nach unserer Begegnung unter dem Nomadenzelt stieß er mit einer Handvoll Krieger schnurstracks durch die Wüste fünfhundert Kilometer nach Süden in Richtung auf Nuakschott vor. Er hatte die Hauptstadt Mauretaniens, die er wohl im Handstreich erobern wollte, mit Granatwerfern beschossen. Seine Truppe war von der französischen Luftaufklärung jedoch vorzeitig erkannt und durch eine marokkanische Interventionseinheit vernichtet worden. Er selbst kam bei diesem Husarenritt ums Leben, und die Nachricht von seinem Tod dürfte in Algier, wo man sein Zusammenspiel mit Qadhafi, seine weitreichenden umstürzlerischen Pläne argwöhnisch beobachtete, mit heimlicher Erleichterung aufgenommen worden sein.

Die ehemals Spanische West-Sahara war zum Schauplatz eines verworrenen Machtspiels geworden. Die arabischen Chronisten des Mittelalters hätten hier alle Elemente ihrer Berichterstattung wiedergefunden: dynastische, mörderische Rivalitäten an der Spitze, den ewigen Widerstreit der Stämme und im Hintergrund – urgewaltig, alles beherrschend – das feierliche Postulat des Islam, die obligate Ausrichtung der Politik auf den Traum von einem utopischen Gottesstaat.

Auf Anweisung Sayed el Walis erhielten wir endlich die Genehmigung, eine Gruppe Sahrawi auf ihrem Streifzug in das ehemals spanische Gebiet zu begleiten. Das Unternehmen war improvisiert, und es stimmte uns gar nicht fröhlich, daß unser Landrover zusätzlich zu unserem Kameragerät mit einem riesigen Benzinfaß befrachtet wurde. Im Falle eines marokkanischen Tieffliegerangriffs wären wir in Form einer lodernden Fackel in die Gärten Allahs eingegangen.

Die Sonne näherte sich dem Horizont, als wir Hassi Robinet verließen. Wir fuhren auf die gelbe Scheibe zu, vor der sich der Führungs-Jeep wie ein Scherenschnitt abzeichnete. Nach ein paar Kilometern mußten wir die Grenze überschritten haben. In der Dämmerung erkannten wir Militärlager jenseits der Dünen und Schatten im Sand, die irgendwelchen militärischen Übungen nachgingen. Die Stunde war feierlich, und die Dunkelheit fiel schnell. Früher als erwartet – wir mußten uns im Umkreis des marokkanisch besetzten Forts Mahbes befinden – machten unsere Sahrawi-Gefährten halt. Murad, der von den Partisanen als berufsmäßiger Propagandist wohl nicht ganz ernst genommen wurde, wußte auch keine Erklärung für diese vorzeitige Unterbrechung unseres Unternehmens. Wir hatten ein kleines Zeltlager errichtet. Gemeinsam mit den Nomaden drängten wir uns um das Feuer, das mit Akazienzweigen und Kameldung gespeist wurde. Ein Schwarzer, der seine Kalaschnikow nicht aus der linken Hand ließ, reichte uns Tee, und dann aßen wir aus der Emailschüssel unser Nachtmahl: kalte Nudeln mit Ölsardinen vermischt. Es schmeckte sogar. Die Kälte schnitt uns ins Fleisch, und wir waren dankbar für die zusätzlichen Decken, die man uns brachte. Unter den Sahrawi begann eine endlose Beratung, an der auch Murad teilnahm.

Ich hatte mich etwas abseits in eine Mulde gekauert und ergab mich dem Zauber der Wüstennacht, der totalen Einsamkeit des Menschen zwischen Erde und Firmament. Wo anders als in der Wüste hatte der Glaube an den Einzigen Gott seinen Ursprung nehmen können? Hier gab es keine frivole Ablenkung, keine Versuchung, anthropomorphe Nebengötzen zu errichten, hier drängte sich der Monotheismus geradezu als mathematischer Zwang auf, und im Dornbusch, dessen helle Zweige sich vom Sternenhimmel abhoben, hatte sich dem Moses der Juden, dem Musa der Muselmanen, der Unaussprechliche offenbart. Wem es gelungen ist, die Wüste zu lieben, der mag Verständnis haben für den Ausruf des Haschemitenkönigs Abdullah, mit dem er – jedesmal wenn er die kümmerlichen Gärten seiner Hauptstadt Amman hinter sich ließ – die Beduinen seiner Leibgarde anspornte: »Endlich keine Bäume mehr!«

Der kommende Morgen brachte Ärger. Aufgrund irgendwelcher hoher Weisungen, die über das Funkgerät zu uns gelangt waren, wurde unsere Expedition in den Sakhiet-el-Hamra kurzerhand abgebrochen. Der Befehl lautete, vor Einbruch der Dunkelheit müßten wir nach Hassi Robinet zurückgekehrt sein. Wir bedrängten Murad vergeblich. Auch mein Hinweis, der Verzicht auf unsere Patrouille im

Feindgebiet komme dem Eingeständnis eigenen Unvermögens gleich, fruchtete nichts. So dilettantisch dürfe man mit gutgesinnten ausländischen Beobachtern nicht umspringen, schimpften wir, wenn man sich vor der Weltöffentlichkeit durchsetzen wolle. Ich ahnte an jenem Morgen nicht, daß die Polisario-Partisanen sich binnen zwei Jahren als wahre Meister der Propaganda entpuppen würden. Murad ließ unsere Vorwürfe mit schmerzlichem Lächeln über sich ergehen.

Es hatte keinen Sinn, weitere Tage mit fruchtlosem Warten zu vertun. Unmittelbar nach meiner Ankunft in Tinduf forderte ich meinen Rückflug nach Algier an. Als ich zwei Tage später am Flugplatz stand und die Migs wieder über mir heulten, umarmte mich Scherif, der Algerier, mit breitem Grinsen. »Murad läßt Ihnen diese Botschaft zukommen«, sagte er und drückte mir einen Zettel in die Hand. Ich entfaltete das Papier und las: »Au Camarade Latour«, stand da. »Hab Dank für Deine revolutionäre Kritik!« Man konnte diesen Sahrawi einfach nicht böse sein.

Im Reich der Scherifen

Tan-Tan, im März 1976

Man wechselt schnell die Fronten in Nordafrika. Es genügt, von Algier nach Paris zu fliegen – dort steigt man auf die nächste Maschine nach Rabat um. In der marokkanischen Hauptstadt verloren wir keine Zeit und wurden vom Stab der Königlichen Streitkräfte mit einer Militärmaschine über Agadir nach Tan-Tan weitergeleitet. Tan-Tan liegt bereits in der Wüste des sogenannten Tarfaya-Streifens. Hier befand sich der Befehlsstand des Oberkommandierenden der Scherifischen Truppen in der westlichen Sahara, Oberst Ahmed Dlimi.

Die Marokkaner, die uns am Flugplatz mit dem Landrover abholten, waren mit amerikanischen Schnellfeuergewehren bewaffnet. Obwohl sich Tan-Tan am Südrand des unumstritten marokkanischen Staatsgebiets befindet, war die Gegend unsicher. Die Soldaten König Hassans ließen keinen Blick von der nahen Horizontlinie, die sich unter den Stößen des bitterkalten Windes in graue, häßliche Staubwolken auflöste. Die Polisario-Front hatte offenbar ihre Drohung verwirklicht, den Krieg bis nach Süd-Marokko hineinzutragen.

Das Städtchen Tan-Tan selbst dehnte sich mit seinen grauen Lehm- und Betonklötzen unter einem trostlosen Himmel. Die Gassen wimmelten von Militär. Die Männer steckten in dicken khaki-farbenen Mänteln. Die Patrouillen trugen US-Stahlhelme. Diese Armee war mir von Indochina her vertraut, wo die marokkanischen »Goumiers« unter französischem Kommando zu den zuverlässigsten Einheiten gezählt hatten. Aber niemand trug hier den braungestreiften Wollburnus, die kunstvoll gedrehten Turbane dieser Elite-Einheiten aus dem Atlas. Tan-Tan war eine Garnisonstadt ohne jede Romantik. Die Soldaten lungerten unschlüssig vor zahllosen Verkaufsständen und Buden, wo Transistoren, elektrische Rasierapparate, Zigaretten und alles nur denkbare Schmuggelgut von maurischen Händlern angeboten wurden, die vielleicht zu den besten Informanten des Polisario zählten. Der Sold reichte nur zu geringen Geschäften. Am Ende einer Gasse stauten sich die braunen Uniformen vor einem Militär-Bordell. Sehr appetitlich ging es da wohl nicht zu. Die wenigen Frauen im Straßenbild gingen tief verschleiert.

Das Hotel von Tan-Tan war etwas besser geführt als das Etablissement von Tinduf. In einer düsteren Bar, durch deren Türritzen Sand wehte, saß eine Gruppe marokkanischer Offiziere. Für sie war dieser Feldzug eine ziemlich freudlose Angelegenheit. Abwechslungen gab es nicht in den einsamen Wüstenstellungen, die ihnen zugewiesen wurden. Aber der Krieg blieb in ihren Augen immer noch das respektabelste Männergeschäft. Befriedet war das Scherifische Reich nur ein paar Jahrzehnte lang unter der französischen Fremdherrschaft gewesen. Selbst diese »pax franca« wurde durch stets aufflammende Aufstände erschüttert. Bevor die Franzosen 1912 ins Land gekommen waren, hatte sich die Herrschaft des Sultans ohnehin nur auf die Städte und Küstenebenen erstreckt, auf das »Bled Maghzen«, während im »Bled Siba« die stolzen Berber-Stämme des Atlas ihre Autonomie mit der Waffe zu wahren und dem Herrscher ihre Bedingungen zu diktieren wußten.

Ein stämmiger Major mit glattrasiertem Schädel, das Fallschirmabzeichen auf der Brust, kam auf mich zu. Er stellte sich als Commandant Brahim vor. »Wenn ich mich recht erinnere«, sagte er, »habe ich Sie schon einmal getroffen, Anfang der sechziger Jahre im Kongo, der jetzt Zaire heißt, in Leopoldville, das man heute Kinshasa nennt.«

Tatsächlich hatte ich damals engen Kontakt zum marokkanischen Kontingent der Vereinten Nationen gepflegt. Der Scherifische General Kettani, der angesehenste Truppenführer unter den Blauhelmen der Weltorganisation, hatte in jenen Tagen einem verstörten kongolesischen Oberst namens Joseph Désiré Mobutu Zuflucht und Rat geboten. Mobutu, der ein paar Monate zuvor noch als Unteroffizier der belgischen Kolonialtruppe gedient hatte, war zu den Marokkanern geflüchtet, als die Batetela-Krieger des Ministerpräsidenten Patrice Lumumba – sie wirkten in ihren Tarnuniformen wie schwarze Walpurgisnacht-Gestalten – ihn wegen eines angeblichen Putschversuchs verfolgten. Kettani war von der schnellen Auffassungsgabe und den freundlichen Manieren seines Schützlings, der sich zur Tarnung einen Bart hatte wachsen lassen, beeindruckt. Dieser politisch versierte General suchte in dem Chaos, das sich in Zentral-Afrika entfesselt hatte, nach einem Gegengewicht zu den turbulenten und total wirkungslosen Regierungsmethoden Lumumbas. Als es ein paar Wochen später tatsächlich zu einem Pronunciamiento der Kongo-Militärs unter Colonel Mobutu kam, waren die marokkanischen UNO-Offiziere wohl nicht sonderlich überrascht gewesen.

Ich glaubte tatsächlich, mich an einen Leutnant Brahim im Stab Kettanis zu erinnern, dem ich wohl in der flämischen Ziegelkaserne der »Force Publique« von Leopoldville begegnet war. In Tan-Tan tauschten wir sofort alte Kongo-Geschichten aus. Brahim erzählte den unvermeidlichen Scherz, der damals auch beim tunesischen UNO-Kontingent umging. In Matadi, so lautete die Anekdote, sprach ein alter Kongolese bei einer der zahlreichen Verbrüderungsfeiern einen hellhäutigen marokkanischen Berber-Soldaten an. »Ihr seid doch Afrikaner?« fragte der Schwarze. »Ja, natürlich sind wir Afrikaner«, lautete die Antwort des Marokkaners. – »Und ihr seid unabhängig?« – »Ja, wir sind unabhängig.« – »Wie lange seid ihr denn unabhängig?« – »Seit etwa fünfzehn Jahren.« – Da zeigte sich ungläubiges Staunen auf dem Gesicht des alten Mannes. »Und ihr seid schon so weiß!« rief er aus.

Zwei weitere Marokkaner, ein Hauptmann und ein Oberleutnant, waren an unseren Tisch gerückt. Sie sprachen recht offen über ihren Feldzug in der West-Sahara. Die Frage stelle sich jetzt, ob es sich überhaupt lohne, jede Wasserstelle in der Wüste zwischen Tarfaya und Nuadhibu an der mauretanischen Küste zu halten und damit dem Polisario verwundbare Ziele für seine Überfälle zu liefern. Am Ende würde die marokkanische Kriegführung im Sakhiet el Hamra darauf hinauslaufen müssen, ein strategisches Dreieck zwischen der rückwärtigen Basis Tan-Tan, dem Phosphat-Zentrum Bu Kraa und der Heiligen Stadt der Sahrawi, Smara, zu halten. »Smara hat nicht nur militärische Bedeutung«, erklärte Brahim. »In Smara haben noch in den dreißiger Jahren die Anhänger des großen Scheich Ma-el-Aini zum Heiligen Krieg gegen Spanier und Franzosen aufgerufen, und die Religion, wie Sie wissen, ist bei uns immer die letzte und gültigste Motivation.« Mit einer uralten Ju 52 der spanischen Luftwaffe hatte ich 1962 die »Heilige Stadt« Smara angeflogen und mir damals nicht träumen lassen, daß diese Hütten aus schwarzen Lavabrocken, die von einem schmucklosen Minarett beherrscht wurden, jemals zum Zankapfel der widerstreitenden maghrebinischen Parteien würden.

Von dem krankhaften Mißtrauen, das den Umgang mit den Algeriern und den meisten Arabern oft belastet, war im Umgang mit diesen Marokkanern nichts zu spüren. Wer im Gespräch mit den rauhen Söhnen des Atlas den richtigen Ton fand, wurde mit brüderlicher Offenheit und Gastlichkeit aufgenommen. Das Scherifische Reich hatte bei aller Turbulenz seiner langen Geschichte einen überaus selbstbewußten Menschenschlag hervorgebracht.

Ich enthüllte meinen Gesprächspartnern nicht, daß ich mich ihrem Land auch persönlich verbunden fühlte durch eine jener Zufälligkeiten, die das Leben zwischen Maghreb und Maschreq gelegentlich beschert. Nach Absolvierung meines Arabisch-Lehrgangs im Libanon suchte die marokkanische Regierung, die das französische Protektorat gerade abgeschüttelt hatte, nach franko- und arabophonen Experten für ihre Verwaltung. Mir war der Posten eines politischen Ratgebers beim marokkanischen Provinzgouverneur von Meknes oder Ouarzazate angeboten worden. Da in der Umgebung von Meknes ein unerfreulicher Streit mit den französischen Kolonisten und Großgrundbesitzern entbrannt war, entschied ich mich für das Oasengebiet von Ouarzazate, das sich jenseits des südlichen Atlas am Nordrand der Sahara erstreckt. Die roten Lehmmauern und Zinnen von Ouarzazate hallten damals noch nicht vom Freizeit-Trubel des »Club Méditerranée« wider. In einer eremiten-ähnlichen Abgeschiedenheit hätte ich dort die nachbarschaftlichen Beziehungen dieser Provinz zu Algerien sowie das Stammesleben der Berber in den Felsschluchten des Draa und des Dades studieren können. Meine Ernennung zu diesem Posten lag bereits im Innenministerium von Rabat vor, aber eine solche Tätigkeit als »political agent«, wie die Engländer sagen, entsprach wohl doch nicht mehr dem Geist der Zeit. Am Ende konnte ich von Glück sprechen, daß meine Berufung nach Ouarzazate durch eine absolut verständliche Reaktion maghrebinischen Nationalismus gegenstandslos wurde.

Gegen Mitternacht war ich noch einmal auf die Hauptstraße von Tan-Tan getreten. Eine Militärstreife prüfte meine Papiere und verschwand mit hallenden Schritten. Der Wind heulte immer noch und erstickte sogar das wütende Bellen der Hunde. Der schwarze Himmel riß plötzlich auf. Zwischen rasenden Wolkenfetzen leuchtete die volle Scheibe des Mondes überhell, mit scharfen Konturen wie ein mysteriöses Fanal. Im Sommer 1955, so erinnerte ich mich, hatte die exaltierte Masse der frommen marokkanischen Bevölkerung in diesem Antlitz des Mondes die leidenden Züge ihres verbannten Sultan Mohammed V. zu erkennen geglaubt. Die Erlebnisse in Marokko während eines knappen Jahrzehnts, vom Sommer 1955 bis in den Winter 1964, stürmten wieder auf mich ein:
Wie ein Schwarm kreischender Vögel saßen die Prostituierten auf der Terrasse des Hotels »Balima« von Rabat. Sie waren aus dem »Bouzbir« von Casablanca in die marokkanische Königsstadt herübergewechselt, als dieses größte Bordell-Viertel der Welt aufgrund der Unruhen mit Polizeigewalt geschlossen worden war. Die Mädchen waren grell angemalt und riefen den Journalisten, die im »Balima« ihre Arbeitsquartiere bezogen hatten, am hellichten Tag Obszönitäten zu. Der Anblick dieser Unordnung, die über das biedere Verwaltungs- und Europäer-Viertel Rabats aus der südlichen Hafen-Metropole Casablanca hereingebrochen war, erfüllte die französischen Zivilisten mit bösen Ahnungen. Eine Ordnung brach zusammen, und die Freudenmädchen aus dem »Bouzbir« erschienen wie Vorboten des Unheils, wie ein kreischender Erinnyen-Chor in einer unverständlichen, exotischen Inszenierung.

In der Generalresidenz oberhalb des Sultanspalastes herrschte Entmutigung. Ich wurde ohne Umstände von dem rot kostümierten Türsteher, dem »Schausch«, zum Präfekten Antoine hereingelassen, der vor ein paar Wochen erst die juristische Abteilung übernommen hatte. Wir kannten uns seit langem, denn er hatte vor seiner überstürzten Ernennung in Marokko eine ähnliche Funktion beim französischen Hochkommissariat in Saarbrücken ausgeübt. »Das Spiel ist aus«, begrüßte mich Antoine. »Der neue Generalresident Grandval hat verloren. Wir hatten alles darauf gesetzt, während wir mit den nationalistischen Parteien der arabisierten Städte verhandelten, daß die Berber-Stämme des Atlas stillhalten würden. Unsere Militärs hatten uns diese Zusicherung gemacht. Aber Sie wissen ja, was gestern und heute nacht passiert ist.« Unter dem Schrei »Allahu akbar« und »Yahia el Malik – Es lebe der König« waren die wilden Männer des Gebirges, für deren Loyalität sich die angeblichen Experten des französischen »Contrôle Civil« verbürgt hatten, über das Grubenstädtchen Oued Zem hergefallen. Eine Vielzahl von Europäern – Männer, Frauen und Kinder – waren wie Vieh geschlachtet worden. Nun konnte es kein Halten mehr geben. Ein Atlas-Stamm nach dem anderen würde sich dem Aufstand anschließen, und die angestaute nationalistische Unrast der städtischen Medinas würde explodieren, wenn nicht schnellstens der rechtmäßige Herrscher des Scherifischen Reiches, Sultan Mohammed V., »el Malik – der König«, wie er nunmehr beim Volk hieß, auf seinen Thron zurückkehrte.

Das marokkanische Experiment Grandval hatte unter einem schlechten Stern begonnen. Der frühere Militärgouverneur, Hochkommissar und Botschafter im Saarland, war von Ministerpräsident Edgar Faure nach Rabat als neuer Generalresident beordert worden, nachdem alle Versuche seiner dortigen Vorgänger, die Entwicklung noch einmal in den Griff zu bekommen, fehlgeschlagen waren. Gilbert Grandval hatte sich mit Elan und mit einer gewissen Naivität in die neue Aufgabe gestürzt. In Saarbrücken hatte er sich als konsequenter Verfechter französischer Interessen zu erkennen gegeben. Die Autonomie-Politik, die er dort unterstützte, bewegte sich in der Tradition Richelieus und der von Paris patronierten deutschen Kleinstaaterei. Das »Europäische Statut« des Saarlandes, das schließlich zwischen Adenauer und Mendès-France ausgehandelt worden war, trug in seinen Augen den Makel der abendländischen Supranationalität.

Als Grandval im Juni 1955 nach Marokko berufen wurde, konnte er noch nicht wissen, daß seine Saar-Politik vier Monate später, in der Volksabstimmung am 23. Oktober 1955, wie ein Kartenhaus zusammenbrechen würde. In Rabat angekommen, schaltete dieser autoritär veranlagte Mann auf eine Linie äußerster Flexibilität um. In wenigen Tagen gewann er das Vertrauen der konservativen marokkanischen Nationalisten der »Istiqlal-Partei« sowie auch der marokkanischen Progressisten der späteren »Volksunion«. Diese Kontakte brachten ihm jedoch in den Augen der meisten französischen Siedler in Marokko – es mochten an die 300000 sein – den Ruf eines Verzicht-Residenten, ja eines halben Landesverräters ein. »Diese Leute, die den Gang der Ereignisse im Maghreb überhaupt nicht begreifen, diese sturen Reaktionäre einer überholten Kolonisations-Routine, verfügen seit heute morgen, seit dem Massaker von Oued Zem, über ein tödliches Argument«, sinnierte der Präfekt Antoine; »es hilft uns nichts, daß unsere guten Beziehungen zu den organisierten Nationalisten sich bewährt, daß Unruhe und Attentate in den Städten aufgehört haben, seit Grandval hier eintraf. Die Colons werden anklagend darauf verweisen, daß das Bled, das offene Land, zur Aufstandszone wurde, obwohl sie selbst es waren, die von der unverbrüchlichen Treue der Berber gegenüber Frankreich faselten.«

Schon zwei Jahre zuvor war der entscheidende, der unverzeihliche Fehler gemacht worden. Der damalige Ministerpräsident Georges Bidault, der bereits im Indochina-Feldzug schwere Verantwortung auf sich geladen hatte, wollte in Nordafrika den starken Mann spielen. Dieser einstige Repräsentant fortschrittlicher Christ-Demokratie in Frankreich hatte sich in einen verbitterten Nachhut-Strategen spätkolonialer Abenteuer verwandelt. Bidault gab im August 1953 dem damaligen Generalresidenten Guillaume freie Hand, Sultan Mohammed V. abzusetzen und ins Exil nach Madagaskar zu verschicken. General Guillaume hatte seit langem auf diese Gewaltlösung gedrängt. Mohammed V., der in seiner Jugend von den Franzosen auf den Thron gehoben worden war, weil er im Gegensatz zu seinem Bruder ein willfähriges Instrument der Pariser Nordafrika-Politik zu werden versprach, hatte sich während des Zweiten Weltkriegs als ein Staatsmann von unvermuteten Gaben zu erkennen gegeben. Er war in seinem nationalen Emanzipationswunsch von Präsident Roosevelt persönlich ermutigt worden. Auch de Gaulle wußte diesen Monarchen zu schätzen, der sich dem Kapitulantentum Vichys widersetzte, mit den »Freien Franzosen« konspirierte und dafür später mit dem Lothringer Kreuz des Befreiungsordens dekoriert wurde.

Aber General Guillaume wußte es offenbar besser. Er hatte die stolzen Tabor-Einheiten der Atlas-Berber im Italien-Feldzug befehligt und bis nach Württemberg geführt. Er glaubte die Methode zu kennen, wie man mit einem aufsässigen Sultan umsprang, der nur noch auf die Ratschläge seines ehrgeizigen und hochintelligenten Sohnes Mulay Hassan zu hören schien. Das wahre Marokko, so argumentierten die französischen Militärs und die Administratoren aus dem Elite-Korps des »Contrôle Civil«, finde man nicht bei den entwurzelten Proletariermassen der Küstenstädte und auch nicht bei jenen bürgerlichen Intellektuellen, die den aufrührerischen Radiosendungen der »Saut-el-Arab« aus Kairo lauschten. Gegen die Aufrührer, die sich in den Medinas zusammenrotteten, gegen die Attentäter, die mit Sprengstoff und gezielten Morden Unruhe stifteten, wollte sich Generalresident Guillaume auf die ursprünglichen Kräfte des Landes, auf seine treuen Berber verlassen. Als Mohammed V. des Landes verwiesen wurde, waren ganze Reiterkolonnen aus den Bergen aufgeboten worden, die sich in malerischer Heerschar auf den Weg in die Ebene machten. Sie kampierten bedrohlich vor den Mauern von Fez und Rabat wie in jener Zeit, als die Krieger des Bled Siba aus der Wildnis ihrer Atlas-Höhen herausbrachen, um über die Küstensiedlungen herzufallen und sie zu plündern.

Hinter diesem Staatsstreich profilierte sich die imposante, furchterregende Gestalt El Glaouis, des letzten selbstherrlichen Berber-Fürsten aus dem südlichen Atlas, ein Raubvogel, der den Herrscher von Rabat stets als einen verächtlichen Schwächling angesehen hatte. El Glaoui war es auch, der die Versammlung der Ulama, der koranischen Schriftgelehrten, demütigte und diese frommen, aber korrupten Männer zwang, einen gefügigen Gegen-Sultan zu küren, den harmlosen und etwas einfältigen Greis Mohammed Ben Arafa. Der Usurpator war ein ziemlich unbekannter Angehöriger des Geschlechts der Alawiten. Man wußte lediglich von ihm, daß er in rührender Bescheidenheit jeden Morgen in Marrakesch auf den Markt ging, um höchstpersönlich um sein Gemüse zu feilschen. Kaum inthronisiert, hatte der neue Sultan Ben Arafa alles Interesse daran, sich vor seinem Volk zu verbergen, denn schon bei einer seiner ersten Ausfahrten zum Freitags-Gebet wäre er beinahe von einem Fanatiker erdolcht worden. Nur die Geistesgegenwart eines französischen Unteroffiziers der berittenen Schwarzen Garde hatte ihn in letzter Sekunde gerettet.

Die französischen Protektorats-Behörden und Georges Bidault hatten ihre Rechnung ohne Berücksichtigung der veränderten Volksstimmung im Maghreb gemacht. Mohammed V. hatte man nach Antsirabe abgeschoben. Die französischen Illustrierten hatten hämische Bildreportagen über jene Sondermaschine publiziert, die der gestürzte Monarch benötigte, um seinen umfangreichen, verschleierten Harem nach Madagaskar zu transportieren. In Paris mochte man darüber schmunzeln. Die Marokkaner blieben von dieser verunglimpfenden Propaganda unberührt. Sie lauschten den Radiosendungen aus Kairo und Damaskus. Sie hatten bislang mit ihrem Scherifischen Herrscher, der sich nur selten im weißen Burnus mit Kapuze seinen Untertanen zeigte, nicht sonderlich sympathisiert. Dazu wirkte der Mann viel zu verschlossen und scheu. Aber jetzt war Mohammed V. durch die willkürliche Absetzung, durch seine Verbannung und Schmähung plötzlich zum Märtyrer geworden. Wenn die Franzosen ihn in den Indischen Ozean verschickten, dann mußte er eben doch der gültige Repräsentant der sich aufbäumenden nationalen Kräfte des »Maghreb el Aqsa« und in seiner Eigenschaft als »Befehlshaber der Gläubigen« die Verkörperung des militanten, unbesiegbaren Islam sein. Mit einem Schlag war Si Mohammed V. in den Brennpunkt der nationalen und religiösen Revolution gerückt. Kein Wunder, daß gerade die armen Leute in den Slums von Casablanca sein Antlitz in der vollen Scheibe des Mondes erkannten.

Im Juli 1954 hatte die Vierte Republik in Indochina die Konsequenzen aus dem Debakel von Dien Bien Phu und einer aussichtslosen Situation ziehen müssen. Am Allerheiligentag des gleichen Jahres war Algerien von der ersten Attentatswelle heimgesucht worden. Das Kabinett Bidault war längst durch andere kurzlebige Kombinationen abgelöst worden. Niemand in Paris war ernsthaft bereit, sich im westlichen Atlas in einen neuen Kolonialfeldzug zu stürzen, zumal die legendäre Tapferkeit der Rif-Kabylen noch in aller Erinnerung lebte. Auf General Guillaume war nach verschiedenen administrativen Zwischenphasen das Unternehmen Grandval gefolgt, und auch dieser Versuch war im Ansatz gestrandet. Sultan Ben Arafa bereitete seine Flucht vor, und der stolze Berber-Fürst El Glaoui erwog seine Unterwerfung unter den rechtmäßigen Herrscher, um wenigstens den Bestand seiner Sippe und deren Besitz über die sich anbahnende Umwälzung hinüberzuretten. Er sollte diesen dramatischen Canossa-Gang tatsächlich ein paar Monate später vollziehen. Die französische Presse brachte Bilder von jener unglaublichen Szene, wie der alte einäugige Atlas-Adler El Glaoui im Schloß von La Celle Saint-Cloud auf die Knie fiel, um dem Malik ehrerbietig die Hand und das Knie zu küssen. Um ein Schauspiel mittelalterlicher Größe war man in Marokko nie verlegen.

Im zweiten Stockwerk der Generalresidenz traf ich den neuen Informationsdirektor Jacques Chazelle. Auch er war ein alter Freund aus Saarbrücken. Chazelle gehörte zu den brillantesten jungen Diplomaten des Quai d'Orsay. Er zeigte sich nicht weniger pessimistisch als der Präfekt Antoine. »Wissen Sie, daß Grandval vor Übernahme der Generalresidenz Charles de Gaulle in dessen Einsiedelei von Colombey-les-deux-Eglises aufgesucht hat«, begann er das Gespräch. »Der General hat ihn nicht gerade ermutigt. ›Sie mögen noch so wacker und geschickt sein‹, hatte er Grandval zu verstehen gegeben, ›aber an den verfaulten Institutionen der Vierten Republik werden Sie zerbrechen. Erst muß die Autorität des Staates wieder hergestellt sein, ehe Frankreich wieder glaubhaft zu seinen Freunden und Gegnern sprechen kann.‹ Im übrigen, so deutete de Gaulle an, komme niemand mehr an einer Rückkehr Mohammeds V. vorbei.« Der General sei nach seinem Monolog an das Turmfenster seines Landsitzes getreten und habe schweigend über die herbe lothringische Waldlandschaft geblickt, wo einst Bernhard von Clairvaux die einsame Inspiration zu seinen Kreuzzugs-Predigten gesucht hatte und wo noch früher im Sumpfland der Katalaunischen Felder die Entscheidung über den Bestand des Abendlandes gefallen war.

Ein livrierter marokkanischer Diener brachte Kaffee, und der Informationsdirektor Chazelle mußte lachen. »Es ist nicht leicht, in diesem Land an seinen liberalen und emanzipatorischen Überzeugungen festzuhalten«, sagte er. »Ich hatte mir fest vorgenommen, im Gegensatz zum Brauch der hiesigen Europäer, alle Eingeborenen, auch die Diener, zu siezen. Aber was soll ich machen, wenn mich der Türsteher und der Kaffeeträger in Ermangelung grammatikalischer Feinheiten ihrerseits mit ›du‹ anreden.« Es entstand eine Pause. »Wir werden uns nach neuen Posten umsehen müssen«, fügte Chazelle hinzu. »Für die Mannschaft Grandval ist demnächst kein Platz mehr in Nordafrika. Aber bevor wir das Feld räumen, will ich Sie noch mit einer interessanten Persönlichkeit in Kontakt bringen, mit einem Mann der Zukunft. Er heißt Mehdi Ben Barka.« Chazelle griff zum Telefon und ließ sich verbinden.

Das wuchtige Eingangstor der Medina wurde schwer bewacht. Die französische Protektorats-Polizei in hellblauen Uniformen war auf Anweisung Grandvals durch ein Kontingent »Gendarmes Mobiles« ersetzt, die aus dem Mutterland eingeflogen waren. Die lokalen Polizisten hatten bei den Leibesvisitationen, denen die Marokkaner häufig unterworfen wurden, allzuoft Wertsachen und Brieftaschen mitgehen lassen. Die breitschultrigen Gendarmen aus der Metropole strömten hingegen Gesetzlichkeit und Gelassenheit aus. Ihre Ankunft war von den Muslimen teilweise mit Beifall begrüßt worden.

Ein junger Marokkaner in Dschellabah erwartete mich an der Schwelle der Medina. Es wäre nicht ratsam gewesen, als isolierter Europäer in das Gassengewirr vorzudringen. Schlagartig war ich in eine andere, mittelalterliche Welt versetzt. Die Medinas der Küste – Rabat, Sale, Mogador, Mazagan und wie sie alle hießen – hatten zur Zeit der spanischen Reconquista viele maurische Flüchtlinge aus Andalusien aufgenommen. Der Stil der Häuser, die verschwiegenen Patios hinter hohen Mauern, die eckige Pracht der Minaretts erinnerten an Sevilla, an Granada und Cordoba. Der Schöpfer des französischen Protektorats, Marschall Lyautey, hatte darüber gewacht, daß die muselmanische und die später zugewanderte europäische Bevölkerung streng getrennt voneinander lebten. Diesem elitär eingestellten Offizier, der lange in Algerien gedient hatte, war die dortige Assimilations- und Vermischungspolitik der Dritten Republik ein Greuel gewesen. Ihm lag im Grunde die angeborene Noblesse so vieler Marokkaner näher als die hemdsärmelige Quirligkeit jener mediterranen »petits Blancs«, die in der Mehrzahl iberischer oder italienischer Herkunft waren. So hatte das Scherifische Reich – im Gegensatz zu den algerischen Départements – seine Eigenart, seinen Charakter, seine nostalgische Größe auch unter dem fremden Protektorat bewahrt.

Sogar das Judenviertel war als separater Körper der Medina voll erhalten geblieben. Die Handwerker unter dem runden mosaischen Käppchen hatten wachsbleiche Gesichter, weil in ihre schmalen Gassen fast nie ein Sonnenstrahl fiel. Die Juden lebten im »Mellah«; das Wort war von dem arabischen Wort »Melch« – zu deutsch »Salz« – abgeleitet, weil in früheren Zeiten eine der Aufgaben der Israeliten darin bestand, die Köpfe der hingerichteten Feinde des Sultans einzupökeln, ehe sie auf den Stadtmauern der Medina zur Abschreckung aufgespießt wurden.

Die jüdische Gemeinde von Marokko, deren Familiennamen noch häufig die toledanische Herkunft verrieten, ja die in ihrem Schatzkästlein gelegentlich noch den Schlüssel des spanischen Hauses aufbewahrten, aus dem ihre Vorfahren durch die christliche Inquisition vertrieben worden waren, sahen der steigenden Flut des islamisch inspirierten Nationalismus mit bangen Ahnungen entgegen. Zwar hatte Mohammed V. sie zur Zeit Marschall Pétains gegen die antisemitischen Verfügungen der Vichy-Behörden zu schützen gewußt und ließ sie auch jetzt aus seinem Exil in Madagaskar wissen, daß die Söhne Israels als Angehörige der »Familie des Buches«, des »Ahl el Kitab«, von der marokkanischen Unabhängigkeit keine Diskriminierung oder gar Verfolgung zu befürchten hätten. Aber wer konnte schon gewährleisten, daß der Monarch nach seiner Rückkehr stark genug sein würde, um die Unduldsamkeit seiner Untertanen im Zaum zu halten. Im Dämmerlicht der Synagogen stellten die Rabbiner gemeinsam mit verschwiegenen Emissären aus Tel Aviv Listen für die Auswanderung nach Israel zusammen, während die wohlhabende, französisch assimilierte jüdische Bourgeoisie sich auf die Umsiedlung nach Frankreich vorbereitete.

Mein junger Begleiter in der Medina war ein trefflicher Leibwächter. Jedesmal wenn wir einer finster blickenden Gruppe von Männern im landesüblichen Burnus entgegentrieben, erwähnte er wie ein Marktschreier das Ziel unseres Besuchs. Der Name Ben Barka wirkte wie ein »Sesam, öffne dich«. Die Häuserwände waren ringsum mit arabischen Inschriften beschmiert. Die Hochrufe »Yahia el Malik – Es lebe der König« und die Zauberformel »Istiqlal – Unabhängigkeit«

waren überall zu lesen. In zahllosen Abbildungen blickte das sorgenvolle Antlitz Mohammeds V. auf seine Untertanen herab. Ich sollte mir die Erfahrungen dieses Medina-Besuchs in den kommenden Wochen noch mehrfach zunutze machen. Jedesmal wenn ich in Fes, Meknes oder Marrakesch in die geheimnisvolle Welt der marokkanischen Altstädte eintauchte und das grünliche Halbdunkel dieser exotischen Welt mich wie ein Aquarium umfing, nannte ich in regelmäßigen Abständen den Namen des nationalistischen Politikers oder Verschwörers, mit dem ich mich verabredet hatte und war dadurch gefeit gegen die Dolche, die in jenen Tagen gegen so manchen Europäer gezückt wurden.

Mehdi Ben Barka begrüßte mich an der kunstvoll beschlagenen Tür seines Hauses. Er führte mich in ein weißgetünchtes Zimmer mit blauen Holzläden, die wegen der grellen Mittagshitze bereits geschlossen waren. Auf dem roten Steinboden lagen Lederkissen. Eine ältere Frau mit Tätowierungen auf der Stirn, die Mutter Ben Barkas, wie er sie vorstellte, brachte uns süßen Pfefferminztee mit hellgrünen Blättern in hohen Gläsern.

»Sie kommen von Chazelle«, begann Ben Barka das Gespräch. »Das ist eine gute Empfehlung. Aber die Franzosen haben ihre letzten Karten verspielt, seit unsere Feudalherren des Atlas begriffen haben, daß die Zeit für Mohammed V. arbeitet. Die Stammesfürsten können und wollen ihre Krieger nicht mehr zügeln, und jetzt stehen auch wir fortschrittlichen Politiker im Zwang, unserer Gefolgschaft unter den Arbeitern, den Intellektuellen, den Kaufleuten greifbare Erfolge vorzuweisen. Sie wissen gar nicht, wie schwer es für uns war, die aufgebrachte Stadtbevölkerung vor der Versuchung des Chaos zu bewahren. Selbst die paar Kommunisten, die es bei uns gibt, haben wir diszipliniert. Aber jetzt wird diese Gratwanderung lebensgefährlich. In der Unabhängigkeitspartei verläuft bereits ein tiefer Spalt zwischen den Konservativen und den Feudalsippen auf der einen, den Kräften des sozialen Fortschritts – verkörpert vor allem durch die Gewerkschaften – auf der anderen Seite. Es wird Zeit, höchste Zeit, daß der König zurückkommt und dem Spuk des Protektorats ein Ende setzt.«

Ben Barka hatte ohne jeden Eifer, ohne Erregung gesprochen. Er trug Hose und Hemd; die Ärmel waren hochgekrempelt, der Kragen stand offen. Der Mann wirkte gedrungen. Aus dem Gesicht sprach hohe Intelligenz. Sein breiter Kopf mit der leicht eingedrückten Nase wirkte sehr europäisch, hätte nach Andalusien gepaßt. Ben Barka hatte in einem Gymnasium Mathematik unterrichtet, war sogar Privatlehrer des Kronprinzen Mulay Hassan gewesen, ehe er in den politischen Widerstand ging und neben dem großen Vorläufer der marokkanischen Erneuerung, Allal el Fassi, zum mächtigsten Oppositionsführer im Untergrund wurde. »Mohammed V. wird sich bald entscheiden müssen, wie er optieren will: für eine Monarchie, die sich weiterhin auf die Kräfte der Reaktion und des Großgrundbesitzes stützt, oder für eine sozialistische Demokratie, die auch der Dynastie der Alawiten auf konstitutioneller Basis die sicherste Gewähr des Überlebens bietet«, dozierte mein Gastgeber. »Bis zur Erringung der totalen Unabhängigkeit haben wir unsere Forderung nach gesellschaftlicher Umgestaltung zurückgestellt, aber bald wird die Stunde der Entscheidung schlagen. Wir wollen ein modernes, gerechtes, egalitäres Marokko, und wenn der Thron sich uns in den Weg stellt, dann schrecken wir auch vor dem Gedanken an eine Republik nicht zurück. Doch das muß nicht sein, und der Malik ist auch für uns eine unentbehrliche, charismatische Kristallisationsfigur der nationalen Erhebung.« Die Offenheit, die Unverblümtheit dieses Revolutionärs wirkten gewinnend. Als ich das weiße Haus in der Medina nach langem Gespräch verließ, versprachen wir uns, in Verbindung zu bleiben.

Erst im Sommer 1959 sollte ich Ben Barka wiedertreffen. Er war ein mächtiger Mann geworden, Vorsitzender der Beratenden Marokkanischen Versammlung und Führer des linken Flügels der Istiqlal-Partei. Von seiner prunkvollen Dienstresidenz in Rabat hatte er mich im Jaguar zu einer Kader-Schule seiner Bewegung am Rande von Casablanca gefahren. Das Jugendheim lag in einem Hain von Korkeichen. Mit sichtbarem Wohlbehagen streifte Ben Barka, nachdem er dort seinen Koffer in einer Studentenbude mit Feldbett abgestellt hatte, die ihm offiziell zugewiesene protokollarische Feierlichkeit ab, krempelte die Ärmel hoch und setzte sich ohne Aufheben zu seinen Zöglingen auf die Bank. Als ein elegant gekleideter hoher Beamter aus irgendeinem Ministerium zum Vortrag aufs Podium schritt, wurde er von den Kader-Schülern mit Protest begrüßt: »Zieh erst einmal die Jacke aus«, riefen sie ihm zu, »gib dich nicht so geziert!«

Der plötzliche Wechsel aus der Rolle des gehetzten Untergrundkämpfers in das steife Amt des Kammerpräsidenten schien Ben Barka immer noch zu belustigen. Schon waren die ersten Illusionen über die marokkanische Unabhängigkeit geplatzt. »Es wäre notwendig, daß wir die westlichen Investitionen ermutigen und dem ausländischen Kapital Vertrauen einflößen«, hatte er mir auf der Fahrt gesagt. »Aber dann laufen wir Gefahr, die Interessen der darbenden marokkanischen Massen und ihre sozialen Forderungen zu verraten. Der Thron ist drauf und dran, den falschen Weg zu wählen, den Kontakt mit dem Volk zu verlieren. Warten Sie nur, bis Mohammed V. mit seinem immensen Prestige verschwindet, dann wird seinem Nachfolger nur noch der Weg ins heroisch-absurde Abenteuer, in den groß-marokkanischen Chauvinismus übrigbleiben, um den Staat zusammenzuhalten.«

Der kühle Realist Ben Barka hielt auch nichts von den orientalischen Redeschwällen und Kraftakten eines Gamal Abdel Nasser. »Meine Studenten erhitzen sich an dem Wort *isti'mar*, das bei uns für Imperialismus und Kolonialismus steht, und blicken in der Mehrzahl wie gebannt auf die neue Sphinx am Nil. Aber für mich sind Nasser und seine ›freien Offiziere‹ entfesselte Kleinbürger, mehr nicht. In Algerien dagegen, wo der Befreiungskampf nunmehr ins fünfte Jahr geht, dort keimt möglicherweise etwas ganz Neues. Da schimmert vielleicht zum ersten Mal für die arabische und die muselmanische Welt eine reale Hoffnung auf radikale Erneuerung ...«

Wiederum drei Jahre später, auf einer Gewerkschaftstagung der Dritten Welt in Tunis, im Winter 1962, begegnete ich Ben Barka zum letzten Mal. Er war ein Flüchtling, ein Exil-Politiker geworden. Seine revolutionären Ideale waren mit dem Selbstbehauptungswillen des Scherifischen Throns nicht zu vereinbaren gewesen. Der neue König Hassan II. hatte wohl geahnt, daß am Ende des gesellschaftlichen Umbruchs, den Mehdi Ben Barka und seine Gefolgschaft ansteuerten, die Ausrufung einer marokkanischen Republik stehen würde. Dennoch war der Verbannte von Tunis guten Muts. Auf unserem Gang über das Konferenzgelände spielte ein spitzbübisches Lächeln um seinen Mund. »Ich bin wieder in die Rolle des Verschwörers, des Revolutionärs gedrängt. Aber die Kräfte, die ich repräsentiere, sind unentbehrlich; ohne die arbeitenden Massen läßt sich Marokko nicht mehr regieren. Sonst kommt es zur Explosion, und König Hassan II., mein früherer Schüler, ist intelligent genug, um dies zu wissen. Nicht aus Sympathie, sondern aus politischem Kalkül wird er eines Tages den Kontakt zu mir suchen, nach einer Alternative der Erneuerung greifen, und meine Bewegung wird ihm keine unüberwindlichen Schwierigkeiten in den Weg legen, keine unerträglichen Bedingungen stellen. Wir sind zur ehrlichen Zusammenarbeit mit dem Thron bereit. Aber das wissen natürlich auch die unbelehrbaren Kräfte der Beharrung, und sie werden mit allen Mitteln meinen Dialog mit dem König zu verhindern suchen.«

Im Winter 1964 wurde Ben Barka von seinem Schicksal ereilt. Zu viele konspirative Fäden liefen bei diesem inzwischen graumelierten Mann zusammen, der in Paris sein Quartier aufgeschlagen hatte. Der Tod kam in Gestalt Mohammed Oufkirs, General der Königlich-Marokkanischen Streitkräfte, Vertrauter und Innenminister Hassans II. Das Verschwinden Mehdi Ben Barkas machte im Februar 1964 Schlagzeilen, und auch ich fuhr mit dem Kamera-Team zur Brasserie Lipp in Saint-Germain-des-Prés, wo der Exil-Politiker durch einen zwielichtigen Agenten des französischen Nachrichtendienstes SDECE in die Falle gelockt wurde. Wir suchten anschließend im Norden von Paris die Banlieue nach jener Villa ab, in deren Heizungskeller – wie die Presse vermutete – Mehdi Ben Barka seinem Erzfeind Mohammed Oufkir ausgeliefert worden war.

Wie die Begegnung, das Verhör, die Folterung, die Hinrichtung verlaufen sind, niemand hat es je erfahren. Der einzige Augenzeuge dieser Vorgänge, der marokkanische Polizei-Major Ahmed Dlimi, hat nie ein Wort darüber verlauten lassen. Wurde Ben Barka mit der gebieterischen Forderung seines Königs konfrontiert, nach Marokko zurückzukehren und dort als loyaler Führer der Linksopposition Seiner Majestät zu fungieren? Hat in dieser Situation à la Beckett der Revolutionär Mehdi Ben Barka mit starrer Verweigerung ähnlich reagiert wie einst in England Bischof Thomas Morus, der die kompromittierenden Angebote seines Königs zurückwies. »Ben Barka oder die Ehre der Revolution« hätte der Titel dieser zeitgenössischen Tragödie sein können. Sehr lange dürfte die Diskussion im Heizungskeller bei Paris ohnehin nicht gedauert haben. Das entsprach nicht dem Temperament und dem unerbittlichen Raubtierinstinkt Mohammed

Oufkirs, der als einer der kühnsten Soldaten des Atlas galt – er hatte sich schon am Monte Cassino durch Tapferkeit ausgezeichnet – und der sich als Innenminister einen gefürchteten Namen gemacht hatte. Ist die Leiche Ben Barkas dann in einen Betonblock eingegossen und irgendwo im Meer versenkt worden? Die Vermutungen der französischen Polizei deuteten in diese Richtung, während der blanke Zorn de Gaulles über diese Verletzung des Asylrechtes den französischen Geheimdienst in eine seiner schwersten Krisen stürzte.

Nach meinem Gespräch mit Ben Barka verlangte es mich auf dem Rückweg durch die stickigen Gassen der Medina nach den Weiten des marokkanischen Rif, des offenen Landes, wo innerhalb einiger Stunden das liberale Experiment Grandvals zu Schaden gekommen war. Nach dem Überfall der Berber auf die Phosphat-Gruben von Oued Zem und Kurigba waren Fallschirmjäger der Fremdenlegion mitten im Aufstandsgebiet abgesprungen. Die revoltierenden Stämme wurden blutig unterworfen. Ihre Scheichs hatten vor dem kommandierenden französischen Oberst die wehrfähigen Männer in langer Reihe wie zur Inspektion versammelt. Ein Dutzend Stiere wurden von Knaben herangeführt. Den Tieren wurden blitzschnell die Sehnen der Hinterbeine durchschnitten, und die Bullen brachen mit klagendem Gebrüll zusammen. Die Szene symbolisierte auf archaische Weise die Unterwerfung der aufsässigen Atlas-Berber.

Adelbert Weinstein von der *Frankfurter Allgemeinen Zeitung* war zu mir in den offenen Wagen gestiegen, und wir rollten nach Passieren der französischen Sperren in Richtung Südosten. Ich hatte Weinstein ein Jahr zuvor in Hanoi, in den letzten Tagen der endgültigen französischen Niederlage, kennengelernt. Jetzt erlebten wir den Zusammenbruch eines anderen Pfeilers des früheren französischen Imperiums. Je mehr wir uns von Rabat entfernten, desto leerer wurde das Land. Die Asphaltstraße folgte dem felsigen Bett eines Wadi, auf dessen Grund Oleanderbüsche wuchsen. Die Höfe der französischen Kolonisten waren verbarrikadiert und verrammelt, als richteten sie sich auf eine Belagerung ein. Kein einziges Fahrzeug begegnete uns mehr. Nach etwa zwei Stunden hielten wir in einem Kolonistendorf. Die europäischen Einwohner hatten sich in einem Ausschank mit Tankstelle versammelt. Die Männer horchten mit nervösen Gesichtern auf die Nachrichten, die aus dem Radio kamen. Jeder von ihnen war bewaffnet mit Schrotflinten oder Maschinenpistolen. Die Frauen hielten die Kinder mit angstgeweiteten Augen in ihren Armen. »Sie können jederzeit kommen«, sagte der Wirt, »und unsere Soldaten werden wieder einmal zu spät zur Stelle sein. Dieser Generalresident Grandval hat uns den Wilden und Fanatikern ausgeliefert.«

Trotz der Mahnungen der Siedler setzten wir unsere Fahrt in Richtung Khurigba fort. Von nun an sichteten wir Reiter auf den kahlen Hügeln beiderseits der Straße. Sie spähten zu uns hinunter und verschwanden dann aus unserem Blickfeld. Es herrschte eine Wild-West-Atmosphäre, zumal jetzt am Horizont eine schwarze Rauchwolke aufstieg, die von einem großen Brand herrühren mußte. Wir waren ganz allein in dieser karstigen Wildnis und einigten uns darauf, daß Adelbert Weinstein die Höhen zur Rechten, ich die Hügel zur Linken beobachten sollten. In dreihundert Metern Entfernung tauchte ein blauer Reiter auf. Er hatte das Gewehr in die Hüfte gestemmt. Da wir langsam und vorsichtig fuhren, fiel es ihm nicht schwer, mit uns Schritt zu halten. Die Spannung wurde lastend, da hörte ich einen gellenden Schrei zu unserer Linken. Ein Kind, ein Hirte, hatte ihn ausgestoßen, der dort seine Schafe weidete. Der Knabe, nur mit einem braunen Überhang bekleidet, sprang die Böschung herunter, eilte so schnell auf uns zu, daß er fast stürzte. Keine zwanzig Meter entfernt, machte er eine unmißverständliche Geste: Er legte die flache Hand an seinen Hals, als wolle man ihm die Gurgel durchschneiden. Die Warnung war eindeutig. Vielleicht hat uns dieser Berber-Junge das Leben gerettet. Ich wendete jedenfalls das Auto und fuhr zurück in Richtung Casablanca.

Die Nacht war fortgeschritten, als ich den kastenförmigen Hochbau des Hotels »Marhaba« verließ. Bis zur Stadtmauer der Medina von Casablanca waren es nur ein paar Schritte. Es war nicht ratsam, bei Dunkelheit in dieses Viertel einzudringen. Die Zugänge zur Medina waren von schwarzen Senegal-Schützen bewacht. Ihre weißen Augen leuchteten aus der Dunkelheit. Die Scheinwerfer der wenigen Autos ließen den blanken Stahl der aufgepflanzten Bajonette aufschimmern. Die Soldaten trugen kugelsichere Westen.

In dem einzigen Straßen-Café, das auf der europäischen Seite der baumbestandenen Allee noch geöffnet war, wollte ich einen Whisky bestellen. Da fiel mir eine wohlbekannte Gestalt neben dem Barschemel auf. Raymond Pardoux stand ganz allein vor einer Karaffe Rotwein. Er erkannte mich gleich. »Mit Ihnen hatte ich heute abend wirklich nicht gerechnet«, sagte er lachend. Er lallte ein wenig und hievte sich umständlich auf den Barhocker. Pardoux war ein unauffälliger Mann, wie das seinem Gewerbe entsprach. Er war kleingewachsen. Das schwarze Haar war straff zurückgekämmt und pomadiert. Das Menjou-Bärtchen gab ihm etwas Fuchsiges, und dieser Eindruck wurde durch die flinken Augen noch bestärkt. Auch Pardoux war im Gefolge Grandvals nach Marokko gekommen, um seine nachrichtendienstliche Begabung an der neuen afrikanischen Umgebung zu erproben. Der frühere Unteroffizier war während des Zweiten Weltkrieges einer der unentbehrlichen Untergrund-Agenten der Résistance in Ostfrankreich gewesen. An der Saar hatte er sich später mit der Überwachung und Bespitzelung der deutschen Heimatbund-Partei zufriedengeben müssen.

»Ich höre, daß Johannes Hoffmann sein Referendum über das Europäische Saar-Statut im Oktober voraussichtlich verlieren wird?« fragte Pardoux. Ich bestätigte die Prognose. »Ehrlich gesagt«, meinte der Mann des Geheimdienstes, »ich hätte auch keine Lust mehr, dorthin zurückzukehren. Wir sind hier in Marokko gescheitert. Wie sollen Sie hier zuverlässige Nachrichten sammeln, ›faire du renseignement‹, wenn die Traumtänzer vom Zweiten Büro uns mit gezielten Fehlinformationen und mit Selbsttäuschungen füttern, wenn die liberalen Sympathisanten des Grandval-Kurses sich so hemmungslos den Arabern an die Brust werfen, daß sie darüber die Interessen Frankreichs und den Respekt vor sich selbst vergessen?«

Pardoux kippte ein weiteres Glas, und ich tat es ihm gleich. »Die Résistance im Zweiten Weltkrieg«, fuhr er fort, »das war eine große Sache, eine Donquijoterie vielleicht, denn viel haben wir ja nicht ausgerichtet. Aber die permanente Gefahr, durch einen Denunzianten in einen ›Nacht-und-Nebel-Trupp‹ der deutschen KZs verfrachtet zu werden, wirkte auf uns wie eine Droge. Die Polizei-Arbeit an der Saar nach 1945 war daran gemessen ein dürftiges Geschäft. Im Grunde hatten wir den Deutschen vom ›Heimatbund‹ ja nichts vorzuwerfen. Hier in Nordafrika hingegen haben alle Dinge eine andere Dimension. Hier begreife ich nichts mehr, hier versagen alle meine Tricks. Die Arbeit ist zutiefst frustrierend. In diesem arabisch-islamischen Raum werden vielleicht eines Tages meine jungen Kollegen und Nachfolger auf Sein oder Nichtsein gefordert werden. Für mich ist es zu spät.«

Ich hatte noch einen Zeitungsartikel zu schreiben und wollte ins Hotelzimmer zurückkehren. »Hören Sie doch auf zu arbeiten«, protestierte Pardoux mit schwerer Zunge; »holen Sie sich eine spanische Nana für die Nacht, lieber keine Marokkanerin, das rate ich Ihnen, die sollen gelegentlich im Verkehr mit Ausländern mit dem Messer spielen.« – »Was kann denn aus Marokko weiter werden?« fragte ich mit etwas perfider Naivität. Pardoux stand kerzengerade vor mir: »Was mich betrifft, so schaue ich mich bereits nach einem Job in einer Fabrikleitung bei Châlons-sur-Marne um, und was das Scherifische Reich angeht, so warten wir auf die Heimkehr Seiner Majestät Mohammeds V., damit er hier Ordnung schafft und das Schlimmste verhütet. In schaa Allah, so sagt man ja wohl hier.«

Der Mond war wieder hinter den Wolken verschwunden, und ein heftiger Windstoß holte mich in die Wirklichkeit der Märznacht des Jahres 1976 zurück.

Oberst Dlimi erwartete uns in der Residenz des Gouverneurs von Tan-Tan, einem weißen Gebäude hinter hohen Mauern. Der Mann, der das Geheimnis vom Tode Ben Barkas in seiner Brust vergraben trug, empfing uns mit großer Liebenswürdigkeit. Sehr martialisch wirkte er nicht, und ich kannte die Unzufriedenheit vieler marokkanischer Offiziere, von einem früheren Polizisten befehligt zu werden. Ahmed Dlimi trug eine schmucklose Felduniform. Eine gewisse Traurigkeit ging von ihm aus, und der Blick unter den schweren Lidern war verhangen. Er ließ einen kurzen Lagevortrag halten. Ein Hubschrauber stand bereit, um uns nach Mahbes zu bringen. Die Marokkaner wollten demonstrieren, daß sie dieses äußerste Wüstenfort in unmittelbarer Nachbarschaft der algerischen Grenze, das ich ein paar Tage zuvor von Tinduf aus angestrebt hatte, voll unter Kontrolle hatten. Aber die Wetterbedingungen waren abscheulich. »Sie sehen selbst, daß unsere Helikopter in diesem Sturm nicht starten können«, meinte Dlimi. Tatsächlich jagte ein Orkan aus Sandkörnern und feinen Regentropfen um die weiße Residenz. »Machen Sie es sich bequem«, forderte uns Dlimi auf, ging in den Funkraum und ließ uns mit Tee, Süßigkeiten und Früchten allein.

Den Abend zuvor hatte ich mit ein paar Hauptleuten und Majoren der Königlich-Marokkanischen Streitkräfte im Casino verbracht. Der Alkohol, dem diese frommen, aber unkonventionellen Muslime ungeniert zusprachen, hatte die ursprüngliche Zurückhaltung gelockert. Zudem verfügten wir über gemeinsame Referenzen, die ein gewisses Vertrauen schufen. Oberst Dlimi habe den Oberbefehl über die Sahara-Front erhalten, sagte Brahim, weil Hassan II. seit der Affäre Oufkir keinem hohen Armee-Offizier mehr trauen könne. »Sie kannten doch Oufkir?« wurde ich gefragt. Ich war dem früheren Innenminister natürlich begegnet, und am lebendigsten haftete die Erinnerung an diesen pantherhaften Mann, der die Augen stets hinter einer Sonnenbrille versteckte, aus den Tagen des Thronfestes von Fez im Jahr 1965.

Hassan II. – ganz in Weiß gekleidet – war unter einem weißen Sonnenschirm auf einem weißen Hengst durch die Altstadt geritten. Die Menge hatte dem König pflichtschuldigst Beifall gespendet. Sein leicht aufgedunsenes Gesicht wirkte in der weißen Verhüllung, die einem Leichentuch glich, seltsam puppig. Hinter ihrem Monarchen schritten die Höflinge, ebenfalls in Weiß. Bunt livrierte Diener trugen mächtige Wedel aus Pfauenfedern, während die »Schwarze Garde« in leuchtend roter Uniform den Umzug absicherte. Es war ein barbarisch schönes Bild. Unter dem Dröhnen der Trommeln und Trompeten, mit einem letzten Wink an die Menge, verschwand der Malik hinter dem geschwungenen maurischen Portal des Palastes.

Zur gleichen Stunde begann unter den zinnenbewehrten Mauern der königlichen Festung Fez, dieser herrlichsten aller arabischen Städte, dieser Leuchte des Islam im fernsten Westen, das Reiterspiel, die Fantasia der Berber-Stämme aus dem nördlichen Rif. Die Männer standen im Sattel und jagten in rasendem Galopp auf die kompakte Zuschauermasse zu, während die Frauen in leuchtenden Festgewändern und nur teilweise verschleiert mit markerschütterndem Ju-Ju ihre Stammes- und Sippenangehörigen anfeuerten. Auf den Hügeln rund um Fez hatten sich unzählige Zelte wie ein Wald aus braunen und gelben Pilzen entfaltet. Dort saßen Berber und Kabylen, tranken Tee und führten endlose Gespräche, die Waffe stets in Reichweite, während die Weiber Hammelbraten, den »Meschui«, rösteten. Mit kleiner Eskorte, in einen weißen Burnus gehüllt, war General Oufkir von

Zelt zu Zelt, von Clan zu Clan gegangen, hatte mit den Kriegern ein paar Worte in der kehligen Sprache des Atlas gewechselt. Eine solche Autorität, ein so spürbarer Machtinstinkt waren von diesem barhäuptigen General mit der Sonnenbrille ausgegangen, daß ich mich fragte, wie lange sein enges Einverständnis mit dem Scherifischen Herrscher wohl noch dauern konnte.

Von der Affäre Oufkir, von den Intrigen und Komplotten, die den Tod dieses undurchdringlichen Mannes umrankten, hatten die marokkanischen Streitkräfte sich nie erholt. »Der König hat es mit Hilfe des ›grünen Marsches‹ und unseres einmütigen Anspruchs auf die West-Sahara fertiggebracht, die Nation zusammenzuschmieden, aber die Armee hat er in die Wüste geschickt.« Hauptmann Raschid, der diese Äußerung wagte, war mir von Brahim als ein entfernter Verwandter des mystischen Vorkämpfers des marokkanischen Nationalismus, Allal el Fassi, vorgestellt worden, den die Franzosen wegen seiner revolutionären Umtriebe bereits 1936 in das äquatorial-afrikanische Gabun verbannt hatten. »Seine Majestät ist ein kluger Politiker«, fuhr Raschid fort, »und bei uns heißt es, daß er über die ›Baraka‹ verfügt, jene Unverwundbarkeit, die der Segen Allahs verleiht. Dem König kommt heute zugute, daß nicht nur Algier, sondern auch Tripolis die Sahrawi-Rebellen unterstützt. Deshalb sind bei uns alle Kundgebungen jener Sympathisanten verstummt, die in Oberst Qadhafi von Libyen bereits den Erneuerer des Maghreb und des wahren Islam sahen.« Raschid war ein typischer Fassi. Aus dem blassen Gesicht blickten blaue Augen, und der Kinnbart war rötlich gefärbt. Kein Wunder, daß immer wieder von bösen Zungen behauptet wurde, der Ursprung dieser streng islamischen Patrizier-Sippe aus Fez gehe in Wirklichkeit auf andalusische Juden zurück.

Auf den Militärs lastete die Erinnerung an das blutige Attentat von Skhira im Juli 1971. Hassan II. hatte damals seine Höflinge, das Diplomatische Corps und die Oligarchie des Scherifischen Reiches zu einem prunkvollen und etwas lasziven Gartenfest in seinen Sommerpalast nördlich von Rabat versammelt. Man trank Champagner und aß Kaviar. Ein Orchester spielte modernsten Beat aus den USA. Die Frauen trugen Bikini, die Männer bunte Strandkleidung. Der König selbst ging in Bermuda-Shorts und Hawaii-Hemd unter seinen Gästen umher. Da geschah plötzlich das Unfaßbare. Ein heiliger und schrecklicher Sturm brach über diese frivole und sündhafte Gesellschaft herein. Unter dem Ruf des Heiligen Krieges »Allahu akbar!« waren die Unteroffiziers-Schüler aus Ahermumu im Rif unter Anleitung ihres Kommandeurs auf Lastwagen in Skhira angerollt, hatten sich mit ihren Waffen den Weg zum Palastinneren und zum Swimming-Pool freigeschossen und begannen jetzt ein Gemetzel unter den Notabeln, den Diplomaten und Generalen, die der Einladung Hassans II. gefolgt waren. Blankes Entsetzen war unter den Gästen ausgebrochen.

Die jungen fanatischen Berber gebärdeten sich wie ihre Vorväter, die im Gefolge der eifernden islamischen Erneuerungsbewegung der »Almohaden – Al Muwahhidun« im zwölften Jahrhundert aus den rauhen Höhen des Atlas in die Ebene der Verweichlichung vorgestoßen waren, um im Namen der Einzigkeit Gottes den lasterhaften und abtrünnigen Epigonen der Almoraviden-Dynastie ein Ende zu setzen. Die entfesselten Aufrührer aus Ahermumu, die – wie sich später herausstellte – von Agenten aus Libyen aufgewiegelt worden waren, hatten sich vorgenommen, den König zu ermorden. Schon wähnte man Hassan II. unter den Toten. In Wirklichkeit hatte sich der Monarch geistesgegenwärtig in eine Umkleidekabine geflüchtet. Als die Soldaten ihre systematische Suche fortsetzten und die verschlossenen Türen erbrachen, wobei auch die Dienerschaft wahllos niedergemäht wurde, hatte Hassan II. sich gefaßt. Er hatte eine weiße Dschellabah über seine Bermuda-Shorts gestülpt, öffnete den Aufrührern selbst den Zugang, ging ihnen aufrechten Hauptes entgegen, hob die Hände zum Gebet und rezitierte die »Fatiha«, die Eröffnungs-Sure des Koran: »Bismillahi rahmani rahim – Im Namen Gottes des Gnädigen, des Barmherzigen ... Herrscher der Welt, König am Tag des Letzten Gerichts ...« Das löste eine erstaunliche Reaktion aus: Die Mörder, die eben noch wild um sich geschossen hatten, erstarrten im Angesicht ihres Khalifen, des Befehlshabers der Gläubigen, des Nachkommen des Propheten, ließen die Waffen fallen und stimmten in das Gebet ein: »ihdina sirata el mustaqim – Führe uns den Weg der Rechtschaffenen, derjenigen, denen Du Dein Wohlwollen schenkst, und nicht den Weg derjenigen, denen Du zürnst, den Weg der Irrenden, Amen.«

Das Attentat von Skhira war an der verblüffenden Geistesgegenwart des Monarchen gescheitert. General Oufkir, der auf seltsame und verdächtige Weise vom Gemetzel verschont geblieben war, hatte endlich die treu ergebene Palastwache mobilisiert. Die Offiziers-Schüler ließen sich fast wehrlos abführen. Ihre Rädelsführer wurden auf der Stelle erschossen. Eine Tragödie Shakespeareschen Ausmaßes hatte sich im Maghreb el Aqsa vollzogen.

Ein Jahr später holte die Luftwaffe zum tödlichen Schlag gegen den König aus. Auf dem Rückflug von einem offiziellen Besuch in Madrid wurde das Sonderflugzeug Hassans II. von marokkanischen Jägern angegriffen. Die Maschinengewehrgarben von vier F-5 schlugen in den Rumpf der Boeing, und wie durch ein Wunder blieb der König unverletzt. Wieder rettete ihn sein kaltblütiger Mut. Er gab dem Piloten die Weisung, den Angreifern mitzuteilen, daß er tödlich getroffen sei und daß die Maschine um Landeerlaubnis in Sale bäte. Diese Genehmigung wurde gewährt. Das Sonderflugzeug war noch nicht ausgerollt, da sprang Hassan II. in ein wartendes Auto und raste auf die schützenden Mauern seines Palastes zu. Dieses Mal bestand kein Zweifel, daß Mohammed Oufkir hinter dem Attentat stand und den Putsch inszeniert hatte, um die Macht an sich zu reißen. Der General wurde zum König zitiert und verließ den Palast als Leichnam. Nur Oberst Dlimi soll der Konfrontation zwischen dem Monarchen und seinem Innenminister beigewohnt haben. Das Gerücht besagt, Hassan II. habe eigenhändig die tödlichen Schüsse gegen Oufkir abgefeuert. Dennoch wurde dem Hochverräter ein würdiges Begräbnis inmitten seines Berber-Clans zugebilligt.

Der König hatte nicht nur äußerste Todesverachtung bewiesen. Von nun an merkte man ihm auch die extreme Menschenverachtung an. Aus dem vermeintlichen Playboy, dem man zahllose galante Abenteuer nachsagte, der allzu enge italienische Anzüge trug und eine ganze Flotte von Luxusautomobilen unterhielt, war ein Skeptiker auf dem Thron geworden, der die Möglichkeit seines Sturzes bei seinen wenigen Gesprächen mit ausländischen Gästen mit gelassenem Fatalismus diskutierte. Er hielt die Armee, der der Sahara-Feldzug wachsenden Einfluß zuzuspielen drohte, auf Distanz. Den darbenden Fellachen in den Atlas-Tälern und den elenden Massen in den Slums der Hafenstädte gegenüber, deren soziale Bedürfnisse er beim besten Willen nicht hätte befriedigen können, kehrte er mehr und mehr seine Rolle als Statthalter des Islam heraus. Hassan II. besaß Instinkt und Klugheit genug, um die Zeichen der religiösen Stunde zu deuten.

»Sie trauern wahrscheinlich Mehdi Ben Barka nach, wie die meisten Europäer«, nahm Hauptmann Raschid die sprunghafte Unterhaltung wieder auf. »Ich glaube nicht, daß er noch der Mann der heutigen Situation wäre. Ben Barka ist durch das Ende Oufkirs gerächt worden, wenn man so sagen darf, aber seine Vorstellungen von einem sozialistischen und weltlichen Staat, sein Streben nach der Trennung von Politik und Religion mögen noch eine Fraktion der Studenten, einen Teil der Bourgeoisie und die französisch erzogene Intelligenz begeistern. Für die Masse der Marokkaner findet eine Rückkehr zu den traditionellen Werten statt. Mein Onkel Allal el Fassi hat diese Wende nicht mehr erleben dürfen, aber wenn wir heute in der Sahara stehen und kämpfen, dann geht das doch auf seine Vision vom Großmarokkanischen Reich zurück.«

Im Juli 1959 hatte ich Allal el Fassi das letzte Mal aufgesucht. Ein müder Mann saß mir gegenüber. Seine taubengrauen Augen waren mit einem seltsamen Porzellanblick auf mich gerichtet. Der rote Bakkenbart war grau geworden. Allal el Fassi hatte sich mit Enttäuschung und Verbitterung in seine islamische Wissenschaft zurückgezogen, in die fromme Atmosphäre der ehrwürdigen Qarawiyin-Universität von Fez. Die Spaltung seiner Istiqlal-Partei hatte er offenbar nicht verwunden. Seine angeborene aristokratische Konzilianz suchte er durch ein letztes kämpferisches Aufbäumen zu verdrängen. Er hatte sich angeblich bemüht, den marxistischen Agitatoren der Gewerkschaft UMT seine eigenen, islamisch orientierten Arbeiterverbände entgegenzustellen. Er forderte die Abkehr Marokkos von allen Bindungen an den Westen, tat jedoch auch das Experiment Gamal Abdel Nassers, das in den arabisierten Schichten des Maghreb so gewaltigen Anklang fand, mit einer Handbewegung ab. Im Zusammenschluß Europas, so gab er vor, sah er den Auftakt zu einer neuen Kreuzzugs-Epoche.

Damals hatte ich über den kummervollen Zorn Allal el Fassis den Kopf geschüttelt. »Die Tragödie dieses Koran-Gelehrten«, so schrieb ich an jenem Juli-Tag 1959, »ist die Tragödie des zeitgenössischen Islam.« Ich konnte nicht voraussehen, daß die Dinge sich in den folgenden Jahrzehnten so gründlich wandeln würden. Im Lichte der jüngsten Erfahrungen mit der islamischen Revolution erscheint Allal el Fassi gar nicht mehr als der ewig Gestrige, sondern als ein Vorläufer, ein Wegweiser.

Oberst Dlimi kam aus seinem Befehlsstand von Tan-Tan zurück. Die klimatischen Bedingungen hatten sich noch verschlechtert. »Wenn Sie wollen, können Sie unsere Truppe auf dem Landweg nach Mahbes begleiten. Das Bataillon wird sich unverzüglich in Marsch setzen«, schlug er vor. Aber mit einer solchen Expedition hätten wir mindestens eine Woche verloren, und das Ergebnis wäre aller Voraussicht nach mager gewesen. Wir fuhren also mit Dlimi zu den Einheiten, die zwischen ihren Lastwagen im Karree angetreten waren. Neben den regulären Soldaten bemerkten wir eine Anzahl von »Moghaznis«, bärtige und oft schon ergraute Reservisten aus dem Atlas, urwüchsige Berber mit Löwenprofilen, die nach einem letzten Abenteuer, einer späten kriegerischen Bestätigung dürsteten. Über ihnen wehte die knallrote marokkanische Fahne mit dem grünen Scherifen-Stern. Auf den Befehl ihres Kompanie-Chefs sprangen die Männer auf die Fahrzeuge. Wir folgten der Kolonne eine Weile über die holprige Piste. Sofort nahm uns die Wüste auf. Der Sturm peitschte den Sand wie unzählige Nadelstiche ins Gesicht. Die Fahrzeuge waren mit gelber Farbe getarnt und verschwanden bereits im aufgewirbelten Staub.

Nach ein paar Kilometern hielten wir an und blickten dem Konvoi nach. In Mahbes würden die Moghaznis sich einigeln, mit schmerzenden Augen in die unendliche Weite spähen und auf den stets ungewissen Ansturm des Feindes warten, wie jene verlorene Garnison, die Dino Buzzati in seiner »Tatarenwüste« beschreibt. Der Orkan verwischte die Konturen der Landschaft. Es gab keine Erde, keinen Himmel und schon gar keinen Horizont mehr, sondern nur noch eine bräunlich-graue Masse, die in unwirkliche Dämmerung getaucht war. Die rote marokkanische Fahne leuchtete aus der Ferne wie ein Blutstropfen auf der Lehmmauer eines »Bordsch«.

Der Marabu von Neuilly

Neuilly-sur-Seine, im November 1981

Man sah Ahmed Ben Bella nicht an, daß er mehr als zwanzig Jahre seines Lebens im Gefängnis verbracht hatte, sechs Jahre bei den Franzosen, fünfzehn Jahre unter der Herrschaft Oberst Boumediennes, die sich bis zum Tod des Oberst, 1979, wie ein dunkler Mantel über Algerien gelegt hatte. Die Haft hatte den maghrebinischen Freiheitshelden, der schon 1949 zu den Verschwörern der »Organisation Secrète« und zu den Vorkämpfern der Unabhängigkeit gehört hatte, in keiner Weise gebrochen.

»Wie alt sind Sie, Monsieur le Président?« fragte ich ihn gleich zu Beginn unserer Begegnung in der Wohnung seiner Anwältin im Pariser Luxus-Vorort Neuilly-sur-Seine.

»Ganz genau weiß ich das nicht, entweder 64 oder 65«, antwortete er lächelnd. Er wirkte mindestens zehn Jahre jünger. Ben Bella war immer noch wie ein Athlet gebaut, das Haar auf dem mächtigen Löwenschädel war pechschwarz. Die ersten, härtesten Jahre der totalen Isolationshaft in den algerischen Kerkern nach seinem Sturz im Sommer 1965, als ihn seine Wächter wohl um den Verstand bringen wollten, hatten ihm nichts anhaben können. »Ich habe mich in meiner Zelle jeden Tag einem eisernen Programm an Leibesübungen unterworfen«, fuhr der Präsident fort, »aber was mir tatsächlich erlaubt hat, bei Verstand zu bleiben und mein Innenleben zu vertiefen, das war die Religion, die Gottergebenheit des Islam. Von Anfang an, das müssen Sie wissen, ist der Islam meine innigste politische Motivation gewesen. Bevor ich Nationalist wurde, war ich Muslim.«

Es war unmöglich, nicht mit Ben Bella zu sympathisieren. Das pausbäckige Schlagersänger- und Sportlergesicht von einst war durch die Jahre der Prüfung prägnanter geworden. Seine Bewegungen waren sicher, sein Auftreten war durch eine typisch orientalische Liebenswürdigkeit geprägt. Das Selbstbewußtsein Ben Bellas, den ich früher nur aus der Ferne inmitten einer jubelnden Menge hatte erspähen können, war völlig ungebrochen. Am meisten beeindruckte mich die Heiterkeit, die Gelassenheit, die aus seinen großen Maghrebiner-Augen sprach. Der Eindruck männlicher Würde wurde durch den schwarzen Anzug betont. Ein Titel von Oriana Fallaci ging mir durch den Kopf: »Un Uomo«.

»Meine Frau führt gerade noch ein Gespräch mit einer spanischen Journalistin«, sagte Ben Bella. »Anschließend setzen wir uns zusammen.« Zohra Ben Bella mußte einen französischen Elternteil haben. Sie sprach kaum Arabisch, hingegen Französisch ohne jeden Akzent. Mit Sicherheit war sie zum Islam übergetreten, denn sie hatte ihren

Mann samt den beiden Adoptivtöchtern vor kurzem nach Mekka begleitet. Ursprünglich hatte sie wohl jenen französischen Pieds Rouges nahegestanden, die mit den algerischen Aufständischen sympathisierten und Nordafrika zum Marxismus bekehren wollten. Aber es war ganz anders gekommen. Zohra trug ein weites Gewand, das ihre füllige Gestalt verhüllte. Auf der kleinen Nase saß eine riesige Brille, und die Haare waren nach strenger Vorschrift durch ein Kopftuch bedeckt. Diese Frau überraschte durch ihre Heiterkeit. Sie zwitscherte und lachte. Sie brachte uns Kaffee und begann ihr Interview mit der Spanierin.

»Waren Sie von Anfang an in Ihren Mann verliebt?« fragte die Journalistin aus Madrid. Zohra lachte schallend. »Im Gegenteil. Ich konnte ihn nicht ertragen, als er damals in den ersten Jahren der Unabhängigkeit Präsident war. Ich habe ihn verabscheut. Ich fand ihn gräßlich, zumal alle algerischen Frauen in ihn verliebt waren. Ich befand mich damals in der Opposition gegen Ben Bella, auf seiten seines politischen Rivalen Mohammed Boudiaf. Ich bin immer gegen die jeweiligen Machthaber gewesen und habe stets auf der falschen Seite der Barrikade gestanden. Ich bin in jenen Tagen sogar vorübergehend eingesperrt worden.«

»Und wie kam es später zu Ihrer Heirat mit Ben Bella?«

»Als er im Kerker verschwand, als man ihm unrecht tat, habe ich Mitgefühl für Ben Bella empfunden. Eines Tages – viele Jahre waren vergangen, und niemand wußte, ob er überhaupt noch lebte – wurde ich gefragt, ob ich den Expräsidenten heiraten möchte. Ich habe diese Heiratsvermittler erst einmal ausgelacht, dann doch eingewilligt, den geheimnisvollen Gefangenen in seiner Internierung aufzusuchen. Ich habe zwei Worte mit ihm gesprochen und war sofort über beide Ohren in ihn verliebt. Wir haben geheiratet, und ich habe ein paar Jahre lang seine Haft und seine Einsamkeit geteilt.«

»Ist er ein guter Ehemann?« wollte die Spanierin wissen.

»Ich wünschte allen Frauen einen solchen Mann und einen solchen Vater für ihre Kinder. Gewiß, es war hart und bedrückend in unserer Gefängniszeit. Die Bedingungen waren äußerst streng. Aber ich denke dennoch gern daran. Damals hatte ich ihn nämlich 24 Stunden pro Tag für mich allein. Heute hingegen ist er so beschäftigt und häufig abwesend.«

Mein Gespräch mit Ahmed Ben Bella begann. Sein vordringliches Anliegen war die Entwicklungspolitik. »Das Nord-Süd-Gespräch ist eine große Täuschung«, begann er. »Auch das Gerede vom Technologie-Transfer verschleiert nur neue Formen der Ausbeutung der Unterentwickelten durch die Industrienationen. Wir sollten erst einmal eine semantische Frage klären. Was heißt überhaupt Entwicklung? Das Wort selbst ist verdächtig geworden. Aus dem Bruttosozialprodukt macht man einen Götzen. Die hemmungslose industrielle Entwicklung, der ich selber einmal angehangen habe, ist dabei, den Norden zu verseuchen, und der Süden bleibt zur unerträglichen Abhängigkeit verurteilt. Wir sollten uns darauf besinnen; daß es in der ersten Linie darum geht, die Menschen in der Dritten Welt zu ernähren. Die Förderung der eigenen Landwirtschaft – auf die lokalen Nahrungsbedürfnisse zugeschnitten – ist die erste Pflicht für die unterentwickelten Länder. Statt Exportprodukte anzubauen, die sogenannten ›cash crops‹ – Wein im muselmanischen Algerien, Erdnüsse in Senegal, Baumwolle in Ägypten und Usbekistan, Sisal in Tansania, Kakao an der Elfenbeinküste –, hätten die Regierenden längst dazu übergehen müssen, prioritär die Grundnahrungsmittel für ihre Landsleute anzupflanzen. Sie sollten aufhören, große industrielle Projekte anzusteuern, die sie nur noch abhängiger machen. Statt dessen müßten sie eine Leichtindustrie im Zusammenhang mit den eigenen Bodenprodukten entwickeln und einen bescheidenen, aber vernünftigen Binnenmarkt animieren. Die reichen arabischen Erdölproduzenten sollten auf angemessene Weise zum Fortschritt ihrer darbenden islamischen Brüder beitragen. Jene Zinsen, die sich in den internationalen Banken häufen und gegen die Vorschriften des Koran verstoßen, sollten für die Ernährung und Gesundheitspflege aller Enterbten verwandt werden. Das ist ein Gebot muselmanischer Solidarität, eine neue Form des ›Zakat‹.«

Die Selbstentfremdung der islamischen Massen im Sog des kulturellen Einflusses des Westens stimmte Ben Bella nachdenklich und besorgt. »Wir müssen zu uns zurückfinden«, sagte er ohne jedes Pathos. »Die westliche Entfremdung, das ist nicht nur der Kapitalismus, sondern auch der Marxismus. Für uns gehört die Sowjetunion zum Westen.« Als ich ihm zustimmte und den Marxismus als eine späte christlich-jüdische Häresie bezeichnete, sagte er wörtlich: »Der Marxismus ist ein entarteter Sohn des Christentums. Aber Sie werden verstehen, daß ich eine solche Äußerung nicht öffentlich, sondern nur unter vier Augen machen kann.« Mit Gamal Abdel Nasser, dem er nachtrauerte, habe er häufig über das Verhältnis zwischen Sozialismus und Islam diskutiert. Inzwischen sei ihm die Erkenntnis gekommen, daß die koranische Botschaft unverzichtbar und allumfassend sei. Im Gegensatz zu Jesus sei Mohammed Gesetzgeber gewesen. Politik und Religion könnten nicht auseinanderdividiert werden. Das Paradies dürfe nicht nur ins Jenseits verwiesen werden, während die Erde ein »Tal der Tränen« bleibe. Es gehe darum, das »kleine Paradies«, die gottgefällige Gesellschaft schon im Diesseits zu schaffen. – Wieder einmal stieß ich auf die islamische Grundvorstellung des Tauchid.

»Stimmt es, daß Sie durch das Experiment Khomeinis im Iran fasziniert sind?« fragte ich.

Ben Bella bejahte das ohne Zögern. »Wichtiger als alle wirtschaftliche Entwicklung ist die Wiedererweckung unserer eigenen islamischen Persönlichkeit und unsere Verwurzelung in den überlieferten Wertvorstellungen. Dagegen wird eingewendet, der Koran sei vor 1400 Jahren niedergeschrieben worden. Aber seitdem ist unsere geistliche Entwicklung ja nicht stehengeblieben. Die ›Sunna‹ erlaubt eine ständige Anpassung des ewigen, ungeschaffenen Wortes Allahs an die wechselnden Umstände. Im übrigen gibt es den ›Idschtihad‹, die unermüdliche Bemühung des einzelnen und der Gemeinschaft um eine fortschrittliche Auslegung der heiligen koranischen Schrift.« Khomeini habe im Westen natürlich befremdet, und vieles sei im Iran chaotisch und widersprüchlich verlaufen. Dennoch habe Khomeini als erster in der muselmanischen Welt eine totale »islamische Kulturrevolution« durchgeführt, und die werde weiter wirken und weiter hallen. »Das Experiment Khomeini ist längst nicht am Ende«, betonte Ben Bella, »auch wenn der Westen das erhofft. Der Imam mag sterben, aber seine Botschaft hat Bestand.« Es sei auch für Algerien unentbehrlich, die »Scharia«, die muselmanische Rechtsprechung, wieder einzuführen. Die Jugend neige mehr und mehr dem fundamentalistischen Islam zu. Auch Algerien werde zurückfinden zur reinen islamischen Identität.

Ob er sein Comeback in die algerische Politik vorbereite, wollte ich wissen. »Sie fragen, ob ich die Macht ergreifen will in Algier«, vereinfachte der gestürzte Präsident. »Nein, das will ich nicht. Aber ich stehe mit meinem Rat und meiner Erfahrung zur Verfügung, wenn mein Land, das einer großen Krise entgegentreibt, meiner bedarf.« Er wolle dem jetzigen Präsidenten Schedli Ben-Dschedid, der auf den unerbittlichen Boumedienne gefolgt war und Ben Bella aus der Haft entlassen hatte, keine unnötigen Schwierigkeiten bereiten. Aber die Kluft drohe sich zu vertiefen. Es sei Tatsache, daß er mit mir in Algerien niemals so offen sprechen könnte wie hier in Paris. Es kämen zahlreiche junge Algerier zu ihm auf der Suche nach geistiger und politischer Anregung.

Kein Wunder, daß neuerdings gewisse Führungskreise der algerischen Einheitspartei FLN mit Irritation die Aktivitäten Ben Bellas in Frankreich beobachteten. Der frühere Präsident hatte zuletzt, bevor er ins Ausland abwanderte, im Städtchen M'Sila gelebt, und *El Moujahid*, das offizielle Organ der Nationalen Befreiungsfront, das halb in Arabisch und halb auf Französisch erscheint, hatte bereits eine Kampagne gegen den »Marabu von M'Sila« – so wurde Ben Bella apostrophiert – eingeleitet.

Da saß ich ihm gegenüber, dem »Marabu von Neuilly-sur-Seine«. Durch das vorhanglose Fenster blickte der rötlich angestrahlte Herbsthimmel der »Ile-de-France« und die Zweige der entlaubten Bäume der Rue Perronet. Als Ben Bella mich bat, ihm eine Tonkassette von dem Fernseh-Interview zu überlassen, das wir im Anschluß an unseren Dialog gefilmt hatten, mußte ich an jenen anderen Asylanten denken, an Ruhollah Khomeini, den »Marabu von Neauphle-le-Château«, der ebenfalls aus dem Exil heraus mit dem Gewicht seiner charismatischen Persönlichkeit, aber auch mit dem technischen Hilfsmittel seiner Tonband-Kassetten den Iran revolutioniert hatte. Eine jüngste Reaktion aus Algier lag bereits vor. Wieder hatte der anonyme Leitartikler des *Moujahid* Ben Bella heftig angegriffen. Der Ex-Präsident, der sich als »Mann der Situation bezeichnet, falls der Horizont sich verdunkeln sollte«, wurde dieses Mal als »Monsieur le touriste parisien« und als »alternder Star« verunglimpft.

Friede über den Gräbern

Algier, Anfang Dezember 1981

Wiedersehen mit der türkischen Zitadelle von Algier, die der Kasbah zu ihren Füßen den Namen gegeben hat. Dort wo früher die Janitscharen des Sultans hausten, ist das Architektenbüro zur Erhaltung und Sanierung der Altstadt untergebracht. Jede winzige Sackgasse, jede Wohnhöhle ist auf dem Stadtplan eingezeichnet, und die baufälligen Häuser in Rot, Gelb und Grün markiert. Ich muß an die »Quadrillage« zur Zeit der »Schlacht von Algier« denken, als mir Colonel Godard vor einer ähnlichen Skizze mit gezücktem Zeigestock einen Vortrag über die Ausmerzung des Terrorismus hielt. Dieses Mal wurde ich von zwei jungen Frauen über die Restaurierungsarbeiten in der Kasbah unterrichtet. Die blonde Französin ist mit einem Algerier verheiratet. Der Typus der anderen mit den schrägstehenden Augen kommt mir vertraut vor. Sie gibt sich als Eurasierin zu erkennen, die im Zuge der französischen »coopération technique« nach Nordafrika gekommen ist. Beide sind diplomierte Orientalistinnen.

Der algerische Bürovorsteher unterrichtet Geschichte an der Universität. Mein Interesse am Islam überrascht ihn. Keiner seiner Besucher habe ihn auf diese Zentralfrage angesprochen. »Der Hafen ›El Dschazair‹ zählte im Jahr vor der französischen Besitznahme 30000 Einwohner und 180 Moscheen«, so berichtet er. »130 Jahre später, als die Franzosen das Land verließen, war aus Algier eine Millionenstadt mit 500000 Muslimen geworden, aber es existierten nur noch zwölf Moscheen.« Seit der Unabhängigkeit sei die Zahl der islamischen Gebetshäuser auf zweihundert angewachsen, und jede Woche käme es zur Gründung neuer religiöser Treffpunkte, sogenannter »wilder Moscheen«, wo fromme Fundamentalisten, denen die Koraninterpretation der offiziellen Ulama zu lasch erschiene, einer strengeren und theokratischen Form des Islam anhingen.

Der Geschichtsprofessor wurde, ohne es zu merken, vom theologischen Thema gefesselt. »Wir haben den Koran mit Computern ausgewertet«, sagte er, »und dabei eine mathematische Grundregel festgestellt. Immer wieder stoßen wir dabei auf die Zahl 19. Nehmen Sie nur die einleitende Gebetsformel ›Bismillahi rahmani rahim‹ und schon haben Sie diese mysteriöse Ziffer 19.« Er sei ein mathematisch und statistisch veranlagter Mystiker, wandte ich ein, ein »Sufi« der Neuzeit, und er lachte. Offiziell sei der Islam durch die Kolonisation respektiert worden. In Wirklichkeit hätten die Franzosen mit allen Mitteln versucht, eine Säkularisierung Nordafrikas durchzusetzen. Man denke nur an die islamischen Stiftungen und Vermächtnisse für religiöse Zwecke – »Waqf« im Orient, »Habus« im Maghreb genannt –, die durch die Fremdherrschaft praktisch ausgelöscht worden seien.

Über die politische Bedeutung der islamischen Wiedergeburt schwieg mein Gesprächspartner sich vorsichtig aus. Aber die beiden jungen Frauen genierten sich nicht. Sie hatten natürlich in der Presse gelesen, daß es in der südalgerischen Stadt Laghuat zu einem regelrechten Aufstand der Fundamentalisten – hier nannte man sie pauschal »Moslem-Brüder« – gekommen sei. Man habe die Truppe einsetzen müssen, um Laghuat freizukämpfen, und es sei Blut geflossen. Diese Art Zwischenfälle seien jedoch in keiner Weise auf Laghuat beschränkt geblieben. An der Universität Algier komme es regelmäßig zu gewalttätigen Auseinandersetzungen zwischen Marxisten und islamischen Integristen, ganz zu schweigen von der kulturellen Selbstbehauptungs-Bewegung der Kabylen, die ihre sprachliche Identität gegenüber dem Totalitätsanspruch des Arabismus behaupten wollten. Seit Präsident Anwar-es Sadat in Ägypten den Kugeln der Fanatiker zum Opfer fiel, sei man jedoch auch in Algier hellhörig geworden, und die Polizei, die »Schurta«, richte ein wachsames Auge auf die Moslem-Brüder. Die Anhänger dieser Bewegung hätten sich zur Tarnung die Bärte abrasieren lassen, aber ihre Botschaft gewinne gerade bei den Jugendlichen an Boden.

Mit einem graubärtigen deutschen Architekten wanderte ich durch das Labyrinth der Kasbah. Trotz seiner sechzig Jahre durcheilte mein Begleiter wie ein junger Mann die steilen Gassen, wo ihn die meisten kannten und freundlich begrüßten. Unzählige Kinder spielten im ewigen Schatten dieser Moderwelt. Nur an einer Stelle war eine weite Bresche in das engbrüstige Häusergewirr gerissen und zu einem kleinen, weißgetünchten Platz ausgebaut worden. Es handelte sich um die ehemalige Bombenwerkstatt des Widerstandskämpfers Ali la-Pointe und seiner Gefährten. Eine unscheinbare weiße Gedenksäule mit rotem Halbmond und Stern erinnerte an diese tragischen und zwielichtigen Schuhada.

Seit Oberst Schedli Ben-Dschedid nach dem Tode Houari Boumediennes die Staats-, Partei- und Armeeführung Algeriens übernommen hatte, durfte wieder öffentlich über den historischen Werdegang der algerischen Revolution diskutiert werden. An einer dieser Podiumsdebatten hatten unter anderen Yacef Saadi, der eigentliche Anführer des Widerstandes der Kasbah, und Djamila Bouhired, die meistgefürchtete Bombenlegerin aus jener Zeit, teilgenommen. Doch von den eigentlichen Revolutionshelden der ersten Stunde, von jener kleinen Verschwörergruppe der »Organisation Secrète«, die am Allerheiligentag 1954 den Aufstand ausgelöst hatte, weilte nur noch ein einziger in Algerien, der Parlamentspräsident Rabah Bitat. Auch um ihn kreiste das Gerücht, er wolle sich aus zwingenden Gründen ins Ausland absetzen. Ben Bella hielt sich seit seiner Freilassung überwiegend in Frankreich auf. Mohammed Khider, den ich 1956 in Kairo getroffen hatte, war in Madrid erschossen worden, weil er angeblich über den Zugang zum Kriegsschatz der Befreiungsfront verfügte. Krim Belkassem, der starke Mann aus der Kabylei, war in einem Frankfurter Hotel ermordet worden. Abdelhafis Bussuf war im Ausland gestorben. Mohammed Boudiaf komplottierte, wie man in Algier behauptete, im benachbarten Marokko. Der Linkssozialist Ait Ahmed, der bei der Kabylen-Revolte im Jahre 1964 eine führende Rolle gespielt hatte, lebte in Frankreich. Qaid Ahmed, auch Major Slimane genannt, den ich paradoxerweise im Amtszimmer von Helmut Kohl, damals Ministerpräsident von Rheinland-Pfalz, getroffen hatte – er plädierte in der Staatskanzlei von Mainz gegen Boumedienne und für die Anerkennung der PLO –, war in der Verbannung gestorben. Die Revolution hatte auch im Maghreb ihre Kinder verschlungen oder sie erbarmungslos kaltgestellt.

Am späten Nachmittag schlenderte ich durch die zentralen Geschäftsstraßen, die frühere Rue Michelet und die Rue d'Isly. Die Hauptstadt zählt inzwischen drei Millionen Einwohner. Die Zahl der Algerier war insgesamt auf mindestens zwanzig Millionen angeschwollen. Das Geschiebe war fast unerträglich, und achtzig Prozent der Menschen, die mich umgaben, waren jünger als 25 Jahre. Die chronische Arbeitslosigkeit, mehr noch als die Armut und die Versorgungsengpässe, stellte das explosivste Problem der jungen algerischen Volksdemokratie dar. Kein Wunder, daß der islamische Mystizismus auf die ratlose und perspektivenarme Jugend einen mächtigen Sog ausübte. Die Geschäfte und Kaufhäuser stellten ein äußerst dürftiges Warenangebot zur Schau. In dieser Hinsicht wirkte Algier wie eine Kapitale des Ostblocks. Nur Süßigkeiten – vom Baklawa zum Rahat Lukum – waren in Hülle und Fülle vorhanden. Die spärlich belieferten Textilläden füllten ihre Vitrinen mit einer Vielzahl rosa gefärbter Frauen-Nachtgewänder. Der Sozialismus hatte sich in Algerien seit der Machtergreifung Ben Bellas etabliert, und die rigorose Planwirtschaft, die Schedli Ben-Dschedid jetzt vorsichtig zu lockern suchte, hatte Mangel und Verzicht im Gefolge gehabt. Ein maßloser Industrialisierungsehrgeiz hatte das ökonomische Gleichgewicht völlig zerstört. In der Rue d'Isly war das Denkmal des französischen Generals Bugeaud durch die Reiterstatue des Nationalhelden Abd el-Kader verdrängt worden. Aber die »Milk-Bar« an der nahen Ecke war von einer ebenso dichten Kundschaft belagert wie an jenem fernen Tag, als dort eine Bombe des algerischen Untergrundes explodierte.

Zum Abendessen trafen wir uns mit ein paar Deutschen im angeblich besten Restaurant von Algier im Villenviertel von Hydra. Nach der alten Französin, die hier seit der Unabhängigkeit ausgeharrt hatte, wurde es immer noch »Chez Catherine« genannt. Die Speisenauswahl war beschränkt, und die Gastronomie wurde kleingeschrieben. Aber der maurische Rahmen dieses verschachtelten Hauses wirkte bezaubernd. Die »Valse Musette«, die aus dem Lautsprecher kam, klang nostalgisch. An den Tischen und in den Nischen saßen die Angehörigen der algerischen »Jeunesse dorée«, Söhne und Töchter von Würdenträgern des Regimes, von Geschäftsleuten, die es durch Schiebung und Steuerhinterziehung zu Reichtum gebracht hatten. Auch dieses äußerlich puritanische Regime hatte seine Parasiten und Profitler. Die jungen Männer trugen elegante Maßanzüge. Die Mädchen – viele von ihnen orientalische Schönheiten – zeigten Dekolletés, die jeden Moslem-Bruder in Rage gebracht hätten. Man sprach halb französisch, halb arabisch, lärmte und lachte, demonstrierte seinen Ausnahmestatus und das Vermögen der Eltern. Die Gesellschaft wirkte sehr libanesisch und levantinisch in diesem ansonsten spartanischen Atlas-Staat.

»Sie sollten einmal eine Hochzeit bei der neuen Geschäfts-Bourgeoisie von Algier erleben«, sagte meine deutsche Nachbarin. »Neulich hat unser Hausbesitzer seine Tochter verheiratet. Zehntausende von Dinaren wurden ausgegeben, und es hat an nichts gefehlt. Eine Etage war für die Männer und eine für die Frauen reserviert. Am Ende des üppigen Festmahles mußten sich die Frischvermählten in die Brautkammer zurückziehen, und jeder wartete darauf, daß die stolzen Eltern das blutbefleckte Bettuch als Beweis der vollzogenen Ehe und der Jungfräulichkeit der Braut beibringen würden. Es entstand eine mehr als peinliche Situation, als die Schwiegermutter ohne diese Trophäe zurückkehrte, weil der junge Mann der psychologischen Belastung dieses Mannbarkeitstestes offenbar nicht gewachsen war.« Wie wenig hatte sich doch zwischen Nil und Maghreb geändert, seit der blinde ägyptische Schriftsteller Taha Hussein um die vergangene Jahrhundertwende in seinem Tagebuch »El Ayam« eine Hochzeit in Kairo beschrieb.

Der Direktor der deutschen Schule von Algier machte auf die Gefahren aufmerksam, die unweigerlich aus der Diskrepanz im Lebensstandard zwischen den wenigen Reichen und den vielen Armen erwuchsen. »Ich war in Teheran tätig, bevor ich nach Algier kam«, sagte er, »und manchmal werde ich hier an jene kaum spürbaren Warnsignale erinnert, die im Iran den schiitischen Aufstand der Mustazafin ankündigten.«

Trotz der fortgeschrittenen Jahreszeit war das Wetter mild wie im Frühling. Sogar das Hotel »Aurassi«, das mir im Frühjahr 1974 so finster erschienen war, wirkte dieses Mal freundlicher. Offenbar strengte sich die Direktion auch besonders an, denn der Staatsbesuch des französischen Präsidenten Mitterrand stand bevor, und die Journalisten aus Paris waren alle im »Aurassi« untergebracht. Dort erreichte mich auch ein Anruf des »Polisario« oder – offiziell gesagt – das Telefonat eines Sprechers der »Demokratischen Arabischen Sahara-Republik«. Er wollte mich zu einem neuen Ausflug nach Tinduf überreden. Die Sahrawi hatten gerade im ehemals spanischen Rio de Oro den Wüstenflecken Gelta Zemmur erobert und den Marokkanern eine empfindliche Schlappe beigebracht. Aus Rabat war zu hören, daß die Partisanen mit schweren sowjetischen Panzern und mit Sam-Raketen angetreten waren. Auch die versöhnlichere Haltung des Präsidenten Schedli Ben-Dschedid hatte den Sahara-Konflikt mit Marokko also nicht beilegen können. Unter den ausländischen Beobachtern in Algier wurde mehr und mehr die Überzeugung vertreten, daß es sich bei den kämpfenden Polisario-Kriegern nur noch zu einem geringen Prozentsatz um tatsächliche Sahrawi aus dem spanischen Territorium handelte. Die große Mehrheit sei unter den Wüstenstämmen Süd-Algeriens, Mauretaniens und Malis rekrutiert worden. Wegen der bevorstehenden Mitterrand-Visite mußte ich die Einladung nach Gelta Zemmur ausschlagen. Ich sei auch in Zukunft jederzeit willkommen, versicherte die Stimme am Telefon.

Gleich nach seiner Ankunft in Algier fuhr François Mitterrand zum Heldenfriedhof »El Alia« und legte am Sarkophag Houari Boumediennes einen Kranz nieder. Ein kleines Detachement der Algerischen Volksarmee in grau-blauer Galauniform präsentierte das Gewehr. Neben vielen Schuhada des Befreiungskrieges ruhten hier an prominenter Stelle der historische Vater des muselmanischen Widerstandes in Nordafrika, Emir Abd el-Kader, sowie die FLN-Führer Murad Didouche und Larbi Mhidi. Mitterrand war von Präsident Schedli Ben-Dschedid begleitet. Das schlohweiße Haar ließ den algerischen Staatschef älter erscheinen, als er war. Nach dem Tode Boumediennes, der sich in seiner endlosen Agonie unvorsichtigerweise einem russischen Ärzteteam in Moskau anvertraut hatte, war Schedli von seinen Kollegen im obersten militärischen Führungsgremium wohl an die Spitze des Staates getragen worden, weil man in ihm eine relativ unpolitische Erscheinung und den einfachsten gemeinsamen Nenner sah. Schon spottete man, es befände sich ein »maghrebinischer Hindenburg« im höchsten Amt der Demokratischen Volksrepublik Algerien. Sehr bald stellte sich jedoch heraus, daß Schedli über Bauernschläue und List verfügte. Der radikale Linksflügel, der in den letzten Jahren Boumediennes den Ton angegeben hatte, wurde kaltgestellt, insbesondere der mächtige Partei-Organisator Yahiaoui und jener Außenminister Bouteflika, der mit dem fröhlichen Grinsen eines sizilianischen Wegelagerers seine Position im Zentrum der Macht zu einträglichen Finanzmanipulationen benutzt haben soll. Jetzt machte Bouteflika Geschäfte in den Golfstaaten, so erzählte man.

François Mitterrand verließ mit bleichem, ernstem Gesicht die Gedenkstätte von El Alia, um durch ein Spalier von Schulkindern und

Fabrikarbeitern, die speziell für diesen Anlaß frei erhalten hatten, zum Sommerpalast zu fahren. Die Verneigung vor den Gräbern der »Märtyrer« war einer schlichten Sühnefeier gleichgekommen. Die Algerier hatten wohl nicht vergessen, daß der sozialistische Staatschef der Fünften Republik im Jahr 1954, als der Algerien-Krieg ausbrach, Innenminister der Vierten Republik in der Regierung Mendès-France und damit zuständig für die nordafrikanischen Départements gewesen war. Am 12. November 1954 hatte Mitterrand im Palais Bourbon feierlich verkündet: »Algerien ist Frankreich – L'Algérie, c'est la France –, meine Politik läßt sich in drei Worten zusammenfassen: Willenskraft, Festigkeit, Präsenz.«

Siebenundzwanzig Jahre waren seit diesem markigen Ausspruch vergangen, und jetzt fuhr Mitterrand durch eine dichte Menge freundlicher Menschen, die ihm blau-weiß-rote und grün-weiße Fähnchen entgegenhielten und im Sprechchor »Schedli – Mitterrand« riefen. Banderolen hießen den französischen Gast willkommen. Am häufigsten waren die arabisch beschrifteten Spruchbänder mit der Losung: »El thaura min el schaab ila el schaab – Die Revolution aus dem Volk für das Volk«. Die französischen Reporter aus Paris zeigten sich trotz dieser herzlichen Willkommensatmosphäre skeptisch. Einige von ihnen hatten im Jahr 1975 Valéry Giscard d'Estaing auf einer offiziellen Rundreise durch Algerien begleitet, und nichts war von den damaligen Versöhnungs- und Verbrüderungsschwüren übriggeblieben. Für mich war es ein seltsames Gefühl, Mitterrand genau an jener Straßenkreuzung – im offenen Wagen neben Schedli Ben-Dschedid stehend – in Richtung auf den Sommerpalast abbiegen zu sehen, wo de Gaulle im Sommer 1958 den ersten Schmähungen durch die Algier-Franzosen ausgesetzt gewesen war.

Am Tag vor dem Eintreffen des französischen Präsidenten hatte ich in Hydra den französischen Botschafter Mérillon aufgesucht. Wir kannten uns aus schwierigen Zeiten. Mérillon hatte sein Land in Jordanien während des »Schwarzen September« vertreten und 1975 in Süd-Vietnam als diplomatischer Akteur den Fall Saigons miterlebt. Am Quai d'Orsay war er vielleicht als »Giscardien« eingestuft, jedenfalls verbrachte er seine letzten Amtstage in Algier. Der kleine lebhafte Diplomat ließ sich keine Enttäuschung anmerken. »Dieser Besuch Mitterrands stellt wirklich eine große Chance der endgültigen

Bereinigung zwischen unseren beiden Ländern dar«, meinte er. »Was trennt uns noch von den Algeriern? Die Frage der Archive, die in Südfrankreich gelagert sind und deren Auslieferung die Algerier verlangen; die Aushandlung des Preises für das Erdgas der Sahara, das die Algerier gern am Petroleum-Kurs indiziert sähen; die zwangsläufigen Probleme, die sich aus der Präsenz von mehr als einer Million algerischer Gastarbeiter in Frankreich ergeben. Das sind Streitpunkte, die sich mit gutem Willen ausräumen lassen. Unsere Divergenzen mit Großbritannien – um nur dieses Beispiel zu erwähnen – sind sehr viel schwerwiegender. Aber was zwischen Paris und Algier wie eine Mauer fortbesteht, das ist das abgrundtiefe Mißtrauen der Maghrebiner. Sobald es zu einem kulturellen Eigenständigkeitsanspruch der Kabylen kommt, wird der französische Geheimdienst dahinter vermutet. Es genügt, daß eine Sardinenbüchse explodiert, und das ist das Werk französischer Agenten. Wenn Mitterrand – als sozialistischer Präsident – Vertrauen schaffen kann, wenn er dort reüssiert, wo Giscard aufgrund seiner Vorliebe für die marokkanische Monarchie Hassans II. scheiterte, dann hat er das Wichtigste vollbracht: Dann wird endlich der Schlußstrich unter den unseligen Algerien-Krieg gezogen.«

Wir sprachen über das Hochkommen des religiösen Fanatismus. Algerien mache keine Ausnahme, meinte Mérillon. Die Entwicklung laufe nun einmal auf einen wachsenden islamischen Rigorismus zu. Außerhalb der Stadt Algier werde praktisch kein Alkohol mehr ausgeschenkt. Der Fastenmonat Ramadan werde streng befolgt. Der Botschafter zog eine Parallele zu seiner Dienstzeit in Amman. Im ersten Jahr seiner dortigen Akkreditierung habe König Hussein von Jordanien ihn noch während des Ramadan mit Whisky und Zigarre empfangen. Im letzten Jahr nach dem »Schwarzen September« habe der haschemitische Herrscher sich streng an die islamische Vorschrift gehalten. Eine ähnliche Veränderung sei in Algerien mit Außenminister Ben Yahia vorgegangen. Dieser feinfühlige, nervöse Intellektuelle habe ursprünglich als indifferenter Muslim, fast als Atheist gegolten, bis er mit knapper Not bei einem Flugzeugunfall in Mali dem Tod entkam. Einen ganzen Tage habe er dort unter den Leichen in der zertrümmerten Maschine verbracht, und seitdem habe sich Ben Yahia zu einem eifernden Muselmanen geläutert.

Am Nachmittag vor seiner Rückreise nach Paris war ein Besuch der Kasbah im Programm Mitterrands vorgesehen. Es war eine eher symbolische Veranstaltung, wiederum eine Art Sühnegang, und sie wurde aus Sicherheitsgründen im Eilschritt absolviert. Es waren nur die unteren Straßen der Altstadt ausgewählt worden, wo früher überwiegend Juden gewohnt hatten. Die Mauern entlang diesem Parcours waren speziell geweißt worden. »Getünchte Grabmäler«, tuschelte der Korrespondent einer konservativen Zeitung aus Paris. Beim Verlassen der Altstadt warf Mitterrand einen kurzen Blick auf die Ketschawa-Moschee, die zur Zeit der französischen Präsenz Kathedrale des Bischofs von Algier war. Die neue Ersatzkathedrale, die sich oberhalb der Rue Didouche Mourad im Stil eines Atommeilers zu behaupten suchte, wurde durch eine gewaltige Tankstelle der algerischen Erdöl-Gesellschaft Sonatrach verunstaltet und durch deren Firmenzeichen halb verdeckt.

Bedeutsamer als dieser pittoreske Ausflug am Rand der Kasbah war zweifellos Mitterrands Auftritt im algerischen Parlament, in der »Nationalen Volksversammlung«. Die Kammer war in einem Flügel der modernen Bürgermeisterei von Groß-Algier untergebracht, während die Kommissionen und Büros immer noch im Jugendstilgebäude der alten Assemblée Algérienne tagten. Mitterrand nahm mit etwas angespanntem Gesicht neben dem ergrauten Parlamentspräsidenten Rabah Bitat Platz. Der Kammervorsitzende, einer der ersten Kampfgefährten Ben Bellas, der sich später mit ihm überworfen hatte, las seine Begrüßungsansprache in Hocharabisch ab. Er hatte mit der rituellen Einleitung: »Im Namen Allahs, des Gnädigen, des Barmherzigen« begonnen. Unser Kameramann Jossi, der in Israel geboren war, hatte mir einen Sitz mitten unter den Abgeordneten ergattert. »Die Stimmung ist hier ein wenig wie bei uns in der Knesset«, flüsterte er mir grinsend zu. Zu meiner Linken saß ein junger Deputierter aus Mascara, zu meiner Rechten eine recht ansehnliche Volksvertreterin aus Sidi Bel Abbes. Mit Ausnahme von zwei Beduinen aus der Sahara waren alle Abgeordneten europäisch gekleidet, und die meisten waren zu jung, um am Befreiungskampf teilgenommen zu haben. Ich stutzte, als ich feststellte, daß etwa ein Drittel der anwesenden Volksvertreter zum Kopfhörer mit der französischen Übersetzung greifen mußte, während Rabah Bitat seine hocharabischen Sätze formulierte.

François Mitterrand war seinerseits ans Rednerpult getreten. Was er sagte, war reiflich überlegt und sorgfältig ausgewogen. Aber es sprang kein Funke über. Er stand als Fremder vor dieser maghrebinischen Versammlung. Der sozialistische Staatschef Frankreichs erschien durch seine aufklärerische Rationalität gelähmt im Angesicht dieses orientalischen Auditoriums und einer historischen Situation, die des Pathos und der »Grandeur« bedurft hätte. Welch eine Rede hätte wohl de Gaulle an dieser Stelle und in dieser Stunde gehalten, fragten sich die Beobachter aus Paris. Während mäßiger Beifall aufkam, fiel mein Blick auf das Wappen hinter der Tribüne des Parlamentspräsidenten. Es war ein grün-weißer Schild mit rotem Halbmond und rotem Stern. Plötzlich mußte ich an den toten Partisanen im Akfadu-Wald denken, der auf seiner Brusttasche das gleiche Zeichen getragen hatte mit dem Koranvers, der in dieser nüchternen Volkskammer fehlte: »Allah ist mit den Standhaften«.

Immer wieder kehrt man zum Sommerpalast der einstigen französischen Generalgouverneure – jetzt »Palast des Volkes« genannt – zurück. Er ist François Mitterrand als herrschaftliche Gastresidenz zugewiesen worden. Hier finden die meisten Besprechungen und auch die offiziellen Empfänge statt. Nur die intimsten Beratungen zwischen den beiden Staatschefs sind im Regierungssitz Schedli Ben-Dschedids anberaumt. Wo der algerische Präsident tatsächlich seinen Herrschaftsgeschäften nachgeht, ist heute ebensowenig bekannt wie zu Zeiten seines geheimnisbesessenen Vorgängers Boumedienne. Die Steintreppen und Innenportale im Palais d'Eté werden von Spahis mit gezogenem Säbel bewacht.

Die sozialistische Haute-Volée der Fünften Republik mischte sich ungezwungen und betont kollegial unter die Kohorte der Journalisten. Die neuen Männer, die so lange Jahre in der Opposition verbracht hatten, genossen sichtlich den Glanz der Scheinwerfer. In ungezwungener Weise standen sie für fast jede Information zur Verfügung. So berichtete Außenminister Cheysson über das Befremden der Algerier angesichts der von Mitterrand verkündeten Absicht, französische Soldaten für die Friedenssicherung auf der Sinai-Halbinsel abzukommandieren. Schedli, der weiterhin der arabischen »Front der Verweigerung« treu blieb, befürchtete offenbar, die Pariser Regierung könnte zum Mitgaranten des verhaßten Camp David-Abkommens werden. »Präsident Mitterrand hat die Algerier wissen lassen, daß er von den platonischen Willensbekundungen der Europäer in der Nahost-Frage nicht viel halte«, teilte Claude Cheysson mit. Wer bei der Lösung des Palästina-Konfliktes ein Recht der Mitsprache beanspruche, dürfe auch nicht vor dem konkreten, das heißt dem militärischen Engagement zurückschrecken.

Ein deutscher Korrespondent, der früher in Delhi gelebt hatte, erwähnte, daß der pompöse Kolonialstil, der den großen Festsaal im ersten Stock des Sommerpalastes von Algier mit orientalischen Ornamenten und Halbbögen dekorierte, in Indien als »Mussolini-Moghul« belächelt würde. Mich erinnerten die Fayencen und gedrechselten maurischen Säulen an jene Pressekonferenz, die de Gaulle hier 1958 abgehalten hatte, um die Einführung einheitlicher Briefmarken in Algier und im Mutterland anzukündigen. Mit August von Kageneck, der sich ebenfalls im Gefolge Mitterrands befand, frischten wir Erinnerungen an den Aufstand der Colonels, an die »nuit bleue«, an die Kämpfe im Dschebl auf und entdeckten plötzlich, daß wir in den Augen der jüngeren Kollegen als törichte Veteranen wirken mußten, die mit ihren Feldzügen prahlten, »qui racontent Verdun«, wie man auf französisch sagt.

Im Garten des Palais d'Eté empfing Mitterrand die Angehörigen der französischen Kolonie, die meisten von ihnen Lehrer und Techniker. 43000 Franzosen lebten immerhin wieder in Algerien. Nur viertausend davon waren alte Pieds Noirs, die nach der Unabhängigkeit ausgeharrt und manche Demütigung ertragen hatten. Die neuen »Coopérants« bereiteten der Französischen Botschaft keine sonderliche Freude. »Es ist oft der Ausschuß der Entwicklungshelfer, der nach Algerien kommt«, sagte ein Conseiller. »Sehen Sie sich das nur an, Bartmenschen und verspätete Hippies sind darunter. Sie haben die Nachfolge der ›petits Blancs‹ angetreten, und ihr Ansehen bei den Einheimischen ist gering.« Die »kleinen Weißen« der Coopération lebten oft unter kümmerlichen Bedingungen, waren schlecht bezahlt und litten wie das algerische Gastvolk unter den Engpässen der Versorgung. Kein Wunder, daß sie sich mit hemdsärmeliger Entschlossenheit zum Buffet vorschoben, wo so unerschwingliche Köstlichkeiten wie Champagner und Lachs geboten wurden. Es war ein ziemlich trauriges Schauspiel. Mitterrand, der diese Auslandsfranzosen mit ungewohnter Wärme begrüßt hatte, zeigte sich am Ende Arm in Arm mit Schedli Ben-Dschedid auf dem Balkon, und die beiden Präsidenten ernteten freundlichen Beifall.

Am Rande des offiziellen Staatsempfangs im Palais d'Eté war ich plötzlich meinem alten Arabischlehrer und Mentor Jacques Berque begegnet. Mitterrand hatte diesen Professor am Collège de France und Experten für arabische Soziologie, der unser Studienzentrum im Libanon in den fünfziger Jahren geleitet hatte, in seinem Gefolge nach Algier mitgenommen. Jacques Berque, obwohl selber in Algerien geboren, hatte zu jener Gruppe französischer Linksintellektueller gehört, die sich der Repressionspolitik der Vierten Republik im Maghreb mit Entrüstung widersetzt hatten. Mitterrand stellte den Professor dem algerischen Staatschef vor, und Jacques Berque improvisierte in reinstem, klassischem Arabisch eine kurze Begrüßungsansprache, die Schedli Ben-Dschedid nur partiell zu verstehen schien.

Neben den Silberplatten mit Couscous und Meschui fragte ich Berque nach seinen jüngsten Erfahrungen mit der islamischen Soziologie. Er hatte seinerzeit die These vertreten, erst die Säkularisierung, die Loslösung der Politik von der alles beherrschenden koranischen Botschaft könne der islamischen Welt die längst fällige, unentbehrliche Modernisierung, die Anpassung an die Technologie des zwanzigsten Jahrhunderts bescheren. Jacques Berque, dem die inzwischen verflossenen Jahre kaum anzumerken waren und der sich unbewußt das Gehabe, ja die Mimikry eines Koran-Gelehrten, eines Alim, zugelegt hatte, war ein Mann der Wissenschaft, der sich neuen Realitäten nicht verschloß. Er lächelte etwas hintergündig: »Früher habe ich versucht, die Muselmanen von den Vorzügen der Laizität zu überzeugen, ihnen die Notwendigkeit der Trennung von Religion und Staat nahezubringen. Heute bin ich zwangsläufig zu einem Verkünder des Islam bei jenen marxistisch beeinflußten Ideologen des Westens geworden, die durch den materialistischen Fortschritt oder die Rationalität geblendet sind. Ich mag Ihnen widersprüchlich erscheinen, aber glauben Sie mir: Alles steht im Koran.« Wenige Jahre später sollte sich der hochbetagte Jacques Berque zum Islam bekehren.

Auf dem Europäer-Friedhof von Saint-Eugène – unweit jenes Stadions, wo Georges Bidault einst die Algier-Franzosen gegen de Gaulle aufgewiegelt hatte – wollte der Patriot Mitterrand den aus Nordafrika vertriebenen Landsleuten eine letzte Huldigung erweisen. Das Viertel Saint-Eugène war seit der Unabhängigkeit umgetauft worden und hieß nun Bologhine. Die verwahrlosten Gräber waren für den hohen Besucher vom Unkraut gereinigt worden. Auf den Steinen und Grüften waren sehr mediterrane Namen zu lesen: Martinez, Bossa, Palermo, Sarlande, Schiaffino und viele andere. Die »Familie Hernandez«, theatralische Verkörperung der Lebensfreude und Vitalität der kleinen Leute im einst europäischen Teil Algiers, war in Saint-Eugène zur historischen Reminiszenz geworden.

Vielleicht war dies die ergreifendste Stunde des Staatsbesuchs. Zwei Mädchen mit roten Rosen erwarteten den Präsidenten vor dem zentralen Gedenkstein. Ein paar katholische Geistliche im römischen Kragen waren ebenfalls zugegen. Ein pechschwarzer Antillen-Franzose in dunklem Anzug, die Brust mit einer breiten Sammlung französischer Orden geschmückt, hielt den Kranz bereit, eine Figur, die in die surrealistische Filmwelt Jean Cocteaus als Wächter der Toten gepaßt hätte. Mitterrand, gefolgt von seinen engsten Mitarbeitern und ein paar Luftwaffenoffizieren, griff nach dem Kranz mit der blau-weiß-roten Schärpe und legte ihn nieder. Er hatte sichtlich Mühe, das schmerzende Rückgrat zu beugen. Dann verharrte er schweigend vor diesen makabren Überresten imperialer französischer Präsenz jenseits des Mittelmeers. Sein blasses Gesicht glich einen Moment lang dem Profil eines römischen Imperators.

Wie dauerhaft sind doch die Friedhöfe in dieser nordafrikanischen Erde, und wie beharrlich behauptet sich hier das menschliche Bedürfnis nach Weiterleben jenseits von Tod und Untergang! Ein paar Tage zuvor war ich durch die herbstlich verklärte Mitidscha zum Badeort Tipasa gefahren. Die Kolonistendörfer von einst waren ausschließlich von Arabern bewohnt. Wo die Pieds Noirs einst mit mediterraner Heiterkeit beim Pastis gelärmt hatten, saßen jetzt schweigende, in sich gekehrte Orientalen, die früh am Morgen einen Kaffee bestellten und den Tag in beschaulicher Untätigkeit verbrachten. In Zeralda wie in den meisten Ortschaften war die katholische Kirche mit Brettern vernagelt. Tipasa war einige Jahre nach der Unabhängigkeit durch den französischen Architekten Pouillon zu einem Ausflugs- und Ferienort modernsten Stils ausgebaut worden. Um diese Jahreszeit waren glücklicherweise keine Touristen anwesend. So kehrte ich dem neo-maurischen Freizeitstil Pouillons schnell den Rücken und wandte mich den römischen und byzantinischen Ruinen von Tipasa zu.

Jenseits der Bucht wurde die arabische Neugründung, die wohl erst nach den Einfällen der Beni Hilal im zehnten Jahrhundert entstanden war, durch einen überdimensionalen, geradezu herausfordernden Moscheebau erdrückt. Zum Nachmittagsgebet tönte die Stimme des Muezzin herüber. Im ockergelben Ruinenfeld der Antike, rund um das Amphitheater und die Thermen, herrschte Schweigen. Am besten waren die Gräber mit dem Christuszeichen PX und die byzantinische Basilika erhalten. Wieder einmal verkündeten die Toten ihre hartnäkkige, nutzlose Mahnung. Der Chor der Basilika war nach Jerusalem ausgerichtet, aber gleich daneben verneigte sich eine weißverschleierte Araberin in Richtung Mekka.

Während die schwarze Wagenkolonne Mitterrands wie ein Begräbniszug den Friedhof von Saint-Eugène unter dem Sirenengeheul der Motorradeskorte hinter sich ließ, schweiften meine Gedanken fast zwangsläufig zu den geborstenen Sarkophagen von Tipasa. Hier wie dort öffnete sich der Totenacker auf das smaragdgrüne Meer. Am Portal von Saint-Eugène hatte ich eine lateinische Inschrift entziffert: »Hodie mihi, cras tibi ... aequo pulsat pede ... Mit gleichgültigem Fuß stößt der Tod ... heute mich, morgen dich ...«

Brückenkopf des Islam

Marseille, 14. April 1987

»Wollen Sie wirklich zur Rue du Bon Pasteur?« Der französische Kneipenwirt am alten Hafen von Marseille musterte mich kopfschüttelnd. »An Ihrer Stelle bliebe ich dort weg, aber Sie müssen wissen, was Sie tun«, fügte er tadelnd hinzu. Als ich die Porte d'Aix erreichte und in die Straße zum Guten Hirten einbog, begriff ich, was der Mann gemeint hatte. Außer mir war weit und breit kein einziger Europäer zu sehen. Ich befand mich im Herzen einer algerischen Kasbah.

In den Fleischerläden, die durch die Inschrift »lahm halal« wissen ließen, daß hier nach den Vorschriften des Islam geschlachtet wurde, baumelten die Hammel an den Haken. In einer Buchhandlung lagen

Koran-Exemplare und erbauliche Schriften irgendwelcher muslimischer Exegeten aus. Die Ladenschilder waren meist arabisch. Die Geschäfte hießen »Le Souk« oder »La Rose marocaine«.

Ein grün gestrichenes Garagentor, über dem die Inschrift verkündete, daß es außer Gott keinen Gott gebe und daß Mohammed sein Prophet sei, leitete über zur größten Freitags-Moschee von Marseille, in einen improvisierten, unansehnlichen Werkstattkomplex. Die Schatten wurden länger, und es waren meist nordafrikanische Männer, die sich in den Lebensmittelläden drängten, um letzte Einkäufe zu machen. Von den wenigen Frauen trugen manche das Kopftuch und körperverhüllende Überwürfe, andere waren ganz europäisch gekleidet. Die Maghrebiner streiften mich gelegentlich mit verwunderten Blicken. Aber jedesmal, wenn ich das Wort an einen Passanten richtete, antwortete er höflich, fast leutselig in seiner kehligen Aussprache.

Das Restaurant, der »mat'am« des Si Hadj Ghafiri, war nicht schwer zu finden. Ich war angekündigt worden. Der Sohn Ghafiris brachte mir einen Tee und bat mich, auf seinen Vater zu warten. Gäste gingen ein und aus, hielten ein Schwätzchen, tranken einen Kaffee oder eine Cola, begrüßten sich zeremoniös mit »Salam aleikum« und sprachen das für die algerischen Küstenstädte typische Gemisch aus Dialektal-Arabisch und gutturalen französischen Sprachanleihen.

In dieser muslimischen Kneipe fühlte ich mich ganz und gar in die Welt des Arabismus und des Islam versetzt. Vor meinem Aufstieg zur Porte d'Aix war ich über den Cours Belsunce geschlendert, der im Herzen Marseilles, gleich neben der Canebière, gelegen ist. Ich hatte diese breite Verkehrsader mit ihren Terrassen-Restaurants, ihrem pulsierenden mediterranen Leben, mit der südländischen Urbanität und Gastlichkeit aus den fünfziger Jahren in bester Erinnerung. In den vergangenen zwei Dekaden hatte sich ein abrupter Wandel vollzogen. Europäer waren hier kaum noch anzutreffen. Die einladenden Gaststätten waren durch Ramschläden ersetzt worden, wo eine wimmelnde maghrebinische Kundschaft – zum Teil speziell über das Mittelmeer angereist – sich mit allen nur denkbaren Gebrauchsartikeln, von Kinderkleidung bis zur Waschmaschine, eindeckte. Mit diesen Gütern, in Plastiksäcken, riesigen Ballen und Kisten verpackt, würden sie wieder auf das nordafrikanische Gegenufer des Mittelmeers zurückkehren, wo die Demokratische Volksrepublik Algerien von allen Plagen sozialistischer Fehlplanung und Mangelwirtschaft heimgesucht wurde.

Die alteingesessenen Marseiller, die seit Jahrtausenden, seit der Gründung ihres Hafens durch die Phönizier, an exotische Präsenz gewöhnt waren, hatten auf die Maghrebinisierung des Cours Belsunce erst mit Staunen, dann mit Verärgerung, schließlich mit Wut und Fremdenhaß reagiert. Die schmalen, lichtlosen Gassen, die zum Bahnhof Saint-Charles aufstreben, hatten früher einmal ein ausgedehntes »quartier réservé« beherbergt. Nach dem Zweiten Weltkrieg war von der amerikanischen Militärpolizei »Off limits« an die Mauern gepinselt worden, und bewaffnete Senegal-Schützen unter der roten »Chechia« achteten darauf, daß sich keine GIs in diese Ansammlung finsterer Bars und Bordelle verirrten. Auch hier hatte sich inzwischen arabischer Lebensstil und islamische Sittenstrenge durchgesetzt. An den Theken wurden fast nur noch alkoholfreie Getränke ausgeschenkt, und die Prostitution für die Gastarbeiter war in versteckte, stinkende Höhlen verbannt.

Ein einsamer katholischer Priester, Père Roger Michel, hatte sich inmitten dieser maghrebinischen Umgebung in einer erbärmlichen Etagenwohnung einquartiert, um im Auftrage seines Erzbischofs Kontakt zu den matthäutigen Einwanderern zu halten. Sein entsagungsvolles Bemühen um christlich-islamische Annäherung war von Anfang an auf bescheidenste Ansätze beschränkt, wenn nicht zum Scheitern verurteilt.

Plötzlich wurde mir klar, warum mir diese Kasbah im Umkreis der Porte d'Aix von Marseille so eigenartig vertraut vorkam. Ein ähnlich gespanntes Nebeneinander hatte ich einst vor Ausbruch des Aufstandes gegen die Franzosen in der großen algerischen Hafenstadt Oran angetroffen. Dort waren die Europäer – nach Jahrhunderten spanischer Besetzung dieser vorgeschobenen Festung – zahlengleich mit Arabern und Berbern gewesen. Die bange Ungewißheit, die Angst, die damals auf den Franzosen von Oran lange vor Ausbruch der ersten Feindseligkeiten lastete, war von Albert Camus seherisch und instinktiv in seinen Romanen »Die Pest« und auch »Der Fremde« beschrieben worden. Jetzt fand ich dieses unsichere psychologische Klima auf dem nördlichen Ufer des Mittelmeers wieder.

Der Wirt Ghafiri entschuldigte sich für seine Verspätung. Er war ein stattlicher, bärtiger Mann. Der Anzug wirkte für die Verhältnisse der Straße zum Guten Hirten fast elegant, der Schlips war bunt. Er musterte mich mit höflichem Mißtrauen. Ich wußte, daß er eng mit den Sicherheitsdiensten der algerischen Regierung zusammenarbeitete, die unter ihren zahllosen Landsleuten in Frankreich ein ganzes Heer von Informanten und Agenten unterhielt. Noch vor kurzem war der prominente algerische Anwalt Ali Mecili, den die Behörden von Algier konspirativer Tätigkeit verdächtigten, von einem Berufskiller niedergeschossen worden. Es war lebensgefährlich für einen Algerier in Frankreich, allzu militant für jene historischen Führer der »Nationalen Befreiungsfront«, für jene ersten Vorkämpfer der algerischen Unabhängigkeit einzutreten – ob sie nun Ben Bella oder Ait Ahmed hießen –, die die Machtstellung und die Privilegien der regierenden Militärkaste in Frage stellten. Auf meinem Gang zur Porte d'Aix waren mir ein paar grüne Mauerinschriften aufgefallen: »Vive Ben Bella!«

Das Gespräch mit Ghafiri wandte sich gleich dem religiösen Thema zu. Ich wollte von ihm erfahren, in welchem Ausmaß der islamische Fundamentalismus, der vom algerischen Staatschef Schedli Ben-Dschedid streng überwacht und eingegrenzt wurde, auf die Gemeinde der Fremdarbeiter in Frankreich übergegriffen habe. Ghafiri, den die Gäste des düsteren Restaurants respektvoll mit »Si Hadj« begrüßten, hielt nicht viel von diesem eifernden Rigorismus. Der Islam habe sich stets gewandelt, komme nicht umhin, sich den Veränderungen einer modernen, technologischen Gesellschaft anzupassen.

»Als Vorsitzender der ›Islamischen Vereinigung‹ von Marseille, als religiös gebildeter Mensch und als Mekka-Pilger ist es meine Pflicht, auf den Bau neuer Moscheen zu drängen«, sagte Ghafiri; »bei unseren Glaubensbrüdern besteht ein unerträglicher Mangel an Gebetshäusern und an religiöser Weiterbildung. Aber Khomeini hat nur Bruderzwist und Verwirrung in die islamische ›Umma‹ gebracht. Ich mißtraue den ›Moslem-Brüdern‹, wie wir sie in Algier nennen, mit ihren Bärten, ihren fanatischen Parolen. Wir müssen hier mit den Christen zusammenleben. Wir leiden schon genug unter dem Rassismus, der gerade in Marseille immer mehr um sich greift. Wir leben hier in einer Welt sittlichen Niedergangs. Selbst die Gewerkschaften – im hiesigen Hafen handelt es sich vor allem um die kommunistische CGT – zeichnen sich durch ihre Feindseligkeit gegen Araber aus. Im übrigen trägt die CGT durch ihre permanente Arbeitsverweigerung die Hauptverantwortung am Niedergang des größten französischen Hafens.«

Er wolle mit mir nicht darüber streiten, ob die Lehre des Propheten auch für die agnostischen, aller Gewißheiten beraubten Europäer eine Heilsbotschaft bereithalte, die ihnen festen Boden unter den Füßen verschaffen könnte. Ganz bestimmt würde der Islam nicht von jenen Kassetten unduldsamer Prediger profitieren, die die Agenten des Khomeinismus unter den Maghrebinern verteilten und in geheimen Versammlungen abspielten. »Unsere Sorge, das sind die nordafrikanischen Jugendlichen. Zu viele von ihnen sind arbeitslos, fühlen sich verachtet, sind entwurzelt. Zu viele haben sich der Droge ergeben. Manchmal diskutieren wir Väter darüber, daß unsere Söhne im Grunde nur die Wahl haben zwischen Rowdytum, Sittenlosigkeit, Rauschgift auf der einen Seite und Hinwendung zur koranischen Frömmigkeit auf der anderen. Wir haben gehört, daß die Deutschen sich mehr und mehr für den Islam interessieren. Stellen Sie sich vor, welch ungeheure religiöse Dynamik sich aus einer solchen Bekehrung Deutschlands zur Religion des Propheten ergäbe!«

Wer weiß, wo er diese eigenartige Vorstellung von den Verhältnissen in der Bundesrepublik aufgeschnappt hatte? Ghafiri, so warnten schon die Gewährsleute, die mich an ihn verwiesen hatten, sei ein merkwürdiger Heiliger. Sein politischer Auftrag zur Abwehr der umstürzlerischen, radikalen Moslem-Brüder, die man auch »Integristen« nannte, sei klarer umrissen als sein koranisches Wissen. Die Kassetten mit den flammenden Aufrufen islamischer Eiferer, die bei den frommen Gläubigen von Marseille auf starke Nachfrage trafen, kamen übrigens nicht aus Teheran, sondern aus Kairo. Der alte ägyptische Scheich Kischk stand besonders hoch im Kurs. Die koranische Rückbesinnung war in keiner Weise das Monopol schiitischer Außenseiter.

Der Mensch sei für sein Seelenheil voll verantwortlich, fuhr der Gastwirt fort, absolute Gewißheit besitze er nicht. Vermutlich hatte Ghafiri nie vom »pari de Pascal«, von der »Wette« des Wissenschaftlers und Philosophen Blaise Pascal gehört, der in der frommen Gottergebenheit – bei allen Zweifeln, die den Gläubigen anfechten mochten – immer noch das geringere Risiko auf dem ungewissen Weg der

Heilssuche sah. Ähnlich, wenn auch sehr viel verworrener, drückte sich Ghafiri aus. Am Ende fand er zurück zur klaren Aussage des Korans und zitierte die dreizehnte Sure, Vers sieben: »Wahrhaft, im Gedenken Gottes finden die Herzen Ruhe ...«

Sehr viel klüger war ich durch mein Gespräch mit Si Hadj Ghafiri nicht geworden. Er gab sich salbungsvoll. In Wirklichkeit war er ein argwöhnischer Fuchs.

Am Eingang der Straße zum Guten Hirten waren die frommen Muslime den massiven Anfechtungen der permissiven westlichen Gesellschaft und ihrer Fäulnis ausgesetzt. An einem Zeitungskiosk wurde für den »rosa Minitel« geworben, für elektronische Prostitutionsvermittlung, und das suggestive Werbemodell zeigte das bildschöne, halbnackte Mädchen Jane mit grünen Augen und rotblonder Mähne. »Jane, j'ose – ich wage es«, lautete der Text, und darunter stand die Aufforderung: »Wählen Sie die Nummer 3615 und drücken Sie die Tasten JANE!« Das Magazin *Playboy* verkündete mit suggestiven Entkleidungsphotos, daß ein »Coco-Girl« aus der täglichen TV-Show Stéphane Colaros, die sich kaum ein Franzose entgehen ließ, zum Playmate des Jahres gewählt worden sei. Das Billigblatt *Le Meilleur* – Das Beste – teilte seinen Lesern mit, daß die Krankheit Aids zum Sturm auf Marseille ansetze. Auf dem Triumphbogen der Porte d'Aix – eine Kopie römischer Vorbilder – entzifferte ich die unzeitgemäße Inschrift: »A la République, Marseille la reconnaissante – Die dankbare Stadt Marseille huldigt der Republik«.

Marseille lebe mit dem Rücken zum Land, habe mit der umliegenden Provence wenig gemeinsam, sei ganz dem Meer zugewandt – so liest man schon in den Beschreibungen früher Geographen. Ich bin auf die beherrschende Höhe gefahren, wo Notre-Dame-de-la-Garde die Seefahrer segnet, »la bonne mère« – die gute Mutter, wie sie bei den Alteingesessenen heißt. Der Blick bleibt natürlich auf dem Vieux Port mit den unzähligen Segelbooten haften und auf den mächtigen Quadern des Fort Saint-Nicolas, das den Zugang zum offenen Meer beherrscht. Die Hafenstadt Marseille war selbst zur Glanzzeit des Römischen Imperiums überwiegend griechisch geprägt. Ihre katholische Religiosität bleibt ähnlich wie die Volksfrömmigkeit Neapels von heidnischen Bräuchen und viel Aberglauben umrankt.

Der Weihbischof, dem ich in seinen bescheidenen Amtsräumen gleich zu Füßen der gewaltigen Mutter-Gottes-Statue gegenübersaß, war ein nüchterner Südfranzose aus Nizza. Monseigneur Dufaux bemühte sich, allen rassistischen Aufwallungen seiner Diözesanen zum Trotz, um ein ökumenisches Gespräch mit den islamischen Angehörigen der »Familie des Buches«. Der Erfolg war begrenzt. Er hatte längst entdeckt, daß die Gläubigen des Korans – in ihrer absoluten Gewißheit, das Siegel der Offenbarung zu besitzen – zum theologischen Dialog denkbar ungeeignet waren. Er zitierte zwei sehr kluge Äußerungen von Père Michel, der ihm persönlich unterstellt war: »Die Muselmanen leben in Frankreich wie im Exil«, hatte der katholische Geistliche aus dem Maghrebiner-Viertel am Cours Belsunce berichtet; »sie träumen bei uns von der idealen Propheten-Stadt Medina.« Und dann war er zu einer Erkenntnis gelangt, die von Politikern und Publizisten, die sich mit dem Orient befassen, ernsthaft bedacht werden sollte: »Was wir Christen islamischen Integrismus nennen, das ist für die Mohammedaner die wahre Rechtgläubigkeit, die islamische Orthodoxie.«

»Das alte, liebenswürdige Marseille, das Marcel Pagnol beschrieben hat«, meinte der Weihbischof, »die polternde und zutiefst menschliche Gesellschaft des César, des Marius, des Panisse und der kleinen Fanny, dieses Marseille gehört der Vergangenheit an. Die Stadt hat aufgehört, ein Ort fröhlicher gemischtrassiger Konvivialität zu sein. Selbst das Pétanque-Spiel schlägt keine Brücken mehr, und der Pernod ist den Zuwanderern aus Nordafrika ohnehin ein sündiges Greuel.«

Ich erzählte dem Weihbischof von meiner Erkundungstournee durch die großen modernen Wohnviertel am nördlichen Stadtrand. Die Beton-Architektur der fünfziger und sechziger Jahre hatte dort gewaltige, bedrohlich wirkende Mietskasernen in kubistischer Einfallslosigkeit aneinandergereiht. Der soziale Wohnungsbau war 1962 nach der massiven Flucht der Algier-Franzosen aus ihren maghrebinischen Heimat-Départements zusätzlich forciert worden. Inzwischen hatte sich in diesem Vorstadtgürtel eine bemerkenswerte Umschichtung vollzogen. Eine ganze Serie dieser düsteren Kasematten war – erst allmählich, dann massiv – von Maghrebinern unterwandert worden. In jenen Gebäudekomplexen, die die freundlichen Namen »La

Paternelle« oder »La Solidarité« trugen, brachen binnen weniger Jahre bürgerkriegsähnliche Zustände zwischen Europäern und Nordafrikanern aus. Die Weißen zogen dabei meist den kürzeren. Sie resignierten wütend, wanderten am Ende in andere periphere Ortschaften ab.

»Wir versuchen alles, um zu vermitteln«, sagte Monseigneur Dufaux. »Wir haben Geistliche und Nonnen in die umstrittensten Wohnblocks geschickt. Sie sollen sich dort weniger um Seelsorge – wer kann schon einen Muslim zum Christen bekehren? – als um Sozialhilfe kümmern. Wir versuchen, bescheidene Kontakte zu schaffen zwischen zwei zutiefst verfeindeten Bevölkerungsgruppen. Aber der Erfolg ist gering, die Arbeit mühselig. Selbst unsere Schwestern und Patres leiden unsäglich unter dieser exotischen, lärmenden, chaotischen Umgebung. Da gibt es keine respektierte Nachtruhe und kaum Hygiene. Da wird der Schlendrian zum Vandalismus. Am unerträglichsten sind die sogenannten »beurs«, die jungen Algerier der zweiten Generation. Fast alle sind französische Staatsbürger. Ihre Wurzeln im Maghreb und im Islam haben sie verloren. Eine neue Eingliederung hat nicht stattgefunden, ja ich befürchte, die meisten dieser arbeitslosen »beurs«, die keinerlei Zukunftsperspektiven besitzen, werden dies auch niemals erreichen. Wir erleben gerade bei den Nachkommen der sogenannten »harki« ein eigenartiges Phänomen, also bei jenen Algeriern ausgerechnet, deren Väter auf seiten der französischen Armee gegen die Algerische Befreiungsfront gekämpft hatten und dann überstürzt ins sogenannte ›Mutterland‹ flüchten mußten, um das nackte Leben zu retten. Es hat sich ein fataler Zyklus entwickelt, der lautet: Immigration, Arbeitslosigkeit, Straffälligkeit und am Ende – Hinwendung zum islamischen Fundamentalismus.«

Ich mußte an den Gastwirt Ghafiri aus der Straße zum Guten Hirten denken: »Die Droge oder die Religion«, so hatte er den Ablauf resümiert.

Der Weihbischof wollte sich indes nicht entmutigen lassen. Die Stadt habe immer nur von der Substanz ihrer Einwanderer gelebt, die fast ausschließlich über das Meer gekommen seien. Phönizier, Griechen, Römer, Genuesen, Juden und in jüngster Vergangenheit Korsen, Armenier, Libanesen, Italiener, Algier-Franzosen, Spanier, Portugiesen – alle hätten sich eingeordnet, wären Bestandteil dieser Kosmopolis geworden. Um die Jahrhundertwende seien die Italiener so massiv zugewandert, daß sich eine Welle haßerfüllter Xenophobie gegen die lateinischen Vettern erhoben habe. Inzwischen seien diese Piemontesen und Liguren längst integriert. Nur Linguisten könnten ihre Namen von denen korsischer Sippen unterscheiden. Das kontinentale Hinterland hingegen habe man stets als fremd und irgendwie bedrohlich empfunden. Vielleicht stamme das aus der fernen Zeit, als die germanischen Kriegshorden der Kimbern und Teutonen durch das Rhônetal nach Süden stießen.

Natürlich machte sich die Kirche Gedanken über das Anschwellen des Rechtsextremismus, über die rassistischen Ausschreitungen, die von Schlägertrupps der Nationalen Front immer wieder provoziert wurden. Bei den letzten Wahlen hatten die Anhänger des bulligen Bretonen Le Pen, der am liebsten alle Nordafrikaner in ihren Maghreb zurückschicken und die Aids-Kranken in speziellen »Aussätzigen-Stationen«, sogenannten »Sidatorien«, kasernieren möchte, einen eindrucksvollen Sieg davongetragen. Die Nationale Front, die sich oft genug mit dem Keltenkreuz schmückt, war mit knapp 25 Prozent zur stärksten Partei Marseilles geworden. Seit Le Pen den gescheiten und relativ vernünftigen korsischen Anwalt Pascal Arrighi für sich hatte gewinnen können, rechneten die Demoskopen für die Rechtsextremisten sogar ein lokales Sympathiepotential von 34 Prozent aus.

Immer wieder hatte ich bei meinen Sondierungsgesprächen mit einfachen Leuten rings um den Cours Belsunce, aber auch andernorts gehört, daß man die Schwarzen ganz gut ertragen könne, daß die gelben Asiaten durchaus willkommen seien, aber mit den Arabern sei die Grenze des Erträglichen, des Zumutbaren überschritten. »Sie haben uns die Canebière gestohlen.« Gemeint war die breite Prachtstraße Marseilles, die zum alten Hafen führt und die heute tatsächlich nur noch ein Schatten ihrer selbst ist. »Sie werden es erleben«, hatte mir ein entrüsteter Fischhändler beteuert, »was sich heute in Beirut abspielt, kommt morgen in Marseille auf uns zu.«

Angst hatte sich der alten phönizischen Stadt bemächtigt. Mit den Maghrebinern war das Gefühl alltäglicher Unsicherheit und die ferne, aber unentrinnbare Perspektive zivilisatorischen Untergangs über die ganze Mittelmeerküste gekommen. Zwischen Nizza und Perpignan stimmte die Bevölkerung mit durchschnittlich zwanzig Prozent für die Nationale Front. Jean-Marie Le Pen, dieser blonde, blauäugige

Koloß, dieser keltische »Menhir«, wie ihn die Kommentatoren beschrieben, fand seine fanatischsten Anhänger unter den schwarzhaarigen Mediterranen, in deren Adern sarazenisches oder levantinisches Blut fließen mußte. Auf einmal entsannen sich die Politologen, daß schon die faschistischen Hetzreden Jacques Doriots, eines früheren Kommunisten, der mit seiner Volks-Partei PPF zum bedingungslosen Handlanger Hitlers geworden war und an der Ostfront sogar mit einiger Bravour gegen die Russen gekämpft hatte, bei einem gewissen Marseiller Pöbel erheblichen Anklang gefunden hatten.

Le Pen hatte zur großen Kundgebung auf der Canebière aufgerufen. Seit die Meinungsforscher ihm steigende Popularität bescheinigten, fühlte er sich in diesem halbexotischen Süden zu Hause. Immerhin brachte er fünfundzwanzigtausend Anhänger auf die Straße. Im Hinblick auf die bevorstehende Reform des Einbürgerungsgesetzes formulierte er: »Franzose zu werden, das muß verdient sein.«

Die Kundgebung auf der Canebière war relativ ruhig verlaufen, bis zweihundert Maghrebiner, »junge, arrogante ›beurs‹«, wie Le Pen sie nannte, mit dem Ruf »Le Pen ist ein Mörder« für Aufregung sorgten. Als ein paar Steine flogen, wollte niemand mehr die von den Algeriern im Sprechchor vorgetragene Beteuerung hören: »Wir sind menschliche Wesen – nous sommes des êtres humains«. Muskelprotze mit brutalen Kinnladen und den roten Mützen der Fallschirmtruppe, der sie wohl einmal angehört hatten, machten Jagd auf diese Provokateure, auf die »Metöken«. Es kam zu kurzen Zusammenstößen und leichten Verletzungen. Le Pen ließ sich nicht aus der Ruhe bringen. Der Volkstribun mit dem starren Lächeln im feisten Gesicht verglich die stete nordafrikanische Einsickerung mit einem breiten Leck, das man in das Schiff »Frankreich« geschlagen habe.

DIE SCHRAUBE DER GEWALT

Eine »Kasbah« an der Seine

Paris, im Juni 1992

Das Eintauchen in die Dritte Welt beginnt mit dem Lösen eines Metro-Tickets. Wer in Paris die U-Bahnlinie in Richtung Porte de Clichy besteigt, befindet sich alsbald in einer exotischen Umgebung, in der die Maghrebiner überwiegen. Aber auch viele mehr oder minder malerische Gestalten aus Mali oder Senegal geben der unterirdischen Fahrt ihr Gepräge.

In Paris braucht man nicht bis zu den seelenlosen Satellitenstädten mit ihren erdrückenden Betonsilhouetten vorzudringen, um das Problem einer massierten afrikanischen Immigration zu erleben. In den trostlosen Wohnsilos der Banlieue haben sich Banden von jugendlichen Neueinwanderern zusammengerottet, die nicht nur die Sicherheit der Alteingesessenen beeinträchtigen, sondern auch untereinander unerbittliche, oft kindisch anmutende Rivalitäten austragen. Die größten Probleme stellen übrigens die algerischen Einwanderer der zweiten oder sogar dritten Generation dar, die sogenannten »beurs« – eine Verballhornung des Wortes »arabe« –, die zwar aufgrund des in Frankreich herrschenden »Jus soli«, dem Bodenrecht, französische Staatsangehörige sind, denen jedoch die gesellschaftliche Integration verwehrt blieb oder mißlang. Teilweise sträuben sie sich vehement gegen eine solche Anpassung. In diesen Unsicherheitszonen ließen sich nützliche Betrachtungen über allzu naive Vorstellungen von einer multikulturellen Gesellschaft anstellen.

An diesem Nachmittag bin ich nur ein paar Metro-Stationen weit gefahren, eng eingekeilt in die Massen, die aus den Büros des Stadtzentrums und aus den sogenannten »beaux quartiers« in ihre bescheidenen Behausungen zurückströmten. Schon in Barbès-Rochechouart stieg ich aus und wandte mich dem Gassengewirr der »Goutte d'Or« zu. Hier war die Verfremdung total. Hier staute sich eine rein afrikanische Welt. Das Vordringen der Maghrebiner und Schwarzafrikaner in diesen Pariser Stadtteil ist nicht neu. Die Einsickerung hat bereits nach dem Zweiten Weltkrieg begonnen. Aber nunmehr wirkt die orientalische Suq-Atmosphäre ebenso authentisch wie am Cours Belsunce von Marseille.

Eine »Boucherie franco-muselmanne« bietet Hammelfleisch an. Die Nordafrikaner stehen in dichten Gruppen vor verwahrlosten Häusern. Gestikulierend geben sie sich irgendwelchen Glücksspielen hin, obwohl dieser Zeitvertreib durch den Koran streng verboten ist. Ein abbruchreifes Haus trägt noch die Aufschrift »Hôtel du Progrès« – Hotel des Fortschritts. Es wirkt durchaus symbolträchtig, daß die Türen und Fenster dieser Absteige vermauert sind. Noch eigenartiger indes mutet der Name des »Hôtel Saint Rémy« an, war doch der Heilige Remigius Schutzpatron jener germanischen Eroberer, die aus Gallien Frankreich machten.

Mir fällt auf, daß die Frauen, ohnehin in der Minderzahl, nur selten einen Schleier tragen. Auch die Vollbärte der militanten Islamisten sind höchst selten zu sehen. Sämtliche Wände und Freiflächen sind durch die abscheuliche Manie des »Tagging«, der systematischen Farbschmierereien, verunstaltet, die irgendwann aus den USA eingeschleppt wurde. Vergeblich suche ich nach Kampfparolen der »Islamischen Heilsfront«, nach Mauerinschriften, die ein politisches oder religiöses Engagement verraten. Trotz des bedrückenden Gedränges kommt bei mir niemals das Gefühl irgendeiner Bedrohung oder auch nur latenter Feindseligkeit auf.

In der Masse der Muselmanen entdecke ich einen orthodoxen jüdischen Händler, der gebrauchte Kleider verkauft. Über dem bärtigen, bleichen Gesicht trägt er die Kipa. Die Korangläubigen nehmen keine Notiz von ihm. Die ärmliche, etwas schmuddelige Atmosphäre erinnert mich an den schönen Roman »La vie devant soi«, den das Akademiemitglied Romain Gary unter einem Pseudonym veröffentlichte. Diese bewegende Beschreibung des maghrebinisch-jüdischen Milieus am Rande von Paris war mit Simone Signoret in der Hauptrolle verfilmt worden. Sie spielte eine gealterte jüdische Prostituierte, die sich fürsorglich um jüngere, bereits um ihr Leben betrogene Kolleginnen kümmerte und ihre ganze Liebe einem algerischen Waisenknaben, einem Muslim natürlich, widmete.

Die schäbige Szenerie der »Goutte d'Or« würde weniger schockieren, wenn diese afrikanische Enklave nicht von der schneeweißen Kuppel des Sacré-Cœur du Montmartre, des »Zuckerbaus«, wie die Pariser spotten, unmittelbar überragt würde. Ein paar hundert Meter nur trennen die Notquartiere der Fremdarbeiter von jenen dubiosen Vergnügungsstätten und Nachtlokalen, die sich weiterhin um die Place Pigalle gruppieren. Dort werden die Schaulustigen aus ganz Europa – neuerdings sind die Besucher aus Polen und der Tschechoslowakei dazugekommen – in Touristenbussen herangekarrt. Von der Welt eines Toulouse-Lautrec erleben sie nicht einmal einen schalen Abklatsch.

Ich habe mich eng an die diskutierenden und debattierenden Gruppen von Arabern gedrängt, aber vergeblich auf politische Aussagen gehorcht. Selbst im Exil bleibt die maghrebinische Gemeinschaft undurchdringlich und hütet sich – vermutlich aus guten Gründen – vor ideologischen Aussagen. Die Polizeipräsenz ist überaus diskret. Vor einem hochmodernen »Commissariat«, das mit der ärmlichen Umgebung kontrastiert, steht ein Streifenwagen mit Blaulicht auf Abruf.

Der eindrucksvollste Bau in dieser an die Seine verpflanzten »Kasbah« ist die »école maternelle«, wo – wie in allen französischen Kindergärten – den Drei- bis Sechsjährigen bereits die Grundelemente des Lesens und Schreibens sowie bescheidene Rechenkenntnisse beigebracht werden. Das Gebäude hebt sich cremefarben und elegant von der umliegenden Misere ab. Fast wirkt es luxuriös. Ganz eindeutig haben die Behörden hier bewußt einen Kontrast geschaffen. Die Republik versucht, mit beachtlichem Aufwand die Assimilation der fremdartigen Bevölkerung zu forcieren und zumindest die Nachfahren der Einwanderer an den Vorzügen der »civilisation française« teilhaben zu lassen. Eine Gruppe dunkelhäutiger, kraushaariger Kinder verläßt das Portal dieser Erziehungsanstalt, und tatsächlich sprechen sie untereinander ein akzentfreies, pariserisch gefärbtes Französisch.

Die »Goutte d'Or« ist gewiß kein Ausflugsort für Franzosen. Der normale Pariser würde diese exotische Präsenz inmitten seiner Mauern am liebsten ignorieren. Aber jeder Vergleich mit den rassischen

Spannungen, wie sie sich jenseits des Atlantik in den Riesenmetropolen von Los Angeles und New York entladen, wäre hier bis auf weiteres verfehlt. Noch hält das Gefüge der Französischen Republik und die Überlieferung des laizistischen Staates dieses Rassenkonglomerat zusammen. Warnende Stimmen sind indessen laut geworden, nicht nur in den Reihen der rassistisch verbohrten Anhängerschaft des Demagogen Le Pen. Der ehemalige Staatspräsident Giscard d'Estaing, dessen liberale Grundhaltung nicht bezweifelt werden kann, sprach von der »Migration« aus dem Süden, der Frankreich wehrlos ausgesetzt sei und die kommendes Unheil ankündige. Noch schärfer formulierte es der ehemalige Premierminister Jacques Chirac, der sogar bei seinen neogaullistischen Gefährten Widerspruch erntete, als er auf gewisse »unerträgliche« Lebensgewohnheiten der Einwanderer, auf ihren »Lärm« und ihre »Gerüche« hinwies.

Das Jahr 1992 ist für Frankreich ein schmerzliches, ein demütigendes Jubiläum. Vor dreißig Jahren wurden mit der Unterzeichnung des Abkommens von Evian die nordafrikanischen Départements durch de Gaulle in die Unabhängigkeit entlassen. Im Sommer 1962 ging über Algier die grün-weiße Fahne mit dem roten Halbmond, das Emblem der Algerischen Befreiungsfront, hoch. Gleichzeitig setzte der überstürzte Exodus von mehr als einer Million Algier-Franzosen ins nördliche »Mutterland« ein. Diese Flüchtlinge und Vertriebenen erinnern sich heute nur mit Widerwillen und Zorn an jene tragischen Tage. Die breite französische Öffentlichkeit will von der ehemaligen nordafrikanischen Kolonialpräsenz und von dem achtjährigen Algerienkrieg nichts mehr wissen. Das war ein unrühmlicher Feldzug. Während zahllose Bücher den Indochinakrieg in allen Facetten darstellten – im Rückblick war das immerhin ein farbenprächtiges spätkoloniales Abenteuer gewesen –, so schwieg man sich über Algerien am liebsten aus.

Notgedrungen holte die Presse am 30. Jahrestag des Verzichts auf Nordafrika zu obligaten Erinnerungsartikeln aus, aber es war ein traumatischer Rückblick. Mehr noch als durch die Preisgabe der Algier-Franzosen, die immerhin ein Asyl in der Metropole nördlich des Mittelmeeres finden sollten, war das kollektive Gedächtnis Frankreichs durch das Schicksal jener algerischen Muselmanen belastet, die auf seiten Frankreichs gekämpft hatten und der Willkür der triumphierenden Revolutionäre ausgeliefert wurden. Etwa hunderttausend »Harki« – so nannte man die einheimischen Hilfstruppen, die unter der Trikolore gegen ihre eigenen Landsleute aus der FLN kämpften – waren nach dem Abzug der französischen Armee durch einen entfesselten Mob oder durch Standgerichte liquidiert worden. Diejenigen »Harki«, die das rettende Ufer der Provence erreichten, sahen sich im »Mutterland« Frankreich kleinlichen Diskriminierungen ausgesetzt, soweit sich die Behörden überhaupt um sie kümmerten. Ihre Nachkommen, die sich weder als Franzosen bestätigen noch als Algerier re-integrieren konnten, waren psychischer Verwahrlosung ausgesetzt. Unter den Söhnen und Enkeln der »Harki« fanden sich die streitbarsten Elemente jener kollektiven Zerstörungswut, die sich in den Elendsburgen der Exoten immer wieder austobte.

Die französische Presse erinnerte an den Verlust Algeriens ohne spürbare Nostalgie. Gerade angesichts der jüngsten Entwicklungen im Maghreb beglückwünschten sich die Leitartikler dazu, diese unerträgliche Bürde gerade noch rechtzeitig losgeworden zu sein. Bezeichnend war, daß der einzige Spielfilm, der sich mit dem Algerienkrieg befaßte, den Titel »L'honneur d'un capitaine« trug. Es ging um die verlorene Ehre eines französischen Hauptmanns, der bei der Verfolgung von Terroristen und Partisanen in die Rolle eines Folterers gedrängt worden war.

Die Algerien-Tragödie wurde weiterhin durch die Kommandeurs-Gestalt Charles de Gaulles überschattet. Hatte die Armee sich tatsächlich von ihrer Demütigung und ihrer traumatischen Verletzung erholt? War es de Gaulle gelungen, den »verlorenen Soldaten« des verspäteten Kolonialismus neue Zielsetzungen zu geben? War die Umstellung der Verteidigung Frankreichs auf eine überwiegend nukleare Abschreckungsdoktrin von dem großen Magier im Elysée-Palast unter anderem als psychotherapeutische Maßnahme angeordnet worden, um das Offizierskorps endlich mit einer neuen nationalen, und kontinental-europäischen Perspektive auszustatten?

Während Frankreich sich am 30. Gedenktag des Algerien-Debakels recht und schlecht vorbeidrückte, nahm jenseits des Mittelmeeres das neue Drama, die Unterdrückung der islamischen Revolution, seinen unerbittlichen Lauf.

TV-Spektakel an der Newa

Sankt Petersburg, 29. Juni 1992

Ich war von einem Bummel auf dem Alexander-Newski-Prospekt ins »Grand Hotel Europe« zurückgekehrt, als das Telefon klingelte. Unser Begleiter Jewgeni meldete sich. »Haben Sie die Nachricht vernommen?« fragte er; »der algerische Präsident Mohammed Boudiaf ist ermordet worden. Sie sollten heute abend das Fernsehen einschalten.« Tatsächlich konnten die Gäste des schwedischgeführten Luxushotels von Sankt Petersburg eine Vielzahl westeuropäischer Satellitenprogramme empfangen, darunter die frankophone Station TV 5. So wurde ich am Ufer der Newa in die Lage versetzt, das Attentat auf Mohammed Boudiaf, das in der ostalgerischen Stadt Annaba verübt worden war, gewissermaßen als Augenzeuge mitzuerleben, in dem Maße natürlich nur, wie die algerische Zensur die Bilder freigegeben hatte.

Mit ein paar Stunden Zeitverschiebung verfolgte ich die Rede Boudiafs im »Haus der Kultur« von Annaba. Der Präsident sprach vor einer dicht gedrängten Menge überwiegend jugendlicher Zuhörer in Hemdsärmeln. Er saß auf der Tribüne vor einem Vorhang. Neben ihm hatte eine Anzahl Honoratioren der Stadt Platz genommen. Boudiaf holte gerade zu dem Satz aus: »Die anderen Länder haben uns in der Wissenschaft und in der Technologie überholt. Der Islam...« – da ertönte im Saal ein Geräusch, als ob ein Scheinwerfer des Fernsehens geplatzt wäre. Oder hatte jemand mit Schalldämpfer geschossen? Der Präsident hielt in seiner Rede inne, schaute nach links und verschwand aus dem Sichtfeld der Kamera. Jetzt war nur noch das Stakkato einer Maschinenpistole zu hören, und das Fernsehen zeigte wie in einer Slapstick-Szene die einheitliche, fast komisch wirkende Reaktion der Zuhörer, die seitlich abkippten und hinter Stühlen und Bänken Deckung suchten. Die Tribüne kam schwankend wieder ins Bild. Mohammed Boudiaf war jetzt kurz zu sehen, wie er in seinem Blut lag. Neue Gewehrsalven knatterten außerhalb des Saales. Flüchtende Gestalten versperrten die Sicht, und die Szene endete abrupt.

Der Sender TV 5 schaltete nunmehr in den Redaktionsraum nach Paris um, wo Experten und Kommentatoren über die möglichen Hintergründe dieses Mordanschlags berieten. Zu diesem Zeitpunkt waren noch alle Hypothesen offen, und natürlich fiel der erste Verdacht auf die Fanatiker der »Islamischen Heilsfront«. Ein Korrespondent aus Algier, der sich ebenfalls zu Wort meldete, verwies auf den denkwürdigen Zufall, daß der Präsident mit dem Wort »Islam« auf den Lippen sein Leben ausgehaucht hatte.

Nunmehr wandte sich die Berichterstattung den Reaktionen der in Paris lebenden Algerier zu. Ein Fernseh-Team war zum Viertel »Goutte d'Or« geeilt, um Aussagen bei den dortigen Nordafrikanern einzusammeln. Die älteren Maghrebiner hielten sich vor der Kamera zurück, aber viele Jugendliche reagierten mit Freudenausbrüchen auf das gelungene Attentat. Sie drängten sich rhythmisch klatschend vor die Linse und skandierten den Kampfruf: »Allahu akbar.« Hier brach die Sendung ab.

Zu später Stunde schlenderte ich an den Ufern der Newa entlang und gab mich der Stimmung der »weißen Nächte« hin. Zu Füßen des kolossalen Reiterstandbildes Peters des Großen blickte ich auf die Peter-Pauls-Festung und ihre goldglänzende Turmspitze. Während eine bizarre Gruppe russischer Harekrischna-Jünger zum Klang ihrer Tambourine am Winterpalast vorbeitänzelte, beschloß ich, schon von Petersburg aus den Flug nach Algier zu buchen.

Die Ermordung Mohammed Boudiafs

Algier, im Juli 1992

Die Stadt Algier schwirrt von Gerüchten. Die Ermordung des Präsidenten Boudiaf wird immer wieder mit dem Attentat auf John F. Kennedy verglichen. Mit einer für dieses Land erstaunlichen Offenheit wird in den maurischen Kaffeestuben wie in den Zeitungsspalten über diesen Anschlag diskutiert.

Der Versuch der Behörden, die heimtückische Aktion von Annaba als eine Bluttat islamischer Extremisten hinzustellen, hat den Enthüllungen nicht standgehalten. Zunächst hatte die offizielle Propaganda behauptet, der Attentäter – ein gewisser Leutnant Boumaarafi, der zur engsten Sicherheitsgarde des Präsidenten gehörte – habe aus religiösem Fanatismus gehandelt und sich selbst als Zeuge der islamischen Revolution dargebracht. Die Wirklichkeit sah ganz anders aus. In seitenlangen Reportagen schilderte die algerische Presse – an der Spitze *El Watan* und *Le Matin* –, daß es sich bei Mbarek Boumaarafi keineswegs um einen »Schahid«, um einen Märtyrer, gehandelt habe, der bereit war, sein Leben zu opfern.

Normalerweise hätte der junge drahtige Leutnant, der auf dem Foto erstaunlich europäisch wirkt, dank einer wohlvorbereiteten Fluchtorganisation entkommen müssen. Während der Rede Boudiafs – unmittelbar nach dem dumpfen, explosionsähnlichen Laut, der den Präsidenten bei dem schicksalhaften Wort »Islam« unterbrach – wurde der Vorhang jenseits der Tribüne beiseite gerissen und der Mörder, in die schwarze Uniform der Interventionseinheiten gekleidet, trat mit seiner gegen die Saaldecke gerichteten Maschinenpistole hinter den Tisch der Veranstalter. Als wolle er die Sicherheitslage prüfen, musterte er die Menge, und dann geschah das Unglaubliche. Eine Handgranate explodierte zu Füßen der Honoratioren, Boumaarafi richtete seine Waffe kaltblütig gegen den Präsidenten und durchsiebte ihn mit einer tödlichen Salve.

Mit raubtierhafter Behendigkeit sei Boumaarafi dann an den völlig überraschten Polizisten vorbei in den Hof gesprungen, wo zwei Autos bereitstanden. Die Insassen dieser Wagen eröffneten ihrerseits das Feuer auf vermeintliche Verfolger des Attentäters. Boumaarafi überkletterte eine vier Meter hohe Mauer und spurtete in voller Uniform durch eine der Hauptstraßen von Annaba. Vergeblich versuchte er – laut Zeugenaussagen –, in verschiedene Villen einzudringen. Er fand schließlich Zuflucht in einem mehrstöckigen Gebäude, wo ihm im sechsten Geschoß – nach mehreren vergeblichen Versuchen in den unteren Etagen – die Tür von einer Hausfrau geöffnet wurde, die eines ihrer Kinder zurückerwartete. Der Mörder sei in heller Aufregung in die Wohnung eingedrungen. Man trachte ihm nach dem Leben, habe er geschrien. Der erschrockenen Mieterin habe er versichert, er wolle bei ihr auf eine Polizeipatrouille warten, die seine Sicherheit gewährleisten würde. Als dann tatsächlich die Verfolger eintrafen, nahmen sie Boumaarafi offenbar ohne Widerstand fest. Sie führten ihn zu einem Verhör, über dessen Verlauf auch die gewieftesten Reporter der algerischen Presse nichts in Erfahrung bringen konnten.

Während im europäischen Ausland gewisse Experten kategorisch behaupteten, das Attentat auf Mohammed Boudiaf komme aus der gleichen obskurantistischen Ecke wie seinerzeit die Ermordung des ägyptischen Präsidenten Anwar es-Sadat, setzte sich bei der algerischen Bevölkerung eine ganz andere Überzeugung durch: Das Komplott gegen den Präsidenten des Obersten Staatsrates – so war einhellig zu hören und zu lesen – sei das Werk einer »politisch-finanziellen Mafia«. Manche gingen weiter und schrieben: »la Mafia militaro-politico-financière«. Die verkrusteten Herrschaftsstrukturen Algeriens – die Profiteure der Einheitspartei FLN, korrupte hohe Offiziere, die krakenähnliche Unterwelt des Schwarzmarktes, des »Trabendo« – hätten sich zusammengefunden, um Boudiaf aus dem Weg zu räumen. In seiner redlichen Halsstarrigkeit sei der Staatsrats-Vorsitzende für jene zwielichtigen Elemente, die weiterhin in den Schlüsselstellungen des Staates etabliert seien und um ihre Privilegien bangten, unerträglich und gefährlich geworden.

Ein erstes Alarmsignal war bereits gegeben worden, als kurz nach dem Machtantritt Boudiafs einer der höchsten Offiziere der algerischen Nationalen Volksarmee, General Mustafa Belloucif, ehemaliger Stabschef des Heeres, wegen Veruntreuung und umfangreicher Devisenvergehen unter Anklage gestellt wurde. Seitdem hatte Boudiaf sich vor dem Volk verpflichtet, den Augiasstall der Korruption zu säubern und auch vor den höchsten Chargen der algerischen Verwaltung oder Armee nicht haltzumachen. In der Gerüchteküche der Kasbah wurde bereits gemunkelt, der Präsident habe beabsichtigt, sich von der gesamten Mannschaft des undurchsichtigen »Haut Comité d'Etat« sowie von den Ministern der Regierung Ghozali zu trennen. Er hätte nach jungen, völlig unbelasteten und kompetenten Kräften Ausschau gehalten außerhalb der Veteranenriege einer zutiefst diskreditierten »Befreiungsfront«.

Dieses ehrbare Vorhaben, die Befreiung vom Sumpf der alten Nomenklatura, sei dem Präsidenten zum Verhängnis geworden. Das war die einhellige Meinung der Algerier, und selbst die Regierungsorgane wagten nicht mehr, dieser kollektiven Anklage entgegenzutreten. Über Nacht wurde Mohammed Boudiaf, dieser mittelmäßige, biedere Politiker aus dem marokkanischen Exil, mit dem die Masse bislang nichts anzufangen wußte und dessen harte Maßnahmen gegen die

Islamisten vielerlei Groll geweckt hatten, zum populären Volkshelden. Was einst vom Herzog de Guise gesagt wurde, dem Führer der Katholischen Liga, der während der französischen Religionskriege auf einem Loire-Schloß erstochen worden war, ließ sich nun auf Mohammed Boudiaf anwenden: »Als Toter erschien er größer als zu Lebzeiten.«

Zahlreiche Algerier, die dem Präsidenten des Obersten Staatsrates – ohnehin auf recht zweifelhafte Weise an die Spitze des Staates befördert – bislang recht gleichgültig gegenübergestanden hatten, ja ihm mit Argwohn begegneten, entwickelten plötzlich einen hemmungslosen Kult für diese mediokre Persönlichkeit. Das ominöse Wort »Mafia« war in aller Munde, und der Verdacht richtete sich ohne Umschweife gegen all jene, die bisher im Staat, in der Armee, in der angeblich entmachteten Einheitspartei das Sagen gehabt hatten. Mit dem Verschwinden Boudiafs wurde auch eine von ihm angeregte patriotische »Sammlungsbewegung« zu Grabe getragen.

An der Spitze der Republik entstand eine schreckliche Vakanz. Die Algerier hatten das Gefühl, es laste ein Fluch auf ihnen. Den Spekulationen war jetzt keine Grenze mehr gesetzt. Falls Boudiaf wider Erwarten den Kugeln seines Mörders Boumaarafi entronnen wäre – so hieß es –, hätte man ihn dennoch beseitigt, denn bei dem anschließenden Bankett seien seine Speisen vorsorglich vergiftet gewesen.

Der ehemalige Präsident Boumedienne wurde in die aberwitzigen Kombinationen einbezogen. Houari Boumedienne, dieser strenge, unerbittliche Ziehvater der Nation, sei ebenfalls durch die ominöse »Mafia« aus dem Weg geräumt worden. Alle Hinweise auf die Tatsache, daß Boumedienne in einem Moskauer Krankenhaus behandelt und dort, laut Versicherung der sowjetischen Ärzte, eines qualvollen natürlichen Todes gestorben sei, verfingen nicht bei den argwöhnischen kleinen Leuten. In Wirklichkeit sei der damalige Staatschef nach einer schweren Verwundung durch seine eigenen Leibwächter in die Sowjetunion transportiert worden, und es hätte niemals einen glaubwürdigen Krankenbericht gegeben.

Die Aktivisten der Islamischen Heilsfront, die seit dem Verbot ihrer Organisation im Untergrund agierten, ließen natürlich verlauten, Mohammed Boudiaf, dieser Feind der Religion, sei von der Strafe Allahs ereilt worden. Aber die Islamisten hüteten sich wohlweislich, irgendeinen Anspruch auf die Urheberschaft des Anschlags zu erheben. Selbst die gefürchteten »Afghanen« kamen dafür nicht in Frage.

Bei den algerischen Intellektuellen hatte man Mohammed Boudiaf – wegen seiner asketischen, fast mumienhaften Gesichtszüge – den Spottnamen »Ramses II.« verliehen. Tatsächlich bestand eine gewisse Ähnlichkeit mit den sterblichen Resten des großen ägyptischen Herrschers. Doch nirgendwo wurde jetzt der Jubelschrei laut, den damals die muslimischen Fanatiker des Niltals in ihren Gefängniszellen ausgestoßen hatten, als sie die Kunde vom gewaltsamen Tod Anwar es-Sadats erreichte. »Wir haben Pharao getötet«, frohlockten damals die radikalen Moslembrüder Ägyptens, die Gefolgsleute des »Islamischen Heiligen Krieges« oder der Randgruppe »Takfir wa el higra«. In der koranischen Überlieferung galt der ägyptische Pharao, der Moses oder Musa sowie dessen »Bani Israil« gepeinigt hatte, als Inbegriff gottesfeindlicher Staatsgewalt. Keine vergleichbare Anspielung wurde in Algier laut.

Intrigen und »Verfaulung«

Nach der Ermordung Boudiafs erschienen plötzlich alle Auswege versperrt. Der Apparat drehte sich im Kreise. Nach einem undurchsichtigen Intrigenspiel, das ein paar Tage dauerte, wurde dem Volk der neue Vorsitzende des Obersten Staatsrates, ein gewisser Ali Kafi, präsentiert. Während des Befreiungskrieges gegen die Franzosen hatte Ali Kafi wacker im Widerstand gekämpft und im Rang eines Obersten die Zweite Wilaya kommandiert. Nach der Unabhängigkeit war er Bestandteil des Systems geworden, hatte diverse Botschafterposten bekleidet, ehe ihm die Verantwortung für die mächtige Organisation der ehemaligen Mudschahidin, der Kriegsveteranen, übertragen wurde. In dieser Position bewies Ali Kafi politisches Geschick und zielstrebigen Machtwillen. Während es in Wirklichkeit insgesamt 60 000 algerische Kriegsteilnehmer in den »Maquis« des Inneren wie auch in der sogenannten »Grenzarmee« von Tunis und Marokko gegeben haben dürfte, ließ er die Zahl der alten Kombattanten auf das Zehnfache, auf 600 000, hochschnellen und verschaffte sich damit eine breite, gefügige Klientel. Da auch die Kriegswitwen und -waisen in diesen Verbund der Mudschahidin einbezogen wurden und an deren substantiellen Vorteilen – darunter der zollfreie Import von Automobilen – teilhatten, konnte sich Ali Kafi auf eine beachtliche, ihm ergebene Gefolgschaft stützen. Daß der Mißbrauch dieses Veteranen-Unwesens im Volk heftigen Zorn und Neid auslöste, stand auf einem anderen Blatt. Jedenfalls verging den Algeriern auch die letzte Hoffnung auf Erneuerung und Sanierung, als ihnen das Bild Ali Kafis als Nachfolger Boudiafs im Großformat auf den ersten Zeitungsseiten präsentiert wurde. Diesem verschlagen wirkenden Karrieristen mit seinem levantinischen Gehabe, so tuschelte man hinter vorgehaltener Hand, würde man doch im Suq keinen gebrauchten Teppich abkaufen.

Über die geheimen Machtkämpfe, über die Einflußverschiebungen, die durch das Verschwinden Boudiafs ausgelöst wurden, erhielten weder die Journalisten noch die ausländischen Botschaften Informationen. So kam es überraschend, daß der bisherige Ministerpräsident Sid Ahmed Ghozali, das »Chamäleon mit der Fliege«, scheinbar freiwillig seinen Posten an ein Fossil der »Nationalen Befreiungsfront«, einen der engsten Vertrauensleute Boumediennes, abgab. Der neue Mann an der Spitze der Regierung hieß Belaid Abdessalam, und der war wahrhaftig kein Unbekannter. Auch Abdessalam kam natürlich aus der Revolte gegen die Franzosen und hatte sich damals als junger Medizinstudent an die Spitze der akademischen Aufstandsbewegung gestellt.

Seine große Stunde schlug nach der Machtergreifung Boumediennes, als die »Algerische Demokratische Volksrepublik« den Weg einer aberwitzigen Sozialisierungspolitik einschlug. Gemäß dem fatalen Vorbild der Sowjetunion wurde Algerien durch Abdessalam in den sechziger Jahren in die totale Planwirtschaft gesteuert. Zwölf Jahre lang behauptete er sich als Minister für Wirtschaft und Finanzen. Die Förderung des Erdöls und des Erdgases wurde forciert, aber die immensen Gewinne dieser Petroleum-Rente durch den Aufbau gigantischer, sinnloser Industrieprojekte, wie etwa das Stahlwerk von Annaba, verschleudert. Ausländische Investoren wurden durch einen bürokratischen Dirigismus ferngehalten, der den Praktiken des Ostblocks in keiner Weise nachstand.

Die Landwirtschaft wurde so rigoros kollektiviert, daß die Agrarproduktion verkümmerte. Der Verfall der Erdölpreise Mitte der sechziger Jahre tat ein übriges. Algerien wurde zu einem Land des chronischen Mangels. Konsumgüter waren rationiert und genossen bald Seltenheitswert. Die Auslandsverschuldung wuchs ins Unermeßliche. Die Verelendung dieser von Natur reichen und üppigen Region vollzog sich im Namen einer ideologischen Verbohrtheit, deren lähmende Folgen auch im post-kommunistischen Osteuropa verhängnisvoll weiterwirken.

Der gescheiterte Zauberschüler dieser sozialistischen Wunderrezepte hieß Belaid Abdessalam. Ausgerechnet dieser Bankrotteur des jungen algerischen Staates wurde nunmehr durch eine Kamarilla von Generalen und Parteifunktionären an die Spitze der neuen Regierung befördert, und sein Programm hieß »Neubeginn und Effizienz«. Der anrüchigen Marktwirtschaft, die der gestürzte Präsident Schedli Ben-Dschedid unter Inkaufnahme krimineller Begleiterscheinungen eingeleitet hatte, blieben wohl unter Abdessalam nur noch geringe Chancen. Welcher ausländische Unternehmer mochte sich in dieser Situation mit Investitionen engagieren, zumal der neue Regierungschef die Einführung einer »économie de guerre«, einer Kriegswirtschaft, auf sein Panier schrieb? Die algerische Bevölkerung hat auf die jüngste Ernennung mit resignierendem Achselzucken reagiert. Von den »Kaziken« der FLN wurde längst kein Heil mehr erwartet. Das Froschgesicht Belaid Abdessalams, so murrten selbst die Beamten des Wirtschaftsministeriums, kündige den Rückfall in die desolate Fehlentwicklung der Vergangenheit an.

Inzwischen richteten sich ängstliche Blicke auf die tatsächlichen Inhaber der Macht, auf die Militärs. Auch in den Streitkräften mußte es brodeln. Unmittelbar nach dem Tod Boudiafs hatten vorwitzige Journalisten die Ablösung des bisherigen Innenministers, General Larbi Belkheir, gemeldet. Diskrete Beschuldigungen gegen diesen gefürchteten Mann gingen bereits um. Er sei der »böse Geist« Schedli Ben-Dschedids gewesen, der »Mann im Schatten«, der nun endlich infolge des Versagens seiner Sicherheitsdienste beim Attentat von Annaba ins Rampenlicht gezerrt wurde.

Die realen Kommandoverhältnisse bei den Streitkräften waren undurchsichtiger denn je, zumal General Khaled Nezzar, der amtierende

Verteidigungsminister und Mitglied des Obersten Staatsrates, den man bislang als starken Mann identifizierte, seine schwere Erkrankung nicht mehr verheimlichen konnte und sich angeblich anschickte, eine Kur im Ausland anzutreten. Eine ganze Reihe von Obristen war am Tage der Beseitigung Boudiafs zu Generalen befördert worden. Das Regime bedurfte offenbar einflußreicher Sympathisanten an der Spitze der Brigaden.

Kurz nach meiner jüngsten Ankunft in Algier bot sich mir die Gelegenheit, bei einem Treffen ausländischer Militärattachés – auch ein paar algerische Offiziere waren vertreten – Erkundungen über die militärische Lage einzuholen. Seit meinem Besuch im Februar war das Land nicht zur Ruhe gekommen. Handelte es sich um Agenten der »Islamischen Heilsfront« oder um Terroristen des Glaubens, die auf eigene Faust operierten? Jedenfalls war die Kette von Anschlägen und Terrorakten gegen die Sicherheitsorgane nicht abgerissen. Laut offiziellen Angaben des Obersten Staatskomitees waren bisher bei diesen Überfällen etwa 75 Ordnungshüter – Soldaten, Gendarmen, Polizisten – ums Leben gekommen. Die Meinung war weit verbreitet, daß die wirkliche Zahl der Opfer doppelt so hoch lag. Jedenfalls war ein allmähliches »pourrissement« der Situation im Gange; der Ausdruck, der mit »Verfaulung« übersetzt werden kann, stammte noch aus dem französischen Militärjargon.

Die Überlegungen und Beobachtungen der Verteidigungsattachés konzentrierten sich auf eine Frage: Wie loyal ist die Armee? Tatsächlich waren ein paar algerische Offiziere und eine größere Anzahl von Soldaten in den islamischen Untergrund abgetaucht. Ziel der Aufständischen war es in einer ersten Phase, Waffen zu beschaffen. Die Überfälle auf Polizeistationen und isolierte Militärlager dienten vornehmlich diesem Zweck.

Angeblich seien indessen auch Gewehre, Panzerfäuste und Granatwerfer über die lange Wüstengrenze mit Libyen nach Algerien eingesickert, seit Oberst Qadhafi von den USA wegen der Lockerbie-Affäre unter Druck gesetzt wurde und jede Hoffnung aufgeben mußte, zu einem Modus vivendi mit dem Westen zu gelangen. Eine andere Quelle für Rüstungsmaterial, so kamen die Spezialisten überein, sei bei den Polisario-Partisanen im Umkreis der Oase Tinduf zu orten. Die Sahrawi-Kämpfer fühlten sich in ihrem Feldzug gegen Marokko durch Algerien im Stich gelassen, seit Boudiaf die Beziehungen zu Rabat normalisierte. Alle diese Behauptungen ließen sich natürlich nicht nachprüfen, vor allem nicht jene Einschätzung, die hartnäckig kolportiert wurde: Vierzig Prozent der Mannschaftsbestände der algerischen Armee und insbesondere des Unteroffizierskorps seien durch radikales islamistisches Gedankengut bereits infiziert. Die Zahl der aktiven Sympathisanten der islamischen Revolution nehme selbst unter den Subaltern-Offizieren zu.

Manche ausländischen Verteidigungsattachés, die sich in dieser leutseligen Runde trafen, hatten zu Hause wohl ihre eigenen Probleme mit den Fundamentalisten. Ein tunesischer Oberst, auf den Schauprozeß gegen die islamische Aufstandsbewegung »En Nahda« angesprochen, reagierte ziemlich unwirsch. Gewiß befänden sich auf der Anklagebank in Tunis auch Militärs, aber es handele sich überwiegend um verblendete Sergeanten, behauptete er.

Ein ägyptischer General, der kurz vor der Pensionierung und seinem Abschied von Algier stand, spielte die religiösen Unruhen seiner Heimat systematisch herunter und war verständlicherweise auf die blutigen Ausschreitungen muslimischer Fanatiker gegen christliche Kopten, die sich vor allem in Oberägypten, im Raum von Assiut, abspielten, nicht anzusprechen.

Insgeheim war sich jeder der Anwesenden bewußt, daß die Perspektive der radikalen koranischen Rückbesinnung nicht nur den gesamten Maghreb, sondern ganz Nordafrika, inklusive des Niltals, auf bedrohliche Weise anging. Am heikelsten war die Position der französischen Offiziere, die in Algier akkreditiert waren. Von der breiten Volksmeinung wurden sie verdächtigt, den Putsch der algerischen Armee, der zur Berufung Boudiafs und zum Verbot der »Islamischen Heilsfront« führte, inspiriert oder zumindest ermutigt zu haben.

Neuerdings wurde jedoch geheimen Emissären des Quai d'Orsay unterstellt, den Kontakt zum islamischen Untergrund zu suchen und in dieser Richtung neue Optionen für die französische Maghreb-Diplomatie auszuloten. Zweifellos wurden die realen Möglichkeiten der ehemaligen Kolonialmacht grob überschätzt. Aber Frankreich mußte nun einmal in allen Krisensituationen weiterhin als Sündenbock herhalten. Ein algerisches Wochenblatt verstieg sich zu der Behauptung, Präsident Mitterrand, der bei Ausbruch des Algerienkrieges als Innenminister der Vierten Republik fungierte und damals für rigorose Niederwerfung der Rebellion plädiert hatte, sei auf diabolische Weise sogar an der gewaltsamen Ausschaltung Mohammed Boudiafs beteiligt. Offenbar wollte niemand einsehen, daß Frankreich nichts so sehr fürchtete als die Balkanisierung Nordafrikas, eine Libanisierung Algeriens, den Ausbruch des Bürgerkrieges am gegenüberliegenden Südufer des Mittelmeeres.

Der Abendempfang mit den Verteidigungsattachés endete in herzlich zur Schau getragener Jovialität, aber auch in heimlicher Beklommenheit. Als ich zu später Stunde dem hochgelegenen Villenviertel am Golf-Club den Rücken kehrte und auf der Autobahn dem Lichtermeer der Hauptstadt entgegenrollte, wurde ich mehrfach von schußbereiten, nervösen Gendarmen durch die Sperren gewunken.

Der »Fremde« von Tipasa

Tipasa, im Juli 1992

Im Restaurant »Romana« hatte ich mich mit dem Rücken zu den scheußlichen Mietskasernen der Neustadt und den silbern glänzenden Blechkuppeln ihrer riesigen Moschee gesetzt. Mein Blick schweifte über feierliche römische Ruinen, über Hecken von Bougainvilleen und ein strahlend blaues Meer. Tipasa liegt knapp hundert Kilometer westlich von Algier. Von der Idylle an der einsamen Bucht, die ich 1953 zum ersten Mal genossen hatte und mit der mich sogar die Erinnerung an eine kurze Romanze verband, war wenig übriggeblieben. Der Massentourismus hatte seine Rechte geltend gemacht, und das Resultat war betrüblich.

Das Restaurant »Romana« war gut besucht, und ich mußte den Tisch mit einem etwa vierzigjährigen Algerier teilen. Wir bestellten beide gegrillte Krabben und den gleichen Rosé-Wein. Unvermeidlich kamen wir ins Gespräch. Mein Gegenüber stellte sich als Arzt aus Algier vor, und nach ein paar Allgemeinplätzen waren wir mitten drin im politischen Thema. Als ich auf die Ähnlichkeit der Küstenlandschaft mit gewissen Landstrichen in Sizilien hinwies, antwortete mir der Arzt mit einem bitteren Lachen. »Sie wissen gar nicht, wie recht

Sie haben«, bemerkte er. »Wir haben vor allem im öffentlichen Leben sizilianische Verhältnisse, seit hier die Mafia in Politik und Wirtschaft den Ton angibt.« Der Arzt bedauerte die Entwicklung zutiefst. Die Bevölkerung wirke jetzt völlig verstört und verstockt. Das diesjährige muslimische Fest der »Aschura« sei nach der Bluttat von Annaba nicht gefeiert worden.

Im Gegensatz zur schiitischen Leidensmythologie, die die Aschura-Zeremonien als klagende Erinnerung an den ermordeten Imam Hussein begeht, hat das Wort Aschura für die sunnitischen Maghrebiner einen freundlichen Klang. Das ist ein Tag der frommen Gastlichkeit, an dem man den Armen reichlich Almosen spendet und die Kinder beschenkt. Vor allem aber, bedauerte mein Tischnachbar, seien die großen Feierlichkeiten zu Ehren des 30. Jahrestages der algerischen Unabhängigkeit, der am 4. Juli hätte begangen werden sollen, überstürzt abgeblasen worden. Das Land tauge wohl nur noch zu Traurigkeit und Verzweiflung.

Ich erwähnte im Gespräch, daß die Fahrt von Algier nach Tipasa bei mir historische Assoziationen geweckt habe. Kap Sidi-Ferruch, wo 1830 die ersten französischen Kolonialtruppen erobernd an Land gegangen waren, hatten wir rechts liegen gelassen, bevor wir das Städtchen Zéralda durchquerten. Dort wurde der Untergang der französischen Präsenz in Nordafrika nach dem Generalsputsch gegen de Gaulle endgültig besiegelt. In Zéralda war das Erste Fallschirmjäger-Regiment der Fremdenlegion kaserniert gewesen, dessen Offiziere die Speerspitze des Aufbäumens gegen die Pariser Verzichtpolitik gebildet hatten. Das »Premier Régiment Etranger de Parachutistes« war damals von de Gaulle kurz und bündig aufgelöst worden.

Im Restaurant »Romana« von Tipasa legte der Wirt eine Kassette mit Schlagern von Charles Aznavour auf. Die rauhe Stimme des Armeniers paßte gut in diesen Rahmen, weckte sogar Gedanken an Berg-Karabach und die Tragödie am Kaukasus, die ich im Vorjahr an Ort und Stelle erlebt hatte. Ich versuchte, den Arzt aus Algier über die vermeintliche Rolle der Armee auszufragen. Aber das Thema war wohl wirklich zu heikel, und mein Tischnachbar schwieg sich aus. Hingegen erging er sich in heftigen Vorwürfen gegen die willkürlichen Verhaftungen, die im ganzen Land stattfänden.

Niemand wüßte, wie viele Anhänger der »Islamischen Heilsfront« in die Konzentrationslager der Sahara verschleppt worden seien.

Sieben solche Verbannungsstätten waren bekannt, darunter die Oasen In Salah, Reggane und Ouargla. Dort mußte jetzt eine höllische Hitze herrschen. Nach offiziellen Angaben befanden sich etwa 8000 Menschen in der Wüstenverbannung. Im Volk sprach man von 30000, was aber zweifellos weit übertrieben war. Am Vortag in Algier hatte ich erlebt, wie eine Polizeistreife ein halbes Dutzend junger Leute aus konspirativen Wohnungen im Stadtzentrum geholt und in die bereitstehenden Zellenwagen verfrachtet hatte. Der Autor des Buches »Die Islamisten zwischen der Macht und den Kugeln«, so vernahm ich, stehe seit Wochen unter Hausarrest.

Über die Lage in den Sahara-Camps gingen schlimme Gerüchte um. Hans-Jürgen Wischnewski, der alte Mitstreiter der algerischen Unabhängigkeit, dem ich seit dreißig Jahren freundschaftlich verbunden bin, hatte aufgrund seiner Verdienste um die Algerische Republik und seiner guten Beziehungen zu der alten Führungsspitze ausnahmsweise die Genehmigung erhalten, eines der Wüstenlager aufzusuchen. Natürlich war dem SPD-Politiker ein recht erträgliches Häftlingsleben vorgeführt worden. Aber er war sich bei aller Sympathie für seine alten Untergrundgefährten der FLN wohl bewußt, welche Gefahr dort heranwuchs, und beschrieb sie ähnlich wie Othmann seinerzeit in Constantine. »Diese Lager drohen zu politischen Kaderschulen der Fundamentalisten zu werden«, hatte Wischnewski mir bei einem Treffen in Bonn gesagt. »Dort könnte die FIS erst jene soliden Strukturen und den ideologischen Rückhalt finden, die ihr bisher gefehlt haben.«

Der Arzt aus Algier, dem ich diese Bemerkung wiedergab, stimmte lebhaft zu. Er griff sogar auf das biblische Gleichnis der Jünglinge im Feuerofen zurück, die der babylonischen Vernichtungswut mit dem Loblied auf Gott getrotzt hätten. »Mein Verhältnis zu den Islamisten ist gespalten«, fuhr er fort. »Wie Sie merken, bin ich von der Erziehung her durchaus westlich ausgerichtet. Ich habe sogar ein paar Studienjahre in Montpellier zugebracht. Aber die Situation hier ist so verfahren, daß mir ein revolutionärer Umbruch – selbst wenn er im Zeichen Allahs und seines Propheten vollzogen werden müßte – unausweichlich erscheint. Algerien befindet sich in einer Sackgasse. Die islamische Revolution ist vielleicht die unentbehrliche Katharsis, die Läuterung im alten griechischen Sinne, um zu neuen Lebensformen und hoffnungsvollen Perspektiven zu gelangen. Immerhin hatte die Heilsfront in den von ihr verwalteten Städten und Kommunen mit unzureichenden Mitteln und geringer Erfahrung eine löbliche Aktivität entfaltet, die im nachhinein zusätzlich verklärt wird. Sie hat die Armen gespeist, die Kranken gepflegt und die Obdachlosen beherbergt. Das alles im Geiste einer großen Brüderlichkeit. Ich mache mir dennoch keine Illusionen. Die Einheit von Religion und Staat – ›din wa dawla‹ –, die Wiedererweckung des idealen Gottesstaates, wie ihn der Prophet und seine Gefährten in Medina vorgelebt haben, ist aller Voraussicht nach eine Utopie und wird mit ziemlicher Gewißheit ebensowenig menschheitserlösend wirken wie die so spektakulär gescheiterte Heilsversprechung des Marxismus-Leninismus. Aber wenn wir auf die jungen Leute meiner Heimat blicken, auf diese Masse von Verbitterung und Verzweiflung, dann meine ich manchmal, daß wir die Probe aufs Exempel machen sollten. Man muß die politische Utopie ausleben, um sie eventuell überwinden zu können.«

Nach dem Namen und der Adresse des Arztes habe ich nicht gefragt. Er blieb für mich »L'Etranger – der Fremde«, um mit Albert Camus zu sprechen. Während ich zum Auto ging, klang aus dem Lautsprecher die Stimme Aznavours: »Ah, je n'ai rien oublié – Ich habe nichts vergessen...«

Disteln wachsen in der Mitidja

Blida, im Juli 1992

Ich schickte mich an, die Mitidja zu durchqueren, jene einst sumpfige Küstenebene, die von den französischen Kolonisten in ein blühendes Paradies verwandelt worden war. Die Fahrt stimmte mich melancholisch. Die einst üppigen Gärten und Felder waren vernachlässigt, oft zu öden Distelfeldern verkommen. Das erste Städtchen auf meiner Route war mir unter dem Namen Marengo in Erinnerung; es hieß jetzt Hadjout. Die Kollektivierung hatte sich verheerend ausgewirkt. Die einstigen Herrenhäuser der französischen Großgrundbesitzer, aber auch ihre landwirtschaftlichen Speicher und Kelteranlagen, waren verfallen. An einem Giebel las ich noch die Inschrift »Clos Saint Jean 1921«. Für seine Weinausfuhr fand Algerien kaum noch Abnehmer, seit der große Importeur, die Sowjetunion, auseinandergebrochen und nicht mehr zahlungsfähig war.

In den kleinen Ortschaften waren die europäischen Pieds Noirs von Arabern abgelöst worden, was nur natürlich war. Aber Müßiggang schien die frühere mediterrane Geschäftigkeit ersetzt zu haben. Die Gefallenendenkmäler der Franzosen, die der Toten des Ersten Weltkrieges gedachten, waren durch weißgetünchte kegelförmige Monumente ersetzt worden, die die Trauer um die gefallenen Mudschahidin des Befreiungskampfes wachhielten. Die katholischen Kirchen von einst waren verrammelt und verlassen. Statt dessen ragten überall die Minaretts und Kuppeln der Moscheen über flachen Dächern empor. Viele von ihnen waren noch im Bau. Leider waren diese Gebetsstätten des islamischen Kults von architektonischer Einfallslosigkeit.

Beim Anblick dieser Reste gallischer Kolonisation fiel mir eine Beschreibung des Universitätsprofessors Courtine ein, die *Le Monde* anläßlich des 30. Jahrestages des Waffenstillstandes von Evian zitiert hatte. Schon zu Zeiten Napoleons III. hatte man den Großvater Courtines, einen Richter, nach Nordafrika verbannt; er wurde dort zum Pionier. Der Enkel hatte Algerien erst nach der Unabhängigkeit bei einer Gastvorlesung entdeckt, und er schilderte sein merkwürdiges Erlebnis: »Es war die Rückkehr in die Landschaft eines Traums. Es war wie die beunruhigende Verfremdung bei Sigmund Freud. Das Gefühl stellte sich ein, einen Tatbestand exakt zu erkennen, den man in Wirklichkeit ignoriert, und andererseits eine Gegend nicht zu erkennen, die einem überaus vertraut ist. Für die ehemaligen Algier-Franzosen ist Algerien kein wirkliches Land, es ist ein Auswuchs ihrer Phantasie. Hierbei handelt es sich wohl um ein ›gefundenes Fressen‹ für die Psychoanalytiker.«

Auf den ersten Blick wirkte die Mitidja in der heißen Mittagsglut träge und friedlich. Von Zeit zu Zeit mußte ich Gendarmerie- oder Armeesperren passieren. Die Posten hatten mobile Nagelsperren über den Asphalt gelegt, die jederzeit zugezogen werden können. Auf gleiche Weise hatten einst die französischen Militärs die Landstraßen Algeriens kontrolliert.

Der Verkehr verdichtete sich, als ich mich der Stadt Blida näherte. Dort befand sich das Gefängnis, in dem die Rädelsführer der Islamischen Heilsfront – darunter Abassi Madani und Ali Belhadsch – auf ihre unmittelbar bevorstehende Verurteilung warteten. In der gleichen Haftanstalt waren zu Beginn des Aufstandes gegen die Franzosen verschiedene Freiheitshelden der »Organisation spéciale« eingesessen, darunter Ahmed Ben Bella, der damals – als Frau verkleidet – den französischen Bewachern entkommen konnte. Die Stadt glich jetzt einem Militärlager. Dort tagte nämlich auch das Militärtribunal, das über das Schicksal der Inhaftierten befinden sollte. Immerhin hatte Major Boukhari, der Generalstaatsanwalt, auf die Todesstrafe gegen die Hauptangeklagten verzichtet und beantragte nunmehr lebenslangen Kerker.

Die Streitkräfte hatten mit ihren Sperren und Panzern dafür gesorgt, daß kein Fahrzeug und kein Beobachter in die Nähe des Gerichtssaals und jenes Kasernenflügels gelangen konnte, in dem die Häftlinge seit mehr als einem halben Jahr eingesperrt waren. So mußte ich den Weg durch das Zentrum von Blida und das dortige Verkehrschaos antreten. Über dieser Stadt, die die Zugänge zur Metropole Algier wie eine strategische Schlüsselstellung beherrscht, erhebt sich eine mächtige Moschee neueren Baudatums, eine gewaltige Demonstration des Glaubens. Ihre vier spitzen Minaretts ragten wie anklagende weiße Finger in den hitzeverschleierten Himmel. Blida galt weiterhin als Hochburg der Islamisten. Auf den Mauern las ich die Inschriften »Der Islam wird siegen« und »Die Heilsfront kann nicht sterben«.

Für die in Algier akkreditierten Auslandskorrespondenten war Blida zu einem Ort der professionellen Frustration geworden. Der Zutritt zu den Gerichtsverhandlungen war ihnen verboten, und von Kontakten mit den Angeklagten konnte keine Rede sein. Auch die zahlreichen Anwälte, die sich der sieben wichtigsten Häftlinge angenommen hatten, protestierten gegen die Willkür der algerischen Justiz. War es nicht absurd, daß die politischen Gefangenen der Heilsfront einem Militärtribunal vorgeführt wurden, während man zur gleichen Zeit den Leutnant Boumaarafi, den Mörder des Präsidenten Boudiaf, der ausgewiesenermaßen Mitglied der Streitkräfte war, dem Zivilrichter von Annaba zur Aburteilung überlassen wollte, was dieser natürlich vehement von sich wies.

Die Verteidiger versammelten fast jeden Tag die Journalisten zur Pressekonferenz im Hotel »Blida Palace«. Aus dem benachbarten Marokko waren acht Advokaten angereist, um maghrebinische Solidarität mit den Islamisten zu bekunden. Die treibende Kraft der Verteidigung war jedoch Maître Ali Yahia Abdenour, jener unermüdliche Verfechter der Menschenrechte, der mich im Februar bei einem Besuch in seinem Anwaltsbüro stark beeindruckt hatte. Der schmächtige, betagte Abdenour mit seinem durchaus französisch wirkenden Anwaltsgehabe wuchs allmählich zu einer Symbolfigur für Gerechtigkeit und Humanität heran.

Als undurchsichtige, fast diabolische Kontrasterscheinung war auch der französische Staranwalt Jacques Vergès aus Paris angereist. In seiner Jugend hatte dieser schillernde Mann, obwohl er während des Zweiten Weltkrieges bei den »Freien Franzosen« de Gaulles gedient hatte, der algerischen Rebellion unter dem Decknamen »Mansour« wertvolle Dienste geleistet. Er zählte zu den sogenannten »Kofferträgern« der FLN. Vergès, dessen Mutter Vietnamesin war, stand in Frankreich unter dem zusätzlichen Verdacht, aktiver Parteigänger jener »Roten Khmer« gewesen zu sein, die in Kambodscha auf Bergen von Skeletten ihren Steinzeitkommunismus errichten wollten. Dann war er aus dem Dschungel wieder aufgetaucht, um sich der strittigsten Fälle als Strafverteidiger anzunehmen. Zu seinen Klienten gehörte unter anderem der ehemalige Gestapo-Chef von Lyon, Klaus Barbie. Jetzt war Jacques Vergès in Blida angetreten und verteidigte mit scharfem Intellekt die Sache der Fundamentalisten.

Nach Algier und ins Hotel »El Djazair« zurückgekehrt, schaltete ich die Nachrichtensendung ein. Auf dem Bildschirm fand die Regierungsübergabe des Ministerpräsidenten Ghozali an seinen Nachfolger Abdessalam statt. Alle Anwesenden hatten strahlende Mienen aufgesetzt. Es wurde eine Komödie der Sorglosigkeit und Heiterkeit, ja der brüderlichen Verbundenheit vorgespielt, die vor dem Hintergrund der tragischen Wirren und der Ausweglosigkeit, die Algerien heimsuchten, zynisch und frivol wirkte.

Am nächsten Morgen erfuhr ich durch die Schlagzeile von *El Watan*, daß das Militärgericht von Blida unerwartete Milde hatte walten lassen. Die Hauptangeklagten, Abassi Madani und Ali Belhadsch, waren zu zwölf Jahren Gefängnis verurteilt worden, während ihre fünf Gefährten mit geringeren Strafen zwischen sechs und vier Jahren davonkamen. Wollte das Oberste Staatskomitee damit eine gewisse Gesprächsbereitschaft signalisieren? Wollte der neue Präsident Ali Kafi anstelle von Rache und Vergeltung eine heimliche Versöhnlichkeit andeuten? Befürchtete das Regime, daß ein zu hartes Urteil die Volkstribunen der Heilsfront mit einem zusätzlichen Heiligenschein des Martyriums umgeben hätte? Die Masse der kleinen Leute hat den Richterspruch von Blida dennoch als eine flagrante Ungerechtigkeit und den Prozeß als eine abgekartete Farce empfunden.

Wegen der Abwesenheit der Verteidigung konnten die durchaus plausiblen Entlastungsargumente zugunsten der Häftlinge nicht vorgetragen und berücksichtigt werden. Das Putsch-Regime von Algier hatte gegenüber den Angeklagten der FIS einen Mittelweg beschritten, aber mit dieser Haltung erzielte es vermutlich ein unerwartetes Resultat. Die Männer des »Haut Comité d'Etat« hätten wissen müssen, daß in der rauhen Welt des Atlas, ja in der gesamten »Umma«, jede Geste der Nachgiebigkeit allzuleicht als Zeichen der Schwäche oder gar der Furcht ausgelegt wird. Kein Wunder, daß in ganz Algerien wieder sporadische Protestaktionen aufflackerten und die Attentate sich häuften.

Mehr denn je erschienen in den Augen der Frommen die Mitglieder des »Obersten Staatsrates« als schändliche Nachfolger der türkischen Janitscharen oder jener Mamelucken des Niltals, deren Willkür sich in Nordafrika endlos fortzusetzen schien. Die ständig wiederkehrende Beteuerung der Regierung, sie bereite auf dem Wege »freier Wahlen« – unter Ausschluß der Islamisten natürlich – die Rückkehr zur »Demokratie« und zum politischen Pluralismus vor, klang in den Ohren der Gläubigen wie ein Manifest westlicher, anti-islamischer Gottlosigkeit, wurde als Ausdruck des »Kufr« verflucht. Algerien war der »Fitna«, dem vom Koran so heftig angeprangerten Bruderzwist, anheimgefallen. Die nächtlichen Schießereien, die Brutalität der Polizei wurden zur Routine, entwickelten sich zu einer schrecklichen Form der Normalität. Diese Hinwendung zu neuer unkontrollierbaren Gewalt erschien plötzlich typisch für eine weltweite Unordnung. Unter ihr wurden jene Hoffnungen begraben, die nach dem Ende des Ost-West-Gegensatzes und des Kalten Krieges bei so vielen Utopisten aufgeblüht waren.

Eine »Islamische Alternative«?

Rabat, im Juli 1992

Um Abstand von dem algerischen Wirrwarr zu gewinnen, bin ich nach Marokko geflogen. Die Unterschiede zwischen den beiden Maghreb-Ländern fielen mir schon während der Autofahrt vom Flugplatz Casablanca nach Rabat ins Auge. Obwohl Marokko unter den gleichen demographischen Problemen leidet und auch dort die Misere der Bevölkerung beklemmend ist, fehlten die Zeichen des Verfalls und der Resignation, die das Leben in Algier ständig begleiten. Die große Hafenstadt Casablanca weist eine Vielzahl moderner, prächtiger Geschäftsbauten auf. Nirgendwo bröckelten die Fassaden ab, auch wenn manche Skeptiker behaupteten, die weiße Tünche ersetze eine gründliche Renovierung der vom französischen Protektorat hinterlassenen Bausubstanz. Das Warenangebot in Casablanca bewegte sich fast auf westeuropäischem Niveau, wenn auch die Preise für den durchschnittlichen Marokkaner unerschwinglich waren.

Das gesamte Scherifische Königreich schien in ein rotes Fahnenmeer getaucht. Marokko beging den 63. Geburtstag König Hassans II. mit umfangreichen Festlichkeiten. Das Bild des Monarchen war überall gegenwärtig. Auf dem roten Flaggentuch symbolisierte der grüne Stern die Abstammung der alawitischen Dynastie vom Propheten Mohammed, ihre scherifische Erblinie über dessen Tochter Fatima und den vierten Kalifen Ali Ibn Abi Talib.

Ich hatte dem Chauffeur die Weisung gegeben, mich zu der kolossalen Moschee zu fahren, die der König unter Inanspruchnahme aller Finanzmittel seiner Untertanen am Rande des Hafens von Casablanca mit Blick auf den Atlantik errichten ließ. Der Bau stand kurz vor der Vollendung. Er beeindruckte durch seine gigantischen Dimensionen und das großartige marokkanische Stilempfinden. Speziell das gewaltige Minarett drückte jene Noblesse aus, die sich in den spanischen Kathedralen wiederfindet.

Längs der Autobahn zwischen Casablanca und Rabat waren stattliche Wohnsiedlungen entstanden. Im Gegensatz zu den abscheulichen Mietskasernen von Algier, nach Ostblock-Modell aus groben Fertigteilen zusammengefügt, hatten sich die Architekten hier eines neu-orientalischen Stils befleißigt und viel Raum für Grünpflanzungen gelassen. Wiederum wurde behauptet, es handele sich um Potemkinsche Dörfer, und zu Recht darauf verwiesen, daß die Behausungen des Durchschnitts-Marokkaners in den Slums der Vorstädte sich kraß von dieser fortschrittlichen Kulisse unterschieden. Dennoch drängte sich der Eindruck auf, daß das Königreich Marokko mit den schweren materiellen Lasten, die auch ihm aufgebürdet waren, sehr viel besser fertig wurde als die im Staatssozialismus verluderte Algerische Republik.

In der unmittelbaren Umgebung des gewaltigen Gebetspalastes, der bereits den Namen »Moschee Hassan II.« trug, fiel mir eine Ansammlung anrüchiger Kneipen und Nightclubs auf. Der weite Umkreis des prächtigen Bauwerks war dem religiösen Anspruch, der hier – zu Stein erstarrt – in die Dünung des Atlantik ragte, in keiner Weise angemessen. Diese allzu frivolen Entgleisungen würden wohl sehr bald der Spitzhacke zum Opfer fallen. Ich wunderte mich über dieses seltsame Nebeneinander. Hier koexistierten auf engstem Raum ein grandioser religiöser Ehrgeiz mit beachtlicher staatlicher Toleranz gegenüber westlicher Permissivität, ein Nebeneinander, das so gar nicht in den Trend des um sich greifenden panislamischen Puritanismus passen wollte.

In Rabat fühlte ich mich sogleich wieder heimisch, knüpfte an alte Reminiszenzen an. Die Hauptstadt Marokkos wirkte so gepflegt, daß keine rückblickende Wehmut aufkam. Im Hotel »Tour Hassan« fand ich die Einladung des deutschen Botschafters zum Mittagessen vor. Ich war neugierig auf die Begegnung mit Murad Hofmann, einem Diplomaten des Auswärtigen Amtes, der sich zum koranischen Glauben bekehrt hatte und dessen jüngstes Buch »Der Islam als Alternative« für erhebliches Aufsehen bis hinein in den Deutschen Bundestag sorgte. Ich hatte das Buch in Algier gelesen.

Nach dem Essen, an dem verschiedene Angehörige der deutschen Stiftungen und Hilfswerke teilnahmen, bat mich Murad Hofmann in ein Nebenzimmer und kam unmittelbar auf sein großes religiöses Anliegen zu sprechen. Er tat das mit Gelassenheit, ohne jede Ereiferung, aber mit der tiefen Überzeugung eines Mannes, der sich seines rechten Weges bewußt ist. Der Botschafter war gerade von der Pilgerfahrt nach Mekka zurückgekehrt und stand noch unter dem Eindruck dieses von geistlicher Inbrunst geprägten Rituals, das zweieinhalb Millionen Pilger aus allen Erdteilen in der Wüste von Hedschas versammelte. Murad Hofmann war aufgrund seines islamischen Engagements als bevorzugter Gast behandelt worden und mit prominenten ausländischen »Hudschadsch« zusammengetroffen. Darunter befand sich der algerische Scheikh Mahfud Nahnah, der bei der saudischen Dynastie wohl besonders gut gelitten war. Nahnah war als Verfechter eines rigorosen islamischen Traditionalismus im Jahr 1976 unter Boumedienne zu langer Haftstrafe verurteilt worden. In der jetzigen Situation versuchte der Staatsrat von Algier den Scheikh, mitsamt seiner Splitterpartei »Hamas«, als Widerpart oder Spaltpilz gegen die große »Islamische Heilsfront« auszuspielen.

Wir saßen noch keine zehn Minuten beim marokkanischen Pfefferminztee, da fanden wir uns schon mitten drin in der unvermeidlichen Debatte über den Fundamentalismus und ließen jene Interpretationsfehden Revue passieren, die die deutschen Orientalisten fast ebenso lebhaft spalten wie die Gläubigen der weltweiten »Umma«.

Murad Hofmann verfügte über eine beachtliche theologische Bildung. Was ihn zum Islam getrieben hatte, so schien mir, war der hemmungslose Sittenverfall, die Preisgabe aller festen moralischen Kriterien, die den Niedergang des Christentums begleiteten. Wir einigten uns schnell darauf, daß die Lehre Jesu und seiner Apostel sich für den durchschnittlichen Westeuropäer – selbst innerhalb der katholischen Kirche – mehr und mehr auf eine humanitäre Philosophie, bestenfalls eine neue Soziallehre reduzierte. Für den alles beherrschenden Gottesbegriff, wie ihn der Islam weiterhin als Voraussetzung seiner geistlichen und weltlichen Betrachtungen aufrechterhielt, war im Abendland offenbar kein Raum mehr.

Der Botschafter hatte sich auf eine relativ gemäßigte Linie festgelegt. An der Religionspraxis in Marokko störte ihn die Tatsache, daß in diesem Volks-Islam weiterhin die wundertätigen Heiligenfiguren der Marabus sowie die Verehrung deren Gräber eine große Rolle spielten. Auch der Einfluß der populären Bruderschaften, der »Tariqat« – im Maghreb meist »Zawiya« genannt – entsprach einer naiven Form des »Sufismus«, die seinem Empfinden nach allzuoft mit Aberglauben durchsetzt war. Weiterhin behaupteten sich diese religiösen

Zusammenschlüsse – allen voran die »Tidschaniya« – als politische Machtfaktoren, auf die der König sich zu stützen verstand.

Hassan II. war ja nicht nur König, also weltlicher Herrscher über Marokko. Er war nicht nur Sultan oder »Malik«, wie es neuerdings hieß. In seiner Eigenschaft als »Befehlshaber der Gläubigen« – »Amir el mu'minin« – stellte er die höchste religiöse Autorität dar, ja er war in den Augen seiner Untertanen mit den Attributen eines maghrebinischen Kalifen ausgestattet. In seinem Namen wurde das Freitagsgebet gehalten. Dank ihrer Eigenschaft als »Statthalter Allahs auf Erden« hatten die marokkanischen Dynasten durch ihre tausendjährige Geschichte hindurch stets die Unabhängigkeit ihres Landes gegenüber fremden Souveränitätsansprüchen bewahrt. Sogar die Autorität des Osmanischen Sultans und Kalifen war an der heutigen westalgerischen Grenze in der Gegend von Tlemcen erloschen.

Hofmann suchte offenbar die Chance der islamischen Erneuerung in der Hinwendung zur »Salafiya«, zur Reinheit der religiösen Ursprünge unter Bezug auf die vier ersten »rechtgeleiteten« Kalifen. Er berief sich dabei auf diverse arabische oder indische Interpreten des ausgehenden neunzehnten Jahrhunderts, an ihrer Spitze Scheikh Abduh, der zu einer sehr gemäßigten und konzilianten Koranauslegung gefunden hatte. Der Botschafter mußte allerdings zugestehen, daß diese Tendenz, die in Algerien einst der französischen Kolonialmacht unter dem Namen »Bewegung der Ulama« – der Korangelehrten – zu schaffen gemacht hatte, heute in den Augen der eifernden Gläubigen als überholt und in ihrer Anpassung an die existierenden Herrschaftssysteme als opportunistisch, ja willfährig galt.

Wo traten denn koranische Schriftgelehrte oder die Rechtsinterpreten der Scharia, die »Fuqaha«, noch als eigenständige Verfechter der reinen Gotteslehre jenen machtbesessenen Potentaten entgegen, die sich das »Haus des Islam«, den »Dar ul Islam«, aufgeteilt hatten? Die »Salafiya« war längst zum Thema einer spontanen, oft demagogischen Mobilisierung der Massen geworden.

Bei diesem Nachmittagsgespräch in der Botschafterresidenz von Rabat streiften wir nur einen Teil jener Probleme, die die islamische Erneuerung belasten. Murad Hofmann war in Deutschland auf heftige Kritik gestoßen, weil er die rigorosen Grundprinzipien des Islam und der koranischen Offenbarung natürlich nicht preisgeben konnte und somit nicht die idyllische Verharmlosung eines »Herz-Jesu-Islam« übernahm, die manche deutschen Orientalisten – in berufsbezogener Verklärung ihres Studienobjekts – kultivieren.

Auf der anderen Seite war Hofmann auch nicht bereit, sich den klaren, unerbittlichen Thesen der Fundamentalisten anzuschließen. In seinem Buch hatte er daran erinnert, daß das Wort Fundamentalismus aus dem protestantisch-amerikanischen Sprachgebrauch kam. Das gleiche hätte er von dem Ausdruck »Integrismus« sagen können, der sich im französisch beeinflußten Nordafrika durchgesetzt hatte und ursprünglich als Qualifizierung des reaktionären Katholizismus der »Action Française« oder des Bischofs Lefèbvre aufgekommen war. Inzwischen hatte sich bekanntlich ein ägyptischer Theologe, Sayid Qutb, längst den strittigen Ausdruck »Fundamentalismus« zu eigen gemacht und ihn mit »usuliya« ins Arabische übersetzt.

Den Predigern des radikalen Islamismus, so meinte Murad Hofmann, fehle es an soliden theologischen Kenntnissen. Ihre Zitate des Korans – insbesondere wenn sie die Teilnahme am Heiligen Krieg, das gewalttätige Streiten auf dem Wege Allahs verherrlichten – seien aus dem Zusammenhang gerissen. Das galt jedoch ebenfalls für jene Passagen der muslimischen Offenbarung, die – mindestens ebenso willkürlich selektiert – eine universale Duldsamkeit oder gar die grundsätzliche Friedfertigkeit der koranischen Botschaft belegen sollten.

Eines war in dem Buch des Botschafters zu Recht herausgestellt worden: Der Islam sei ganz auf Gott ausgerichtet und stehe daher in unweigerlichem Gegensatz zum Anthropozentrismus des Westens. Im koranischen Umfeld könne keine Charta der Menschenrechte aufflammen, da es – laut Mohammed – nur ein Recht von Gottes Gnaden gebe. Die jüngsten Dogmen-Disputationen, die unter christlichen Klerikern ausgebrochen waren, mußten aus islamischer Sicht töricht erscheinen. Was war denn schon erreicht, wenn man den einen oder anderen, vom Koran übrigens übernommenen Glaubensgrundsatz – sei es die unbefleckte Empfängnis oder die Himmelfahrt Jesu – ablehnte, gleichzeitig aber am Mysterium der Dreifaltigkeit festhielt? Die christliche Trinität war von Mohammed als Ausdruck schrecklicher Verirrung, als »Schirk«, verworfen worden. Wenn die neuen »Häretiker« unter dem Kreuz ihr Konzept bis zum Ende verfolgten, mußte dann nicht ebenfalls die Vorstellung von einem Schöpfer-Gott als dubioser Ausfluß jenes Denkens in Kausalzusammenhängen erscheinen, das unserer Natur nun einmal inhärent, dessen Gültigkeit außerhalb des menschlichen Wahrnehmungsvermögens jedoch keineswegs gewiß ist?

Auch für den deutschen Botschafter in Rabat stellte sich die beinahe unlösbare Frage nach der für den Islam idealen und gültigen Staatsform. Die Einheit der »Umma«, der Gemeinschaft aller Gläubigen, wirkte zur Stunde fragwürdiger denn je, und die Sehnsucht nach einem neuen Kalifen wurde in Marokko denn doch relativiert durch die herrschaftliche Nähe eines »Befehlshabers der Gläubigen«, der zwar ein kluger, tatkräftiger und überaus couragierter Herrscher war, als Vorbild koranischer Tugenden jedoch schwerlich empfohlen werden konnte.

Die Abhandlung Murad Hofmanns über die »islamische Alternative« hatte mich nicht nur deshalb positiv beeindruckt, weil er meinen früheren Professoren Jacques Berque und Régis Blachère ein lobendes Wort widmete. Unvermeidlich litt er an der äußerst engen Begrenzung, die dem frommen Muslim in Fragen der persönlichen Religionsdeutung, des »Idschtihad«, auferlegt ist. Wir verabschiedeten uns herzlich, zumal wir vorsorglich vermieden hatten, einen Konsens anzustreben.

Vom Atlas bis zum Hindukusch

Bei allen Gesprächen und Kontakten in Marokko stand stets die Person des Königs im Mittelpunkt. Hassan II. war sich bewußt, daß auch in seinem Land die islamistischen Kräfte Zulauf erhielten. Durch seine Sicherheitsorgane ließ er die algerische Grenze bei Oujda scharf kontrollieren. Es war zu befürchten, daß prominente Mitglieder der »Heilsfront« Zuflucht im Nachbarland suchen würden. Der »Malik« hatte begriffen, daß er den fundamentalistischen Kräften nur durch Betonung seiner Eigenschaft als geistliches Oberhaupt, als »Amir el mu'minin« Herr werden könne. Diesem Ziel diente auch der Bau der kolossalen Moschee von Casablanca.

Schon einmal hatte ja Hassan II. unter Rückgriff auf die tiefe Religiosität des Volkes die widerstrebenden politischen Tendenzen seines Landes in den Griff bekommen, als er den »Grünen Marsch« in Bewegung setzte. Lediglich mit dem Koran bewaffnet, hatte die Masse seiner begeisterten Untertanen den Anschluß der ehemals Spanischen West-Sahara an das Scherifenreich erzwungen. Dieser territoriale Disput um den Sakhiet-el-Hamra und den Rio de Oro hatte die Marokkaner hinter ihrem Monarchen zusammengeschweißt. Von Zugeständnissen an die Unabhängigkeitsbewegung der Polisario-Front konnte in Rabat nicht mehr die Rede sein, seit die aktiven Drahtzieher dieses Wüstenkrieges, die Algerier, mit ihren eigenen Wirren bis zur Erschöpfung beschäftigt waren. Die Destabilisierung Algeriens – durch die Ermordung Boudiafs dramatisch demonstriert – ließ Hassan II. relativ freie Hand in der langgestreckten Wüstenzone längs des Atlantik, die fast bis zum Senegal reicht. Selbst die marokkanischen Kommunisten mitsamt ihrem Parteisekretär Ali Yata überschlugen sich in diesem Punkt mit Loyalitätserklärungen.

Ansonsten jonglierte der Monarch mit den verschiedenen Parteien, deren Strukturen er insgeheim kontrollierte. Die große Istiqlal-Bewegung war verkümmert, die linksgerichtete USFP-Formation – Sozialistische Union der Volkskräfte – blieb zwar weiterhin ein Sammelpunkt reformerischer Intellektueller und Gewerkschafter, doch bei den bevorstehenden Wahlen würde es dem König – daran zweifelte niemand – wieder gelingen, jenen Kräften die Macht zuzuspielen, die dem Thron treu ergeben waren, insbesondere der sogenannten »Verfassungsunion«.

Hassan II. hatte seinen Geburtstag bei guter Gesundheit gefeiert. Die Nachfolgefrage schien nicht akut. Aber der König blickte wohl mit einiger Sorge auf den designierten Thronerben Sidi Mohammed, der im Schatten seines allzu autoritären Vaters zu verkümmern schien, eine seltsame Neigung für amerikanische Sitten an den Tag legte, durch extreme Schüchternheit auffiel und angeblich keinen Gefallen am anderen Geschlecht fand. Immerhin stand noch ein zweiter Sohn, Mulay Raschid, in Reserve.

Hassan II. war bei »Amnesty International« und französischen Liberalen ins Kreuzfeuer der Kritik geraten. Man warf ihm Folterungen und Menschenrechtsverletzungen vor. Tatsächlich hatten sich seit der

Beseitigung des Generals Mohammed Oufkir, der mehrfach gegen seinen Herrscher konspiriert hatte, seltsame Dinge ereignet. Auch General Ahmed Dlimi, der mich im Jahre 1976 noch in seinem Sahara-Hauptquartier von Tan-Tan bewirtet hatte und den ich damals für eine verläßliche Säule des Thrones hielt, war in Verruf geraten. Angeblich hatte er Fäden zu den Algeriern gesponnen. Jedenfalls wurde er das Opfer eines merkwürdigen Autounfalls, der einer gezielten Hinrichtung gleichkam.

Auf die Vorwürfe aus Paris erwiderte der König, daß es in seinem Reich keine politischen Gefangenen gebe. Tatsächlich waren die schlimmsten Kerker geschlossen worden. Als man ihn aber fragte, ob er islamische Fundamentalisten hinter Schloß und Riegel halte, zeigte sich Hassan II. unnahbar. Bei den sogenannten Islamisten handele es sich um ein religiöses Problem, und hier entscheide er mit eigener geistlicher Kompetenz als »Befehlshaber der Gläubigen«.

Das Spiel des Monarchen war relativ leicht, denn keine bedeutende Persönlichkeit stellte sich ihm entgegen. Einen gewissen Scheikh Benkirane, der mit seinen eifernden Predigten Unruhe stiftete, hatte man des Landes verwiesen. Die Sahara-Frage im Süden schien im Sinne des Thrones geregelt. Allenfalls brodelte es noch unter den Rif-Kabylen im Norden, doch dort wachten die Streitkräfte darüber, daß kein Aufrührer, kein neuer »Rogi«, sich erhob und die Nachfolge jenes Abd el Krim antrat, der in den frühen zwanziger Jahren gegen den damaligen Sultan das grüne Banner des Propheten entfaltet hatte. Abd el Krim war es 1922 beinahe gelungen, die spanische Protektorats-Armee ins Meer zu werfen. Erst ein umfangreiches französisches Militäraufgebot unter Marschall Pétain erzwang seine Unterwerfung.

Nein, so versicherten die Experten in Rabat, dem König drohe zur Zeit keine unmittelbare Gefahr, es sei denn die wachsende Unruhe jenseits der Grenze greife auch auf den »äußersten Westen« der arabischen Welt, den »Maghreb el aqsa«, über.

Im Golfkrieg hatte der König seine diplomatische Geschmeidigkeit bewiesen. Er hatte ein kleines marokkanisches Truppenkontingent nach Saudi-Arabien entsandt. Als in den Städten Rabat und Casablanca Großkundgebungen zugunsten Saddam Husseins stattfanden – ohne daß es zu gewalttätigen Entgleisungen kam –, ließ der König die Demonstranten gewähren. Zur Besänftigung der eigenen Bevölkerung kurbelte er nach Beendigung der Feindseligkeiten in Mesopotamien humanitäre Hilfe für die irakische Bevölkerung an.

Im Hotel »Tour Hassan« fand ich die Nachricht, daß Oberst Brahim mich zu treffen wünschte. Ich hatte auf dieses Wiedersehen gehofft, denn mit Brahim – so wollen wir ihn weiter nennen – verband mich eine alte und herzliche Bekanntschaft. Der Marokkaner war mir, wie erwähnt, als junger Leutnant begegnet, der bei der UNO-Truppe am Kongo Anfang der sechziger Jahre Dienst tat. Er gehörte damals dem Stab des marokkanischen Generals Kettani an, der die Kongo-Wirren auf entscheidende Weise beeinflußte. Kettani, ein Grandseigneur des Atlas, hatte am Ende dafür gesorgt, daß die linksrevolutionäre Bewegung Lumumbas, trotz massiver sowjetischer Unterstützung, scheiterte. Statt dessen hatte er den Aufstieg eines jungen, anpassungsfähigen und aufgeweckten Colonel der neugegründeten kongolesischen Armee gefördert, der den Namen Joseph Désiré Mobutu trug. Fünfzehn Jahre später war ich Brahim – er war inzwischen zum Bataillonskommandeur avanciert – in Tan-Tan, dann in Dakhla wieder begegnet, jenem Wüstenfort am Atlantik, das zur Zeit der Spanier Villa Cisneros hieß. In jüngster Vergangenheit hatten wir uns in Paris gelegentlich an der Bar des »Fouquet's« auf den Champs-Elysées verabredet.

Oberst Brahim erwartete mich dieses Mal auf der Terrasse des Hotels »Balima« im Herzen der früheren Europäerstadt von Rabat. Zur Zeit der Unabhängigkeitskrise war das »Balima« Hauptquartier der internationalen Presse gewesen. Jetzt war es reichlich heruntergekommen, aber die schattige Terrasse mit dem dichten Baumwuchs war weiterhin ein beliebter und diskreter Treffpunkt. Brahim hatte inzwischen das Pensionsalter überschritten, doch sein Auftreten war immer noch straff und militärisch. Er gehörte jenem aristokratischen Typ der marokkanischen Oberschicht an, der auch in Andalusien beheimatet sein könnte. Seine feudale Sippe stammte aus dem Hohen Atlas.

Ich wußte von vornherein, daß mein alter Bekannter zu keinen innenpolitischen Enthüllungen oder gar ideologischen Bekenntnissen bereit wäre. Er fühlte sich auch nach seiner Versetzung in den Ruhestand als loyaler Diener seines Staates und des Scherifischen Throns. Offenbar ging es ihm bei unserem Gespräch um eine breite internatioale Tour d'horizon.

Der König, so sagte Brahim, beobachte mit Interesse den angeblichen Kurswechsel in Israel, der durch den Sieg der Arbeiterpartei angedeutet werde. Aber die Skepsis bleibe groß. Die Marokkaner hatten – im Gegensatz zu den übrigen Arabern – ein recht ungestörtes Verhältnis zu den Juden. Sultan Mohammed Ben Yussuf, der Vater des jetzigen Königs, hatte sich während des Zweiten Weltkrieges schützend vor die zahlreiche israelitische Gemeinde seines Landes gestellt und jede Auslieferung an die französischen Vichy-Behörden oder an die Schergen des Dritten Reiches strikt verweigert. Die jetzt in Marokko verbleibenden Juden – es war nur eine Minderheit – genossen weiterhin den Schutz des Hofes. Hassan II. genierte sich nicht im geringsten, gelegentliche Gespräche mit hochgestellten israelischen Politikern, darunter auch Shimon Peres, zu führen.

Trotzdem sah Brahim keinen Lichtschimmer im Hinblick auf die weitere Entwicklung im Heiligen Land. Die Machtkämpfe unter Palästinensern, zwischen der gemäßigten Kampforganisation »Fatah« auf der einen und der radikalen Fundamentalistenbewegung »Hamas« auf der anderen Seite, verglich er, unter Vorbehalt, mit dem tödlichen Konflikt, der zwischen der algerischen FLN und der »Islamischen Heilsfront« ausgetragen wurde.

»Die heutige Situation der islamischen Welt ruft uns den Gründer des französischen Protektorats, den Marschall Lyautey, ins Gedächtnis«, bemerkte Brahim lächelnd. »Dieser Mann sprach doch von dem mythischen Trommler, ›le grand Tambour‹, der mit seinen Trommelschlägen die ganze islamische Welt zwischen Atlas und Hindukusch in Trance versetzt.«

Der Oberst hatte vor ein paar Wochen die zentralasiatischen Republiken der GUS bereist, insbesondere Usbekistan und Kasachstan. Er hätte das als *businessman* im Auftrag der marokkanischen Phosphat-Industrie getan, behauptete er, doch ich vermutete, daß er in höchster Scherifischer Mission in diesen potentiellen Krisenzonen als Kundschafter unterwegs war.

Wir tauschten unsere Meinungen und Erfahrungen über die altgedienten Kommunisten aus, die in Taschkent, Aschkhabad, Alma Ata, zur Stunde auch noch in Duschanbe, die Macht ausübten. Diese Präsidenten unabhängiger islamischer Staaten, ob sie nun Karimow, Nasarbajew, Niazow oder Nabijew hießen, versuchten krampfhaft, sich an die Spitze des regionalen Nationalismus zu setzen und den aufbegehrenden Islam mit bewährten KGB-Methoden zu zügeln. Sie hatten mit der ehemaligen russischen Kolonialmacht militärische Beistandspakte geschlossen, die letztlich darauf hinzielten, ihre eigene Herrschaftsposition und ihre Privilegien gegen eventuelle Volkserhebungen abzusichern.

Doch dieses Kalkül konnte sich auf Dauer nicht auszahlen. Brahim verglich – wiederum unter Vorbehalt – die Diadochen des roten Imperiums mit jenem Präsidenten Nadschibullah von Afghanistan, der sich zwar wider Erwarten drei Jahre lang nach Abzug der Roten Armee in Kabul an der Macht behauptet hatte, dann aber um so brutaler von den explodierenden Kräften des Islamismus fortgefegt worden war.

Mit großer Sorge sprach Brahim von den jüngsten Entwicklungen in Tunesien. Dort hatte Staatspräsident Ben Ali, ein früherer General und Chef des Nachrichtendienstes, der Integristenbewegung »En Nahda« gnadenlos den Kampf angesagt. Auf einen angeblichen Umsturz- und Ermordungsversuch reagierte er mit Verhaftungen und Folterungen.

Die Islamisten von Tunis verfügten über einen anerkannten Führer, Raschid Gannouchi, der sich seit 1989 im Exil aufhielt. Bedrohlich für den Bestand des laïzistischen tunesischen Staates sowie für das Überleben des Präsidenten Ben Ali war vor allem die Tatsache, daß das religiöse Komplott auf weite Teile der Armee übergegriffen hatte. Bei dem anstehenden Prozeß von Tunis konzentrierte sich denn auch das Interesse der Beobachter auf jene Offiziere, die den Kern des angeblichen Umsturzversuches bildeten.

König Hassan II., so berichtete Brahim, hatte seine Sorge über das Schicksal des Muslime in Bosnien geäußert. Hier habe Europa die Chance verspielt, zugunsten einer bedrängten muslimischen Minderheit nachhaltig Partei zu ergreifen und zu intervenieren. Die bislang gemäßigten und friedfertigen Muselmanen aus Bosnien-Herzegowina würden nunmehr der Radikalisierung zutreiben. Im Westen solle sich niemand wundern, wenn der extreme Islamismus demnächst bei den Albanern des Kosovo verzweifelte Anhänger fände.

Ähnlich zeichne sich die Situation auf lange Sicht auch im Kaukasus ab, wo die demokratische »Volksfront« von Aserbeidschan unter dem schwärmerisch und romantisch veranlagten Präsidenten Ebulfez

Elçibey ihre kemalistischen Vorstellungen gegen ein Wiederaufleben der schiitischen Frömmigkeit nur in dem Maße durchhalten könne, wie Ankara den Azeri tatsächlich gegenüber den in Berg-Karabach vordringenden Armeniern zum militärischen Abwehrsieg verhelfen könne.

Bei Hofe in Rabat beobachte man sehr sorgfältig den Wettlauf um Einfluß in den muslimischen GUS-Republiken, der zur Zeit zwischen Iranern, Türken, Saudis und Pakistani ausgetragen würde. Dabei habe man festgestellt, daß der Iran, dem man in der Umgebung des Königs mit großer Distanz begegne, eine eindrucksvolle Aufrüstungspolitik betreibe. In Afghanistan befänden sich die persischen Mullahs bereits im Vorteil. Im ehemals sowjetischen Zentralasien verfüge Teheran vielleicht über den längeren Atem, jedenfalls über eine erprobte Kunst der politischen Intrige. Im marokkanischen Außenministerium frage man sich, ob die Möglichkeiten Ankaras nicht überschätzt würden und ob es nicht ein fataler Irrtum sei, weiterhin davon auszugehen, daß die Türkei sich in Zukunft – den Vorschriften ihres Gründers Atatürk gemäß – auf die strikte Trennung von Staat und Religion festlegen lasse.

Was die Saudis beträfe, so unterliefe ihnen immer wieder der gleiche Fehler. Im Maghreb hätte König Fahd mit beachtlichem finanziellen Aufwand die traditionalistischen Kräfte des Islam unterstützt. Auf die gleiche Linie habe er sich in den südlichen GUS-Republiken festgelegt. Am Ende komme diese religiöse Patronage jedoch – wie man heute in Algerien feststelle – der radikalen islamischen Revolution zugute, die auch den Sturz des Hauses As Saud auf ihr Panier geschrieben habe.

Marokko habe sich auf eine freundschaftliche Partnerschaft mit den USA eingelassen, aber neuerdings kämen Zweifel auf, seit die amerikanische Strategie sich vordringlich und vehement auf die Bekämpfung radikaler islamischer Erneuerungsbewegungen festgelegt habe, wo immer diese auch aufträten.

Wir kamen auf die neuen Funktionen der »Konferenz für Sicherheit und Zusammenarbeit in Europa« (KSZE) zu sprechen. Der Oberst fragte mich, ob die deutsche Regierung und der Bundestag allen Ernstes daran dächten, im Rahmen eingegangener KSZE-Verpflichtungen den Status quo und die Stabilität im Kaukasus und in den explosiven GUS-Staaten Zentralasiens zu garantieren. Von deren – im westlichen

Sinne – demokratischer Ausrichtung sei wohl nicht viel zu halten. Im übrigen habe Seine Scherifische Majestät noch unlängst einen Beweis seiner illusionslosen Klarsicht erbracht. Dem Experiment Boudiaf in Algerien habe Hassan II. von Anfang an nicht die geringste Chance eingeräumt.

Als Brahim sich mit ausgesuchter maghrebinischer Höflichkeit verabschiedete, war der Mond über Rabat aufgegangen. Ich blieb noch eine Weile im Garten des Hotels »Balima« sitzen und blickte auf die volle Scheibe des Nachtgestirns, in dem viele Marokkaner im Schicksalsjahr 1955 das leidende Antlitz ihres verbannten Sultans Mohammed Ben Yussuf zu erkennen glaubten.

Trotz der erstaunlich modernen Kulisse, vor der die Stadtbevölkerung von Rabat und Casablanca sich bewegte, trotz der für islamische Verhältnisse gewagten, fast provozierenden Kleidung vieler junger Frauen des Bürgertums befanden wir uns hier im äußersten Maghreb doch in einem wilden Gebirgsland, das jederzeit vom eruptiven religiösen Erbe der Vergangenheit, vom stürmischen Vorbild der eifernden Almoraviden und Almohaden wieder eingeholt werden konnte. Dennoch – so schien mir – ruhte das Scherifische Reich, an der inneren Zerrissenheit Algeriens gemessen, selbstbewußt in seiner imperialen Tradition.

Vorboten des Sturms

Rabat, Ende Juli 1992

Am nächsten Morgen blätterte ich die marokkanische Presse und auch die ausländischen Zeitungen durch, die hier anscheinend ohne jede Restriktion oder Zensur angeboten wurden. (Am folgenden Tag sollten jedoch zwei in Casablanca erscheinende Gazetten konfisziert werden.) Ich entnahm den Berichten aus Algier, daß der neue Ministerpräsident Abdessalam ein Kabinett sogenannter Technokraten gebildet hatte. An den Schlüsselstellungen saßen weiterhin die altbekannten Nomenklatura-Figuren der FLN. General Nezzar blieb Verteidigungsminister. Larbi Belkheir hingegen hatte tatsächlich das Innenministerium abgegeben. Irgendeine werbende oder ermutigende Wirkung konnte von dieser abgenutzten Mannschaft nicht ausgehen. Hingegen machten die islamischen Extremisten wieder von sich reden. Die letzten Tage meines Aufenthalts in Marokko nutzte ich zum Einholen präziser Informationen, die mir in Algier verweigert worden wären. Das relativ milde Urteil von Blida gegen die Führer der »Islamischen Heilsfront« hatte – wie erwartet – keineswegs besänftigend gewirkt. Die Verschleierungsmethoden im Mordfall Boudiaf hingegen schürten helle Empörung. Zehn Angehörige der Präsidentengarde mitsamt ihrem Kommandeur waren offenbar in das Attentat verstrickt. In diversen Stadtvierteln von Algier sammelten sich die Fundamentalisten zu nächtlichen Kundgebungen. Unruhen brachen sogar in El-Biar aus. In den islamistischen Hochburgen Belcourt und Bab-el-Oued errichteten jugendliche Banden Barrikaden aus brennenden Reifen und Abfalltonnen. Verschiedene Staatsgeschäfte wurden verwüstet und geplündert. Es kam immer häufiger zu Feuergefechten. Die Zahl der Toten wuchs rapide, war jedoch nicht exakt zu überprüfen.

In der großen Moschee von Blida loderte der Protest hoch. Regimetreue Imame wurden aus dem Gotteshaus vertrieben. Beim Freitagsgebet wurden in zahlreichen Ortschaften Kassetten mit Predigten des inhaftierten FIS-Führers Ali Belhadsch über Lautsprecher abgespielt. Die übrigen Provinzen oder Wilayas blieben von ähnlichen Tumulten nicht verschont. In einer ostalgerischen Waldzone kam es zu einem regelrechten Gefecht zwischen einer Gendarmerie-Einheit und einer Gruppe bewaffneter »Afghanen«. Zur Verfolgung der Partisanen setzte die Armee Hubschrauber ein. Immer wieder wurden Elektrizitäts- und Telefonleitungen gesprengt. In Oran wurden zwei Postämter gestürmt. In Bahdjarah mußte die Eingreifpolizei gepanzerte Fahrzeuge einsetzen, um des Aufruhrs Herr zu werden.

Blutige Zusammenstöße wurden aus den Städten Setif, Constantine und Batna gemeldet. In Ain Defla versuchten entfesselte Jugendliche, das Präfekturgebäude in Brand zu stecken. In Berrouaghia bewegten sich verschleierte Frauen und Halbwüchsige an der Spitze eines Demonstrationszuges. Zwei junge Mädchen starben im Feuer der Eingreifpolizei. In den Bergen südwestlich von Algier hatten sich offenbar regelrechte »Maquis« eingerichtet. Die Unsicherheit wucherte nach allen Seiten.

Von Casablanca trat ich den Rückflug nach Paris an. Die Alarmmeldungen aus Algerien – das wußte ich aus alter Erfahrung – mußten mit Vorsicht analysiert werden. Der Maghreb steckte voller Geheimnisse und war noch für manche Überraschung gut. Die neue »Schlacht um Algier« war im Gange. Die Spirale der Gewalt drehte sich unerbittlich hoch.

Personenregister